LE NOUVEAU DROIT DES MARCHÉS PUBLICS ET LA RATIONALISATION DE LA DÉPENSE PUBLIQUE AU NIGER ET AU SÉNÉGAL

Issoufou Adamou

LE NOUVEAU DROIT DES MARCHÉS PUBLICS ET LA RATIONALISATION DE LA DÉPENSE PUBLIQUE AU NIGER ET AU SÉNÉGAL

Préface du Pr Ismaïla Madior Fall
Postface de Mamadou DAGRA

L'Harmattan
Sénégal

10 VDN, Sicap Amitié 3, Lotissement Cité Police, DAKAR

http://www.harmattansenegal.com
senharmattan@gmail.com
senlibrairie@gmail.com

ISBN : 978-2-343-11283-1
EAN : 9782343112831

DÉDICACES

A la mémoire de ma mère

REMERCIEMENTS

Cette Thèse est « un fruit » et se veut aussi « une graine ».

Un fruit, parce qu'elle constitue l'aboutissement de quelques années de recherches au cours desquelles l'expertise et le concours de plusieurs théoriciens et praticiens des marchés publics ont été sollicités.

Une graine, parce qu'elle aborde le droit des marchés publics de façon globale. Aussi, les thématiques qui y sont convoquées et les questions soulevées sont-elles susceptibles de constituer des pistes de réflexion pour les chercheurs et praticiens qui souhaiteraient les approfondir.

Mais en attendant, je tiens à exprimer mes sincères remerciements et ma profonde reconnaissance :

- A mon directeur de Thèse, le Professeur Ismaila Madior FALL qui, dès le premier jour de notre rencontre, a cru en moi et a accepté de m'accompagner, de m'orienter, de me soutenir et de me prodiguer les meilleurs conseils à chaque fois que j'en ai besoin ;

- A mon co-directeur de Thèse, le Professeur Eloi DIARRA pour ses conseils, ses suggestions et recommandations qui m'ont été d'une grande utilité lors de la conception, de la rédaction et de la finalisation de cette Thèse ;

- Aux Professeurs Moustapha NGAIDO, Mamadou DAGRA, Ndiaw DIOUF, Alioune SALL, Nicaise MÉDÉ, Abdou Aziz KÉBÉ, Yaya BODIAN, Ndèye Madjiguène DIAGNE, Mayata Mbaye NDIAYE et Moussa ZAKI qui ont bien voulu suivre l'évolution de mes recherches et de mettre à ma disposition une documentation fort intéressante ;

- Aux Professeurs Babacar GUÈYE et Demba SY qui ont bien voulu accepter de siéger dans ce jury de thèse afin de participer à l'amélioration de sa qualité ;

- Aux responsables et personnel du Cabinet GRANT TORNTON du Sénégal qui m'ont donné l'occasion de comprendre la pratique du droit des marchés publics ;

- Aux responsables de l'ARMP du Niger et du Sénégal ;

- Aux responsables de la bibliothèque de la Cour suprême du Sénégal, du Centre de documentation et de la Scolarité de la Faculté des Sciences Juridiques et Politiques de l'Université Cheikh Anta DIOP de Dakar ;

- A mes maîtres de la Faculté des Sciences Economiques et Juridiques de l'Université Abdou Moumouni de Niamey et ceux de la Faculté des Sciences Juridiques et Politiques de l'Université Cheikh Anta DIOP de Dakar ;

- A mon épouse Mme ISSOUFOU Nana Balkissa MANA pour toutes les souffrances endurées durant la préparation de cette Thèse ;

- A tous mes parents et proches qui m'ont supporté et accompagné durant toutes ces années de labeur ;

- Aux amis qui m'ont soutenu et encouragé tout au long de cette aventure. Je pense, particulièrement, à Maître Nassirou LAWALI Avocat au Barreau de Niamey, au Dr. Mbaye NDIAYE Inspecteur des douanes, à M. Adamou Djalil Doctorant à l'Université de Bourgogne Dijon, à M. Djibril Abdou Moussa Juge au Pôle économique et financier du Tribunal Régional Hors Classe de Niamey, à M. Abdoulaye Younsa ISSAKA Doctorant à l'Université d'Aix en Provence, à M. Ahiya KOUROUZA Ingénieur informaticien à Montréal, au Dr. Boubacar Amadou Hassane de l'Université Abdou Moumouni de Niamey, au Dr. Meissa DIAKHATÉ de la FSJP de l'UCAD, au Dr. Ibrahim Malam Mamane Sani de l'Université Franche-Comté, à M. Saidou Djibril juriste à Niamey, à M. Brahim Mourtalah Béchir étudiant à l'Université de Nantes, à M. TiniHamadou du cabinet MAZARS du Sénégal, à M. Younoussa BA Contrôleur des Impôts et domaines, à M. Amadou Hassane Maidaboua de l'ambassade du Niger à Paris, au Dr. Habsatou Issifou de l'Université de Tahoua, à M. Ibrahima FAYE Contrôleur des douanes, à M. Roufai Mounkaila de l'ASECNA Dakar, à M. Boukar SECK contrôleur des douanes, à M. Moustapha FALL Doctorant à l'Université de Nantes ;

- A mon oncle Gambo MOUSSA et mon cousin Itchalitou NAHANZALÉ qui ont fait le déplacement afin d'assister à la soutenance de cette thèse ;

- A mes collègues de la Faculté des sciences juridiques et politiques de l'Université Cheikh Anta DIOP de Dakar qui ont bien voulu m'apporter leur assistance lors de la rédaction et de la finalisation de cette thèse ;

- Enfin à Monsieur le Doyen de la Faculté des Sciences juridiques et politiques de l'UCAD, le Professeur Mamadou BADJI qui a bien voulu encourager et financer la publication de cette thèse.

Sigles et abbreviations

AAI :	Autorité Administrative Indépendante
AAO :	Avis d'Appel d'Offres
AATR :	Agence Autonome des Travaux Routiers
AC :	Autorité Contractante
AGETIP :	Agence d'exécution des Travaux d'Intérêt public
AGPM :	Avis Général de Passation des Marchés
AJDA :	Actualité Juridique de Droit Administratif
Al. :	Alinéa
AN :	Assemblée Nationale
AO :	Appel d'Offres
AOI :	Appel d'Offres International
AON :	Appel d'Offres National
AOO :	Appel d'Offres Ouvert
ARCOP :	Autorité de Régulation de la Commande publique
ARMP :	Autorité de Régulation des Marchés Publics
ARMP :	Agence de Régulation des Marchés Publics
Art. :	Article
AU :	Acte Uniforme
BA :	Budgets Annexes
BAD :	Banque Africaine de Développement
BCEAO :	Banque Centrale des Etats de l'Afrique de l'Ouest
BG :	Budget Général
CAM :	Commission d'Attribution des Marchés
CCAG :	Cahier des Clauses Administratives Générales
CCAP :	Cahier des Clauses Administratives Particulières
CCI :	Chambre de Commerce Internationale
CCT :	Conseil Constitutionnel de Transition
CCTP :	Cahier des Clauses Techniques Particulières
CE :	Conseil d'Etat
CF :	Contrôleur Financier
CFAO :	Compagnie Française de l'Afrique de l'Ouest
CM :	Commission des Marchés
CMP :	Code des Marchés Publics
CNR :	Conseil National de Régulation
CNUCED :	Conférence des Nations Unies sur le Commerce et le Développement
COA :	Code des Obligations de l'Administration
COF :	Contrôleur des Operations Financières

CPMP :	Cellule de Passation des Marchés Publics
CR :	Conseil de Régulation
CRCCB :	Comité de Réflexion sur la Consommation des Crédits Budgétaires
CRD :	Comité de Règlement de Différends
CREDILA :	Centre de Recherche, d'Etude et de Documentation sur les Institutions et les Législations Africaines
CSS :	Cour Suprême du Sénégal
CST :	Comptes Spéciaux du Trésor
CV :	curriculum vitae
D. :	Dalloz
DAGE :	Directeur de l'Administration Générale et de l'Equipement
DAO :	Dossier d'Appel d'Offres
DCMP :	Direction Centrale des Marchés Publics
DCP :	Direction de la Comptabilité publique
DG :	Directeur Général
DGCMP :	Direction Générale du contrôle des marchés publics
DGCMP/EF :	Direction Générale du contrôle des marchés publics et des engagements financiers
DGCPT :	Direction générale de la comptabilité publique et du Trésor
DMP :	Direction des marchés publics
DMTA :	Direction du Matériel et du Transit Administratif
DOB :	Débat d'orientation budgétaire
DRP :	Demande de renseignements et de prix
DSP :	Délégation de service public
DTAO :	Documents Types d'Appel d'Offres
ED :	Entente Directe
EDJA :	Editions Juridiques Africaines
ENAM :	Ecole Nationale d'administration et de la magistrature
FSJP :	Faculté des sciences juridiques et politiques
GAJA :	Grands arrêts de la jurisprudence administrative
GENIS :	Gestion et Entretien par Niveau de Services
HALCIA :	Haute Autorité à la Lutte contre la Corruption et les Infractions Assimilées
HT :	Hors taxe
IGE :	Inspection générale d'Etat
IGF :	Inspection générale de Finances
IOF :	Inspection des opérations financières
IPRES :	Institut de Prévoyance Retraite du Sénégal
JCP :	Juris classeur périodique
JO :	Journal Officiel
JORF :	Journal officiel de la République française
LFI :	Loi de finances initiale
LFR :	Loi de finances rectificatives

LGDJ : Librairie Générale de Droit et de Jurisprudence
LOLF : Loi organique relative aux lois de finances
LPA : Les Petites Affiches
MARC : Modes Alternatifs de Règlement des Conflits
MEF : Ministère de l'économie et des finances
NEA : Nouvelles Editions Africaines
NIGETIP : Agence Nigérienne des Travaux d'Intérêt Public pour l'Emploi
NINEA : Numéro d'Identification National des Entreprises et des Associations
NGP : Nouvelle Gestion publique
OHADA : Organisation pour l'harmonisation en Afrique du droit des affaires
OMC : Organisation mondiale du commerce
PAD : Port Autonome de Dakar
PDES : Plan de développement économique et social
PM : Premier ministre
PME : Petites et Moyennes Entreprises
PNUD : Programme des Nations unies pour le Développement
PPM : Plan de passation des marchés
PPP : Partenariat Public Privé
PRM : Personne responsable des marchés
PRN : Président de la République du Niger
PRN : Programme de la Renaissance du Niger
PSE : Programme Sénégal émergent
PTIP : Programme Triennal d'Investissements Publics
PUF : Presses Universitaires de France
PV : Procès-verbal
PVAP : Procès-verbal d'attribution provisoire
RAP : Recours administratif préalable
RCCM : Registre de commerce et de crédit mobilier
RDP : Revue du droit public et de la science politique en France et à l'étranger
REP : Recours pour Excès de pouvoir
REO : Rapport d'Evaluation des offres
RFDA : Revue Française de Droit administratif
RFFP : Revue Française de Finances publiques
RGCP : Règlement Général sur la comptabilité publique
RIAN : Règlement Intérieur de l'Assemblée Nationale
RIPAS : Revue des institutions politiques et administratives du Sénégal
RMP : Revue des Marchés publics
RPC : Recours de plein contentieux
SA : Société Anonyme

SARL :	Société Anonyme à Responsabilité Limitée
SATA :	Société Automation Technology Assistance
SE :	Secrétaire Exécutif
TA :	Tribunal administratif
TC :	Tribunal des conflits
TIC :	Technologie de l'information et de la Communication
TTC :	Toutes Taxes Comprises
UCAD :	Université Cheikh Anta DIOP
UEMOA :	Union Economique et Monétaire Ouest Africaine
V. :	Voir

Sommaire

PRÉFACE

Le nouveau droit des marchés publics et la rationalisation de la dépense publique au Niger et au Sénégal, *tel est le sujet que M. Adamou ISSOUFOU s'était engagé à traiter dans le cadre d'une thèse de doctorat, c'est-à-dire un exercice académique sanctionné par l'obtention du titre de docteur dans lequel l'impétrant identifie une question fondamentale soulevée sur le sujet et tente d'y répondre avec une méthode et un matériau lui permettant d'aboutir à des résultats partagés avec la communauté scientifique.*

Force est de constater, à la lecture de l'ouvrage issu de ce travail, qu'il est allé au-delà de son engagement, qu'il a fait un doctorat qui satisfait pleinement aux normes et standards du genre très positivement apprécié par son jury de soutenance. Assurément, il a accompli bien plus qu'un travail de doctorat. En effet, il a formulé dans sa thèse (le document présenté), une idée à savoir une opinion scientifique fondamentale, mais a aussi consenti des efforts appréciables de théorisation, de systématisation et d'enseignement du droit des marchés publics qui confèrent à ce qui était censé être une simple thèse, les traits d'un traité. Ce résultat s'explique aisément par l'ambition proclamée de l'auteur dès l'aube de la thèse de vouloir construire une théorie générale du droit des marchés publics détachée de la tutelle naturelle du droit administratif. Qu'est ce qui a motivé cette ambition ?

M. ISSOUFOU est parti du constat selon lequel bien des études des marchés publics disponibles continuent à privilégier l'optique classique du droit des contrats administratifs. Il a trouvé qu'il y a, en Afrique, un décalage abyssal entre l'ampleur du développement des marchés publics dans la nouvelle gouvernance et la faible existence d'études systématiques consacrés à ceux-ci. Malgré ses techniques revêtant une certaine originalité juridique, son autonomie essentielle qui lui imprime les traits d'une discipline ayant ses règles propres, sa logique managériale qui l'ouvre sur d'autres disciplines des sciences sociales, le droit des marchés fait, à vrai dire, l'objet d'un traitement doctrinal sobre qui ne montre pas ce qu'il est réellement : un droit né dans les entrailles du droit administratif, mais qui, conformément à la logique de scissiparité inhérente à l'histoire de développement de toutes les disciplines, comporte son champ d'application, ses règles propres, sa logique de déploiement spécifique et, dans une certaine mesure, son propre juge qui secrète, plus ou moins, sa jurisprudence.

La réputation de la technique du marché public dans la mise en œuvre des politiques publiques et sa vocation à améliorer la gestion performancielle des finances publiques font que le droit communautaire s'emploie à le saisir en formulant des grands principes y relatifs dans les directives de l'UEMOA, objet de transposition par les Etats membres. Les règles encadrant les marchés viennent donc de plus en plus d'ici et d'ailleurs, d'en bas et d'en haut, du dedans et du dehors. Ce qui renforce non seulement leur prestige, mais aussi leurs effets sur les autorités nationales, notamment sur leur faculté et leur manière de dépenser encadrées par le droit budgétaire et comptable classique, mais aussi par un droit spécial contenu dans les Codes des marchés publics et les autres textes subséquents qui sont élaborés pour tenir compte de la spécificité des dépenses relatives aux travaux, aux fournitures et aux services. Ce droit spécial est articulé autour des principes fondamentaux à savoir l'égalité de traitement des candidats, la libre concurrence, l'efficacité, l'efficience, la transparence, l'économie et la traçabilité des procédures. Ces principes sont protégés par plusieurs disciplines juridiques dont notamment le droit budgétaire et comptable, le droit administratif, le droit constitutionnel, le droit communautaire, le droit de l'environnement, le droit de la propriété intellectuelle, le droit pénal, le droit du travail et de la sécurité sociale, le droit des garanties, le droit fiscal et le droit des entreprises en difficultés.

Conscient du caractère multidimensionnel et pluridisciplinaire du fond thématique de son sujet à savoir le droit des marchés publics, M. ISSOUFOU a pris le parti de le traiter, dans le cadre du Niger et du Sénégal, sous l'angle de la dépense publique. Il a choisi, en partant des objectifs assignés à la réforme du droit des marchés publics dans les pays africains, de poser une question fondamentale qui appelle une myriade d'autres questions listées par l'auteur : le droit des marchés publics, tel qu'il est conçu, formulé et appliqué, est-il de nature à garantir la transparence, l'égalité de traitement des candidats, la libre concurrence, la célérité et la traçabilité des procédures dans l'optique d'une bonne rationalisation de la dépense publique ?

Pour répondre à cette question, l'auteur a procédé à une analyse critique des pratiques développées par les acteurs de la mise en œuvre des marchés publics à la lumière des textes fondamentaux constitués des directives de l'UEMOA et des textes nationaux des deux Etats, de la jurisprudence, des décisions des Comité de règlement des différends et de l'exploitation des rapports des corps de contrôle.

Ce travail analytique a permis de dégager une ou la thèse suivante : à quelques différences près, les principes fondamentaux, socle du nouveau droit des marchés publics dont le respect est censé contribuer à une plus grande rationalisation de la dépense publique, ne sont pas suffisamment pris en compte aussi bien par le droit positif que par les pratiques en cours dans les deux Etats sous examen.

La défense de cette thèse a pris en compte les deux dimensions (matérielle et institutionnelle) du droit des marchés publics. Concernant la première dimension qui renvoie au contenu des règles applicables aux marchés publics, c'est-à-dire les mécanismes opérationnels de préparation, de passation et d'exécution des marchés, l'auteur a relevé des insuffisances dans la conception et l'application de certaines dispositions relatives à la préparation du marché (approximations dans la définition de l'étendue des besoins, le non-respect voire la banalisation des exigences qui entourent la conception et l'exécution des plans de passation des marchés publics), à la passation des marchés (échec de la volonté du législateur communautaire de faire de l'appel d'offres ouvert le mode normal de passation des marchés et érection tendancielle des demandes de renseignements et de prix et les consultations des fournisseurs en procédures normales de passation des marchés) et à l'exécution des marchés (retards de livraison, des livraisons partielles, voire, fictives, malfaçons, ouvrages défectueux, chantiers abandonnés).

Pourtant, ainsi que le constate l'auteur, tous les errements identifiés n'empêchent pas aux titulaires de ces marchés d'être payés sans service qualitativement fait. Ce qui soulève un monumental problème de gouvernance.

L'étude de la dimension institutionnelle du droit des marchés publics a mis en évidence le manque d'efficacité, d'origine pluri-causale, des organes chargés par les textes du contrôle de la bonne application des règles matérielles (Parlements, corps administratifs de contrôle, juridictions et nouvelles institutions comme la Direction centrale des marchés publics au Sénégal et la Direction générale du contrôle des marchés publics et des engagements financiers au Niger).

Refusant de s'abriter derrière l'argument de la neutralité axiologique, M. ISSOUFOU Adamou, fort de son érudition en droit des marchés et de son expérience acquise à travers ses missions d'audit de marchés publics, s'emploie, avec rigueur, à identifier les problèmes (complexité de la matière, instabilité des textes, déficit de formation des acteurs, persistance des mauvaises pratiques, prévalence des considérations politiques, inefficacité des mécanismes de contrôle et de sanction), à proposer des solutions et à ouvrir des pistes pour d'éventuelles recherches ultérieures. Ce qui rend son ouvrage à la fois utile et utilitaire pour l'Université et la société.

Ismaila Madior FALL

Agrégé de droit public et de science politique

Professeur titulaire

Ministre, conseiller juridique du Président de la République du Sénégal

AVANT-PROPOS

La thèse de droit comparé de M ISSOUFOU Adamou publiée en deux tomes, s'inscrit dans la tradition de vulgarisation des travaux scientifiques par les éditions L'Harmattan. Elle explore de manière excellente un thème actuel à savoir : « Le nouveau droit des marchés publics et la rationalisation de la dépense publique au Niger et au Sénégal ».

Le Tome I est consacrée à la dimension matérielle du droit des marchés publics et le Tome II à ses aspects institutionnels.

Elle vise, à travers une approche multidisciplinaire, à mettre en exergue les liens parfois occultés entre marchés publics et droit budgétaire et comptable au regard des nouvelles exigences entourant la gestion de la dépense publique dans l'encadrement juridique des marchés publics. Il explique, tout au long de la thèse, l'évolution du droit de la commande publique, surtout à partir de 2005 avec l'adoption des premières « directives marchés » dans le cadre de l'Union Economique et Monétaire Ouest Africaine (UEMOA).

La symétrie chère aux juristes a été respectée avec un plan cohérent et des titres expressifs : Première partie, Une insuffisante articulation du nouveau droit matériel avec les exigences de rationalisation de la dépense publique ; Deuxième partie, Une persistance des entraves au nécessaire renforcement du droit institutionnel des marchés publics.

L'auteur explique l'illusion dans l'encadrement des différentes phases de la passation des marchés publics et les insuffisances notées dans la phase d'exécution des marchés publics. Il y a tout de même un espoir, et c'est l'objet de la deuxième partie, quand il propose des solutions afin de rendre le contrôle juridictionnel perfectible et de permettre aux organes de contrôle non juridictionnels de jouer le rôle qui leur est dévolu depuis la mise en œuvre de la réforme dans les deux Etats.

Assurément, la thèse de M ISSOUFOU Adamou est une contribution importante à la théorie du droit des marchés publics. Elle relativise la distinction entre droit public et droit privé quand le droit des marchés publics est interpellé. En effet, s'il est fait appel au droit administratif et aux finances publiques, le droit des affaires, le droit de la concurrence ou encore le droit pénal jouent un rôle important dans cette discipline. La pénalisation du droit des marchés publics qui a été étudiée en constitue la parfaite illustration.

L'étude touche non seulement le droit supranational, mais aussi les textes relatifs aux marchés publics des deux pays qui sont analysés de manière rigoureuse permettant de voir l'état de la transposition des directives communautaires sur les marchés publics. Ce qui permet de faire ressortir l'unité d'une telle discipline.

Tout au long de la thèse, le lecteur s'habitue progressivement à la terminologie assez complexe des marchés publics dont le candidat a une bonne maîtrise. Ses prises de position sur certaines questions démontrent qu'il s'agit effectivement d'une véritable thèse.

Il est évident que les travaux de recherche de M. ISSOUFOU Adamou comportent beaucoup de qualités. Le sérieux de l'argumentation est complété par une honnêteté intellectuelle avec 1330 notes de bas de pages qui précisent les sources utilisées.

Il faut noter que le recours constant à des exemples concrets et pratiques permet d'illustrer la partie théorique de la thèse qui fait un juste équilibre entre théorie et empirisme.

La thèse ouvre de nombreux débats qui s'inscrivent au cœur de la problématique actuelle des marchés publics :
- à quelles conditions les personnes privées peuvent être des autorités contractantes ;
- la place des marchés publics dans le droit de la commande publique ?
- la différence entre allotissement et fractionnement ;
- les informations portées à la connaissance des soumissionnaires ;
- la constitutionnalisation du droit de la commande publique.
- la voie traditionnelle de l'excès de pouvoir par rapport au plein contentieux dans le contentieux des marchés publics ;
- la question du référé-suspension ;
- la pertinence du contrôle *a priori* dans les marchés publics ;
- la prévalence des considérations politiques dans les marchés publics ;
- le rôle de la performance dans le contrôle des marchés publics.
- l'invocation directe d'une directive devant le régulateur ou le juge, alors qu'elle n'a pas été totalement transposée ;
- la nécessité d'une loi-cadre sur les autorités de régulation ;
- la problématique des offres spontanées, notamment au Sénégal.

Cette thèse est donc essentielle pour toutes les personnes impliquées dans le processus de passation des marchés publics, si l'on sait que les cellules de passation des marchés publics, les directions des marchés publics ou les commissions de passation des marchés ne sont pas composées exclusivement de juristes.

Elle permettra, aussi, aux juridictions chargées du contentieux des marchés publics dans les deux Etats d'avoir un document qui explicite l'aspect pathologique du droit des marchés publics. Enfin, elle renforce la place du droit des marchés publics dans le programme d'enseignement dans les facultés de droit.

Bonne lecture.

Professeur Moustapha NGAIDO
Maître de Conférences à la Faculté des Sciences Juridiques et Politiques
Université Cheikh Anta Diop de Dakar

INTRODUCTION GÉNÉRALE

S'exprimant en marge de la Table ronde sur les sept (7) ans de la réforme du système de passation des marchés publics au Sénégal[1], M. Mouhamadou Makhtar CISSÉ attirait l'attention des participants sur le fait qu'« *il ne faudrait pas que pour des considérations procédurales qu'on puisse rater le train du décollage économique* »[2].

Ces propos du Ministre délégué en charge du Budget traduisent, en réalité, la position des autorités politiques, y compris celles du Niger, sur les contraintes imposées par le nouveau droit des marchés publics[3].

Dans le cas du Sénégal, cette prise de position n'a pas manqué de susciter la réaction des gardiens de l'orthodoxie procédurale. C'est ainsi que dans une sorte de réplique, le Directeur Général de l'Autorité de Régulation des Marchés Publics (ARMP), M. Saër NIANG soutenait qu' « *on ne peut pas être responsable et dire : je n'arrive pas à réaliser mes projets, parce qu'il y a les procédures qui m'empêchent d'aller de l'avant. On doit composer avec les procédures et savoir que ce sont les ressources publiques et qu'il y a des critères pour dépenser les ressources publiques*»[4].

Face à ces préoccupations, à la limite extrêmes, certains observateurs concluent à une impossible entente entre le régulateur et le politique[5]. Ce dernier est pressé de *« passer le marché pour arriver à rendre visibles les actions »* au moment où *« le régulateur tient à ce que toutes les étapes de la procédure soient respectées »*[6].

---

[1] Sur les détails de cette Table ronde organisée le 23 juin 2014, voir, *RMP* n°18, septembre 2014, pp. 13-39.

[2] Voir, « Trois questions à Mouhamadou Makhtar CISSÉ », dans le Recueil de Communication édité par l'ARMP, p. 10 et disponible sur http://www.armp.sn/images/recueil_de_communications.pdf (consulté le 29 avril 2015)

[3] Nous tenterons de montrer que les autorités politiques de ces deux États ont les mêmes préoccupations. En effet, dans les deux États, il est question d'atteindre un certain niveau de consommation de crédits budgétaires afin d'obtenir une réalisation satisfaisante des objectifs définis, d'une part, dans le Plan Sénégal émergent (PSE) et, d'autre part, dans le Programme de la Renaissance du Niger.

[4] S. NIANG, *RMP* n°18, septembre 2014, p. 14.

[5] Voir, O. FEDIOR, « Marchés publics : l'impossible entente entre le régulateur et le politique » sur http://www.reussirbusiness.com/?p=4438 (consulté le 20/04/2015). Dans cet article, l'auteur insiste sur la position de différents acteurs, notamment le politique et les responsables de l'Autorité de Régulation des marchés publics sur les procédures de passation des marchés publics au Sénégal.

[6] Propos de M. S. NIANG rapporté par O. FEDIOR, dans l'article ci-dessus cité.

Au fond, cette polémique met en relief la place centrale qu'occupent les marchés publics dans le débat public actuel et, surtout, dans la mise en œuvre des politiques publiques. Au-delà des marchés publics, c'est toute la problématique de la commande publique qui connait un regain d'intérêt. Du coup, l'on assiste, un peu partout, à un reflux des éléments de contrainte et d'unilatéralité au profit d'un spectaculaire renouveau du procédé contractuel[7]. En effet, il est classique de rappeler que pendant longtemps, les administrations publiques décidaient, essentiellement, par le biais d'actes unilatéraux[8]. Ce procédé, dit-on, est inhérent à la forme étatique elle-même et au pouvoir de commandement qui lui est consubstantiel : décider unilatéralement et imposer aux administrés, des décisions ou les autoriser à agir en fonction des exigences de l'intérêt général[9]. C'est la traduction la plus parfaite des prérogatives de puissance publique[10] dont elles sont investies.

De nos jours et au nom de ce que la doctrine appelle le « *contractualisme* »[11], ces administrations s'inscrivent dans une logique de renouvellement de l'usage de leur pouvoir qui devrait, pour être légitime, négocier les obligations qu'elles imposent. Par voie de conséquence, de nombreuses opérations juridiques ne se réalisent qu'après plusieurs discussions. C'est dans cette logique que s'insère le contrat, synonyme de modernité et de démocratisation de l'action administrative[12].

En raison de sa souplesse, ce procédé permet aux administrations publiques de recourir, de moins en moins, à l'arme de l'unilatéralisme pour s'employer à conclure des conventions dans de très nombreux domaines[13]. Pour le Professeur J. MORAND-DEVILLER, l'Administration publique « *choisirait, lorsque cela est possible, le faire faire plutôt que le faire, ce qui favoriserait le mieux faire sans verser dans le laisser faire* »[14].

---

7 J. CHEVALLIER, « Vers un droit post moderne ? Les transformations de la régulation juridique », *RDP* n°3 1998, pp. 6776-678.

8 Voir, P.L FRIER et J. PETIT, *Précis de droit administratif*, Paris, 4e édition, *Montchrestien* 2006, p. 263.

9 P.L FRIER et J. PETIT, op. cit, p. 263.

10 Pour un aperçu assez exhaustif sur les pouvoirs exorbitants de l'Administration, voir les importantes études réunies par F. MELLERAY sous le titre de, *L'exorbitance du droit administratif en question(s),* collection de la Faculté de Droit et de Sciences Sociales de l'université de Poitiers, *LGDJ* 2004, p.312.

11 L. RICHER, *Droit des contrats administratifs*, Paris, 8e édition, *LGDJ* 2012, p.52.

12 L. RICHER, « La contractualisation comme technique de gestion des affaires publiques », *AJDA* 2003, p. 973. Voir, aussi, Conseil d'Etat français : *Le contrat, mode d'action publique et de production des normes*, Rapport public, Vol 2, Etudes et documents, n°59, Paris, La documentation française, 2008, p. 398.

13 Sur cette question, voir, J. MOREAU, « Les matières contractuelles », *AJDA* 1998, pp. 747-752.

14 J. MORAND DEVILLER, *Droit administratif*, Paris, 11e édition *Montchrestien* 2009, p. 460.

Dans les Etats africains, le procédé contractuel a reçu une expérimentation depuis la période coloniale[15]. A ce propos, le Doyen M. SOURANG soutenait que le recours, par l'Etat africain, au contrat comme support juridique dans ses rapports avec certains particuliers n'est pas nouveau[16]. Pour cet auteur, deux raisons expliquent et justifient l'essor du procédé contractuel en Afrique. Il s'agit, d'une part, de sa flexibilité qui permet de l'adapter à toute une série de mutations économiques et sociales[17] et, d'autre part, de l'idée de socialisation qui fait du contrat un instrument de réalisation des projets de la collectivité. Sous cet angle, le Professeur SOURANG soutient, à juste titre, que le contrat est « un fait social », c'est-à-dire, qu'il n'intéresse pas seulement les parties mais la société toute entière. En conséquence, la volonté des parties ne peut pas se diriger à l'encontre des intérêts de la société[18].

Finalement, la possibilité pour l'Administration publique africaine de conclure des contrats a toujours existé[19]. Ce procédé se présente comme l'instrument, par excellence, de légitimation de l'action de l'Etat.

Toutefois, la notion de contrat ne couvre pas une seule réalité mais plusieurs. De ce fait, si les contrats sont divers, il faut remarquer qu'ils se divisent du point de vue juridique, en deux catégories fondamentales[20] à savoir les contrats administratifs proprement dits et les contrats de droit privé.

L'on retrouve la fameuse distinction entre le « contrat administratif » et le « contrat de l'administration »[21]. Le premier est soumis au régime de droit public et le second englobe aussi bien le premier (contrat administratif) que les divers contrats de droit privé susceptibles d'être conclus par l'Administration.

Le contrat administratif proprement dit, c'est-à-dire, celui qui suppose la présence ou la représentation[22]d'une personne publique et l'application d'un

---

15 J. C. GAUTRON cité par D. SY, *La technique des contrats-plan au Sénégal : Contribution à l'étude de la contractualisation des relations entre l'Etat et les entreprises du secteur parapublic,* Thèse de doctorat d'Etat Dakar 1989 p. 74. Ce spécialiste de droit public faisait allusion aux concessions de service public et aux marchés des travaux publics développés par les autorités coloniales.

16 M. SOURANG, *La technique contractuelle dans les rapports Etats-Entreprises étrangères : contribution à l'étude des conventions d'établissement conclues par les Etats africains*, Thèse de doctorat d'Etat en droit, Bordeaux I 1980, p. 2.

17 M. SOURANG, op. Cit, p. 23.

18 Ibid, p. 23.

19 C'est surtout dans le domaine de concession de service public et de travaux publics que le procédé contractuel a prospéré.

20 Sur cette question et bien d'autres, voir A. DE LAUBADERE, *Traité élémentaire de droit administratif,* Paris, 5è édition, *LGDJ* 1965, p.291.

21 Dans une étude extrêmement importante, le Professeur A. BOCKEL a insisté sur cette distinction, son enjeu qui est, essentiellement, le régime juridique applicable, les critères permettant d'opérer cette distinction. Pour les détails, voir, A. BOCKEL, «Les contrats administratifs », Encyclopédie Juridique de l'Afrique, T9, *NEA* 1982, pp. 220-224.

22 L'allusion est faite aux contrats conclus par deux personnes privées mais dont l'une agit au nom et pour le compte d'une personne publique. La jurisprudence française a, depuis

régime de droit public se présente, à son tour, sous plusieurs formes[23]. Certains de ces contrats méritent une attention particulière en raison, soit du rôle qu'ils jouent dans la société, soit de leur fréquence, soit de la polémique qu'ils suscitent et entretiennent, soit de l'encadrement juridique particulier dont ils font l'objet. Parmi ces derniers, les marchés publics occupent une place de choix car ils constituent l'une des principales techniques contractuelles utilisées par les personnes publiques contemporaines pour s'assurer les moyens nécessaires à leur mission d'intérêt général.

Dans la présente introduction qu'il faut, plutôt, considérer comme « *un apéritif destiné à aiguiser la faim de découverte du lecteur* »[24], il est question de rappeler l'objet de l'étude (**I**) avant de définir, de délimiter et de préciser l'angle de traitement du sujet choisi (**II**). Ce travail constitue un préalable au rappel du contexte (**III**) dans lequel s'inscrit l'étude qui ne manquera pas de soulever une problématique (**IV**). Ainsi, traiter cette problématique, nécessite au regard des intérêts en présence (**V**), le choix d'une méthodologie appropriée (**VI**). Une esquisse de réponse et l'annonce du plan (**VII**) mettront fin à cette présentation introductive.

I. OBJET DE L'ÉTUDE

Dans une étude assez ancienne mais toujours pertinente, le Doyen A. BOCKEL soulignait que « *tout engagement contractuel souscrit par une personne publique donne naissance à une obligation juridique, l'engagement d'une dépense publique peut également en résulter* »[25]. *A priori*, cette affirmation cherche à déterminer la nature juridique de l'obligation susceptible de découler de l'engagement contractuel souscrit par une personne publique. Mais, au-delà, elle vise à mettre en rapport deux systèmes de règles à savoir les règles qui déterminent la validité de l'opération contractuelle proprement dite et celles qui gouvernent la validité de l'engagement de la dépense publique.

---

l'arrêt Société Entreprise PEYROT (TC 8 juillet 1963) admis cette qualification. Au Sénégal, c'est l'art. 9 du COA qui a codifié une telle jurisprudence.

[23] Il s'agit, loin de prétendre à l'exhaustivité, des conventions de délégation de service public, de contrat de partenariat public privé, des marchés publics. Il faut, également, rappeler les procédés contractuels très en vogue utilisés dans le cadre du recrutement de certains agents dits contractuels. Ce procédé est surtout usité dans le secteur de l'éducation et de la santé. Pour une présentation exhaustive de ces différents contrats administratifs, voir, D. SY, *Droit administratif*, Dakar, HARMATTAN/CREDILA, 2ème éd., 2014, pp. 277-278.

[24] C. MOULY, « Crise des introductions au droit », cité par R. CABRILLAC, *Introduction générale au droit*, Paris, 5è édition, *DALLOZ*, 2003, p.1.

[25] A. BOCKEL, « Les contrats des personnes publiques et les règles de la comptabilité publique », *Annales Africaines* 1974, p.1.

Mais, si la connexité de ces deux systèmes de règles a été établie depuis longtemps[26], force est d'admettre qu'elle trouve une application plausible dès lors qu'il s'agit d'analyser certaines catégories d'engagement contractuel comme les marchés publics qualifiés « *des contrats faisant naitre à la charge du patrimoine administratif national une dette de somme d'argent* »[27].

Cette idée du Professeur G. JEZE est confirmée par ses contemporains qui soutiennent que le marché public entraine une dépense publique et applique, par conséquent, les règles de la comptabilité publique[28].

De leur côté, les dispositions légales et réglementaires pertinentes ont toujours fait du respect des règles de la comptabilité publique[29], une condition de validité de tout engagement contractuel. L'art. 17 de la Loi sénégalaise n° 65-51 du 19 juillet 1965 portant Code des Obligations de l'Administration (COA) modifiée par la Loi n°2006-16 du 30 juin 2006 dispose que « *la conclusion d'un contrat susceptible d'engager les finances de la personne administrative contractante est soumise à l'existence de crédits budgétaires suffisants et au respect des règles d'engagement des dépenses publiques* ». La jurisprudence, quant à elle, est catégorique sur cette question. Dans une décision rendue par le Tribunal Régional de Dakar, il est clairement affirmé que la violation des règles de la comptabilité publique entraine la nullité absolue du contrat[30].

Cette exigence vise, essentiellement, à protéger les intérêts financiers des partenaires contractuels de la personne publique et à lutter contre les dépenses irrégulières.

---

26 Le principe de l'indépendance du droit budgétaire et du droit administratif existe il est vrai comme l'a rappelé C. EMERY, *Passer un marché public : Principes, procédures et contentieux*, Paris, *Delma*s 2001, p. 49, en ce sens que l'autorisation de dépenser ne vaut pas autorisation de contracter. Mais à partir du moment où l'autorité décide de contracter, le non-respect d'une des réglementations -financières ou contractuelles-, entraîne la nullité de toute l'opération. Sur cette question, voir, concernant le droit sénégalais, l'étude du Doyen BOCKEL précitée et sur l'évolution de la question, l'ouvrage précité de D. SY, pp. 284-285.

27 G. JEZE, « Théorie générale des contrats de l'Administration », *RDP* 1930, p.94. Dans cette œuvre magistrale, l'éminent classique du droit public français s'est employé à présenter une étude exhaustive sur le contrat administratif, à travers ses caractéristiques, ses procédures, ses différentes formes ainsi que les difficultés théoriques et pratiques qu'il présente.

28 J.C. DUVAL, *L'essentiel du droit des marchés publics*, Paris, *Ellipses* 2010. p.107.

29 Voir, par exemple, les articles 26 et 88 du Décret sénégalais n° 2003-101 du 13 mars 2003 portant Règlement Général sur la Comptabilité publique, Journal officiel n°6094 du 29 mars 2003, pp. 301-326.

30 Voir, dans ce sens, Tribunal Régional de Dakar, 30 juillet 1986 COTOA, cité par D. SY. Op. Cit. p. 285.

Le lien de connexité ainsi ébauché est si important que D. THOMAS[31] voit dans chaque étape de la procédure, la matérialisation des relations étroites entre les règles budgétaires et comptables et le droit des marchés publics. Une telle évidence pourrait servir de réponse à la préoccupation de J. P. CAMBY qui se demande s'il y a « *toujours eu des liens entre le droit administratif et le droit financier* »[32].

Au total, l'étude tente de mettre en exergue, d'une part, l'étroitesse des relations qui existent entre le droit des marchés publics et le droit budgétaire et comptable et, d'autre part, la place qu'occupent les nouvelles exigences entourant la gestion de la dépense publique dans l'encadrement juridique des marchés publics. C'est pourquoi, elle se propose comme objet, ***le nouveau droit des marchés publics et la rationalisation de la dépense publique au Niger et au Sénégal.*** L'étude envisagée est ainsi perçue comme une réflexion sur le nouvel encadrement juridique des marchés publics en rapport avec les exigences de rationalisation de la dépense publique.

Mais, avant, une bonne intelligence du débat suppose la clarification des concepts usités ainsi que la délimitation du champ de l'étude.

II. DÉFINITION, ANGLE DE TRAITEMENT ET DÉLIMITATION DU SUJET

Toute étude scientifique se caractérise par un objet, c'est-à-dire, la matière qui lui sert de support. C'est la bonne imprégnation de celle-ci qui conditionne, en réalité, la maîtrise du sujet. Dès lors, la clarification des concepts clefs de ce sujet devient une exigence fondamentale **(A).** Aussi, l'angle de traitement du sujet et l'étendue de son étude doivent- ils être circonscrits **(B)**.

A. Définition des termes du sujet

Le sujet de la thèse est articulé autour de deux expressions fondamentales. Il s'agit de la notion de « marché public » et de celle de « rationalisation de la dépense publique » qu'il convient de définir afin de saisir son sens et sa portée.

A propos du concept « marché », du latin *mercatus,* c'est-à-dire, commerce, négoce, trafic, le Dictionnaire du Vocabulaire juridique[33] précise qu'il faut l'entendre, entre autres, comme une espèce de convention ayant pour objet la livraison des marchandises ou la fourniture des services.

Quant à l'adjectif qualificatif « public », du latin *publicus,* c'est-à-dire, qui concerne le peuple, il s'analyse comme un concept qui accompagne une réalité d'ordre général et supérieur ou qui est inhérente à la constitution et à

---

31 D. THOMAS, « Les relations entre le droit des marchés publics et le droit budgétaire et comptable », *RDP* 4. 1997, p. 1104.

32 J. P. CAMBY, « Droit administratif et droit financier *»*, *RDP* 4, 1998, p.953.

33 G. CORNU, *Vocabulaire juridique*, Paris, *9e* édition *PUF* 2011, p.576.

l'organisation de l'Etat. Il accompagne, également, certaines réalités qui émanent d'une autorité de l'Etat ou qui sont placées sous son contrôle, qui sont ouvertes à tous ou qui sont soumises à un régime de droit public.

La combinaison de ces deux concepts permet de déduire que le marché public est un contrat conclu par une autorité publique ou, exceptionnellement, par une personne privée et dont l'objet porte sur la fourniture de marchandises, la prestation de services et la réalisation de travaux en vue de satisfaire un besoin d'intérêt général. Ouverte à tous, cette convention est soumise à un régime de droit public.

Cette tentative d'explication de la notion de marché public rejoint l'idée de M. GUIBAL pour qui, « *avant d'être un acte économique d'achat et une opération financière mettant en œuvre des deniers publics, le marché public est, d'abord, un contrat* »[34]. Laurent RICHER ajoute que « *les marchés publics sont semblables aux contrats que concluent entre eux les particuliers* »[35]. Mais la ressemblance entre le marché public et les autres contrats de droit privé justifiée par l'importance de la dimension volontariste ne doit pas pousser à les confondre. En effet, le marché public est un contrat particulier en raison de la présence quasi systématique d'une personne publique et des enjeux financiers qui s'en suivent. Il constitue le fruit de la rencontre de deux volontés : celle de la personne publique qui entend satisfaire les besoins d'intérêt général mis à sa charge et celle de l'entrepreneur, fournisseur ou prestataire de service qui entend développer son activité en élargissant sa clientèle.

A cette rencontre de deux volontés, rien ne s'oppose à ce qu'il soit appliqué les conditions de validité de tout contrat, notamment, l'exigence d'un consentement préalable et exempt de vices. C'est à ce propos qu'il est soutenu que « *la jurisprudence administrative s'inspire étroitement de la théorie des vices du consentement du droit privé* ».[36]

Cette lecture de la notion de marché public n'épuise pas toutes les difficultés liées à sa définition car elle ne fait pas ressortir ce qui fait la singularité du marché public parmi la pléthore d'accords que peuvent conclure les personnes publiques dans le cadre de leur mission d'intérêt général. C'est pourquoi, l'on est tenté de convoquer la position de Madame M. Cliquennois qui pense que « *le marché public est un contrat par lequel une personne privée réalise, pour le compte d'une personne publique, des travaux, des fournitures, des services en contrepartie d'un prix payé par l'Administration* »[37]. Même si cette acception est muette sur la forme que doit prendre un tel contrat, elle revêt un intérêt particulier dans la mesure où elle insiste sur les autres éléments

---

34 M. GUIBAL, « *La réduction des risques juridiques par la simplification* », ACCP juillet-août 2001, N°2 p.8 cité par C. EMERY, op. Cit p.173.

35 L. RICHER, *Droit des contrats administratifs*, op.cit. p. 373.

36 L. RICHER cité par C. EMERY, op. Cit p.43.

37 M. CLIQUENNOIS, *Droit public économique*, Paris, *Ellipses* 2001, p.238.

déterminants de la notion de marché public à savoir son objet et les modalités de rémunération du cocontractant.

Abondant dans le même sens, la Directive n°04/2005 de l'UEMOA[38]conçoit le marché public comme « *le contrat écrit conclu à titre onéreux par une autorité contractante pour répondre à ses besoins en matière de travaux, de fournitures ou de services...* »[39]. Relevons que cette acception préfère l'adjectif ''**onéreux**'' à celui du ''**prix**''. Mais même dans ce cas, il faut retenir que le recours au concept onéreux impose à l'autorité contractante la condition d'acquitter une charge, c'est-à-dire, des dépenses ; toute chose qui exclut des prestations gracieuses, gratuites ou risquées pour le cocontractant.

Cette conception qui peut être transposée dans le droit positif du Niger et du Sénégal montre que deux critères cumulatifs doivent être réunis pour envisager une définition satisfaisante de la notion de marché public. Il s'agit, d'une part, du critère organico-formel qui met l'accent sur la forme écrite[40] de l'accord et la présence directe ou indirecte d'une personne publique et, d'autre part, du critère matériel qui se dédouble. Il porte, en effet, sur l'objet de l'accord (travaux, fournitures et services) et sur les modalités de rémunération du cocontractant. Envisagée sous ce critère matériel, la définition des marchés publics passe par un double constat à savoir l'existence d'un objet qui est de satisfaire les besoins de la collectivité publique et la fixation des modalités financières qui ne doivent pas être risquées pour le titulaire du marché.

Ces considérations générales sur la notion de marché public permettent d'approfondir sa définition en la distinguant, notamment, des autres contrats publics[41]. C'est le cas du contrat administratif, de la notion de commande publique, de la délégation de service public (DSP) et du partenariat public-privé (PPP) considérés comme les plus fréquents et avec lesquels le risque de confusion est assez élevé.

Concernant la distinction avec le contrat administratif, il faut relever que certaines législations affirment, sans détours, que les marchés publics conclus

---

[38] A chaque fois qu'il sera question d'évoquer les dispositions de la Directive n° 04/2005/CM/UEMOA portant procédures de passation, d'exécution et de règlement des marchés publics et des délégations de service public dans l'Union Economique et Monétaire Ouest Africaine, nous allons nous limiter à écrire la Directive n° 04/2005.

[39] Article 1er de la Directive n°04/2005/CM/UEMOA portant procédures de passation, d'exécution et de règlement des marchés publics et des délégations de service public dans l'Union Economique et Monétaire Ouest Africaine.

[40] Selon le droit communautaire, le marché public qui doit être conclu par certaines personnes habilitées prévues aux articles 4 et 5 de la Directive n° 04/2005 est un contrat écrit. La précision est importante soulignent M. NGAIDO et M.T SOCK, *in*, *Le Code des marchés publics annoté*, Dakar 2e édition, *Juriscare* 2015, p.18. Pour ces spécialistes, le maniement des deniers publics exige un minimum de sécurité juridique que seul l'écrit peut conférer. Il serait, en effet, très difficile selon ces auteurs, d'effectuer des contrôles sur un marché verbal.

[41] Sur cette notion de contrat public, voir G. ECKERT, « Réflexions sur l'évolution du droit des contrats publics », *RFDA* mars-avril 2006, p.238 et suivants.

par certaines personnes publiques ou privées sont des contrats administratifs[42]. Les marchés publics constituent, ainsi, une catégorie de contrat administratif. Il s'agit de ce que l'on appelle le contrat administratif par détermination de la loi[43]. En dépit de cette prise de position textuelle, il n'en demeure pas moins qu'il est possible de relever certaines spécificités des marchés publics par rapport au contrat administratif.

La notion de contrat administratif englobe, en réalité, « *tout accord conclu par une personne morale de droit public, soit contenant des clauses exorbitantes de droit commun, soit en vue de satisfaire un besoin de service public* »[44]. Partant de cette définition, l'on peut retenir que le contrat administratif est ce vaste nom générique que peut prendre tout accord, quelle que soit sa forme ; l'essentiel est qu'il implique une personne publique et qu'il contienne des clauses exorbitantes de droit commun ou qu'il soit orienté vers une mission de service public.

Au fond, l'idée qui se cache derrière la notion de contrat administratif est la recherche des critères permettant de définir et d'asseoir le régime contentieux[45]. C'est pourquoi, l'on peut soutenir que les deux notions n'assument pas les mêmes fonctions. En effet, alors que la notion de contrat administratif dont l'apparition remonte au XIXe siècle[46] découle de la nécessité de déterminer les critères permettant d'asseoir la compétence du juge administratif ; celle de marché public correspond à des mécanismes, à des procédures et sa fonction vise à garantir le meilleur choix possible aux administrations publiques et à traiter, équitablement, les entreprises susceptibles de proposer leurs services.

Les marchés publics constituent, ainsi, une notion à contenu essentiellement procédural[47] avec en filigrane la préoccupation de protéger les ressources publiques et d'accroître l'efficacité de la dépense publique. En effet, si certains auteurs affirment que le droit des marchés publics constitue le droit premier des contrats de l'Administration, ils n'hésitent pa à faire ressortir les préoccupations

---

42 Cf. article 4 al. 24 du décret n°2014-1212 du 22 septembre 2014 portant CMP au Sénégal. On retrouve la même prise de position à l'art. 2 du décret nigérien n°2013-569/PRN/PM du 20 décembre 2013 portant CMP.

43 Voir A. DE LAUBADERE et alt., *Traité de droit administratif*, T1, Paris, 13e édition, *LGDJ 1994*, p. 689.

44 R. CHAPUS, *Droit administratif général*, Paris, 15e édition, *Montchrestien* 2001, p.551.

45 R. CHAPUS, *ibid.*, p.551.

46 Pour L. RICHER, *Droit des contrats administratifs*, op. Cit, pp.29 et suivants, les idées qui sont à la base du régime des contrats administratifs ont cheminé au cours du 19è siècle dans les cahiers des charges élaborées par les administrations et dans la jurisprudence du Conseil d'Etat français, principalement, relative aux marchés de travaux publics et à la concession de travail et de service public. Dès le début du XXe siècle ont été formulées par les arrêts et les conclusions des commissaires du gouvernement comme ROMIEU et BLUM, les principes fondamentaux qui sont à la base du droit des contrats administratifs ; qu'il s'agisse de la définition du contrat, de son régime juridique et de la compétence du juge administratif en cas de litige.

47 F. LINDITCH, *Le droit des marchés publics*, Paris, 2e édition, *DALLOZ* 2002, p.24.

de ce droit qui se résument à la protection des deniers publics et à la lutte contre la corruption et l'opacité[48].

La distinction entre les marchés publics et la commande publique n'est pas aisée. En effet, en dehors de la propension à utiliser indistinctement ces deux notions, certains spécialistes n'hésitent plus à conclure que les marchés seraient devenus purement et simplement la commande publique. C'est le cas de M. Gregory Kalflèche[49]. Dans sa thèse de doctorat, il part de l'idée que nombre de contrats conclus par les administrations publiques sont soumis aux mêmes principes et aux mêmes procédures. Pour cet auteur, matériellement, l'ensemble des biens doivent, en principe, faire l'objet de marchés publics. Organiquement, l'ensemble des personnes publiques ainsi que certaines personnes sous influence publique doivent respecter des textes imposant une publicité de leurs futurs contrats ou une mise en concurrence des candidats. Une telle situation a poussé l'auteur à conclure que les différentes qualifications contractuelles imposant les mêmes procédures sont trop diverses et confuses pour être opératoires. C'est pourquoi, M. Kalflèche propose que ces contrats soient regroupés sous une notion juridique de Commande publique qu'il définit comme « *un contrat à titre onéreux par lequel une personne morale de droit public ou une personne privée qui est, soit contrôlée par une ou plusieurs personnes publiques, soit qui a en charge des deniers publics, se procure pour elle-même ou pour les usagers du service public dont elle a la responsabilité des biens corporels ou des services* »[50].

Pour cet auteur, la notion de commande publique mérite de remplacer celle des marchés publics[51]. La première étant l'aboutissement du processus d'évolution de la deuxième.

Il est vrai que de nos jours, certains montages contractuels déroutent. Mais à y regarder de près, il semble excessif de vouloir regrouper tous les contrats de l'Administration sous le même vocable, c'est-à-dire, autour d'une même et unique catégorie juridique et faire disparaitre la notion des marchés publics. En effet, si tous ces contrats obéissent, sur le terrain procédural, aux mêmes principes de transparence, de liberté et d'égalité de traitement des candidats, il n'en demeure pas moins qu'ils s'en distinguent dès lors que l'on s'intéresse à leur objet, à leur durée et aux modalités de rémunération des cocontractants. Ce sont, d'ailleurs, ces éléments qui permettent de distinguer les marchés publics des autres contrats administratifs.

En l'état actuel du droit positif des Etats choisis, l'on peut se contenter de conclure que la commande publique est un terme générique qui s'applique à

---

48 F. ALLAIRE, *L'essentiel du droit des marchés publics*, Paris, 5e édition *Gualino* 2012, pp.11-13.

49 G. KALFLÈCHE, *Des marchés publics à la commande publique : l'évolution du droit des marchés publics*, Thèse de doctorat, Paris II, 2004, p. 764.

50 G. KALFLÈCHE, op. Cit, pp. 22.

51 Ibid. pp. 23-23.

l'ensemble des contrats passés par les personnes publiques pour satisfaire leurs besoins. Ces contrats peuvent être ou non soumis au Code des marchés publics[52]. En d'autres termes, la commande publique est une notion large, englobant plusieurs formes contractuelles dont les marchés publics, les délégations de service public (DSP) et les contrats de Partenariats publics privés (PPP) qu'il convient de distinguer.

La distinction entre les marchés publics et les DSP est relativement simple.

Regroupant les contrats classiques relatifs à la gestion des services publics[53], la notion de DSP a été introduite en France, d'abord, par la doctrine, puis sous l'influence du droit communautaire européen, par plusieurs textes juridiques dont, notamment, la Loi n° 93-122 du 29 janvier 1993 relative à la prévention de la corruption et à la transparence de la vie économique et des procédures publiques dite Loi Sapin[54].

De façon générale, si déléguer un service public renvoie à l'idée d'en confier la gestion à une entreprise extérieure, la DSP s'analyse comme « *un contrat par lequel une personne publique confie la gestion d'un service public à une personne privée ou à une personne publique et dans lequel la rémunération du cocontractant est liée aux résultats de l'exploitation* »[55]. Cette notion regroupe toutes les techniques juridiques par lesquelles la gestion d'un service public est confiée, soit à une personne privée, soit à une autre personne publique. L'essentiel est que ce délégataire assume tout ou partie des risques liés à l'exploitation du service public.

L'idée a été reprise par le législateur communautaire qui a introduit dans le droit positif de l'UEMOA, la notion de DSP avec là, également, le souci d'accroître la transparence et l'efficacité des procédures contractuelles. Pour ce droit, la DSP désigne « *le contrat par lequel une des personnes morales de droit public ou de droit privé […] confie la gestion d'un service public relevant de sa compétence à un délégataire dont la rémunération est liée ou substantiellement assurée par les résultats de l'exploitation du service…* »[56].

La législation sénégalaise reprend cette définition mais tout en précisant le statut du délégataire qui peut être une personne publique ou une personne

---

52 C'est en cela qu'au Burkina Faso, l'on parle de l'Autorité de Régulation de la Commande publique (ARCOP) étant donné que cette autorité intervient dans les domaines des marchés publics, de la délégation des services publics et des partenariats publics privés.

53 Il s'agit des contrats de concession, de l'affermage et de la régie intéressée.

54 Cette loi et bien d'autres consacrées à la question ont fait l'objet d'une abondante littérature juridique en France. Voir, par exemple, *AJDA* n° 9-septembre 1996, Dossier Spécial, Délégation de service public.

55 M. CLIQUENNOIS, op. cit, p.236.

56 Voir l'article 1er de la Directive n° 04/2005/CM/UEMOA précitée.

privée[57] au moment où l'article 2 du Code des marchés publics (CMP) du Niger n'a pas entendu se démarquer des prescriptions du droit communautaire[58].

A la lumière de ces différentes définitions, les aspects organiques et procéduraux rapprochent incontestablement les notions de marché public et de DSP. Cependant, force est d'admettre qu'elles se distinguent dès lors que l'on se penche vers l'objet de deux contrats et les modalités de rémunération des cocontractants.

Concernant le premier critère, c'est-à-dire, celui de l'objet, il faut relever que le marché public permet de procurer aux autorités contractantes les moyens leur permettant d'assurer le fonctionnement des services publics dont elles ont la charge. La DSP attribue, quant à elle, la responsabilité du service public au cocontractant en le mettant en relation directe avec les usagers. Autrement dit, à travers le marché public, le cocontractant fournit à la personne publique les moyens de faire fonctionner le service public alors que dans la DSP, il est demandé au cocontractant d'assurer, lui-même, ces prestations en faisant fonctionner le service public à ses risques. Pour simplifier, l'on peut affirmer que dans la DSP, le cocontractant se substitue à la personne publique pour prendre en charge le fonctionnement du service public alors que dans le marché public, il lui est simplement demandé de fournir les moyens avec lesquels cette personne publique va faire fonctionner le service public.

A propos du deuxième critère, c'est-à-dire, celui de la rémunération, la distinction est beaucoup plus décisive. En effet, si celle du délégataire est liée aux résultats de l'exploitation[59], c'est-à-dire, les redevances perçues sur les usagers, la rémunération du titulaire du marché lui est directement versée par le Trésor public sous forme de prix. Par conséquent, il n'y a DSP que lorsque le délégataire assume le risque d'exploitation et « *que le contrat ne peut être en équilibre financier sans les recettes liées directement à l'exploitation...* »[60].

---

[57] Voir l'article 10 du Code des obligations de l'Administration (COA), tel que modifié par la loi de 2006.

[58] En disposant que la DSP est « le contrat par lequel une des personnes morales de droit public ou de droit privé....confie la gestion d'un service public relevant de sa compétence à un délégataire dont la rémunération est liée ou substantiellement assurée par les résultats de l'exploitation du service », le droit nigérien n'a pas voulu apporter des précisions sur le statut du délégataire. Peut-il être une personne publique ou simplement une personne privée. En attendant une clarification jurisprudentielle, l'on n'est tenté de soutenir que l'on ne doit pas distinguer là où la loi n'a pas distingué afin de permettre à toute personne de bénéficier de la délégation.

[59] CE 15 Avril 1996, Préfet des Bouches-du-Rhône, *RFDA* 1996, p.715. Dans cette affaire le juge a précisé que la rémunération du cocontractant est substantiellement assurée par les résultats de l'exploitation.Au paiement par un prix versé par la collectivité publique qui caractérise le marché s'oppose donc la rémunération liée aux résultats de l'exploitation qui caractérise la délégation de service public.

[60] P- L FRIER et J. PETIT, op.cit. p.329.

C'est cet élément essentiel, requis sous peine d'inexistence du contrat[61], c'est-à-dire, le prix qui permet de mettre en exergue la différence entre le marché public et la DSP.

Les marchés publics doivent, également, être distingués des contrats de PPP. Qualifiés des nouveaux contrats de développement[62], les contrats de PPP sont apparus, en France, dans les années 1980 sous la pression des nécessités financières et des expériences étrangères[63].

Type de contrat assez complexe, le PPP s'analyse comme une notion générique, voire, vague. Elle comprend, l'ensemble des formes contractuelles possibles visant à une participation du secteur privé dans la conception, le financement, la construction et l'exploitation d'un service public[64]. Le PPP se distingue des marchés publics sur, au moins, trois points.

Au regard de l'objet de deux contrats, l'on se rend compte que celui des PPP est global. Il comprend, en réalité, tous les aspects de l'opération envisagée : financer, construire et transformer, entretenir et exploiter des équipements publics. Le partenaire privé peut même concevoir ces derniers et fournir certaines prestations, ce qui est impensable dans le cadre d'un marché public où la mission du cocontractant se limite à mettre à la disposition de l'autorité contractante le moyen de faire fonctionner le service public.

Quant à la rémunération, le partenaire privé peut la percevoir, soit sur les usagers, soit sur la personne publique. Elle peut aussi, dans certaines limites, provenir, à la fois, des deniers publics et des usagers du service public. Tout dépend du montage contractuel.

Au sujet de la durée de deux contrats, il faut relever que le PPP est conclu pour une période relativement longue. Dans la fixation de cette durée, il est tenu compte de l'importance de l'investissement et du temps nécessaire pour l'amortissement des installations. Ainsi, lorsque cet investissement est important, l'on peut jouer sur la durée et fixer le montant de la redevance à un niveau raisonnable et accessible pour les usagers. Ce souci se justifie par l'idée de service public qui ne doit pas s'éclipser quel que soit le mode de gestion envisagé. La durée d'un marché public est, en principe, d'un (1) an au nom du

---

[61] L'inexistence est la plus grande sanction qui puisse frapper un acte administratif. Celle-ci est prévue en l'espèce car le prix constitue l'objet ou la raison d'être du contrat pour le partenaire de l'Administration. Du coup, son absence ou son indétermination implique la disparition du contrat. Pour détails, voir G. JEZE, op. Cit p. 51. Voir, aussi, L. RICHER, op. Cit, p.165.

[62] Pour une étude exhaustive de cette notion, voir I. K. BALOGOUN, *Les nouveaux contrats de développement en Afrique : Etude juridique des projets Construction-Exploitation-Transfert*, Thèse de doctorat en droit /FSJP/UCAD 2010, p. 481.

[63] Sur l'historique des partenariats publics privés, voir A. SAWARE, *Le particularisme du droit sénégalais des partenariats public-privé,* Thèse de doctorat de droit public/FSJP/UCAD/2013, pp.2 et suivants.

[64] Sur le régime juridique de ce contrat, voir, la loi sénégalaise n°2014-09 du 20 février 2014 relative aux contrats de partenariat, J.O n°6781 du 25 mars 2014, pp. 293-306.

principe de l'annualité budgétaire et de la nécessaire remise en concurrence des opérateurs économiques.

Ces éléments permettent de caractériser les contrats de PPP et de les distinguer des marchés publics même si les exigences de transparence, de libre concurrence et d'équité sont, aussi, applicables à ces contrats[65].

Au terme de l'analyse de ces différents contrats, il n'est pas excessif de soutenir que le mode de rémunération occupe une place de choix dans la distinction entre le marché public, les DSP et les contrats de PPP. En effet, si tous ces contrats conclus par les personnes publiques peuvent, sous certaines conditions, être qualifiés de contrats administratifs, il importe de relever que ceux-ci ne sont pas conclus à titre onéreux. Seuls les marchés publics sont concernés par ce mode singulier de rémunération du cocontractant.

En France, Christophe LAJOYE[66] rappelle qu'une partie de la doctrine s'est appuyée sur un avis du Conseil d'Etat[67] qui sera confirmé, au contentieux, par la Cour d'Appel de Paris, quelques années plus tard[68] et sur de très rares arrêts[69] pour soutenir que le prix n'était plus un critère de marché public. Malgré cette position, l'auteur insiste, à juste titre, sur le fait que « *le paiement du prix est le seul mode de rémunération possible dans le cadre d'un marché public authentique et traditionnel* »[70].

Au Sénégal, la Chambre administrative de la Cour suprême a eu l'occasion de se prononcer sur ce critère à travers sa décision relative à l'importance de l'offre financière qui n'est rien d'autre que le prix proposé par le soumissionnaire en contrepartie de la prestation attendue de lui[71].

---

65 Sur les principes régissant la passation d'un contrat de partenariat public-privé et ses ressemblances avec ceux régissant la passation d'un marché public, voir, par exemple, la loi sénégalaise n°2014-09 du 20 février 2014 relative aux contrats de partenariat, Journal officiel n°6781 du 25 mars 2014, p. 293-306.

66 C. LAJOYE, *Droit des marchés publics*, Paris, 5e édition, *Gualino 2012*, p. 35.

67 Avis du 14 octobre 1980 sur les contrats de mobiliers urbains, AJDA 1983, p. 193 note J. M. Auby.

68 CAA Paris, 26 mars 2002, Société J-C Decaux, AJDA 2002, p. 519.

69 CAA Paris, 11 Octobre 1994, SARL Editor Tennong, *AJDA* 1994, p. 901, concl. J.P Paitre à propos de la rémunération du partenaire contractuel de la collectivité par la publicité dans le bulletin municipal.

70 C. LAJOYE, op. cit, p. 35. Pour cet auteur, l'avis et ces arrêts sont des avis et arrêts d'espèce qui ne remettent pas en cause la jurisprudence qui fait du prix un critère essentiel du marché public permettant de le distinguer d'autres contrats administratifs.

71 En l'espèce, il s'agit d'un Appel d'offres (AO) émis par l'AGETIP pour des travaux d'équipements de salles de classe et de blocs administratifs. La Société CITG a soumis différentes offres. Après la publication de l'avis d'attribution provisoire du marché, elle s'est rendu compte qu'elle n'a pas été retenue. Estimant que ses offres étaient les moins disantes sur l'ensemble des lots, elle saisit le Comité de règlement des différends (CRD) après que sa contestation ait été rejetée par la personne responsable du marché. Pour rejeter ce recours, à son tour, le CRD retient que la société CITG n'a pas indiqué le montant de son offre dans la lettre de soumission. Pour le CRD, « *ce manquement constitue une omission substantielle* ». C'est l'érection de ce manquement en omission

Après avoir tenté de circonscrire la notion des marchés publics, il importe de rappeler que c'est son encadrement juridique qu'il est question d'analyser, notamment, son rapport avec l'idée de rationalisation de la dépense publique contenue dans le nouveau cadre harmonisé des finances publiques de l'UEMOA[72].

Concernant cette notion de rationalisation de la dépense publique, il faut noter qu'elle renvoie à l'idée de rompre avec tout empirisme, tout arbitraire dans la définition, l'exécution et le suivi des dépenses publiques. En faisant, ainsi, appel au bon sens, à la logique et à la raison, l'idée de rationaliser la dépense publique cherche à mettre fin à « la pagaille financière »[73] qui caractérise la gestion des finances publiques. En effet, pendant longtemps, il a été donné de constater que pour « les agents publics, le propre du denier public est d'être dépensé sans compter, sans lésiner, sans retenue »[74].

Cette dimension culturelle est à la base de nombreux dysfonctionnements et scandales autour de la gestion des dépenses publiques.

C'est pour y remédier qu'il a été engagé un vaste programme de réforme qui place, désormais, l'argent public au cœur de la démocratie et de l'Etat de droit[75].

---

substantielle, par le CRD, que la Société CITG conteste devant le juge de l'excès de pouvoirs.

Pour vider cette contestation, le juge convoque les articles 30 et 31.1 des Instructions aux soumissionnaires (IS) relatifs au contenu des offres, les articles 12.1 et 14.3 des mêmes instructions qui insistent sur la nécessité de remplir toutes les rubriques de manière à fournir les renseignements nécessaires. Il conclut que ces différentes mentions exigées des candidats tendent à donner à « *l'offre un caractère précis et ferme* ». Ces mentions « *revêtent, à cet égard, un caractère substantiel* ». En conséquence, le juge rejette le recours de la société CITG et confirme la décision du CRD en réaffirmant le fait que « *l'obligation de mention du montant de l'offre sur la lettre de soumission est une formalité substantielle dont l'inobservation entraine le rejet de l'offre* »[71]. L'intérêt de cet arrêt est, sans doute, d'avoir insisté sur l'importance et la place qu'occupe l'un des critères d'identification des marchés publics à savoir le prix. (CS, chambre administrative, Arrêt n°01 du 09 février 2012, Complexe International Thiaré Guèye (CITG) C/ARMP, inédit).

72 Pour une étude complète de ce nouveau cadre harmonisé des finances publiques, ses origines et ses différentes implications, voir, N. MEDE, « réflexion sur le cadre harmonisé des finances publiques dans l'espace UEMOA » disponible sur http://afrilex.u-bordeaux4.fr/sites/afrilex/IMG/pdf/ARTICLE_REFLEXION_SUR_LE_CADRE_HARMONISE_DES_FINANCES_PUBLIQUES_UEMOA_BORDEAUX.pdf consulté le 10 Juillet 2015

73 S. YONABA, « La difficile intégration des règles budgétaires et comptables des Etats membres de l'Union Economique et Monétaire Ouest africaine », RFFP n°79, 2002, p. 231.

74 N. MEDE, « réflexion sur le cadre harmonisé des finances publiques dans l'espace UEMOA », op.cit., p.5

75 Voir, Directive n°01/2009/CM/UEMOA portant Code de transparence dans la gestion des finances publiques au sein de l'UEMOA.

Cette réforme insiste sur les principes qui doivent gouverner la collecte et l'utilisation des fonds publics.

L'idée est de parvenir à éradiquer les désordres, les multiples irrégularités et autres fraudes qui entachent la crédibilité et l'efficacité de l'action publique. En conséquence, le marché public considéré comme un contrat aboutissant à une dépense publique doit se présenter comme « un acte rationnel »[76] au sens de « la foi dans la raison, dans l'évidence et la démonstration »[77].

Au total, la rationalisation de la dépense publique renvoie à l'idée de rendre rationnel, c'est-à-dire, conforme à la raison l'emploi ou le décaissement de toute somme d'argent dans le cadre de la satisfaction des besoins d'intérêt général. Il s'agit de chercher à organiser le circuit de la dépense publique en se fondant sur une logique et des principes de bonne gestion afin de la rendre plus efficace.

C'est le lien entre cette idée de rationaliser la dépense publique et le droit des marchés publics qu'il est question de mettre en relief dans le cadre de cette réflexion. En d'autres termes, il s'agit de réfléchir sur la réorganisation des procédures de passation, d'exécution et de contrôle des marchés publics en rapport avec l'utilité et l'efficacité de la dépense publique tant recherchée par la réforme du droit des finances publiques.

Ce choix garde toute sa pertinence car, pour certains auteurs, « *la règlementation de la commande publique a pour seul objet d'obliger les acteurs à rationaliser leurs choix économiques* »[78]. C'est pourquoi, il est important d'insister sur l'angle de traitement du sujet afin de lever toute équivoque. Ce préalable permettra de circonscrire l'étendue de son étude.

B. Angle de traitement et délimitation du sujet

L'exécution d'un marché public passe nécessairement par le versement d'un prix par l'autorité contractante. Celle-ci utilise de l'argent public à cet effet. C'est pourquoi, l'acte de paiement s'analyse comme une dépense publique soumise au droit budgétaire et comptable considéré comme le droit commun de la dépense publique. C'est pourquoi, l'article 44 de la Directive n°04/2005 de l'UEMOA dispose que *« le lancement d'une procédure de passation d'un marché doit se conformer aux directives de l'UEMOA en matière de finances publiques »*[79].

---

[76] J.C DUCOS, « La rationalisation des choix budgétaires », in Revue de Science financière, 1969, cité par N. MEDE, in « La nouvelle gestion budgétaire : L'expérience des budgets de programme au Benin », p. 64 disponible sur http://afrilex.u-bordeaux4.fr/sites/afrilex/IMG/pdf/04dos5mede.pdf consulté le 12 mai 2015.

[77] A. LALANDE, *Vocabulaire technique et critique de la philosophie*, Paris PUF 1991, p. 889, cité par N.MEDE, ibid, p. 64.

[78] P. DE BAECKE, *Comprendre simplement les marchés publics*, Paris, Edition *Le Moniteur*, 2013, p.15.

[79] Pour le législateur communautaire, le lancement de cette procédure est « subordonné à l'existence de crédits budgétaires suffisants et au respect des règles organisant les dépenses des organismes publics ».

A ce droit commun, s'ajoute un droit spécial contenu dans le Code des marchés publics et les autres textes subséquents qui sont élaborés pour tenir compte de la spécificité des dépenses relatives aux travaux, aux fournitures et aux services. C'est pour tenir compte de l'existence de cette règlementation spéciale ou sectorielle que le droit budgétaire et comptable exige, pour la validité d'un engagement de la dépense publique, le respect, entre autres, des lois et règlements propres à la catégorie de dépense publique en cause. L'allusion faite aux lois et règlements propres à la catégorie de dépense publique attire, particulièrement, notre attention. En effet, si ces lois et règlements sont divers comme en témoigne la diversité des dépenses publiques, l'on peut utilement rappeler le respect des règles relatives aux recrutements, aux contrats et à l'établissement des soldes en ce qui concerne la justification des traitements du personnel administratif.

Au sujet des marchés publics, l'article 86 du décret sénégalais portant RGCP du 14 novembre 2011[80] précise que les engagements de dépenses de l'Etat sont justifiés concernant « *les achats de fournitures et l'exécution de travaux ou services, par l'établissement d'une commande ou la passation d'un marché* »[81]. Or, la passation d'un marché public est soumise aux dispositions du Code des marchés publics.

La particularité de ce droit est qu'il est articulé autour des principes fondamentaux à savoir l'égalité de traitement des candidats, la libre concurrence, l'efficacité, l'efficience, la transparence, l'économie et la traçabilité des procédures. Considérés comme les principaux piliers du droit communautaire des marchés publics, ces principes visent plusieurs objectifs dont celui d'imposer une plus grande rationalisation de la dépense publique et de combattre la corruption et les différents manquements qui entachent la crédibilité et l'efficacité de l'action publique. En effet, si la passation et l'exécution des marchés publics sont soumises aux procédures assez précises et parfois denses, celles-ci ne sauraient être appréciées que pour ce qu'elles apportent à la protection des deniers publics et à la recherche de l'efficacité économique de la commande publique.

Au total, deux catégories de règles juridiques s'appliquent à la dépense publique découlant d'un marché public. Il s'agit, d'une part, du droit commun de la dépense publique contenu dans le décret RGCP (le droit budgétaire et comptable) et, d'autre part, du droit spécial, c'est-à-dire, le droit contenu dans les Codes des marchés publics et les autres textes subséquents. C'est ce droit

---

[80] Décret n° 2011-1880 du 14 novembre 2011 portant réglementation générale sur la comptabilité publique, Journal officiel n°6649 du 10 mars 2012.

[81] Cette disposition n'est pas expressément prévue en droit nigérien au stade de l'engagement. L'art. 47 du décret n°2013-83/PRN/MF du 1er mars 2013 portant RGCP (Décret n°2013-83/PRN/MF du 1er mars 2013 portant Règlement général sur la comptabilité publique, Journal officiel spécial n°8 du 20 mars 2013, pp. 336-344 ne se réfère aux marchés publics qu'au stade de la liquidation de la dépense qui doit s'appuyer sur la règle du service fait.

spécial qui est privilégié dans cette étude. Mais, ce choix n'exclut pas le recours au droit budgétaire et comptable afin de montrer leur influence réciproque. Aussi, en cas de silence du Code des marchés publics sur quelque aspect, notamment, la procédure de paiement, le droit de la comptabilité publique est-il largement exploité.

Le choix de cette approche n'est qu'un prétexte pour montrer que si la signature d'un marché public est un acte d'engagement de la dépense ; celui-ci est soumis aux règles budgétaires et comptables appelées « le droit commun de la dépense publique ». Toutefois, les spécificités et enjeux propres à cette catégorie de dépense publique font que son encadrement juridique ne se limite pas à ces seules règles de droit commun. C'est pourquoi, il est écrit que « *pour chaque nature de dépense, il existe, en général, une réglementation spécifique, souvent complexe, qui mérite d'être étudiée en tant que telle*»[82]afin de mieux cerner la problématique des dépenses publiques.

Pour affiner davantage l'angle de traitement choisi, l'on peut rappeler que, si à son époque le Professeur G. JEZE estimait, tout simplement, qu'il y a des dépenses, il faut les couvrir[83], le souci de pragmatisme a poussé le Professeur E. Diarra à se poser la question de savoir « *quelles charges peut-on couvrir avec les ressources dont on dispose ?* »[84]. Le contexte évoluant, les préoccupations de ces deux spécialistes peuvent être prolongées et adaptées car de nos jours, le problème porte, plutôt, sur la meilleure procédure à suivre après avoir identifié les charges à couvrir au regard de l'état des finances publiques considérées. Cette idée vise à prendre en compte l'état des finances publiques de l'Etat en cause et le souci de les utiliser avec la plus grande rigueur pour une satisfaction optimale des besoins des contribuables, du citoyen et des usagers des services publics. Telle semble être la préoccupation du législateur communautaire à travers l'adoption du nouveau droit des marchés publics dans l'UEMOA.

Au sujet de l'étendue de l'étude, il faut rappeler que l'article 4 de la Directive n°04/2005 indique que le nouveau droit s'applique aux marchés conclus par l'Etat, les collectivités territoriales, les établissements publics, les agences et organismes, personnes morales de droit public bénéficiant du concours financier ou de la garantie de l'Etat, les sociétés d'Etat, les sociétés à participation financière publique majoritaire et les associations formées par une ou plusieurs de ces personnes morales de droit public. Cette énumération est complétée par l'article 5 de la même Directive aux termes duquel certaines personnes morales

---

[82] F. ADAM, O. FERRAND, R.RIOUX, *Finances publiques*, Paris, Presses des sciences politiques et *Dalloz* 2003, p.271.

[83] Pendant cette époque, les finances publiques étaient considérées comme la science de couverture de dépense publique et de la répartition des charges. De ce fait, toute la problématique des dépenses publiques se réduisait à chercher les moyens de leur financement.

[84] E. DIARRA, *Les aspects financiers de la Communauté Economique de l'Afrique de l'Ouest*, Thèse de doctorat d'Etat en Droit public, T1, Paris 2, 1982, p.274.

de droit privé ont, désormais, et sous certaines conditions, la possibilité de conclure des marchés publics.

Au regard de la pluralité d'autorités contractantes soumises au Code des marchés publics et de la diversité de ces marchés, il serait fastidieux de s'engager dans une étude générale des marchés publics. En d'autres termes, il serait extrêmement, difficile d'embrasser toutes les catégories des marchés publics tels qu'ils sont conclus par l'Etat, les collectivités locales, les agences et les sociétés privées à participation publique. C'est en cela que le réalisme impose une certaine délimitation du champ d'investigation.

L'étude a ainsi pour ambition de s'intéresser aux différentes catégories des marchés publics conclues au nom et pour le compte de l'Etat[85].

En dehors du souci de réalisme et de cohérence, ce choix est guidé par le constat selon lequel les marchés conclus par les Etats, sujets de droit public à compétence générale sont de loin, les plus importants en termes d'incidence sur la société et d'engagement des ressources publiques comparativement à ceux conclus par les collectivités locales, les établissements publics, par exemple.

Au regard de ce qui précède, l'étude porte sur les différentes catégories des marchés publics (travaux, fournitures et services) mais dans la mesure où ils sont conclus par les Etats pour le compte des administrations centrales et

---

[85] Le statut juridique du candidat ou du titulaire du marché n'a aucun impact sur la nature du contrat ou sur le régime juridique applicable. En effet, en attendant une clarification du droit des Etats sous examen, on peut retenir qu'en France, les personnes publiques peuvent, au même titre que les personnes privées, se porter candidates à un marché. Cette possibilité découle d'un avis donné par le conseil d'Etat français. Selon la Haute Assemblée, aucun texte ni principe n'interdisaient « *en raison de sa nature, à une personne publique de se porter candidate à l'obtention d'un marché public...* ». Toutefois, cette personne publique ne doit pas, selon le Conseil d'Etat, bénéficier pour déterminer ses prix, d'un avantage découlant des ressources ou des moyens qui lui sont attribués au titre de sa mission de service public. Sur cette question, voir, « Les conditions de participation d'une personne publique à une procédure de mise en concurrence » dégagées dans un avis du Conseil d'Etat français (CE, avis, 8 novembre 2000, Sté Jean Louis Bernard consultants, req. n° 222208) sur http://www.weka.fr/actualite/concurrence/article/les-conditions-de-participation-dune-personne-publique-a-une-procedure-de-mise-en-concurrence/ (consulté le 30 avril 2015). Voir, L. RICHER, Droit des contrats administratifs, op. Cit, pp. 138 et suivants. Dans une affaire jugée récemment, le juge administratif français a précisé les conditions dans lesquelles les collectivités territoriales peuvent se porter candidates à des marchés publics passés par d'autres personnes publiques, voir http://www.conseil-etat.fr/Actualites/Communiques/Marches-publics2 (consulté le 30 avril 2015). Du point de vue doctrinal, voir N. POULET-GIBOT LECLERC, « La contractualisation des relations entre les personnes publiques » *RFDA* n°3 1999, pp. 551 et suivantes. Pour cet auteur, la possibilité de conclure un contrat est une conséquence de la personnalité juridique. Du coup, toutes les personnes morales de droit privé comme de droit public peuvent juridiquement conclure des contrats. Voir aussi, B. DACOSTA, « La candidature d'une collectivité territoriale à l'attribution d'un contrat de la commande publique », conclusions sur Conseil d'Etat, Assemblée, 30 décembre 2014, Société Arm SNC, *RFDA* 2015, pp. 57 et suivantes.

déconcentrées. Concrètement, il est question de réfléchir sur l'encadrement juridique des marchés publics conclus au nom et pour le compte des administrations étatiques au Niger et au Sénégal à la lumière des textes pertinents ci-dessus évoqués.

Le choix du Niger et du Sénégal repose, quant à lui, sur deux raisons plus ou moins objectives :

La première raison s'appuie sur l'idée selon laquelle le droit des marchés publics est un levier. Son étude ne peut pas ignorer l'environnement socio-politique et économique auquel il s'applique. Or, le contexte politico-économique de ces deux Etats est caractérisé par la mise en œuvre du Programme de la Renaissance du Niger et du Plan Sénégal Emergent[86]. Dans ces deux Etats, il a été donné de constater que le droit des marchés publics est souvent jugé contraignant et serait de nature à entraver la mise en œuvre de ces programmes politico-économiques définis par les deux chefs d'Etats. Il se pose, dès lors, la problématique des marchés publics dans les pays en voie de développement[87] où les autorités politiques "veulent aller vite", souvent, au mépris des contraintes procédurales.

La deuxième raison est liée au fait que le Niger et le Sénégal sont souvent cités en exemple en matière de transposition des directives communautaires[88]. Ce préjugé favorable nous a poussé à chercher à vérifier si, en droit des marchés publics, l'on peut observer le même empressement et si le fruit de la transposition est conforme à l'esprit du législateur communautaire tant dans sa conception que dans son application. Cet aspect est important quand on sait que le nouvel encadrement juridique matériel et institutionnel a pour ambition d'accroitre, dans une très large mesure, la transparence et l'efficacité de la dépense publique ; deux concepts en vogue dans le contexte de la nouvelle gestion publique[89].

---

[86] Sur ces deux programmes, cf. supra, pp. 128-132.

[87] Sur cette question, voir, R. ZIEGEL, *Les marchés publics dans les pays en voie de développement,* Paris, *Armand Colin,* 1968, 322p.

[88] M. BOUVIER, « La gestion de la dépense publique dans les pays de l'Afrique francophone subsaharienne » *p.* 80 disponible sur http://www.diplomatie.gouv.fr/fr/IMG/pdf/Mise_en_ligne_rapport_pages_interieures.pdf consulté le 15 mai 2013.

[89] La nouvelle gestion publique renvoie à ce mouvement de réformes d'inspiration néo-managériale *qui* vise, de manière récurrente mais selon des préceptes renouvelés, à transformer les structures de l'appareil administratif, ses processus internes et la culture de ses agents. L'objectif visé est l'amélioration du rendement administratif, la performance de l'Administration, la qualité du service public. Pour les détails, voir, par exemple, *C.* de VISSCHER et F.VARONE, « La nouvelle gestion publique "en action". », *Revue internationale de politique comparée*2/2004 (Vol. 11), p. 177-185, disponible sur https://www.cairn.info/revue-internationale-de-politique-comparee-2004-2-page-177.htm (consulté le 25 juillet 2015).

III. Contexte de l'étude

Révélateur de la force innovante du contrat, lieu de rencontre entre la sphère publique mue par l'intérêt général et la sphère privée portée vers la création de richesses et le profit, le marché public se présente de nos jours, comme un des puissants leviers de l'action publique[90], laquelle cherche, désormais, à se placer au confluent de l'efficacité et de la performance.

Les multiples enjeux dont il est porteur font que le marché public cristallise toutes les attentions et se trouve au centre de nombreuses préoccupations. En effet, « *la masse des moyens financiers mobilisés, l'irruption d'entreprises étrangères parmi les candidats, l'opacité des critères de choix, les accusations sur les détournements de crédits à des fins de corruption, les informations contradictoires sur les retards et les malfaçons, la conviction que tout se résoudra en d'importants dépassements budgétaires* »[91] font que « *le régime des marchés publics se situe, à toutes les époques et un peu partout dans le monde, au centre de multiples controverses* »[92]. Mais, loin de verser dans le fatalisme, chaque Etat s'est employé à mettre en place un dispositif juridique de nature à juguler les errements décriés afin de mieux sécuriser la chaîne des dépenses publiques liées aux marchés publics.

C'est dans cette perspective que le Niger et le Sénégal ont, depuis fort longtemps, essayé de se doter des réglementations spécifiques. Celles-ci décrivent, dans les deux cas, les mécanismes et procédures par lesquels sont préparés, passés, exécutés et contrôlés les différents marchés publics.

Ces procédures visent, tant bien que mal, à garantir la transparence, l'efficacité de la dépense publique, l'égal accès des candidats à la commande publique à travers la libre et saine concurrence ainsi que la lutte contre la corruption et le détournement des deniers publics. Ces préoccupations qui sont au cœur de toute réglementation des marchés publics ne doivent pas faire oublier la question du paiement de prix qui constitue l'un des points essentiels des relations entre les autorités contractantes et les entreprises privées.

Concernant le Niger, l'on remarque que son dispositif juridique a été marqué par l'adoption de l'Ordonnance n°2002-007 du 18 septembre 2002 portant CMP au Niger. Cette ordonnance était venue abroger et remplacer l'ancien CMP institué par l'Ordonnance n° 85-32 du 14 novembre 1985. D'autres textes étaient intervenus auparavant. Il s'agit de la Loi n° 61-18 du 12 juillet 1961 portant réglementation des marchés de travaux publics et de fournitures passés

---

90 Voir, dans ce sens, S. BRACONNIER, *Précis du droit des marchés publics,* Paris, 4e édition, *Moniteur* 2012, p.10.

91 B. GUEYE, « Le nouveau code sénégalais des marchés publics : entre réponse aux attentes de la société civile et prise en compte des influences communautaires », *Revue Droit sénégalais* N° 7, novembre 2008 ; Presses de l'Université des sciences sociales de Toulouse, p. 257.

92 *Ibid.* p.257.

par toutes les collectivités publiques, le Décret n° 61-223 du 27 octobre 1961 portant réglementation générale des marchés de l'Etat.

Au total, c'est le CMP de 2002 qui est resté en vigueur jusqu'à sa refonte en 2008 par l'Ordonnance n°2008-06 du 21 février 2008 portant CMP au Niger[93] en vue d'intégrer les nouvelles exigences communautaires. Mais récemment, il a été décidé de déclasser le droit des marchés publics pour le ramener au domaine réglementaire[94]. Pour ce faire, une loi portant principes généraux, contrôle et régulation des marchés publics et des délégations de service public au Niger a été adoptée[95]. En application de celle-ci, un décret a été signé[96]. Il s'agit du Décret n°2011-686/PRN/PM du 29 décembre 2011 portant Code des marchés publics et des délégations de service public[97]. Il a été abrogé et remplacé par le Décret n°2013-569/PRN/PM du 20 décembre 2013 portant Code des marchés publics et des délégations de service public[98].

La démarche rappelle, à plusieurs égards, le rapport entre la Loi portant Code des obligations de l'Administration (COA) du Sénégal et les différents décrets portant CMP.

A propos de cet Etat, la réglementation de l'achat public a été marquée par de nombreuses réformes et tentatives d'adaptation qui ne s'expliquent pas toujours par le souci d'atteindre les objectifs de transparence et d'efficacité des procédures.

Ainsi, dès son accession à l'indépendance, le Sénégal a adopté la Loi n° 65-51 du 19 juillet 1965 portant COA qui « *codifie une partie importante du droit*

---

93 Pour avoir une idée de la législation nigérienne en la matière, consulter le site de l'Agence de Régulation des Marchés publics www. armp-niger.com.

94 Voir conclusion du Conseil des ministres du jeudi 29 décembre 2011 sur www.lesahel.org/index.php?option=com_content&view=article&id=9269:au-conseil-des-ministres--le-gouvernement-adopte-plusieurs-projets-de-textes-et-des-mesures-nominatives&catid=34:actualites&Itemid=53, (consulté le 20 mars 2012).

95 Loi n° 2011-37 du 23 octobre 2011 portant principes généraux, contrôle et régulation des marchés publics et des délégations de service public au Niger disponible sur http://www.armp-niger.org/workspace/uploads/reglementation/loi_2011_37_du_281011.pdf consulté le 27 avril 2015. Elle est, également, publiée au Journal officiel spécial n°05 du 21 mars 2012, p. 22.

96 Cette construction est conforme aux dispositions de l'article 100 de la constitution du 25 novembre 2010 qui confie à la loi le soin de définir les principes fondamentaux concernant le régime de la comptabilité publique et au décret le soin de le détailler. A partir du moment où la passation et l'exécution d'un marché public entre dans le cadre de l'exécution de la dépense publique, il appartient à la loi de définir les principes fondamentaux qui lui sont applicables et au décret de dérouler toutes les étapes des procédures.

97 Au fond, l'idée est de faire comme au Sénégal où un COA a été adopté pour poser les principes généraux applicables au contrat et à la responsabilité administratifs. A côté de cette loi, plusieurs décrets se sont succédé pour régir spécifiquement les marchés publics.

98 Voir, JO spécial n°3 bis du 21 janvier 2013, pp. 131-150.

administratif »[99]. L'article 23 du COA, devenu article 24 depuis la réforme de 2006 dispose que « *les personnes administratives choisissent librement les modes de conclusion de leurs contrats sauf dans les cas où des dispositions législatives ou réglementaires imposent des procédures particulières* ». En application de cette disposition, les autorités sénégalaises ont choisi la voie réglementaire pour adopter les différents CMP.C'est ainsi que le Décret n° 67-697 du 16 juin 1967 portant réglementation des marchés administratifs a été signé. Ce décret devrait, à son tour, subir plusieurs modifications[100] avant d'être abrogé et remplacé par le Décret n°82-690 du 7 septembre 1982 portant CMP au Sénégal. Celui-ci sera, plus tard, abrogé et remplacé par le Décret n° 2002-550 du 30 mai 2002 portant CMP.

Au total, ce sont l'Ordonnance n°2002-007du 18 septembre 2002 pour le Niger et le Décret n°2002-550 du 30 Mai 2002 pour le Sénégal qui sont restés en application jusqu'à l'intervention du droit communautaire des marchés publics en 2005.

Cette intervention de l'UEMOA s'explique par le fait que les différentes réglementations adoptées, *ut singuli*, par le Niger et le Sénégal ne parvenaient plus à atteindre les objectifs à elles assignés, car elles étaient « massivement » violées[101] aussi bien dans leur esprit que dans leur lettre. En effet, dans les deux États, l'essor pris par certaines pratiques déviantes comme le recours aux marchés par entente directe ou de gré à gré, le fractionnement des marchés, les surfacturations, les livraisons fictives ou partielles, le règlement des factures sans livraison, l'accumulation des arriérés de paiement, l'inefficacité des mécanismes de contrôle et/ou de sanction ont atteint un seuil, tel qu'il n'est pas excessif de soutenir que la réglementation des marchés publics était en passe de coïncider avec la définition du filet de pêcheur donnée par des humoristes anglais « *simplement du vide entouré par un fil* »[102].

---

[99] M. NGAIDO, « La loi n° 2006-16 du 30 juin 2006 modifiant le code des obligations de l'administration ou le renouveau du droit des contrats administratifs au Sénégal ? », *Revue Droit sénégalais* n°6, novembre 2007 ; Presses de l'Université des sciences sociales de Toulouse, p. 105.

[100] Pour un aperçu général sur ces modifications ainsi que les raisons qui les ont motivées, voir, M. NGAIDO et M.T. SOCK, op. Cit. p. XV et suivants ; A. DIOUKHANE, « Sur quelques aspects du décret n°2002-550 du nouveau code des marchés publics sénégalais », Revue *EDJA* n°57, avril- juin 2003, p. 27 et M. DIOP, « l'évolution des marchés publics au Sénégal : repères historiques et faits marquants » in *RMP* n°1, 2010, pp. 6-9.

[101] Cette violation du droit des marchés publics est multidimensionnelle et témoigne du génie des acteurs de la commande publique qui ne manquent jamais de stratégies pour contourner la réglementation pertinente. En effet, elle est l'œuvre des autorités contractantes à travers par exemple, les recours abusifs à des modes de passation prohibés ou strictement encadrés comme le gré à gré. C'est aussi l'œuvre des entreprises qui, à travers, les ententes et la corruption, parviennent à accéder à certains marchés dits juteux qu'elles exécuteront dans des conditions peu orthodoxes.

[102] Voir F. LINDITCH, *Le droit des marchés publics*, op. Cit, p.156.

Ce tableau, on ne peut plus sombre, montre que les marchés publics étaient devenus l'un des moyens de dilapidation des deniers publics[103].

Cette situation, fortement préjudiciable pour les finances publiques, ne peut laisser l'UEMOA indifférente car, dans une zone d'intégration économique, les perturbations d'ordre financier constatées dans un Etat sont susceptibles de se répercuter sur les autres Etats pour reprendre une idée chère à Michel BOUVIER et autres[104]. Thomas Ernoult[105] ajoute, dans la même logique, que dans une zone économique et monétaire, le comportement d'un seul peut ébranler la solidité de tous. C'est pourquoi, la transparence et la sincérité des chiffres budgétaires constituent un gage de vigilance réciproque.

La perturbation économique et financière ainsi évoquée est réelle au regard de la masse financière injectée dans les marchés publics[106]. Aussi, l'hétérogénéité du droit des marchés publics au sein de l'Union est- elle préjudiciable au processus d'intégration orienté vers la suppression des obstacles aux échanges et autres activités commerciales. C'est pourquoi, l'UEMOA a estimé que la réalisation des objectifs qu'elle s'est assignée[107]suppose l'instauration d'une discipline financière rigoureuse qui

---

103 Au-delà de ces États, des études sérieuses montrent que la corruption dans les marchés publics est un phénomène général et constitue la première cause de la pauvreté en Afrique. Voir dans ce sens, une étude du Professeur A. S. MAWENYA, intitulée « Empêcher la corruption dans les marchés publics en Afrique », *Publication Occasionnelle de* L'Institut Sud-africain des Affaires Internationales (SAIIA), n°9, août 2008, p.11 sur http://www.iag-agi.org/bdf/docs/empecher_la_corruption_marches_publics.pdf, (Consulté le 20 mars 2012).

104 M. BOUVIER, M. C. ESCLASSSAN, J. P. LASSALE, *Finances publiques*, Paris, 6e édition, *LGDJ* 2002, p.121. Ici, ces auteurs soulignent que les équilibres nationaux sont directement affectés par les déséquilibres extérieurs et les politiques des finances publiques constituent souvent des réponses ou des adaptations à ce type de contrainte. Cette affirmation peut être inversée pour dire que les déséquilibres nationaux peuvent directement affectés les équilibres extérieurs, notamment, dans une zone d'intégration économique caractérisée par une interdépendance des économies des États membres.

105 E. THOMAS, « Maquillage des comptes publics grecs : statistiques à la dérive ? », *Regards croisés sur l'économie* 1/2012 (n° 11), p. 113 disponible sur http://www.cairn.info/revue-regards-croises-sur-l-economie-2012-1-page-113.htm#anchor_citation consulté le 20 juillet 2015.

106 Au Sénégal, le Rapport annuel de l'ARMP de 2014 montre que les crédits votés pour financer l'investissement et le fonctionnement se chiffrent respectivement à 684. 996. 192. 169 FCFA et à 606.788.783.822 FCFA soit une autorisation d'engagement de 1. 291.784.975.991 FCFA au titre des marchés publics. En 2013, les crédits votés pour financer les investissements et fonctionnement des ministères et de l'administration centrale au titre de l'exercice 2013 se chiffrent à 1 064 006 760 421 FCFA. Ce montant a été consommé à hauteur de 88%. Ce rapport est disponible sur http://www.armp.sn/images/rapport/armp_rapport_annuel_%202013.pdf (consulté le 29 avril 2015).

107 L'UEMOA poursuit la réalisation des cinq (5) objectifs suivants :

passe par la création d'un cadre juridique harmonisé dans lequel vont désormais évoluer les finances nationales[108].

Ce cadre est conçu en vue de réduire certaines disparités et de faire face aux défaillances des systèmes internes de sécurisation de la chaîne des dépenses publiques. Il a conduit à la mise en chantier d'un vaste processus d'harmonisation des législations et procédures budgétaires en général[109] et de certaines réglementations sectorielles comme le droit des marchés publics.

Concernant le marché public, l'intervention de l'UEMOA se justifie par son caractère transversal dans l'action des Etats[110]. Le système de sa passation devient, dès lors, un des éléments centraux dans le dispositif devant permettre la réalisation des objectifs visés par l'Union.

Toutefois, cette initiative de l'UEMOA de se saisir de la problématique des marchés publics n'est pas spontanée. Elle découle des préoccupations des organisations à vocation planétaire. En effet, le souci de revisiter la législation encadrant les marchés publics remonte à la Conférence sur la réforme des marchés publics en Afrique qui s'était tenue à Abidjan du 30 novembre au 3 décembre 1998 sous les auspices de la Banque Africaine de Développement (BAD) et qui a vu la participation de 33 États africains, de la Chambre de Commerce International (CCI), du Programme des Nations Unies pour le

---

- Renforcer la compétitivité des activités économiques et financières des États membres dans le cadre d'un marché ouvert et concurrentiel et d'un environnement juridique rationalisé et harmonisé ;
- Assurer la convergence des performances et des politiques économiques des États membres par l'institution d'une procédure de surveillance multilatérale ;
- Créer entre États membres un marché commun basé sur la libre circulation des personnes, des biens, des services, des capitaux et le droit d'établissement des personnes exerçant une activité indépendante ou salariée, ainsi que sur un tarif extérieur commun et une politique commerciale ;
- Instituer une coordination des politiques sectorielles nationales par la mise en œuvre d'actions communes, et éventuellement, de politiques communes notamment dans les domaines suivants : ressources humaines, aménagement du territoire, agriculture, énergie, industrie, mines, transports, infrastructures et télécommunication ;
- Harmoniser, dans la mesure nécessaire au bon fonctionnement du marché commun, les législations des États membres et particulièrement le régime de la fiscalité.

108 Voir I. M. FALL, « La loi de règlement dans le droit des finances publiques des États membres de l'UEMOA : l'exemple du Sénégal », *in* Sénégal ; Finances publiques, Décentralisation et transparence budgétaire, (sous la direction de) J. H. SY, Aide Transparence 2005 p. 536. En s'appuyant sur les dernières reformes impulsées par l'UEMOA, cet auteur relève que, désormais l'étude des questions financières dans tout État membre doit se faire dans le cadre harmonisé des finances publiques de l'Union.

109 Voir, N. MÉDÉ, « Réflexion sur le cadre harmonisé des finances publiques dans l'espace UEMOA » in http://afrilex.ubordeaux4.fr/sites/afrilex/IMG/pdf/ARTICLE_REFLEXION_SUR_LE_CADRE_HARMONISE_DES_FINANCES_PUBLIQUES_UEMOA_BORDEAUX.pdf (Consulté le 10 octobre 2012).

110 Voir Décret sénégalais n° 2005-576 du 22 juin 2005 portant approbation de la charte de transparence et d'éthique en matière de marchés publics.

Développement (PNUD), de l'Organisation Mondiale du Commerce (OMC), de la Conférence des Nations Unies sur le Commerce et le Développement (CNUCED) et de la Banque Mondiale (BM).

Lors de cette Conférence, les pays avaient été invités à engager des réformes de leurs systèmes de passation des marchés publics en vue de mettre en œuvre les principes de bonne gestion de finances publiques. Cette gestion est considérée comme une condition indispensable à la stabilité macroéconomique et un élément essentiel de la bonne gouvernance.

Cette préoccupation a été renforcée par la Déclaration de Paris sur l'efficacité de l'aide adoptée le 2 mars 2005[111]. Il s'agit d'une résolution des ministres des pays développés et des pays en développement chargés de la promotion du développement et des responsables d'organismes bilatéraux et multilatéraux d'aide au développement de mener des actions ambitieuses, se prêtant à un suivi afin de réformer leurs modalités d'acheminement et de gestion de l'aide au développement. Cette déclaration lie l'accroissement de l'aide aux pays en voie de développement à la mise en place de systèmes de passation des marchés conformes aux normes et standards internationaux.

À la suite de toutes ces réunions et rencontres, l'UEMOA a adopté, dans un premier temps, la Directive n°01/2000/CM/UEMOA du 29 juin 2000 portant adoption du document de conception du projet de réforme des marchés publics des États membres de l'UEMOA et, dans un deuxième temps, les Directives n°04 et 05 /CM/UEMOA du 09 décembre 2005.

Ces dernières se sont largement inspirées de la Loi-type de la Commission des Nations Unies pour le Droit Commercial International (CNUDCI) adoptée en 1994 par la Résolution 49/54 du 09 décembre 1994. Cette Loi-type constitue, on le sait, une référence internationale en matière de réforme du droit des marchés publics car elle établit les procédures visant à assurer la concurrence, la transparence, l'équité, l'économie et l'efficacité du processus des marchés publics[112].

Ces directives n°04 et 05 de l'UEMOA visent à moderniser le droit des marchés publics en y apportant de nombreuses innovations qui affectent, désormais, la préparation, la passation, l'exécution, le contrôle et la régulation des marchés publics. L'idée de fond est d'accroitre la transparence et l'efficacité de la dépense publique.

La réaction de l'UEMOA est d'autant plus nécessaire que les marchés publics constituent un baromètre pertinent pour mesurer le degré d'engagement

---

[111] Cette déclaration est disponible sur http://www.oecd.org/dataoecd/53/38/34579826.pdf (Consulté le 15 septembre 2012).

[112] Elle est disponible sur https://www.uncitral.org/pdf/french/texts/procurem/ml-procurement/ml-proc-f.pdf consulté le 15 juin 2015.

des pouvoirs publics en matière de transparence et d'efficacité des procédures de la dépense publique[113].

Un monument de textes vient ainsi d'être érigé par l'UEMOA et suscite l'espoir de certains spécialistes[114]. Cependant, la norme communautaire choisie, c'est-à-dire, la directive, doit faire l'objet de transposition dans l'ordre juridique interne des États membres. C'est ce que le Niger et le Sénégal ont fait à travers l'Ordonnance n°2008-06 du 21 février 2008 portant CMP au Niger et le décret n° 2007-545 du 25 avril 2005 portant CMP au Sénégal[115].

---

113 Voir Décret sénégalais n° 2005-576 du 22 juin 2005 portant approbation de la charte de transparence et d'éthique en matière de marchés publics sur http://www.jo.gouv.sn/spip.php?article3898 ou sur http://www.marchespublics.sn/fichiers/20464825314ed5e9e70f425.pdf (consulté le 28 avril 2014).

114 I. M. FALL, op. cit. p. 571.

115 Ce décret a subi plusieurs modifications à travers, notamment :

- Le Décret n° 2007-1590 du 31 décembre 2007 pour permettre au Ministre chargé des Finances d'approuver certains marchés, au lieu de faire intervenir directement le Premier Ministre (JO du 31 décembre 2007, p. 3324)
- Le Décret n°2008-1165 portant modification de l'article 63 du décret n°2007-545 portant code des marchés (régir les marchés en cas de catastrophe naturelle et technologique nécessitant une intervention rapide) ;
- Le Décret n°2010-1188 du 13 septembre 2010 modifiant et complétant le CMP de 2007 (53 articles ont été modifiés pour tenir compte de l'urgence dans la passation des marchés publics) ;
- Le Décret n°2011-04 du 06 janvier 2011 modifiant et complétant le décret 2007-545 (55 articles ont été modifiés ; reformulation de certains, restriction du champ d'application du code en excluant les marchés passés par les missions diplomatiques et consulaires, l'achat du carburant et produits pétroliers, les marchés concernant la sécurité et la défense.)
- Le Décret n°2011-1048 du 27 juillet 2011 abrogeant et remplaçant le décret n°2007-545 modifié ;
- Le Décret n° 2011-1944 du 8 décembre 2011 modifiant l'art.3 du décret n°2011-1048 ;
- Le Décret n° 2012-01 du 2 janvier 2012 modifiant l'article 3 du décret n° 2011-1048 du 27 juillet 2011 portant Code des marchés publics (exclusion du champ d'application du code des marchés les services d'arbitrage, de conciliation, d'assistance, de conseil juridique et de représentation ; les services financiers relatifs au conseil financier, à l'émission, à l'achat, à la vente et au transfert des titres ou d'autres instruments financiers, en particulier les opérations d'approvisionnement en argent ou en capital des autorités contractantes, et des services fournis par des banques centrales, l'acquisition des combustibles destinés à l'exploitation des centrales électriques de l'État (fuel, diesel, etc.), les produits pétroliers dénommés super carburant, essence ordinaire et gasoil, destinés uniquement à l'usage des véhicules administratifs, et dont l'acquisition est soumise à l'application du prix en vigueur figurant au barème des produits pétroliers publié périodiquement par la Commission nationale des Hydrocarbures du Ministère chargé de l'Énergie ainsi que les activités d'opération et de maintenance (O & M) d'installations destinées à produire de l'énergie électrique lorsqu'elles sont confiées aux fabricants des machines concernées).

Ces deux CMP ont subi plusieurs modifications et ajustements avant d'être abrogés et remplacés par les décrets actuellement en vigueur. Il s'agit du Décret n°2013-569/PRN/PM du 20 décembre 2013 portant CMP pour le Niger[116]et du Décret n° 2014-1212 du 22 septembre 2014 portant CMP pour le Sénégal[117].Ces différentes modifications sont normalement censées prendre en compte toutes les exigences communautaires en matière de gestion des marchés publics.

Cependant, à partir du moment où la directive ne lie les États que quant au résultat à atteindre tout en laissant aux instances nationales la compétence quant au choix de la forme et des moyens[118], il est loisible au Niger et au Sénégal d'emprunter des voies différentes[119]. L'essentiel est que ces États parviennent à atteindre les objectifs assignés au nouveau droit. Pour simplifier, l'on peut soutenir qu'il s'agit d'une obligation de résultat et non de moyen qui pèse sur les Etats. C'est pour cette raison qu'il est possible de constater des différences, sur plusieurs points, entre la règlementation de ces deux États et celle de l'UEMOA. Cette probable différence justifie le choix du sujet qui ne manque pas de soulever des questions intéressantes.

IV. PROBLÉMATIQUE DE LA RECHERCHE

Depuis 2005, l'harmonisation du droit des marchés publics est devenue une réalité dans l'UEMOA. A travers cette technique, le souci est de purger, d'épurer des contradictions ou des dissonances entre les règlementations nationales[120].En d'autres termes, il est question de rechercher *«une cohérence raisonnable entre des systèmes différents, grâce à des orientations convergentes»*[121].

Cette technique juridique vise deux objectifs majeurs : il s'agit, d'une part, de pallier les lacunes et les difficultés constatées dans la conception et

- Le Décret n°2012- 601 du 19 juin 2012 abrogeant le décret n°2012-01 du 2 janvier 2012 (réintégration dans le champ d'application du code, les marchés exclus par le décret n°2012-01 ci-dessus).

[116] Journal officiel Spécial n°3 bis du 21 janvier 2014, pp. 132-150.

[117] Journal officiel n°6812 du 4 octobre 2014, pp. 1159- 1201.

[118] Voir F. M. SAWADOGO et L. M. IBRIGA, «L'application des droits communautaires UEMOA et OHADA par le Juge national » ; Afrique de l'Ouest ; Séminaire sous régional de sensibilisation sur le droit communautaire de l'UEMOA sur www.droit.francophonie.org/doc (Consulté le 08 janvier 2013).

[119] Pour traduire cette liberté dans le choix de la forme de la norme de transposition, le Sénégal a choisi la voie réglementaire pour instituer son CMP au moment où le Niger a réceptionné les exigences communautaires à travers une ordonnance.

[120] A. SALL, *Les mutations de l'intégration des États en Afrique de l'Ouest : approche institutionnelle*, Paris, L'Harmattan 2006, p.172.

[121] A. BRASSIERE, « Les fondements d'une harmonisation fiscale en Europe », Centre Cournot pour la recherche en économie : http//www.centrecournot.org/pdf/debat /4/bassiere-debat.pdf, consulté le 5 décembre 2014.

l'application des droits nationaux et, d'autre part, de contribuer à la réalisation des objectifs que l'UEMOA s'est fixée[122].

Ces objectifs doivent être atteints à travers le respect d'un certain nombre de principes énumérés à l'article 2 de la Directive n°04/2005. Il s'agit de l'économie et de l'efficacité du processus d'acquisition, du libre accès à la commande publique, de l'égalité de traitement des candidats, de la reconnaissance mutuelle, de la transparence des procédures et ce, à travers la rationalité, la modernité et la traçabilité des procédures.

L'existence de ces principes traduit l'idée d'objectivisation du contrat selon laquelle le contrat est un acte juridique qui doit servir les intérêts généraux de la société. C'est en cela qu'il nécessite un encadrement juridique, c'est-à-dire, l'insertion impérative d'un certain nombre de principes qui échappent à la volonté des parties[123].

Les principes ci-dessus énumérés s'appliquent aux marchés publics quel que soit leur montant et visent, essentiellement, la rationalisation de la dépense publique qui en découle. C'est pourquoi, au-delà du souci de garantir la pertinence de l'achat public, c'est-à-dire, son efficacité économique, le droit des marchés publics poursuit un objectif de nature budgétaire qui tend à protéger l'argent public et le patrimoine des personnes publiques.

Le Niger et le Sénégal se sont inspirés de ces directives pour élaborer leur droit des marchés publics. Malgré cette transposition, l'on constate que les marchés publics demeurent au centre de plusieurs débats et polémiques. Or, trop de lumière peut aveugler. En d'autres termes, la forte fixation sur la personnalité politique ou économique des acteurs en cause risque de dispenser de la recherche de ce qui, au sein même de la règlementation permet les errements constatés[124] et/ou sanctionnés.

C'est pourquoi, nous nous sommes proposé de nous inspirer de la démarche de G. VEDEL[125] pour partir du prétexte, c'est-à-dire, le mobile et les objectifs assignés à la réforme du droit des marchés publics afin de vérifier deux choses :

Est-ce que le texte, c'est-à-dire, les mécanismes juridico-institutionnels prévus dans les deux États sont de nature à garantir une réalisation satisfaisante de l'objectif de rationalisation de la dépense publique ?

Est-ce que le contexte, c'est-à-dire, les pratiques en cours dans les deux États sont en phase avec le même objectif de rationalisation de la dépense publique ?

---

[122] Voir les cinq (5) objectifs de l'UEMOA (cf. note de bas de page n° 87) et les sept (7) considérants de la Directive n°04/2005/CM/UEMOA portant Procédures de passation, d'exécution et de règlement des marchés publics et des délégations de service public dans l'Union Économique et Monétaire Ouest africaine.

[123] Sur ces éléments, voir, M. SOURANG, op. cit, p. 24.

[124] Sur la nécessité de pousser la réflexion afin de saisir les raisons de certaines violations, voir, F. LINDITCH, *Le droit des marchés publics*, op.cit., p. 2

[125] G. VEDEL, « La loi des 16-24 août 1790 : Texte ? Prétexte ? Contexte ? », *RFDA* 1990, pp.698-711

Au total, l'étude vise à répondre à la question de savoir si le nouveau droit des marchés publics, tel qu'il est conçu, formulé et appliqué est de nature à garantir la transparence, l'égalité de traitement des candidats, la libre concurrence, la célérité et la traçabilité des procédures dans l'optique d'une bonne rationalisation de la dépense publique.

La réponse à cette question centrale, passe par l'examen de ce nouveau droit dans sa formulation et son application dans les deux États. Ce n'est qu'après ces vérifications que l'on verra si la mutation annoncée s'est réellement inscrite dans la dynamique globale de recherche d'une dépense publique efficace et de qualité.

C'est à cet exercice que l'on tente de se prêter tout au long de cette étude dont l'intérêt mérite d'être souligné.

V. Intérêts de l'étude

Une réflexion sur les marchés publics parait, *a priori*, banale car la matière est suffisamment caricaturée à travers les médias par certains « activistes » de la société civile. Cette forte médiatisation qui ne se limite qu'aux aspects politiques ou polémistes de l'achat public donne aux uns et aux autres, l'impression de connaitre toute la problématique de la commande publique. Pourtant, il ne s'agit que d'une fausse impression au regard des subtilités techniques et procédurales qui entourent la gestion des marchés publics. C'est en cela qu'une approche scientifique de la question s'impose.

Par ailleurs, le droit des marchés publics est une matière bien aride si l'on y voit que les techniques de passation auxquelles il renvoie[126]. Envisagé sous ce seul angle, il est difficile de susciter un grand intérêt. C'est pourquoi, il est important de s'inscrire dans une perspective globale permettant d'appréhender les marchés publics à l'aune des textes juridiques et des pratiques développées par les acteurs de la commande publique. L'idée est de replacer les marchés publics dans leur environnement juridique, politique, social, économique, national, communautaire et international. En effet, la teneur des discours diffusés çà et là prouve, si besoin est, les préoccupations des autorités nationales, régionales et des organismes multilatéraux à mettre en place un dispositif juridique de nature à sauvegarder « *l'aspect sonnant et trébuchant de notre contrat social* »[127]. C'est dans cette ambiance générale qu'il a été choisi de revisiter le droit positif matériel et institutionnel encadrant les marchés publics au Niger et au Sénégal.

En outre, les marchés publics sont généralement abordés sous l'angle du droit administratif en général et des règles relatives aux contrats administratifs en particulier. En conséquence, il manque d'ouvrages spécifiques ou d'études

---

[126] G. KALFLECHE, op. cit, p. 10.

[127] B. CHEVAUCHEZ, « La dépense publique, au cœur de nos systèmes de finances publiques » *RFFP* n° 77, 2002, p.31.

de fond consacrés au droit des marchés publics. Pourtant, au regard de sa logique, de ses subtilités et de l'engouement qu'elle suscite, la matière mérite d'accéder à une certaine autonomie. C'est pourquoi, l'étude s'est fixé comme objectif, la participation à la construction d'une théorie générale du droit des marchés publics légèrement détachée de la tutelle classique de droit administratif.

La perspective se veut globale et entend impliquer l'essentiel des matières de droit public et même certaines matières de droit privé. Ainsi, loin de se contenter de l'approche administrativiste classique, l'étude met l'accent, principalement, sur les liens du droit des marchés publics avec le droit budgétaire et comptable et dans une certaine mesure avec le droit communautaire, le droit constitutionnel, le droit de l'environnement, le droit pénal et la science politique pour ne citer que ceux-ci.

C'est cette transversalité de la matière qui constitue tout l'intérêt du sujet et de son angle de traitement.

A propos de la connexion avec le droit budgétaire et comptable, il s'agit, pour reprendre la formule d'Yves Weber[128], de dégager de la façon la plus opératoire possible, la théorie des marchés publics dans ses rapports avec celle des finances publiques, comme cette dernière eu égard à la première. Elle se présente, aussi, comme une approche sectorielle de la dépense publique à un moment où il est question de la rationaliser et de lutter contre toutes les formes de fraude et malversation dans la gestion des deniers publics. Sous ce rapport, c'est un secret de polichinelle que les marchés publics constituent une source potentielle de tous ces vices, d'où la nécessité de s'y intéresser.

La dimension constitutionnelle des marchés publics sera amplement évoquée dans cette étude. En effet, au regard de l'introduction et de l'application des principes constitutionnels[129] de transparence, de la liberté d'accès aux marchés publics, de l'égalité de traitement des candidats dans le droit de la commande publique, il n'est pas exagéré de parler de l'émergence d'un droit constitutionnel des marchés publics[130].

Concernant le droit communautaire, l'étude permet de voir si le Niger et le Sénégal ont su incorporer dans leur ordonnancement juridique matériel et institutionnel, l'essentiel des exigences communautaires en la matière. L'étude

---

[128] Y. WEBER, « Finances publiques et contrats de l'administration », *Mélanges* P. M. GAUDEMET, Economica 1984, p.376.

[129] En France, on peut retenir la Décision n°2003-473 DC du 26 juin 2003 du Conseil constitutionnel français à propos de la loi habilitant le gouvernement à simplifier le droit. Dans cette décision, la haute assemblée a affirmé la valeur constitutionnelle des principes de la liberté d'accès à la commande publique, l'égalité de traitement des candidats, la transparence des procédures. Ces principes qui orientent tout le droit des marchés publics visent essentiellement deux objectifs autour desquels nous entendons articuler notre réflexion : efficacité de la commande publique et bonne utilisation des deniers publics.

[130] Voir S. BRACONNIER, op.cit. p.14. cet auteur évoque, sans ambigüité, l'existence d'un droit constitutionnel des marchés publics.

servira de prétexte pour apprécier l'état et surtout, la qualité de transposition des directives "marchés publics" par ces deux États.

Les rapports entre le droit des marchés publics et le droit pénal méritent une attention particulière. En effet, à y regarder de près, l'on se rend compte qu'il est suggéré, par le droit communautaire et les CMP, à ce que certains comportements des acteurs de la commande publique soient érigés au rang d'infractions pénales. Sous ce rapport, l'on peut évoquer l'idée d'une certaine pénalisation du droit des marchés publics[131]. Ainsi, cette démarche particulière de recherche, se situant à l'intersection du droit des marchés publics et du droit pénal a pour objectif de présenter l'architecture, plus ou moins, complète d'un droit pénal des marchés publics[132].

En outre, la particularité de la question à traiter oblige à faire des incursions prudentes dans d'autres matières comme la science politique. Cette incursion se justifie pour, au moins, deux raisons :

En premier lieu, le choix d'un type de marchés publics (fournitures, services, travaux) et son ampleur traduisent les préoccupations politiques des autorités en place. C'est sous ce rapport qu'ils peuvent être envisagés comme un instrument de mise en œuvre d'une politique publique. Or, l'étude de cette branche de la science politique permet de savoir « *quelles facettes de la gestion du collectif sont prises en charge par quelles autorités, politiques ou administratives, locales ou nationales, de quelle manière, en réponse à quels problèmes, à travers quelles modalités concrètes et en suscitant quelles conséquences pour qui* ? »[133]. Ces questionnements montrent que les marchés publics peuvent être considérés comme un levier permettant aux autorités publiques d'agir en faveur ou contre certaines catégories sociales, certains secteurs d'activité économique ou sociale. En effet, si la loi de finances est considérée comme un moyen de conception, de mise en œuvre et de réalisation de toutes les politiques publiques d'un État, l'on peut soutenir que le marché public peut être envisagé comme un moyen au service d'une politique publique sectorielle, c'est-à-dire, celle en rapport avec l'achat des fournitures, la réalisation des travaux ou la prestation de certains services. Aussi, le droit des marchés publics peut-il être exploité en vue de faire respecter le droit et la politique en matière sociale, fiscale, économique et environnementale, entre autres.

En deuxième lieu et sur un registre moins heureux, ce n'est un secret pour personne que dans la plupart des États africains, l'on assiste à une certaine politisation de l'Administration publique et à une certaine fonctionnalisation de la politique. Par conséquent, l'essentiel des actes posés par les autorités

---

131 C. PREBISSY-SCHNALL, *La pénalisation du droit des marchés publics*, Paris, *LGDJ* 2002, p. 589.

132 La pénalisation des marchés publics reste, en effet, un domaine insuffisamment exploré par la doctrine africaine.

133 J- C THOENIG, Les politiques publiques, sous la direction de M. GRAWITZ et J. LECA, *PUF* 1985, p. IX.

administratives ont un mobile politique. Cette situation est fortement présente dans le domaine de la passation et d'exécution des marchés publics. A ce sujet, il faut reconnaitre que les marchés publics sont devenus, dans presque tous les États, un instrument de financement des campagnes électorales, voire, des partis politiques et un moyen de récompenser certains alliés et inconditionnels du parti au pouvoir qui ne peuvent pas, pour une raison ou une autre, accéder à certains postes de responsabilité. C'est pourquoi, les marchés publics sont devenus un objet de convoitise de la part des responsables politiques et administratifs à tous les niveaux pour retourner l'ascenseur à leurs alliés, moins instruits et, plus portés vers les affaires. Aussi, les marchés publics sont-ils considérés comme un instrument de nature à accélérer les processus de transhumance politique. En effet, il suffit de brandir l'arme de l'attribution des marchés ou celle de la mise en œuvre des sanctions liées aux manquements dans l'exécution d'un marché précédent pour obtenir le ralliement ou la défection, voire, le silence d'un « poids lourd » de la politique.

Cette dimension mérite une attention particulière dans ce contexte de néo patrimonialisme[134] où la confusion entre la sphère publique et la sphère privée devient de plus en plus inquiétante. En effet, les autorités politiques en quête de légitimité « évanescente » ou de majorité « *ad' hoc* » ne lésinent pas sur les moyens. Et, il se trouve que le mode opératoire le plus sollicité est la corruption à travers les marchés publics. C'est cet état de fait qui explique les nombreux cas de violations du droit des marchés publics. Ces violations sont souvent, commises, encouragées et cautionnées par les autorités administratives chargées de mettre en œuvre les options politiques du gouvernement.

L'évidence semble s'éloigner au regard de l'angle de traitement choisi. Mais, ne dit-on pas que « *les grands hommes dans l'histoire de la science, furent ceux qui parviennent à réaliser des vastes synthèses transdisciplinaires du savoir existant qui, en réaménageant ce qui était précédemment connu, eurent pour effet d'invalider les travaux antérieurs. Quelques-unes de ces larges synthèses deviennent des théories « holistes » capables d'englober de nombreuses sous-disciplines appartenant elles-mêmes à plusieurs disciplines classiques* »[135].

---

[134] Selon J.F.Médard, promoteur de la théorie, le néo patrimonalisme désigne la confusion de la chose publique et de la chose privée qui est généralisée en Afrique. Cette situation pousse à mettre en question la notion même de l'État, laquelle repose justement sur cette distinction. Le néo-patrimonalisme a pour résultat de personnaliser les relations politiques et de transformer les ressources politiques en ressources économiques. C'est cette confusion qui explique le népotisme, le clientélisme, le tribalisme qui perturbent le fonctionnement normal des administrations publiques et la gestion des affaires publiques. Pour toutes ces questions, voir, J. F. MEDARD, « L'État clientéliste transcendé », *Politique africaine* n°1, Paris Khartala pp. 120-123. Sur le même auteur, voir, « La spécificité des pouvoirs africains », *Pouvoir* n°58, Paris, PUF 1983, pp. 10-16.

[135] M. DOGAN et R. PAHRE cités par D- L SEILER, *La méthode comparative en science politique*, Paris, A. Colin 2004, p. 49.

Même si la présente étude n'a pas la prétention d'invalider les travaux antérieurs, le choix de cette approche contribuera, sans doute, à diversifier l'angle de traitement des marchés publics qui ont presque toujours été appréhendés sous le seul angle du droit administratif.

Il est question ici de dégager une théorie des marchés publics en rapport avec l'essentiel des matières du droit public en général et avec le droit des finances publiques en particulier afin de comprendre l'éventuel fossé qui existe entre les textes juridiques et leur application d'où la nécessité de choisir une méthodologie appropriée.

VI. MÉTHODOLOGIE DE LA RECHERCHE

Toute étude scientifique nécessite le choix d'une méthode qui est l'outil au moyen duquel elle est menée. Il s'agit de l'ensemble des procédés et moyens destinés à atteindre un résultat déterminé. En d'autres termes, la méthode est l'ensemble des opérations intellectuelles permettant de découvrir la vérité scientifique.

Plusieurs méthodes sont proposées par la doctrine pour la recherche de la manifestation de la vérité scientifique, d'où la nécessité d'opérer un choix. Celui-ci doit tenir compte de la nature du sujet et de la finalité assignée à la recherche.

La démarche méthodologique qui sied à l'étude de ce sujet doit permettre de rendre compte de la phase de la collecte des données et de leur traitement.

Concernant la première phase, c'est-à-dire, celle de la collecte des données ou du dépouillement, les recherches s'articulent autour de quatre axes :

Le premier axe portera sur l'étude du droit positif. En effet, il a été écrit, avec pertinence, que « *tout juriste est un peu élève de l'école de l'exégèse* »[136]. Cette phase permettra alors de passer en revue le contenu de la règlementation applicable aux marchés publics. L'idée est de partir de ce droit pour réfléchir sur sa pertinence au regard des errements antérieurs et de nouveaux principes qui le sous-tendent. Ce n'est qu'après cette confrontation des textes au prétexte, c'est-à-dire les objectifs assignés à la règlementation que l'on s'intéressera au contexte, c'est à dire, la réaction du milieu nigérien et sénégalais de la commande publique.

La législation française sera d'un apport pour la compréhension de certaines dispositions des directives de l'UEMOA et du droit des États sous examen.

Un accent particulier sera mis sur la jurisprudence au regard du rôle que joue le juge dans la création et l'évolution du droit en général et du droit administratif

---

[136] A. SALL, postfacier de l'ouvrage d'I.M.FALL intitulé, *Textes constitutionnels du Sénégal du 24 janvier 1959 au 15 mai 2007,* Dakar, *CREDILA* mai 2007, p. 248.

en particulier[137]. En dehors de la jurisprudence classique, il faut relever l'émergence d'un "type de jurisprudence" issue des décisions rendues par le Comité de règlement des différends (CRD) de l'organe de régulation des marchés publics crée par les deux États.

Le deuxième axe portera sur les recherches documentaires qui nous amèneront à pénétrer la doctrine consacrée à l'étude des contrats administratifs en général et des marchés publics en particulier. Nous nous emploierons à mettre l'accent sur la doctrine africaine, quoique peu abondante, qui essaie d'établir des connexions entre les marchés publics et certaines matières de droit public ci-dessus évoquées. Nous nous intéresserons, dans cette perspective, aux ouvrages généraux, aux ouvrages spécialisés, aux essais, aux articles, aux thèses, aux mémoires, aux rapports et publications des différents organismes et institutions intervenant dans le contrôle de la dépense publique en général et des marchés publics en particulier.

Le troisième axe sera orienté vers les possibilités offertes par les Technologies de l'Information et de la Communication (TIC) qui constituent, de nos jours, une source d'information inépuisable. Cette possibilité est très indiquée, en l'espèce, au regard de la logique de dématérialisation des procédures de passation des marchés publics. Il se trouve que les autorités nigériennes et sénégalaises de contrôle et de régulation des marchés publics disposent de sites internet sur lesquels elles publient les plans de passation des marchés (PPM), les avis généraux de passation des marchés publics (AGPM), les décisions rendues par les CRD, les rapports d'audits et certaines informations fondamentales. Mieux, ces sites ont tendance à supplanter les journaux officiels car plusieurs décrets et arrêtés d'application des CMP y sont publiés[138].

Quant au quatrième axe, il nous permettra d'entreprendre des entretiens et discussions au cours desquels nous allons, essayer, d'écouter, d'échanger avec les opérateurs économiques, les agents des directions des marchés publics (DMP) ou des cellules de passation des marchés publics (CPMP), les membres des différentes commissions, les auditeurs, les experts et autres agents publics qui interviennent dans la chaine afin de recueillir leur témoignage et les difficultés qu'ils rencontrent dans la mise en œuvre du nouveau droit.

Pour analyser les données ainsi recueillies, différentes méthodes peuvent être adoptées. Sera privilégiée ici, la méthode à même de rendre compte de l'état du droit positif sur la question ainsi que son effectivité dans les deux Etats. C'est pourquoi, le choix est porté sur l'approche comparative.

---

137 Voir D. SY, « Le juge sénégalais et la création du droit administratif », La création du droit en Afrique, sous la direction de D. DARBON et Jean du BOIS de GAUDUSSON, Éditions KARTHALA 1997, p.395-407.

138 http://www.armp-niger.org/ pour le Niger et http://www.armp.sn/ et http://www.marchespublics.sn/ pour Sénégal.

La comparaison est en général une opération banale de l'intelligence humaine. Un auteur[139] averti écrivait, d'ailleurs, que « *l'être humain regarde toujours, ou presque, dans l'assiette de son voisin ; sentiment d'envie et volonté de faire envie ; l'individu compare sa maison ou son automobile avec celle du voisin pour mesurer sa propre position par rapport à celle de l'autre* ». M. Bloch[140] assignait à cette méthode la tâche de rechercher afin d'expliquer, les ressemblances et les dissemblances qu'offrent des séries de nature analogue, empruntées à des milieux sociaux différents.

Appliquée à la science du droit, l'approche comparatiste permet de rechercher et d'expliquer les différences entre les divers ordres juridiques à une époque donnée. Toutefois, elle n'est pertinente que lorsque les droits en présence sont étudiés de la même manière sans préjuger de la supériorité de l'un sur l'autre car le concept comparaison du latin *cum* (avec) et *par* (égal) signifie, étymologiquement, mettre ensemble de manière égale[141].

La pertinence de l'approche s'impose d'autant que les droits nigérien et sénégalais des marchés publics ont une même source d'inspiration. C'est le lieu de rappeler que la logique communautaire impose, en réalité, une telle démarche afin de confronter les politiques, les législations, les mentalités et les pratiques développées au sein de chaque État membre. Elle s'avère indispensable pour mesurer la portée du processus d'harmonisation engagée par l'organisation d'intégration.

De façon générale, la méthode comparative joue un rôle éminemment important dans les études juridiques. Elle permet, entre autres, de comprendre et d'améliorer son droit national. En effet, l'analyse du droit étranger peut permettre, par contraste, de mieux comprendre son droit national à travers ses originalités et ses lacunes.

Dans une perspective de généralisation du procédé, M. Seiler considère qu'il n'y a pas de science concevable si le chercheur n'adopte, *a priori,* une attitude comparatiste d'où la nécessité de ne pas tirer sur le comparatiste[142].

Au total, l'étude oscille entre les droits UEMOA, nigérien et sénégalais ainsi que les différentes pratiques développées dans ces États. Le souci est de parvenir à montrer si les nouveaux mécanismes opérationnels de préparation, de passation, d'exécution, de contrôle et de régulation des marchés publics sont de nature à servir les objectifs assignés au nouveau droit, c'est-à-dire, à rationaliser la dépense publique et à instaurer un climat de confiance dans la gestion des deniers publics.

---

139 D- L SEILER, *La méthode comparative en science politique*, Paris A. Colin, 2004, p. 7.

140 Cité par D-L SEILER, ibid. p.27.

141 Voir http://fr.wikipedia.org/wiki/Droit_comparé consulté le 5 avril 2012.

142 Voir O. MORETAU, « Ne tirez pas sur le comparatiste », D.2005, point de vue, pp.452-453.

VII. Esquisse de réponse et annonce du plan

L'exploitation et l'analyse des éléments de comparaison ci-dessus évoqués nous ont permis de dégager la thèse suivante : A quelques différences près, les principes fondamentaux, socles du nouveau droit des marchés publics et dont le respect est censé contribuer à une plus grande rationalisation de la dépense publique, ne sont pas suffisamment pris en compte aussi bien par le droit positif que par les pratiques en cours au Niger et au Sénégal.

Pour argumenter cette thèse, nous nous sommes employé à nous appuyer sur les deux dimensions du droit des marchés publics à savoir sa dimension matérielle et sa dimension institutionnelle.

Sur le premier aspect, nous sommes tentés de soutenir et de conclure à une insuffisante articulation du nouveau droit matériel des marchés publics avec les exigences de rationalisation de la dépense publique (**Première Partie**).

Quant au nouveau dispositif institutionnel, l'on constate qu'il cherche sans doute à renforcer les institutions et techniques traditionnelles de contrôle de la dépense publique en général et des marchés publics en particulier. Mais, à y regarder de près, l'on se rend compte qu'il rencontre beaucoup de résistances et le développement de certaines pratiques de nature à réduire son efficacité (**Deuxième partie**).

PREMIÈRE PARTIE :

UNE INSUFFISANTE ARTICULATION DU NOUVEAU DROIT MATÉRIEL AVEC LES EXIGENCES DE RATIONALISATION DE LA DÉPENSE PUBLIQUE

L'idée de rationalité a toujours été au cœur du processus de décision politique[143]. Pour J. Chevallier, la décision politique apparait, traditionnellement, comme un choix conscient et délibéré effectué en connaissance de cause, entre plusieurs lignes de conduite possibles en vue d'atteindre certains résultats. De ce point de vue, la rationalité[144] résulte de ce que le décideur s'assigne des objectifs, en fonction des problèmes à résoudre et s'efforce de les réaliser par la mobilisation des moyens appropriés.

Cette idée s'applique à tous les secteurs de l'activité publique parmi lesquels figure en bonne place la gestion des marchés publics. A ce propos, il est question de mettre le droit et la pratique en adéquation avec les principes fondamentaux définis par la Directive n°04/2005 et repris par les différents CMP. Ces principes qui constituent l'épicentre de la réforme visent, au fond, la rationalisation et la recherche de la qualité de la dépense publique.

L'analyse du droit en vigueur au Niger et au Sénégal montre que l'idée de rationaliser la dépense publique a été érigée au rang des objectifs majeurs assignés à la réforme du droit des marchés publics.

Toutefois, lorsque l'on s'intéresse de près au droit matériel des marchés publics, c'est-à-dire, les mécanismes juridico-opérationnels de préparation, de passation et d'exécution des marchés publics ainsi qu'à leur mise en œuvre pratique, l'on est tenté de soutenir que les mutations annoncées sont aux antipodes des exigences d'une dépense publique de qualité.

En conséquence, l'on peut retenir deux constats : Une certaine illusion dans la conception du nouveau régime de la passation des marchés publics **(Titre I)** et un certain immobilisme pernicieux dans l'encadrement des procédures d'exécution des marchés publics **(Titre II)**.

---

143 J. CHEVALLIER, *Science administrative*, Paris *PUF*, 1986, p. 454. Pour cet auteur, les autorités politiques sont censées n'être guidées que par le souci de rechercher la meilleure solution possible dans une situation donnée.

144 Pour une vision plus philosophique de la notion, voir, E. MORIN, « Rationalité et rationalisation » *in*http://www.lemangeur-ocha.com/wp-content/uploads/2012/07/13_E_Morin.pdf (consulté le 15 mars 2013).

TITRE I :

UNE CERTAINE ILLUSION DANS L'ENCADREMENT DE LA PHASE DE PASSATION DES MARCHÉS PUBLICS

Le droit des marchés publics est un droit des procédures. Celles-ci ont pour but la détermination des modes d'accès et les conditions d'attribution des marchés publics. Ces procédures sont d'autant plus détaillées et complexes que les sommes à engager sont importantes.

S'employant à mettre en exergue leur complexité et leur instabilité, un auteur écrivait que « *la passation d'un marché public n'est pas un long fleuve tranquille* »[145]. L'idée de cet auteur a toute son importance car les dispositions relatives à la passation des marchés publics constituent, en réalité, la partie la plus attractive, la plus complexe et la plus instable des CMP.

Les procédures comportent plusieurs phases ; lesquelles nécessitent l'intervention de plusieurs acteurs. C'est leur respect scrupuleux qui conditionne, au fond, la régularité et l'efficacité de tout le processus.

Dans l'esprit du nouveau droit, l'acte d'achat suppose, au préalable, une certaine anticipation censée permettre à l'acheteur de savoir avec précision, ce dont il a besoin au regard des objectifs qu'il s'est fixé. Une fois identifié, ce besoin doit être confronté avec les moyens financiers dont il dispose. Ce n'est qu'après ce préalable que l'acheteur va s'engager dans la recherche du partenaire contractuel capable de lui procurer le maximum de satisfaction.

Au total, les procédures de passation des marchés publics se présentent comme des opérations et actes à poser dans le but d'assurer, non seulement, un bon approvisionnement des services administratifs mais, aussi, une correcte utilisation des deniers publics et une saine concurrence entre les opérateurs économiques intéressés.

Ces différentes préoccupations sont évoquées par le droit communautaire et le droit des Etats sous étude. Toutefois, à y regarder de près, l'on se rend compte qu'en dehors des efforts théoriques assez encourageants constatés dans l'encadrement de la phase préparatoire **(Chapitre I)**, on a l'impression d'assister à un certain recul au sujet de la réforme des procédures de passation des marchés publics aussi bien au Niger qu'au Sénégal **(Chapitre II)**.

[145] C. BRECHON-MOULENES, « Choix de procédures, choix dans les procédures » *AJDA*, 1998 p.753.

CHAPITRE I :

UN EFFORT THÉORIQUE ENCOURAGEANT DANS L'ENCADREMENT DE LA PHASE PRÉPARATOIRE

Dans un contexte caractérisé par l'idée de rationalisation des choix budgétaires, il faut insister sur le fait que bien acheter ne doit plus se limiter au seul respect des contraintes du CMP. Bien acheter suppose, aussi, une utilisation intelligente des différents outils que ce texte propose afin d'aboutir à une satisfaction optimale des besoins publics. C'est pourquoi, la complexité des procédures ne doit pas faire oublier qu'à l'origine d'un marché public se trouve la nécessité de satisfaire, au mieux, un besoin d'intérêt général.

Le législateur communautaire l'a certainement compris même si, par ailleurs, il faut se rendre à l'évidence qu'il s'agit d'une simple reprise du droit français[146].

Quoi qu'il en soit, la volonté des rédacteurs de la Directive n°04/2005 est de mettre une certaine adéquation entre le besoin et le mécanisme qui permet de le satisfaire au cœur de la réforme. C'est pourquoi, l'article 44 de la Directive n°04/2005 demande à chaque Etat de prévoir les dispositions législatives et règlementaires obligeant les autorités contractantes de procéder à la détermination de leurs besoins préalablement au lancement de toute procédure de passation des marchés publics. En dépit de quelques insuffisances et difficultés de mise en œuvre (**Section I**), l'idée est de pousser chaque autorité contractante à connaitre la nature et l'étendue de ses besoins dans l'optique d'établir et de faire publier un PPM (**Section II**).

SECTION I : UNE INSUFFISANTE PRISE EN CHARGE DES PROCÉDURES DE DÉTERMINATION DES BESOINS

L'idée de connaitre un besoin dans sa nature, sa consistance et son montant avant de passer un marché public ne devrait pas constituer une nouveauté dans

---

146 En France, c'est la loi n° 2001-210 du 7 mars 2001 portant Code des marchés publics qui introduit pour la première fois, cette obligation de définition préalable des besoins, objet du futur marché public. Sur les innovations introduites par cette loi, voir S. PIGNON et D. BANDET, « Le nouveau code des marchés publics, quelques éclairages pratiques », *AJDA* n°4 2001, p. 367 et suivants.

le droit des États sous examen[147]. Il serait, en effet, absurde de lancer une procédure de passation d'un marché alors que l'autorité contractante ignorait, totalement, son objet. Ce n'est qu'une exigence de bon sens : savoir ce que l'on veut acheter avant de se rendre au marché.

Le mérite de la nouvelle réglementation est, en réalité, de donner un fondement juridique à une obligation pratique qui a toujours existé.

Désormais, il est formellement institué l'obligation d'identification préalable des besoins. Celle- ci se dédouble en obligation de le connaitre dans sa nature et son étendue (**Paragraphe I**) avant de le fixer dans son montant prévisionnel (**Paragraphe II**).

Paragraphe I : La définition de la consistance des besoins

Comme il a été rappelé, le nouveau droit des marchés publics institue des règles relatives à la détermination des besoins (**A**) dont la portée mérite quelques observations (**B**).

A. La consécration formelle de l'exigence de détermination des besoins

Sous l'influence de la Directive n°04/2005, les droits nigérien et sénégalais des marchés publics définissent un certain nombre de principes fondamentaux et transversaux.

Dans la phase de préparation des marchés, ces principes sont garantis, entre autres, par la définition préalable des besoins[148]. Par cette obligation, le nouveau droit des marchés publics institue une phase de réflexion dans la conduite des opérations de l'achat public (**1**) et reconnaissent, en même temps, une certaine liberté aux autorités contractantes (**2**).

---

[147] A ce sujet l'art. 20 du décret n°2002-550 du 30 mai 2002 portant CMP au Sénégal prévoyait que la consistance et les spécifications des fournitures, études, travaux, ou services sont déterminées avec précision par le service intéressé avant tout appel à la concurrence. Si l'idée de définition des besoins est assez claire en droit sénégalais, tel n'est pas le cas du Niger où l'art. 5 de l'ordonnance n°2002-007 du 18 septembre 2002 portant CMP se contente de souligner que les marchés sont préparés par les services...ayant compétence pour gérer les crédits auxquels la dépense est imputée...

[148] Voir la célèbre décision du conseil constitutionnel en date du 26 juin 2003 rendue à propos de la loi habilitant le gouvernement à simplifier le droit (Décision n° 2003-473 DC du 26 juin 2003). Pour le commentaire de cette décision, voir cahier du conseil constitutionnel n° 15 sur http://www.conseil-constitutionnel.fr/conseil-constitutionnel/francais/nouveaux-cahiers-du-conseil/cahier-n-15/cahiers-du-conseil-constitutionnel-n-15.51984.html (consulté le 10 octobre 2012).

1. L'institution d'une phase de réflexion avant l'action

La maitrise d'un marché public suppose une identification précise de son objet. C'est cet objet qui constitue le besoin de l'autorité contractante dont l'identification constitue l'une des principales contraintes qui pèsent sur les AC[149].

Le besoin dont il est question doit s'inscrire dans le cadre des missions de service public. Par exemple : la construction des salles de cours, de postes de santé, la construction ou la réhabilitation d'hôpitaux, l'acquisition des manuels scolaires, etc... Il peut, aussi, être constitué des moyens nécessaires au bon fonctionnement des services de l'AC et/ou ceux relatifs aux investissements à prévoir dans le cadre de l'exécution de ses missions de service public. Par exemple : l'achat de carburant nécessaire au fonctionnement des véhicules des services, l'achat des équipements informatiques pour les services, le recrutement d'un consultant pour réaliser l'étude architecturale des travaux.

En tous les cas, cette exigence a désormais un fondement juridique incontestable. Il s'agit de l'art. 44 de la Directive n°04/2005 qui dispose que « *la nature et l'étendue des besoins sont déterminés avec précision par les autorités contractantes avant tout appel à la concurrence ou toute procédure de négociation par entente directe* ».

Dans sa tentative de transposition du droit communautaire de l'UEMOA, l'art. 5 al. 1 du CMP du Sénégal dispose qu' « *avant tout appel à la concurrence, consultation ou négociation, l'autorité contractante est tenue de déterminer aussi exactement que possible la nature et l'étendue des besoins à satisfaire* ». L'art. 73 du CMP du Niger dispose, presque, dans les mêmes termes que : « *la nature et l'étendue des besoins sont déterminées aussi exactement que possible par les autorités contractantes avant tout appel à la concurrence, consultation ou toute procédure de négociation par entente directe* ».

Cette obligation de détermination des besoins s'impose à toutes les AC. C'est pourquoi, elle mérite que l'on s'y attarde pour réfléchir, notamment, sur la nature des besoins à identifier et leur étendue.

À propos de la nature du besoin, objet du marché, sa détermination ne pose aucune difficulté particulière au moins en théorie. Il suffit, pour chaque AC, de déterminer les moyens dont elle a besoin et qu'elle devra acquérir au cours de l'exercice budgétaire donné, pour accomplir les missions d'intérêt général qui lui sont confiées. Ces moyens qui constituent l'objet des marchés sont rangés dans les trois (3) grandes catégories classiques définies par les différents CMP. Il s'agit, sans détours, des fournitures, des travaux et des services.

---

149 L'art. 5 du code sénégalais est sans ambigüité. Il précise en effet, que l'autorité est "tenue". Au Niger, c'est le recours au présent de l'indicatif dans la formulation de l'art. 72 du Code qui indique le caractère obligatoire de cette définition préalable des besoins ; Cet article dispose en effet que "La nature et l'étendue des besoins sont déterminées aussi exactement que possible par les autorités contractantes avant tout appel à la concurrence, consultation ou toute procédure de négociation par entente directe".

Ainsi, un marché public doit avoir pour seul objet la satisfaction des besoins de l'acheteur public en matière des travaux, fournitures et services.

Ces besoins ne se limitent pas aux besoins liés au fonctionnement propre de l'AC. En effet, en faisant allusion à l'étendue des besoins, les dispositions pertinentes des CMP ci-dessus rappelées misent sur l'exhaustivité, l'intégralité et englobent, non seulement, les besoins propres de l'AC mais aussi tout le champ des besoins liés à son activité d'intérêt général et qui la conduisent à fournir des prestations aux tiers[150].

Cette définition de la nature et de l'étendue des besoins doit répondre à un impératif de précision car le juge administratif français, par exemple, a eu l'occasion de sanctionner l'insuffisance constatée dans la définition des besoins[151]. Une définition floue des besoins peut même constituer un délit de favoritisme[152]. Ils doivent, en tout état de cause, répondre à un besoin réel, précis et utile de l'AC et non à des besoins fantaisistes ou inutiles, sources de gaspillage des ressources publiques. Par exemple, un ministère qui a besoin d'un véhicule de service non destiné à des missions en régions ne devrait pas demander un véhicule 4x4. Dans une autre perspective, un ministre ne devrait pas demander, par exemple, le renouvellement de son bureau, tout simplement, parce qu'il vient d'être nommé et qu'il doit disposer d'un mobilier différent de celui de son prédécesseur. Un ministère ne devrait pas demander l'inscription, systématique, de crédit pour l'achat de mobiliers et matériels de bureau alors que le disponible est suffisant et est en bon état et qu'il n'envisage pas le recrutement de personnel encore moins de travaux d'extension de locaux.

La vigilance doit être de mise, car très souvent la fraude et la corruption ou les actes perceptibles comme tels surviennent au stade de l'identification des besoins. C'est le cas, par exemple, de la création de faux besoins dans le but de créer un marché pour un allié politique.

En effet, si pour le grand public, le marché public est synonyme de corruption, cette conviction se vérifie, notamment, pour des raisons politiques. Sur cette question, il ressort des échanges avec certains acteurs que pour financer certaines dépenses électorales ou personnelles, certaines autorités n'hésitent pas à envisager la conclusion de « vrai-faux marchés publics »[153], voire, la surestimation des besoins réels dans le but de soutirer des ressources

---

[150] Voir, dans ce sens, la Circulaire française du 3 août 2006 portant manuel d'application du code des marchés publics JORF n°179 du 4 août 2006, p. 11665.

[151] Ont été, par exemple, considérés comme des manquements à la définition des besoins : la sous-estimation des quantités du marché (CE 29 juillet 1998 Commune de Léognan, n° 190452), le renvoi de la définition de certains besoins à un dispositif ultérieur (CE 8 août 2008, Région Bourgogne, n° 307143), la possibilité pour les candidats de proposer des « services annexes » non définis (CE 15 décembre 2008, Communauté urbaine de Dunkerque, n° 310380).

[152] cf. supra. p. 448.

[153] P. TERNEYRE, « L'apport au droit des marchés publics de la loi anti-corruption », *RFDA* n°5, 1993 p.954.

financières ou d'utiliser à des fins personnelles, les biens acquis au nom de l'accomplissement d'une mission d'intérêt public.

Cependant, l'allure rédactionnelle des textes semble conférer une certaine liberté aux AC dans cette entreprise de définition des besoins.

2. La reconnaissance d'une certaine liberté aux AC dans la définition des besoins

L'autorité contractante à qui il incombe la mission de satisfaire le besoin d'intérêt général reste plus ou moins souveraine dans la définition des moyens appropriés. Parmi ces moyens, figure l'objet du marché, c'est-à-dire, le besoin qu'elle doit préalablement définir.

Ce constat découle d'une décision rendue par le 31 octobre 2012 par le CRD de l'ARMP du Sénégal[154]. Dans cette affaire, c'est le Ministère de l'Économie et des Finances qui a fait publier un AAO portant sur l'acquisition de cent cinquante (150) véhicules 4x4 Station Wagon long châssis à son profit. Après avoir acquis le DAO, la société CCBM Automobile a saisi l'AC d'un recours gracieux pour décrier les spécifications techniques jugées discriminatoires. N'ayant pas obtenu gain de cause, elle décide de saisir le CRD de l'ARMP. Devant ce dernier, la requérante soutient que la voiture qu'elle envisage de proposer, en l'occurrence, la Volkswagen Touareg est à même de remplacer celle demandée par l'AC. Elle ajoute, c'est « *un véhicule personnel destiné aux activités du député et sa destination n'exige aucunement un nombre de places supérieur à cinq (5)* ». De son côté, le MEF soutient que, « *la demande de CCBM automobile, visant à faire modifier le nombre de places assises est mal fondée, parce que, d'une part, cette spécification est neutre du fait que la quasi-totalité des fabricants possèdent, au moins, un modèle de véhicule à sept (7) places, d'autre part, l'exigence du requérant de commander des véhicules de cinq (5) places va à l'encontre du droit de l'autorité contractante à définir souverainement ses besoins à satisfaire* ». Face à ces deux positions, le CRD décideque « *si la détermination des besoins doit se faire dans le strict respect du principe d'égal accès de tous aux marchés publics, force est de constater que l'autorité contractante reste souveraine dans la définition des besoins* ».

Il ressort de cette décision, suffisamment, motivée que l'AC dispose de toute la latitude dans la définition des caractéristiques et de l'étendue des fournitures, travaux ou services qu'elle souhaite acquérir dans le cadre de sa mission

154 Décision n°134/12/ARMP/CRD du 31 octobre 2012 du Comité de Règlement des différends statuant en Commission Litiges sur le recours de la Société CCBM Automobile dénonçant le caractère discriminatoire des spécifications techniques du dossier d'appel d'offres relatif à la fourniture de cent cinquante (150) véhicules 4x4 station wagon au profit du Ministère de l'économie et des finances in http://www.marchespublics.sn/pmb/fichiers/3261863250b3a0c18d24e.pdf (consulté le 05 décembre 2012).

d'intérêt général. L'essentiel est que les caractéristiques du besoin soient objectives, c'est-à-dire, justifiées par le seul motif d'intérêt général.

C'est pour atténuer ce pouvoir de l'autorité contractante qu'il est précisé que ces spécifications ou normes techniques ne doivent pas porter atteinte à la libre concurrence et à l'égalité de traitement des candidats. Ainsi, elles ne doivent pas mentionner une marque, un brevet ou un type qui auraient pour objet ou pour effet de favoriser ou d'écarter certains produits ou productions et de rompre, par-là, la libre concurrence et l'égalité d'accès à la commande publique.

Toutefois, l'autorité contractante peut y recourir à titre exceptionnel lorsqu'il lui est impossible de donner autrement une prescription technique précise de l'objet du marché et à la condition expresse que ces références soient accompagnées de la mention « ou équivalent »[155].

Si cette étape constitue un exercice capital, il faut remarquer qu'aucune disposition de la Directive n°04/2005 encore moins celle des CMP ne traite des questions relatives aux modalités d'attribution des compétences en la matière. L'art. 73 du CMP du Niger fait, simplement, allusion aux AC au moment où l'art. 5 du CMP du Sénégal renvoie aux services compétents de l'AC.

Dans les deux cas, les textes ne sont d'aucun secours en termes de précision. Visiblement, le nouveau droit n'a pas souhaité interférer avec les règles d'organisation et de fonctionnement propres à chaque AC. En conséquence, les différents ministères ont la possibilité de choisir le niveau le plus pertinent de détermination de leurs besoins. Il appartient, dès lors, à chaque AC d'indiquer, au regard de la nature du besoin, de sa politique d'achat, le niveau le plus pertinent de définition de ce besoin.

Concrètement, au niveau de chaque ministère, il nous a été fait savoir que le besoin est examiné dans sa nature et ses spécificités avant de décider du niveau et du service pertinent qui prendra en charge sa définition. En tous les cas, il est de la compétence des directeurs et chefs de service centraux ou déconcentrés de procéder à cet exercice au moment de l'expression de leurs besoins en termes de crédits budgétaires. C'est en cela qu'il est important de rappeler le lien étroit entre les marchés publics et le droit budgétaire. En effet, si l'étude s'emploie à établir des connexions entre les deux droits, il y a lieu de revisiter les techniques utilisées en droit budgétaire, notamment la procédure d'évaluation des dépenses publiques dans l'optique de déceler un lien avec la question de la détermination des besoins.

Les dépenses publiques découlent, on le sait, de l'utilisation des crédits budgétaires. Cette notion de crédit signifie, selon la belle formule de G. Jèze, l'autorisation de dépenser pour un certain objet, jusqu'à concurrence d'une certaine somme, pendant un certain temps[156]. Cet objet dont il est fait allusion n'est rien d'autre que le besoin qui justifie l'inscription du crédit dans la loi de

---

[155] Voir article 7 du Code des marchés publics

[156] G. JEZE, « Théorie générale des contrats de l'administration », RDP 1930, op. Cit. p. 94.

finances. Pour s'en convaincre, il suffit de lire les différentes rubriques du budget à travers lesquelles il apparait le respect du principe de spécialité du crédit[157].

C'est donc l'objet du crédit, c'est-à-dire, le besoin à satisfaire qui justifie l'inscription du crédit dans la loi de finances. Celui-ci est proposé, justifié et défendu par les services dépensiers. Il leur revient, par voie de conséquence, de connaitre et de s'appuyer sur la nature et l'étendue de leurs besoins pour réussir cet exercice avec les représentants du ministère des finances[158]. De ce fait, il est fondé d'affirmer qu'il existe un lien, indiscutable, entre la définition des besoins et l'évaluation des masses budgétaires. En conséquence, il n'y a pas au sein d'un ministère, un service dont la mission exclusive serait la définition des besoins. Tout dépend de la nature du besoin, de ses spécificités et du choix opéré par l'autorité compétente. A ce sujet, deux erreurs rappelées par M. Issakha NDIAYE[159] sont à éviter : la première est de croire que dans chaque service, quel que soit le marché à passer, il y a un préposé immuable à la définition des besoins[160] ; la deuxième est le fait de confondre l'autorité habilitée à engager la personne publique avec celle qui définit les besoins de celle-ci. La première désigne celle qui signe le marché, sinon qui l'approuve tandis que la seconde concerne la personne ou le service qui décrit la nature et la quantité des besoins[161].

La considération de la nature et des spécificités des besoins peut pousser à privilégier le niveau le plus centralisé ou songer aux administrations

157 A propos de ce principe qui veut que le crédit soit autorisé pour un objet précis, voir, par exemple, L. PHILIP, Finances publiques, Paris, 5e édition, *CUJAS*, 1995, p. 215 et suivants. Ce classique de finances publiques françaises précise que « l'autorisation d'engager un crédit ne porte pas seulement sur un montant mais, également, sur un objet : tel service de tel ministère est autorisé à engager une dépense, jusqu'à tel montant, pour tel objet particulier ».

158 Il s'agit de la direction du budget qui est la cheville-ouvrière en matière de préparation du budget de l'État.

159 I. NDIAYE, *Guide de la passation des marchés publics au Sénégal*, Sénégal, L'*Harmattan* 2011, pp. 26 et 27. Dans cette étude pratique et extrêmement pertinente, ce spécialiste sénégalais des marchés publics a tenté de définir tous les contours de la définition des besoins.

160 La personne compétente dépend de la nature des besoins. Par exemple si un Hôpital public souhaite acquérir une table d'opération et envisage à cet effet, un marché de fourniture. Il va falloir alors déterminer le modèle de table, ses dimensions, ses caractéristiques techniques. Ce sera sans doute, le chef du bloc opératoire qui fera ce travail de définition. Ceci s'explique par le simple fait que c'est lui qui gère ce service ; avec ses collaborateurs et collègues chirurgiens, ils savent de quoi manque le bloc opératoire, ce qu'il faut acquérir en matériaux et ce qu'il faut rénover.

161 A propos de l'exemple précédent, la personne habilitée à engager l'Hôpital est le directeur de cet établissement ; concernant la définition des besoins, elle est effectuée par le chef du bloc opératoire.

déconcentrées[162]. En tous les cas, dans un but de proximité pragmatique et de meilleure satisfaction directe des besoins, il serait, et en ce qui concerne certains besoins, beaucoup plus pertinent de laisser aux personnes directement utilisatrices, le soin d'exprimer leurs besoins et leurs attentes. Néanmoins, l'intervention du niveau central n'est pas à exclure, surtout, en cas d'une nouveauté ou lorsque les préoccupations liées à la mise en œuvre d'une politique publique nationale sont en jeu.

Le choix de l'autorité compétente doit, conformément à la nouvelle dynamique des marchés publics, et dans toute la mesure du possible, être guidé par le souci d'améliorer l'efficacité de l'achat. C'est cet aiguillon qui doit présider au choix de l'autorité chargée de définir le besoin même si son appréciation n'est pas sans poser quelques difficultés aux fonctionnaires. C'est pourquoi, dans ces États, il est suggéré aux autorités investies du pouvoir de détermination des besoins de se faire assister par des Hommes de l'art censés pallier le manque de temps et de l'innovation imputables à certains fonctionnaires.

Cependant, cette collaboration est à surveiller, rigoureusement, aussi bien par les futurs concurrents que par les autorités chargées du contrôle *a priori*. En effet, en France par exemple, le Rapport Bouchery révèle que « *l'un des moments privilégiés de la corruption dans les marchés publics est la période antérieure au lancement de l'appel d'offres. La façon la plus discrète de favoriser une entreprise généreuse est, en effet, de l'associer à la définition même de l'objet du marché, de telle sorte que la demande de l'administration corresponde exactement au produit que cette entreprise est capable de fournir* »[163]. Cette collusion à travers la "création des besoins sur mesure" est de nature à porter atteinte à l'égalité de traitement des candidats.

Quelle que soit l'autorité désignée, à cet effet, certaines règles doivent être observées. En effet, l'identification des besoins doit reposer sur une analyse des besoins fonctionnels des services et de l'état de consommation. Pour cela, il y a lieu de chercher à avoir une idée de l'ensemble des moyens dont l'administration considérée a besoin pour son fonctionnement et ses investissements au titre de l'année budgétaire considérée. Un inventaire de l'existant s'impose. Ce travail consiste à répertorier les fournitures non encore utilisées ou qui peuvent encore servir et les infrastructures qui ne nécessitent pas des travaux de réfection. Cette vérification a pour finalité de permettre au ministère concerné d'avoir une idée des moyens ou investissements nouveaux à prévoir pour compléter l'existant[164]. La réussite de cet exercice nécessite une certaine rigueur dans la gestion de la comptabilité des matières. Cette réussite

---

[162] Sur cette question, voir A. MENEMENIS, « Passer un marché public : sur quelques innovations du code » *AJDA* n° 7, 2004 p. 382.

[163] P. TERNEYRE, op. Cit p.956.

[164] Cette démarche rappelle la technique d'évaluation des dépenses budgétaires qui fait la distinction entre les services votés et les mesures nouvelles.

nécessite, également, une connaissance aussi approfondie que possible des marchés. Celle-ci passe par la participation aux salons et foires ou autres rencontres dans le but de découvrir des nouveautés ou des matériels plus performants que ceux, jusque- là utilisés. C'est en cela que la collaboration des hommes de l'art peut s'avérer fructueuse.

Ces quelques éléments doivent être pris en compte dans toute réflexion sur la détermination des besoins, car l'objectif de tout achat est de satisfaire l'usager ou l'utilisateur de l'objet du marché. En tous les cas, l'acheteur public doit se poser certaines questions dont, entre autres : à quelle fonction ou à quel usage est destiné cet objet ? Quel est le lieu de son utilisation ? Quelle est la fréquence d'utilisation ? A quelle période de l'année va-t-on l'utiliser ? Quelle quantité prévoir ?

Les réponses à ces questions permettent de dégager les caractéristiques générales de chaque besoin tout en mettant un accent particulier sur la quantité et surtout la qualité.

Après l'examen du contenu de cette obligation, il importe de s'intéresser à sa portée.

B. La portée des exigences relatives à la détermination des besoins

L'engagement des cocontractants porte sur les stipulations contractuelles. Parmi celles-ci figurent les travaux, les fournitures ou les services tels qu'ils ont été le besoin définis dans leur nature, leur étendue et leurs caractéristiques.

Le souci de réussir le marché doit pousser l'AC à afficher une certaine rigueur afin que la définition du besoin soit la plus fine possible **(1)**. Toutefois, cette définition peut se heurter à certaines limites objectives auxquelles le droit en vigueur tente d'apporter des solutions **(2)**.

1. Un impératif de précision dans la définition des besoins

A propos de l'attitude à adopter dans cette phase, l'art. 44 de la Directive n°04/2005 met l'accent sur la précision dans la détermination de la nature et l'étendue des besoins. L'art. 5 du CMP du Sénégal et l'art. 73 du CMP du Niger insistent, quant à eux, sur la notion « d'exactitude » en demandant aux AC de déterminer leurs besoins aussi exactement que possible.

Que l'on s'intéresse à la formule employée par la directive ou à celle choisie par les deux CMP, l'idée de précision, d'exactitude et d'exhaustivité doit irriguer cette étape fondamentale. En effet, la définition des besoins, au stade de la préparation du marché, doit porter sur la totalité du projet. Il ne suffirait pas, en effet, que la définition des besoins soit préalable au lancement de la procédure si elle devait être approximative. C'est pourquoi, en France, par exemple, le juge administratif n'a pas hésité à juger, en règle générale, qu'un marché dont la définition est trop imprécise est entaché de nullité[165]. En attendant la réaction, vivement souhaitée, des juges nationaux sur la question, il y a lieu de relever que celle du juge français est bien fondée. En effet, les approximations dans la définition de la nature et de l'étendue des besoins sont potentiellement une source de dérapages financiers, d'irrégularités dans l'attribution du marché et de difficultés dans son exécution.

Sur le terrain procédural, l'on remarque que c'est le besoin qui définit, d'une part l'objet du marché et le périmètre de la mise en concurrence et, d'autre part, le choix de la procédure de passation du marché en question.

En d'autres termes, le choix de la procédure ou du mode de passation dépend, dans une large mesure, des caractéristiques et de l'étendue de l'objet du marché. C'est pourquoi, l'on peut soutenir que toute imprécision est potentiellement une source d'irrégularité de la procédure d'attribution du marché.

En plus, ces approximations peuvent expliquer l'infructuosité de la procédure car en raison de ces insuffisances l'AC peut être en décalage avec les réalités du marché. Du coup, les candidats peuvent s'abstenir de répondre à l'appel ou lorsqu'ils y répondent, les offres peuvent ne pas être conformes aux attentes erronées de l'AC.

Les approximations[166] constituent également des sources de difficultés dans l'exécution du marché public. Elles sont de nature à entrainer la signature de nombreux avenants susceptibles de modifier l'objet du contrat ou d'en perturber l'équilibre.

Aussi, l'identification précise du besoin permet-elle de déterminer l'enveloppe budgétaire nécessaire et suffisante pour sa satisfaction.

En revanche, l'absence de cette définition préalable, peut même constituer une atteinte au principe d'égalité de traitement des candidatures et des offres.

---

[165] CE, 29 décembre 1997, Département de Paris sur http://www.marche-public.fr/Marches-publics/Textes/Jurisprudence/CE-159693-1997-12-29-paris.htm ; Conseil d'Etat, 15 décembre 2008, n° 310380, Communauté urbaine de Dunkerque (Possibilité pour les candidats de proposer des « services annexes » non définis) ; Conseil d'Etat, 8 août 2008, n° 307143, Région Bourgogne (Renvoi de la définition de certains besoins à un dispositif ultérieur) ; Conseil d'Etat, 29 juillet 1998, n° 190452, Commune de LEOGNAN, Mentionné dans les tables du recueil Lebon (Manquements à la définition des besoins - Surestimation des besoins dans le CCTP).

[166] En France, la chambre régionale des comptes d'Auvergne a ainsi jugé trop imprécis l'objet d'un marché qui était formulé de la façon suivante « Accueil en apport volontaire des déchets autres que les ordures ménagères de l'agglomération du Puy-en-Velay dans une déchetterie existante ou à créer en assurant une valorisation maximale ». La chambre a observé qu' « aucune localisation n'est proposée, aucune précision ni quantitative, ni qualitative, n'est donnée en nombre de quais, de containers etc.… qui permette d'analyser des offres éventuelles, et surtout, d'exiger un niveau et une capacité de traitement. Cette absence de spécifications administratives et techniques, et de consistance dans les prestations à réaliser, limitent voir faussent l'effectivité de la mise en concurrence. Voir, dans ce sens, C. EMERY, op.cit. p.117.

Une définition ou une modification tardive du besoin, quelques jours, avant le terme de la consultation pourrait en effet, rompre l'égalité si certains soumissionnaires avaient remis leurs offres avant que la modification n'intervienne[167].

Pour éviter ces approximations qui ont pour conséquences, la présentation d'un cahier de charges mal rédigé, le dépôt des offres mal adaptées au besoin avec des fonctionnalités et des caractéristiques techniques inutiles, ou des offres ne correspondant pas aux attentes minimales des utilisateurs, voire, une mise en concurrence inefficace, les CMP ont ajouté que les besoins sont définis en référence à des normes ou spécifications techniques. Il s'agit des outils qui sont censés permettre aux opérateurs économiques de bien comprendre les exigences de l'AC. Toutefois, celles-ci doivent être justifiées par l'objet du marché et non par la volonté d'exclure certains candidats. Ce souci de ne pas permettre aux AC d'introduire des normes ou spécifications discriminatoires a poussé les rédacteurs du CMP du Sénégal à interdire toute indication d'une marque, brevet, catalogue à moins que cette indication ne soit strictement indispensable. Même dans cette hypothèse, elle doit être accompagnée de la mention « ou équivalent »[168].

La pertinence de cette obligation ne doit pas occulter d'autres réalités liées au fonctionnement des administrations publiques qui placent, souvent, l'AC dans l'impossibilité de définir, aussi exactement, la nature et l'étendue de ses besoins. C'est pourquoi, les CMP ont tenté de prendre en charge ces moments d'incertitudes dans la définition des besoins.

2. Un impératif aux prises avec les réalités administratives

La définition des besoins, quoique importante, peut-être plus ou moins délicate, voire, imprécise. Tout dépend de la lisibilité de l'acheteur public et de sa capacité d'anticipation. Il faut, en tous les cas, beaucoup de méthodes, de rigueur et un grand savoir-faire pour éviter certaines erreurs qui peuvent aboutir à un marché désastreux.

Sur ce registre, Maître I. NDIAYE[169] fait constater que l'AC doit savoir que certains freins peuvent entraver la bonne définition des besoins. Ce spécialiste du droit des marchés publics évoque l'habitude qui fait que le service qui définit la prestation se montre moins méticuleux, le manque de temps et parfois le manque d'innovation, la relative difficulté de mise en œuvre des savoir-faire.

---

[167] Voir CE 9 mars 1997, min de l'agriculture, de la pèche et de l'alimentation c. soc. Bull, req n°171140.

[168] Voir art. 7 du CMP du Sénégal. Le Niger n'a pas formellement interdit ces indications. Toutefois, face à cette lacune du CMP du Niger, l'on peut invoquer les principes d'égalité de traitement des candidats et de la non-discrimination prévus à l'art. 2 de ce Code pour déduire l'interdiction d'indication des références trop précises dans les dossiers d'appel à candidatures.

[169] I. NDIAYE, op. Cit, pp. 26 et suivantes.

Pour juguler ces difficultés, il s'avère parfois nécessaire de recourir à la contribution de services extérieurs, c'est-à-dire des services qui dépendent des autres administrations publiques ou privées, voire, des bureaux d'études spécialisés sur la question.

En dehors de ces situations, il peut, en réalité, arriver que l'autorité compétente se trouve dans l'impossibilité objective de définir efficacement les moyens aptes à satisfaire ses besoins annuels en termes de fournitures, travaux ou services. Si cette difficulté est rare, voire, impossible en ce qui concerne la nature de ces besoins, elle peut l'être s'agissant de leur étendue, leur volume et leurs caractéristiques techniques. Ces éléments peuvent être méconnus de l'acheteur public. Les difficultés peuvent, même, apparaitre avec le temps et faire en sorte que le besoin, initialement, défini et acheté s'avère inadéquat. Aussi, serait-il très difficile, voire, impossible de connaitre exactement et ce, bien avant le début de l'année budgétaire, l'étendue des besoins susceptibles de faire fonctionner l'Administration au titre de l'année budgétaire considérée. C'est pourquoi, il est prévu certaines procédures particulières qui tiennent compte de cette difficulté. Il s'agit des marchés à commande[170], des marchés de clientèle[171], des marchés à tranches conditionnelles[172] , des accords-cadres[173], des avenants[174] et de la possibilité de réviser les plans de passation des marchés publics.

---

170 Le marché à commande est un type de marché qui est conclu lorsque l'AC ne peut déterminer à l'avance le volume et le rythme des commandes de fournitures ou de services courants nécessaires à ces besoins. Dans ce cas, le marché fixe le minimum et le maximum de fournitures ou de prestations, arrêtés en valeur ou en quantité, susceptibles d'être commandés au cours de la période déterminée. Cette période ne doit pas excéder la période d'utilisation des crédits de paiement. Pour chaque commande, l'AC précise les quantités des prestations ou fournitures à livrer.

171 Le marché de clientèle intervient dans les mêmes circonstances que le marché à commande. La différence est qu'ici l'AC confie au cocontractant des commandes portant sur une catégorie déterminée de prestations de services, fournitures ou travaux d'entretien ou de maintenance, sans indiquer la quantité ou la valeur globale des commandes.

172 Ce type de marché est sollicité lorsque pour des raisons économiques, techniques ou financières, l'AC ne peut pas déterminer entièrement le rythme et l'étendue des besoins à satisfaire. Dans ce cas, il est passé un marché comportant une tranche fixe et une ou plusieurs tranches conditionnelles. Le marché définit la consistance, le prix ou ses modalités de détermination et les modalités d'exécution des prestations de chaque tranche. L'exécution de chaque tranche conditionnelle est subordonnée à une décision de la PRM, notifiée au titulaire dans les conditions fixées au contrat.

173 L'accord –accord est un type de contrat qui permet de fixer les termes et les conditions de la passation de marchés individuels subséquents qui peuvent être attribués pendant la durée de l'accord. C'est pourquoi, la doctrine le qualifie d'avant -contrat administratif. Sur cette notion, voir, O. FEVROT, « contribution à une théorie des avant-contrats administratifs : l'exemple de l'accord-cadre », *RDP* n°2, 2008, pp. 363-392.

174 Sur les avenants aux marchés publics, cf. supra. pp.188-195.

L'on peut, également, invoquer le droit budgétaire pour montrer que, très souvent, les difficultés liées à la maitrise complète et totale des besoins des AC ont des répercussions sur l'exécution de la loi de finances. En effet, s'étant, en partie, appuyée sur les besoins exprimés par les services dépensiers, cette loi de finances subira forcement des modifications à travers des lois de finances rectificatives ou des décrets d'avances dès lors que les besoins de ces AC viendraient à changer.

Ainsi, il importe de retenir que c'est l'identification intégrale des besoins, qui détermine, sans doute, l'appréciation technique des prestations à réaliser, c'est-à-dire le contenu du marché ainsi que ses répercussions financières. C'est pourquoi, la définition quantitative et qualitative du besoin doit être complétée par celle de son montant comme l'exige le droit positif.

Paragraphe II : L'évaluation des besoins : une exigence de rationalité économique

L'objectif poursuivi par le droit des marchés publics est la recherche d'une plus grande efficacité de la dépense publique. Dans ce cas, il faut admettre qu'il ne suffit pas de vouloir réglementer la procédure de passation de ces marchés ou de rendre obligatoire certaines procédures à partir de certains montants si le calcul de ceux-ci est laissé à la libre appréciation des acheteurs publics. C'est ce qui explique l'institution de cette deuxième obligation qui met l'accent sur l'évaluation chiffrée des besoins ainsi identifiés.

Logique dans son fondement, cette obligation mérite qu'on s'y attarde afin de réfléchir sur sa portée, voire, sa pertinence (**A**) ; toute chose qui ne manquera pas de révéler quelques complications (**B**).

A. Une opération à finalités multiples

L'identification des besoins dans leur nature, leur étendue et leurs caractéristiques est à tout point de vue, une exigence fondamentale. Elle l'est dans la mesure où elle permet d'avoir une idée assez précise des attentes réelles des différentes administrations publiques, en termes de travaux, fournitures et services.

Cette exigence a, également, le mérite de permettre de faciliter, voire, de conditionner une estimation chiffrée des besoins ainsi identifiés et ce, dès la phase de l'élaboration du budget de l'Administration considérée (**1**). Cette opération d'évaluation des besoins garantie incontestablement la réussite du marché envisagé (**2**).

1. Un support à la détermination de l'enveloppe budgétaire

La Directive n°04/2005 n'évoque pas directement la question de l'évaluation préalable des besoins. Son art. 44 al. 3 dispose, simplement, que « *le lancement d'une procédure de passation d'un marché public doit se conformer aux directives de l'UEMOA en matière de finances publiques. Il est subordonné à l'existence de crédits suffisants et au respect des règles organisant les dépenses des organismes publics».* L'interprétation de cette disposition permet de déduire qu'il serait impossible de statuer sur l'existence d'un crédit suffisant préalablement au lancement de la procédure si le coût de l'objet du marché n'a pas fait l'objet d'une évaluation précise. De ce fait, c'est nécessairement, en partant du montant prévisionnel de l'objet du marché que l'AC exprimera ses besoins en termes de crédits budgétaires et saura, après, si elle dispose du crédit suffisant pour son acquisition.

Voulant être plus clair que la Directive, l'art. 6 du CMP du Sénégal dispose que « *lors de l'établissement de leur budget, les autorités contractantes évaluent le montant total des marchés... qu'elles envisagent de passer au cours de l'année concernée...* ». Les termes de cet article sont sans équivoques car il est précisé que c'est au moment de l'élaboration de leur budget de l'année à venir que les autorités compétentes doivent procéder à l'évaluation de leurs besoins.

Il s'agit d'un instrument pertinent de préparation de l'ébauche du budget de chaque ministère. Il peut, également, être envisagé comme une tentative, voire, une consécration du principe de sincérité budgétaire[175], car, il ne suffit plus d'avancer des chiffres, c'est-à-dire, un montant pour obtenir son inscription au projet du budget et espérer convaincre les parlementaires lors du vote de la loi de finances. Il faut, désormais, convaincre en indiquant clairement ce, pourquoi ce montant est demandé, c'est-à-dire, l'objet des marchés publics envisagés, d'où l'idée de justification du crédit.

Il s'agit, également, d'une tentative de justification des crédits au premier franc nouveau en ce qui concerne les travaux, fournitures et services[176]. En effet, cette évaluation préalable des besoins est de nature, si elle est bien menée, à servir de base objective de discussion entre les représentants du ministère dépensier et la direction du budget lors des conférences budgétaires. Désormais, en ce qui concerne les fournitures, services et travaux, tout doit être justifié et dès le premier franc. Ceci est important dans la mesure où la détermination des

---

175 Parmi une littérature abondante sur ce principe, voir J. P. JOYE, « la sincérité, premier principe financier », *RFFP* n°111, sept. 2010 p. 17; J. P. CAMBY, « Pour le principe de sincérité budgétaire », *RFFP* n°111, sept. 2010 p.157 ; M. BOUVIER, « Sincérité budgétaire et comptable, un principe paradoxal ? », *RFFP* n°111, sept.2010, p. 169; J. L. ALBERT, « La sincérité devant le juge financier », *RFFP* n°111, sept 2010, p.105. Voir, également, la note de synthèse du service des études juridiques du Sénat français n° 1 - 6 octobre 2006 sur http://www.senat.fr/ej/ej01/ej01.html (consulté le 10 octobre 2012).

176 Cette méthode d'élaboration des budgets vise à éviter que les budgets successifs ne soient que la reconduction des budgets des années précédentes. À partir d'une analyse coûts-services rendus, il est décidé si les budgets alloués doivent être augmentés, réduits ou supprimés. Finalement, chaque unité doit justifier son maintien au sein de l'organisation, son développement, son externalisation ou sa suppression. C'est certes une méthode lourde, mais particulièrement bien adaptée aux processus de développement qui est en passe de s'imposer dans nos Etats.

ressources financières nécessaires à la satisfaction du besoin identifié permet à l'AC de demander et d'obtenir l'inscription de crédits correspondants dans le budget. A cet effet, les représentants du ministère dépensier viendront aux discussions budgétaires avec tous les éléments de nature à justifier la demande de crédit et à convaincre leurs collègues du ministère des finances. Et, à partir du moment où les mêmes fournitures, les mêmes services et les mêmes travaux ne seront pas reconduits, systématiquement, d'une année à une autre, l'innovation s'analyse, sans doute, comme une tentative d'introduction de la logique de la table rase et le rejet de l'idée de reconduction des services votés.

Cet exercice, pendant longtemps négligé, a pourtant un intérêt certain, notamment, dans la demande et la gestion des crédits budgétaires. Il faut ajouter, en effet, que si les besoins sont bien chiffrés sur la base des coûts fiables, il serait beaucoup plus facile pour l'AC de procéder à des ajustements plus rationnels dans le cadre de négociation du budget.

Au Niger, c'est l'art. 11 du décret n° 2011-686 du 29 décembre 2011 portant CMP qui disposait qu'« *au cours de la phase de préparation des marchés, l'autorité contractante doit évaluer le montant estimé des fournitures, services ou travaux, objet du marché et s'assurer de l'existence des crédits budgétaires suffisants ainsi que du respect des règles d'engagement des dépenses* ». La formulation de cet article est maladroite à notre sens, car, elle semble énoncer que le budget est déjà disponible et qu'il suffit de s'assurer de la disponibilité du crédit, c'est-à-dire, de vérifier si le crédit prévu dans ce chapitre n'est pas épuisé avant de lancer le marché. Or, techniquement, cette évaluation des besoins doit intervenir en amont, c'est-à-dire, au moment de la préparation du projet de budget de l'AC et non au moment de la préparation du marché. Cette disposition qui évoque l'évaluation des besoins ne figure pas dans le nouveau décret n°2013/569/PRN/PM portant CMP. En conséquence, aucune disposition de ce CMP ne s'intéresse à la phase d'évaluation des besoins, ce qui constitue un recul par rapport au CMP de 2011.

Au-delà de ces considérations budgétaires, la définition et l'évaluation des besoins constituent un enjeu organisationnel et jouent un rôle central dans le cadre de la passation des marchés publics[177].

2. Un instrument favorisant la réussite du marché

Trois raisons permettent de mettre en exergue la pertinence de l'obligation de détermination du montant prévisionnel des besoins des AC. Elle permet, non seulement, de déterminer le seuil de passation du marché, du type de marché mais aussi d'apprécier les offres financières des soumissionnaires.

---

177 Sur l'importance de cette obligation, voir, S. BRACQ et D. SARRE, « Pourquoi une évaluation préalable des besoins ? », *RMP* n°140 février 2014, p. 28 et suivants.

- Un instrument de définition des seuils

A ce sujet, il faut noter que c'est après l'évaluation des besoins que les services compétents de l'AC vérifieront si les montants atteignent ou non le seuil qui justifie le recours à telle ou telle procédure prévue par les CMP.

Ce seuil peut être entendu comme la valeur exprimée en Franc CFA à partir de laquelle, il est obligatoire de soumettre la passation d'un marché à la procédure que ce seuil détermine ou en dessous de laquelle, ladite procédure n'est pas obligatoire[178].

De ce fait, l'application des procédures formalisées ne devient obligatoire que lorsque le montant du marché envisagé atteint un certain seuil prévu. Il est très souvent rappelé que plus les sommes engagées sont importantes plus les procédures à suivre sont rigoureuses. On ne définit jamais les besoins en fonction de la procédure que l'on souhaite suivre. C'est plutôt aux besoins définis dans leur nature, leur étendue et leur montant d'imposer la procédure à suivre. C'est pourquoi, M. Hervé Letellier[179] souligne que « *le choix de la procédure de passation du marché dépend de l'appréciation quantitative et qualitative des besoins de l'acheteur* ». Partant de cette idée, l'on peut souligner que toute imprécision dans la définition et l'évaluation des besoins est source potentielle d'irrégularité de la procédure d'attribution du marché. En effet, c'est à travers cet exercice que l'on parviendra à déterminer le périmètre de la mise en concurrence et donc de la transparence de la procédure de passation du marché concerné[180].

En somme, la détermination du montant prévisionnel du marché conditionne à la fois le choix de la procédure de passation et sa régularité.

La question du seuil permet de basculer vers un autre intérêt non moins important de l'évaluation chiffrée des besoins, à savoir le choix entre un marché unique et un marché alloti.

- Le choix entre un marché unique et un marché alloti

Sur ce point, il faut rappeler que parmi les objectifs du nouveau droit, il y a, d'une part, la nécessité d'instaurer un climat favorable à une large concurrence[181] et, d'autre part, le souci d'impulser l'émergence et

---

178 C. EMERY, op. cit. p.149.

179 H. LETELLIER « La détermination des procédures de dévolution en fonction des besoins préalablement déterminés », *RMP* n°140 février 2014, p. 24.

180 En cas d'incertitudes légitimes, il est toujours possible de recourir aux modes particuliers de passation des marchés tels que les marchés à commande et les marchés de clientèle.

181 Pour une articulation du droit de la concurrence avec le droit des contrats de façon générale, voir, M. PERIGON, « L'influence du droit de la concurrence sur la liberté contractuelle », cahiers de l'Ecole doctorale ; droit et sciences sociales de la faculté de droit de Montpellier n° 4 juillet 2004 p. 29 et suivants.

l'épanouissement des nouveaux acteurs[182] à travers l'allégement des contraintes procédurales.

Ces objectifs visent, au fond, l'amélioration du tissu économique et social qui, à son tour, a un impact direct sur les recettes publiques des États sous examen. De ce point de vue, il faut reconnaitre que, plus les entreprises parviennent à accéder aux marchés publics, plus leurs activités deviennent prospères et plus leurs chiffres d'affaires augmentent. L'augmentation de ces chiffres d'affaires élargit, à son tour, la base imposable.

Au regard de la structure des entreprises des États sous examen, ces objectifs ne peuvent être atteints qu'à travers l'allotissement du marché. C'est pourquoi, il est écrit que les travaux, fournitures ou services peuvent être réparties en lots, donnant lieu chacun à un marché distinct lorsque cette division est susceptible de présenter des avantages économiques, techniques ou financiers y compris en vue de faciliter la candidature des petites et moyennes entreprises (PME)[183].

Par cette disposition, les CMP posent un principe qui est celui du marché unique et une exception qui est l'allotissement. Selon les CMP, cette exception ne peut être invoquée que si l'allotissement présente des avantages techniques, économiques et financiers ainsi que la participation des PME.

En France, la nécessité de susciter une réelle concurrence entre les entreprises, quelle que soit leur taille, a poussé les rédacteurs du CMP de 2006 à ériger l'allotissement en règle[184]. Aux États-Unis d'Amérique, la même volonté a amené les autorités à prendre le *Small Business Act* en 1953[185] afin de permettre l'intégration de nouvelles entreprises dans le tissu économique. L'idée est de maintenir un niveau suffisant et pertinent de concurrence à travers l'attribution d'une part équitable des marchés publics aux PME[186].

Il s'agit d'une technique qui consiste, à définir à l'avance, au moment de la détermination des besoins, des sous ensemble de prestations homogènes qui constituent des lots. Chaque lot est considéré comme un marché à part entière[187]. Ainsi, après avoir, défini et évalué les besoins, les services compétents de l'AC peuvent juger de la nécessité de procéder à un allotissement ou de rester dans la

---

182 Au-delà des grandes entreprises, le souci est de permettre aux petites entreprises du point de vue de leur effectif, de leur capacité technique et financière et même aux artisans de participer à la compétition initiale.

183 Voir, à titre d'exemple, l'article 78 du CMP du Niger.

184 J. D. DREYFUS, « Code des marchés et PME : le choix de la discrimination positive », *AJDA* n°36 2006, p. 1771. Voir aussi, L. RICHER, *Droit des contrats administratifs*, op. Cit, pp.476-477.

185 Dans l'article de J. D. DREYFUS, ibid., p. 1770, l'on peut lire à propos de cet acte « *la concurrence est le caractère essentiel du système économique américain. L'entrée libre sur le marché ne pourra être garantie que par une concurrence libre et entière. Le maintien et l'expression d'une telle concurrence forment la base de la santé économique de la Nation. Le congrès déclare que le gouvernement doit aider, conseiller, assister et s'assurer qu'une part équitable des achats publics soit attribuée aux PME* ».

186 J. D. DREYFUS, *ibid.* p. 1769.

187 Voir, P. DE BAECKE, *Comprendre simplement les marchés publics*, op. cit. p. 57

logique de marché unique. En tous les cas, l'AC « *bénéficie d'un pouvoir discrétionnaire quant à la décision de repartir le marché en lots, ainsi que le contenu de chacun des lots et leur nombre »*[188].

Quoi qu'il en soit, le choix entre un marché unique et un marché alloti n'est possible qu'après une évaluation du coût de la prestation et en s'appuyant sur deux considérations. Il s'agit des avantages économiques, financiers ou techniques que chacune de ces formules pourrait procurer et du souci de faire participer les PME à la compétition initiale en leur permettant de traiter, directement, avec la personne publique.

L'allotissement est, ainsi, indiqué lorsque l'importance de la prestation[189], c'est-à-dire, son montant est de nature à dépasser les capacités techniques et/ou financières d'une seule entreprise[190]. En pareille circonstance, l'option du marché unique est susceptible de provoquer l'échec de la procédure de passation des marchés. En effet, le montant élevé peut être dissuasif pour certaines entreprises et faire en sorte que, soit les offres seront limitées, soit aucune entreprise ne serait en mesure de déposer une offre au regard de l'importance des garanties techniques et financières qui seront exigées. La procédure risque, alors, d'être déclarée infructueuse. C'est pourquoi, il est suggéré aux AC de procéder à l'allotissement de leurs marchés afin de permettre à toutes les entreprises, y compris, les plus modestes de pouvoir présenter une offre pour, au moins, une partie du marché.

Cette possibilité a l'avantage de faire participer les PME à la compétition initiale, plutôt que de se contenter d'une éventuelle sous-traitance[191].

Il s'agit d'un moyen efficace d'élargir la concurrence en mettant, de manière objective, le marché à la portée d'un grand nombre d'entreprises qu'elles soient petites ou grandes. Comme on le voit, l'allotissement a un avantage certain et sied, effectivement, au tissu économique et social des États sous examen composé, essentiellement, des PME et des artisans.

La consécration de la place des PME dans la course aux marchés publics, s'analyse aussi, comme un baromètre d'appréciation de l'effectivité du principe de liberté et d'égalité devant la commande publique. Toutes les catégories d'entreprises sont, en effet, mises dans les dispositions de choisir entre competir ou ne pas competir.

Cette participation plurielle est, à son tour, source de revenus pour la personne publique à travers divers prélèvements fiscaux. En effet, la participation de toutes les catégories d'entreprises est de nature à redynamiser leurs activités, à favoriser l'épanouissement des activités économiques en

---

188 Voir M. NGAIDO et M. T. SOCK, op. Cit, p. 30.

189 La prise en compte des caractéristiques de la prestation à exécuter, la situation du marché, les objectifs recherchés par la PRM sont autant d'éléments à prendre en compte dans le choix de l'option.

190 C'est à cette capacité que le décret fait allusion lorsque se réfère aux avantages techniques, économiques et financiers.

191 Cf. supra pp. 195-206.

général. Celles-ci favorisent, sans doute, la création d'emplois. Ainsi, l'État aura à gagner aussi bien en termes d'impôts sur les revenus des personnes physiques employées dans ces entreprises que sur les revenues des entreprises elles-mêmes.

Dans la même foulée, il est important de souligner le lien qui existe entre l'idée de rationalisation de la dépense publique et une large concurrence rendue possible grâce à l'allotissement. Ainsi, il est sans conteste que la multiplication des concurrents implique une diversification des offres et, par voie de conséquence, les possibilités de choix pour la PRM car, la finalité de l'allotissement consiste, entre autres, à susciter le plus grand nombre d'offres possibles pour chaque lot. L'AC peut, dès lors, en fonction des objectifs visés, choisir l'offre qui répond, au mieux, à ses exigences. La concurrence profite au consommateur a-t-on coutume de le dire.

Cependant, les intérêts de cette évaluation des besoins aux fins d'allotissement ne doivent pas faire oublier certaines dérives. En effet, l'estimation sincère et raisonnable, déjà difficile pour certaines prestations, se complique encore avec la volonté de certains acheteurs publics de se soumettre à des règles moins contraignantes possibles, quitte à fractionner un besoin en plusieurs marchés distincts afin de contourner les seuils[192]. En effet, dans cette entreprise, la tentation de confondre à dessein, l'allotissement et le fractionnement est grande. Pourtant, l'allotissement qui est suggéré lorsqu'il est susceptible de conférer des avantages techniques, financiers, économiques ou de favoriser la participation des PME est totalement diffèrent du fractionnement qui découle, quant à lui, de la volonté d'échapper aux rigueurs du CMP[193].

A travers le fractionnement (voir tableaux ci-dessous), l'idée est de soustraire le marché à l'application de la procédure normalement indiquée. C'est pourquoi, le nouveau droit précise que le choix de l'allotissement ne doit pas avoir pour objet ou pour effet de soustraire les marchés aux règles qui leur sont normalement applicables[194].

---

[192] Voir S. PIGNON et D. BANDET, « Le nouveau Code des marchés publics, quelques éclairages pratiques », *AJDA* n°4 2001, p. 367.

[193] Cette volonté de soustraire les marchés à l'application des procédures contraignantes est aisément décelable au travers de l'examen des marchés passés par demande de renseignement et de prix. Procédure très exceptionnelle car devant être utilisée pour les marchés de faible montant, elle est en passe d'être érigée en règle (Au Sénégal, il a été donné de constater qu'en 2013, les marchés passés par DRP représentent 73% des marchés passés). Mieux, à y regarder de près, l'on se rend compte qu'elle découle d'un fractionnement volontaire comme en témoignent ces deux tableaux.

[194] Art. 8 et 54 alinéa 5 du code sénégalais des marchés publics.

Voir ci-dessous, un tableau récapitulatif des DRP avoisinant le seuil de passation des appels d'offres qui illustre les cas de fractionnement.

NB : Le seuil de passation des marchés est de 15.000.000 FCFA pour les fournitures. Il ressort de ce tableau que les montants individuels de beaucoup de DRP frôlent les seuils de passation prévus par le Code des marchés publics.

N° d'ordre	Objet de la dépense/Marché	Entreprise retenue	Montant TTC
1	FOURNITURES DE BUREAU	CARI	14 998 980
2	MATERIELS ELECTRIQUES	BAT PRES	14 998 980
3	FOURNITURES DE BUREAU	GIE C G I	14 997 800
4	CONSOMMABLES INFORMATIQUES	CIMAD	14 996 620
5	MATERIELS ELECTRIQUES	S C T	14 986 000
6	MATERIELS INFORMATIQUES	GIE C G I	14 980 100
7	MOBILIERS DE BUREAU	CARI	14 980 100
8	PRODUITS ENTRETIEN	S C T	14 962 400
9	MATERIEL DE BUREAU	CARI	14 956 500
10	PIECES AUTOS	S C T	14 955 910
11	CONSOMMABLES INFORMATIQUES	CIMAD	14 927 000
12	CONTRAT ANNUEL LOCAUX	PRES HIGT TECH	14 810 746
13	CONTRAT ANNUEL LOCAUX	ETS SAER SEYE	14 736 312
14	MATERIEL DE BUREAU	KASAR	14 731 061
15	PHOTOCOPIEUSES	CIMAD	14 499 840
16	SPLITS	ETS ALI ET FRERES	14 499 840
17	PHOTOCOPIEUSES	STABURO	14 443 512
18	MACHINES	BAT PRES	14 160 000

Source : Rapport de la mission de revue indépendante de la conformité de la passation des marchés du ministère des affaires étrangères au titre de l'exercice 2009 disponible sur http://www.armp.sn/images/AUDITS_2010/armp_-_mae_01_03_2011_final.pdf (consulté le 3 janvier 2014).

Tableau 2 : récapitulatif des montant cumulés des DRP et nombre de DRP par nature homogène

Le montant cumulé par nature homogène de DRP permet de constater une volonté manifeste de demeurer en-dessous des seuils prévus, de façon à soustraire les marchés aux règles qui leur sont normalement applicables. Il apparait clairement que le montant cumulé de chaque catégorie de prestation exige le recours à des appels d'offres ouverts.

Objet de la dépense/Marché	Nombre de DRP passées	Montant Total TTC des DRP
CONSOMMABLES INFORMATIQUES	**11**	71 997 669
ENTRETIEN DES LOCAUX	**2**	16 436 161
TRAVAUX DE REFECTION DES LOCAUX	**4**	43 881 497
TRAVAUX ET MATERIELS DE PLOMBERIE	**4**	24 829 560
ENTRETIEN VEHICULES	**8**	27 205 269
FOURNITURES DE BUREAU	**13**	61 730 178
MATERIEL DE BUREAU	**5**	49 276 092
MATERIELS ELECTRIQUES	**7**	45 192 230
MATERIELS INFORMATIQUES	**3**	28 324 484
MOBILIERS DE BUREAU	**4**	36 584 720
PHOTOCOPIEUSES	**3**	32 104 182
PIECES AUTOS	**5**	37 264 991
PRODUITS ENTRETIEN	**7**	37 138 612
SPLITS	**2**	18 983 840
TOTAL	**78**	**530 949 485**

Pour ne pas tomber dans ce piège du fractionnement, la PRM doit retenir la procédure appropriée, en faisant masse du montant de l'ensemble des lots constituant l'opération. Concrètement, la détermination de la procédure de passation d'un marché alloti passe par le regroupement de l'ensemble des achats appartenant à la même catégorie, c'est-à-dire, des achats homogènes. Le montant total obtenu, sera ensuite, comparé aux seuils déterminant le recours aux différentes procédures de passation. De ce fait, chaque achat appartenant à cette rubrique devra être effectué en utilisant le mode de passation ainsi obtenu après cumul, même si, pris isolément, son montant est inférieur au seuil qui rendrait normalement obligatoire l'application de ladite procédure[195].

[195] C'est presque dans les mêmes termes, que les Codes nigérien et sénégalais imposent cette solution. Au Niger, c'est l'article 8 al. 4 du Code qui dispose que « pour les marchés comportant des lots, est retenue la valeur estimée de la totalité des lots. La procédure de passation pour chaque lot est celle qui s'applique au marché pris dans son ensemble » ; au Sénégal, c'est l'article 54 al 4 du code qui rappelle que la valeur estimée des marchés comportant des lots doit prendre en compte la valeur, estimée de la totalité des lots.

En d'autres termes, lorsqu'une même opération fait l'objet de plusieurs lots, c'est la valeur estimée de la totalité des lots qui doit être prise en compte dans le choix de la procédure de passation de chaque lot. C'est pourquoi, il est soutenu que l'allotissement n'a aucun effet sur le choix de la procédure de passation d'un marché public.

- Un instrument d'appréciation des offres financières

Une fois la procédure déterminée et lancée, la connaissance préalable du coût estimatif de la prestation semble être un instrument pertinent sur lequel la commission d'évaluation des offres doit s'appuyer pour apprécier et juger les offres financières. Ainsi, le montant prévisionnel du marché peut servir d'aiguillon de nature à permettre à cette commission de mieux se prononcer sur les différentes offres financières. C'est en cela qu'il est soutenu que l'obligation de détermination du montant des besoins vise « *à protéger les personnes publiques contre les offres fantaisistes ou surévaluées par les opérateurs* »[196].

Au regard de ces différents éléments, l'obligation de détermination du montant prévisionnel des besoins garde toute sa pertinence surtout dans ce contexte qui semble privilégier le prix dans le choix d'une offre malgré l'allusion faite à d'autres critères[197].

Ainsi, en partant de ce montant, les membres de la commission d'évaluation des offres sauront, facilement, si l'offre est anormalement basse, si les marges bénéficiaires proposées par les candidats sont raisonnables ; en un mot, si l'offre est réaliste.

L'intérêt, ainsi, avéré de l'évaluation des besoins ne doit pas occulter sa complexité que les services compétents de l'AC doivent essayer de surmonter.

B. Une opération potentiellement à risque

L'intérêt de l'évaluation des besoins est de permettre à l'AC de connaitre le montant de travaux, de fournitures ou de services qui constituent l'objet des marchés à passer. Cette opération a lieu, en principe, lors de l'établissement du projet du budget. L'importance stratégique de cette phase n'est pas sans poser quelques difficultés aux agents publics quant à la maitrise des prix des différentes acquisitions publiques **(1)**. La perception de ces difficultés a poussé les deux CMP à prévoir le recours à ce qu'ils appellent les Hommes de l'art **(2)**.

1. Des risques liés à la maitrise des prix

Le montant à déterminer n'est rien d'autre que le prix de revient de la prestation considérée. Ainsi, le représentant de l'AC en charge de l'évaluation

---

[196] M. HEINTZ, « Les principales difficultés en matière d'évaluation des besoins et comment y remédier ? », *RMP* n°140, février 2014, p. 44.

[197] Cf. supra, pp. 148 et suivantes.

des besoins doit être en mesure de connaitre le prix à l'achat de la fourniture considérée, le coût des différents éléments nécessaires à la réalisation d'un travail public ainsi que le coût d'une prestation de service. A ces coûts initiaux, il faut ajouter les impôts et taxes devant être supportés par le futur cocontractant sauf si la prestation, en question, est expressément exonérée par les lois et règlements. En outre, il faut intégrer les autres frais liés au transport et à la main d'œuvre. La réussite de cet exercice suppose l'intégration, à tous ces frais, de la marge bénéficiaire.

Au regard de ce qui précède, il y a lieu de déduire que c'est le cumul de tous ces montants qui autorise l'AC à arrêter un montant prévisionnel pour chaque besoin identifié et de tous les marchés qu'elle aura à passer au titre de l'année budgétaire considérée.

Pour ce faire, le représentant de l'AC qui est, en principe, un fonctionnaire doit momentanément se départir de sa posture de bureaucrate pour s'ériger en « opérateur économique de circonstance » afin de chercher à percer le mystère des prix pratiqués sur les différents marchés, notamment ceux relatifs à ses besoins.

Sera-t-il en mesure de connaitre le prix de différentes catégories des besoins ? La réponse n'est pas évidente, car il est difficile pour un fonctionnaire de s'aventurer dans ce domaine largement dominé par les lois de marché. C'est pourquoi, les AC ont envisagé de s'appuyer sur les référentiels des prix[198]. Il s'agit, d'une sorte de catalogue contenant le prix des différentes prestations de fournitures, travaux et services. Il doit être constitué et mis à jour par certains services spécialisés qui auront pour mission de se renseigner sur les prix des différentes acquisitions à travers leur participation aux marchés, foires, salons et sur internet ainsi que leur réseau de correspondants.

L'efficacité et la fiabilité de l'opération nécessitent la tenue et la mise à jour permanente de ce référentiel des prix.

A ce sujet, il y a lieu de constater l'existence d'un référentiel de prix adopté en mars 2010 au Niger[199]. Cependant, depuis cette date et jusqu'à nos jours, il n'a jamais fait l'objet d'une mise à jour, malgré le caractère éminemment

---

198 Au Sénégal, l'art. 9 de l'arrêté n° 9286 en date du 3 octobre 2007 (J.O. N° 6381 du Samedi 22 décembre 2007 disponible sur http://www.jo.gouv.sn/spip.php?article6424) charge la division de la formation, du conseil et des études de la DCMP « de toutes études tendant à favoriser la mise en place de référentiels des prix en vue d'une meilleure rationalisation des dépenses budgétaires ». Au Niger, l'ARMP a adopté un référentiel des prix disponible sur http://www.armp-niger.ne/agence-regulation-marches-publics-niger-referentiel-prix.php consulté le 05 mai 2012. D'autres Etats membres de l'UEMOA ont, également, élaboré des référentiels de prix. C'est le cas du Bénin, http://www.finances.bj/IMG/pdf/rpr2015_version_8_finale.pdf (consulté le 29 avril 2015).

199 Voir Arrêté 0055/MEF du 15 mars2010 Portant application du référentiel des prix sur http://www.armp-niger.org/agence-regulation-marches-publics-niger-referentiel-prix.php (consulté le 05 mai 2012).

évolutif des prix. Ce refus de mise à jour rend le référentiel des prix, complètement, déphasé car les prix qui y sont contenus sont loin d'être conformes à la réalité du marché. En effet, l'on peut lire que pour une simple clé USB d'un giga, l'Administration peut prévoir entre 22.915 FCFA et 24.060FCFA ; Un ordinateur PORTABLE HP COMPAQ entre 958.605FCFA et 1. 006. 535FCFA !

Au Sénégal, aussi, un référentiel des prix a vu le jour au cours du premier semestre de l'année 2012[200]. Les prix qui y sont contenus sont collectés à partir des bordereaux des quantités et des prix unitaires contenus dans les marchés approuvés et immatriculés.

A défaut d'un tel référentiel des prix, les responsables chargés d'évaluation des besoins peuvent prendre comme hypothèse de départ, le prix obtenu lors des consultations antérieures. Ces prix seront corrigés afin d'intégrer d'éventuels changements intervenus entre temps.

La complexité de l'évaluation des besoins ne se limite pas à la particularité du statut de l'agent qui en a la charge. Elle est aussi liée au caractère aléatoire du coût de la prestation, largement dominé par les lois du marché qui sont éminemment fluctuantes.

Une telle difficulté est perçue et prise en compte par les deux CMP qui évoquent tantôt la notion de « montant estimé », c'est-à-dire, un montant approximatif tantôt la notion « de montant prévisionnel » comme en ce qui concerne l'évaluation des masses budgétaires.

Analysée sous cet angle, la difficulté de l'évaluation des besoins n'est pas insoluble dans le droit financier des Etats sous examen. Ainsi, à partir du moment où l'opération entre dans la logique de l'établissement du budget, il faut rappeler que l'exécution de celui-ci dépend, largement, des facteurs politiques, économiques et sociaux. Par conséquent, les autorités chargées d'évaluation des besoins doivent, il est vrai, s'inspirer du prix pratiqué à un temps T, mais avec la conviction que ce montant est susceptible de variation en fonction de la conjoncture économique. Cette probable variation sera par la suite prise en compte dans le cadre des lois de finances rectificatives. Celles-ci sont, en réalité, adoptées lorsque la loi de finances initiale censée contenir le montant de l'ensemble des besoins définies et chiffrés a subi des modifications[201]. Elles deviennent nécessaires lorsque le montant prévu pour l'acquisition de fournitures, services ou travaux subissent une augmentation ou une diminution[202]. Quoi qu'il en soit, l'évaluation financière des besoins doit être

---

200 http://www.marchespublics.sn/pmb/fichiers/RPCP/2012/prix_sem_1_2012.pdf (consulté le 04 juillet 2013).

201 Sur les nécessités et le contenu de la loi de finances rectificatives, voir, M. FALL, « Les lois de finances rectificatives » *in*http://afrilex.u-bordeaux4.fr/les-lois-de-finances.html (consulté le 05 novembre 2011).

202 Les collectifs budgétaires interviennent pour corriger les prévisions de la loi initiale aux prises avec les réalités de la vie économique. Voir sur cette question de la variation des

« sincère et réaliste, c'est-à-dire, qu'elle doit se fonder sur des niveaux de prix habituellement pratiqué dans le secteur économique concerné par la prestation projetée »[203].

Conscient de la difficulté d'une telle opération et de l'incompétence de certains fonctionnaires, le droit des marchés publics des Etats sous examen suggère, aux services compétents, de chercher à se faire assister.

2. Des risques liés à l'intervention des Hommes de l'art

L'art. 12 al. 2 du CMP du Niger et l'art. 5 al. 2 du CMP du Sénégal disposent, dans les mêmes, que « *pour la réalisation des études préalables et l'établissement des projets de marché, il peut être fait appel à la collaboration de services techniques dépendant d'autres administrations ou d'hommes de l'art* ». Le texte indique que c'est lors de la préparation du projet de marché qu'a lieu la collaboration et elle peut intervenir dans la définition des besoins et l'évaluation de leur montant tout comme dans la rédaction des dossiers d'appel à candidatures.

Si la collaboration des services techniques relevant d'autres administrations publiques ne pose pas de problèmes particuliers, il y a lieu de se demander ce qu'il faut entendre par "homme de l'art" afin de voir si son concours n'est pas de nature à heurter les principes de libre concurrence et d'égalité de traitement des candidats.

Par Homme de l'art, on peut entendre un Homme d'expérience ou un spécialiste dans un domaine précis. Ce spécialiste peut dépendre des administrations publiques, des sociétés ou cabinets privés. Ainsi, concernant l'achat des matériels informatiques, par exemple, il serait tentant pour l'AC de se tourner vers les entreprises spécialisées dans l'importation et la vente des dits matériels. Il en est de même en ce qui concerne les travaux où le réflexe normal des AC serait de se tourner vers les entrepreneurs spécialisés dans la construction des bâtiments.

Sans doute, cette participation a le mérite et l'intérêt d'éclairer l'AC quant à l'évaluation du coût réel de la prestation envisagée. En même temps, elle est susceptible de souffrir de deux maux. En effet, en associant, ces hommes de l'art qui sont, dans la plupart des cas, des entreprises ou des cabinets, potentiellement, intéressés par le futur marché, l'on constate qu'elles sont placées dans la posture de connaitre l'objet du futur marché dans toutes ses caractéristiques bien avant les autres entreprises intéressées par le même marché. Aussi, pourront-elles préparer, en connaissance de cause, leurs dossiers de soumission et gagner le marché.

---

prévisions en rapport avec les données politiques et économiques, J. CATHELINEAU, « Les lois de finances rectificatives », Etudes de droit public, Editions *CUJAS* 1964, p.83.

[203] C. LAJOYE, *Droit des marchés publics*, 5e édition Gualino, Paris 2012, p.126.

Cette inquiétude est d'autant plausible que la lecture des PPM et des AGPM ne fait pas apparaitre le montant prévisionnel qui est tenu secret[204]. Or, l'une des entreprises, en l'occurrence, celle qui a été choisie pour apporter son concours, le connaissait déjà.

Une collaboration de nature à produire de telles conséquences risque, fort, de constituer une atteinte au principe d'égalité de traitement des candidats car, manifestement, les futurs concurrents ne seront pas au même niveau d'information concernant le marché à la préparation duquel l'une ou plusieurs d'entre elles ont été associées par le représentant de l'AC. Mieux, la proximité créée par la collaboration est favorable à l'émergence des manœuvres collusoires grâce au long moment de travail passé entre les éventuels et potentiels partenaires contractuels.

Ayant mal perçu ce risque, les rédacteurs du CMP du Niger ont entendu exclure de la compétition, « *les entreprises affiliées aux consultants ayant contribué à préparer tout ou partie des dossiers d'appel d'offres ou de consultation* »[205]. Seulement, s'il faut interpréter cette disposition, l'on serait tenté de souligner que l'exclusion ne frappe pas les entreprises affiliées aux hommes de l'art ayant participé à la définition et à l'évaluation des besoins. Elle concerne plutôt, les entreprises ayant contribué à la préparation des dossiers d'appel à candidatures. Or, à cette phase, les besoins sont déjà définis et évalués et il ne reste plus qu'à confectionner les documents devant contenir les critères de choix de candidat et de l'offre ainsi que les conditions d'exécution du marché, c'est-à-dire, les droits et obligations des futurs partenaires contractuels. C'est pourquoi, il apparait beaucoup plus pertinent de viser, dans l'exclusion, les entreprises des consultants ayant participé à la définition et à l'évaluation des besoins, au nom de la transparence, de la libre concurrence et surtout, de l'égalité de traitement des candidats.

L'économie du CMP du Sénégal indique que ses rédacteurs n'ont pas entendu introduire une telle exclusion. Cette lacune mérite d'être comblée par le juge administratif au nom du principe d'égalité devant les marchés publics, certainement, affaibli par la participation d'un candidat potentiel à l'évaluation des besoins de l'AC.

Après avoir défini et évalué les besoins, il est exigé des AC, l'établissement et la publication des PPM.

SECTION II : UNE DIFFICILE APPROPRIATION DE L'OUTIL DE PLANIFICATION DES MARCHÉS

« Rien ne sert de courir, il faut partir à temps » dit l'adage. Cette sagesse se vérifie dans la gestion des crédits budgétaires où il faut relever et révéler que,

---

204 cf. sup. pp.88-89.

205 Voir art. 17. 5 du CMP du Niger.

généralement, vers la fin de l'année budgétaire certains services sont confrontés à des risques de perte des crédits non utilisés au nom du principe de l'annualité budgétaire[206]. Cette situation les pousse à recourir à toutes sortes de solutions palliatives de « dernière minute » qui ne sont pas, souvent, en harmonie avec l'orthodoxie budgétaire.

Le Professeur N. MÉDÉ rappelle, à ce sujet, que « *les agents publics, détenteurs d'un pouvoir de décision financière ont une propension naturelle à "vider leurs comptes", c'est-à-dire assécher les lignes budgétaires sur lesquelles ils ont des reliquats de crédit, et donc à inventer, initier ou proposer des actions desquelles il résultera des dépenses pour la puissance publique, a dû concurrence des crédits qu'ils risquent de perdre à la clôture de l'année budgétaire. L'expérience montre que cette consommation forcenée de crédit débouche, de façon tendancielle, sur du gaspillage de ressources, car le mobile de l'action en ces occasions est de consommer des crédits en souffrance et non d'atteindre un résultat* »[207].

En plus de cette tendance à vouloir consommer le crédit restant « à tout prix », les AC s'appuient, abusivement, sur la notion d'urgence pour recourir à la procédure de l'entente directe. Or, la plupart du temps, il nous a été rapporté que l'urgence évoquée découle d'une absence de planification des marchés et d'une mauvaise organisation du travail de la part des services techniques chargés de la passation des marchés. Un spécialiste souligne que « *le plus souvent, les directions administratives et financières ne font pas régulièrement élaborer, au début de l'année, un plan de passation des marchés. Dans le meilleur des cas, ces plans ne font pas l'objet d'un suivi régulier. Il y a alors un "pilotage à vue" qui a parfois pour conséquence, la non utilisation d'une bonne partie des crédits budgétaires qui leur sont allouées par le budget de l'Etat* »[208].

C'est pour mettre fin à ces désordres fortement préjudiciables aux finances publiques que la directive n° 04/2005 indique aux Etats, la nécessité d'instituer

---

[206] Du point de vue strictement juridique, ce principe signifie que le budget est voté chaque année et pour une année par le parlement et qu'il doit être ensuite exécuté dans l'année par le gouvernement. Sauf dérogation, les crédits non utilisés en fin d'année sont simplement annulés.

[207] N. MÉDÉ, « Réflexion sur le cadre harmonisé des finances publiques dans l'espace UEMOA », p. 16 *in*http://afrilex.ubordeaux4.fr/sites/afrilex/IMG/pdf/ARTICLE_REFLEXION_SUR_LE_CADRE_HARMONISE_DES_FINANCES_PUBLIQUES_UEMOA_BORDEAUX.pdf (consulté le 05 mai 2013).

[208] Voir l'interview accordée par M. Y. DIARRA, directeur de la législation et contrôle des services à la direction générale des marchés publics sur http://www.dgmp.gov.ml/index.php?option=com_content&view=article&catid=1:quisommesnous&id=8:le-plan-de-passation-des-marchesun-outil-de-gestion-tres-pratique (consulté le 04 novembre 2012).

l'obligation d'élaborer et de publier, en début de chaque année, des plans de passation des marchés publics (PPM)[209].

Dans le cadre de la transposition de cette exigence communautaire, l'art. 6 du CMP du Sénégal dispose que « *lors de l'établissement de leur budget, les autorités contractantes...établissent un plan de passation des marchés comprenant l'ensemble de ces marchés.... Les plans sont révisables.* ». L'al. 2 de cet article ajoute que « *les plans de passation de marchés doivent être communiqués à la direction chargée du contrôle des marchés publics au plus tard le 1er Décembre de l'année précédant l'année budgétaire considérée ; celle-ci vérifie la conformité du document et en assure la publicité dans les trois (3) jours suivant la réception. ... A l'exception des marchés prévus à l'article 76-2, les marchés passés par les autorités contractantes sont inscrits dans les plans de passation des marchés, à peine de nullité* ». Quant au CMP du Niger, il dispose à son art. 27 que « *l'autorité contractante élabore un plan prévisionnel annuel de passation des marchés publics sur la base de son programme d'activités....Le plan prévisionnel doit être cohérent avec les crédits alloués et être approuvés par l'entité administrative chargée du contrôle a priori qui en assure la publication ; il est révisable* ». L'alinéa 4 de cette disposition ajoute que « *sous peine de nullité, les marchés passés par l'autorité contractante doivent avoir été préalablement inscrits dans ce plan prévisionnel...* ».

La lecture de ces deux dispositions permet de conclure que la confection et la publication d'un PPM est obligatoire pour toutes les AC. Et puisqu'il s'agit d'une innovation, il importe de l'analyser dans sa signification, son contenu, sa pertinence, ses caractéristiques et sa portée afin de voir en quoi elle participe de cette volonté de renforcement du principe de transparence appliqué à la phase de préparation des marchés publics.

C'est pourquoi, les lignes qui suivent sont consacrées, d'une part, à l'examen des particularités du PPM (**Paragraphe 1**) et, d'autre part, à l'appréciation de sa portée (**Paragraphe 2**). Le souci est de voir en quoi cette nouvelle obligation participe à la rationalisation des dépenses publiques.

Paragraphe I : Quelques considérations sur l'originalité du PPM

L'obligation d'établir et de publier un PPM étant étendue à toutes les AC, il importe de réfléchir sur son contenu (**A**) et sa nature juridique (**B**) afin de faire ressortir ses particularités par rapport aux autres documents de planification.

---

[209] L'art. 27 de cette directive dispose que « *les Etats membres veillent à ce que les autorités contractantes élaborent des plans prévisionnels annuels de passation des marchés publics sur le fondement de leur programme d'activité...* ».

A. Le contenu du PPM plan de passation des marchés publics

Évoquer ce que peut ou doit contenir un PPM, c'est-à-dire, sa teneur ou sa substance, fait penser à "*son homonyme*" qui est le plan de développement économique et social[210].

Le PPM s'analyse, aussi, comme un document de planification, un tableau de bord qui présente, ligne par ligne, l'ensemble des projets à réaliser au cours d'une année budgétaire. Il est établit et exécuté, chaque année, selon un modèle-type fixé par la structure chargée de régulation des marchés publics. L'ensemble des projets de marchés dont la réalisation est prévue au cours de l'année y sont inscrits, quel que soit, par ailleurs, leur montant et leur mode de passation. Concrètement, le PPM se présente comme un tableau synoptique qui comporte plusieurs colonnes ; lesquelles comportent les différentes étapes du processus de passation et d'exécution d'un marché.

De façon générale et au regard du modèle-type et des PPM publiés par les différentes AC, deux catégories de dispositions apparaissent. Il s'agit des dispositions relatives à l'objet du marché (**1**) et de celles relatives aux aspects procéduraux de gestion du marché en question (**2**).

1. Les dispositions relatives à l'objet du marché

La lecture des différents PPM indique que plusieurs colonnes sont prévues afin de présenter l'objet du marché dans toutes ses caractéristiques.

En premier lieu, il apparait une rubrique intitulée "objet du marché". L'indication de celui-ci doit être aussi précise que possible, c'est-à-dire, indiquer, clairement, la nature et l'étendue des acquisitions. Dans un souci de transparence et de favoriser la libre concurrence, les services compétents doivent éviter à ce niveau, les approximations et le recours à des notions

---

[210] De façon générale, les auteurs présentent le plan de développement économique et social, comme un symbole et instrument d'efficacité, voir, un réducteur d'incertitudes (Voir G. Claire, La planification, Paris *CUJAS* 1967, p.11). Il est appréhendé comme « *un ensemble cohérent d'objectifs et de moyens relatifs au développement d'une unité économique qui tienne compte des priorités fixées par les autorités responsables de son adoption et des contraintes techniques et sociales existantes* » (J. BERNARD cité par G. CLAIRE, ibid. p. 14).
Il contient, en général, « *un ensemble des directives décidées par les pouvoirs publics concernant les orientations, les objectifs et les moyens d'une politique économique sur plusieurs années* » (Dictionnaire Larousse).
Pour P. DELVOLVE, le plan de développement économique « *comporte une analyse de la situation présente et à venir, dégage les objectifs à atteindre et les actions à entreprendre* » (P. DELVOLVÉ, *Droit public économique*, Paris, *Dalloz* 1998, p.339). De cette idée, l'on peut estimer qu'il contient une analyse des situations, des données économiques, d'évolutions, des prévisions portant sur des tendances, les taux de développement probable ou possible. Il s'agit, en réalité, d'un ensemble des dispositions optatives, c'est-à-dire, qui donnent au plan son caractère d'instrument d'orientation. Son contenu varie incontestablement d'un plan à un autre.

génériques comme celles des véhicules, denrées alimentaires, les matériels de bureau, etc. C'est en cela que la définition précise des besoins revêt tout son intérêt.

En deuxième lieu, il est indiqué la source de financement du marché. L'intérêt de cette indication est double. Il s'agit, d'une part, d'indiquer au contribuable, les marchés financés sur budget de l'État et ceux financés par les bailleurs de fonds, et d'autre part, de permettre aux éventuels concurrents d'avoir une idée de la procédure applicable. En effet, il faut noter qu'en la matière, il existe des procédures nationales et des procédures propres aux bailleurs dont le respect est souvent exigé. C'est le cas, par exemple, de la Banque mondiale et de la BAD qui ont leurs propres directives et qu'elles imposent dans le cadre de la passation des marchés qu'elles financent au nom de la procédure de fonds de concours bien connue en droit des finances publiques.

En troisième lieu, les PPM précisent le type de marché. Dans cette colonne, il est indiqué s'il s'agit d'un marché de fourniture, d'un marché de service, d'une prestation intellectuelle ou d'un marché de travaux. Un souci de détail apparait dans la formulation de cette exigence même si elle s'avère inutile, voire, surabondante. En effet, à partir du moment où l'objet du marché est précisé, il va de soi que le type du marché soit déduit de celui-ci. Il serait impossible de qualifier de marché de travaux, un marché dont l'objet est l'acquisition d'un véhicule. De même, il serait impensable de qualifier de marché de fourniture, un marché dont l'objet consiste à la réfection des bâtiments.

En quatrième lieu, le modèle type prévoit une rubrique consacrée à une information d'ordre financier à savoir le coût prévisionnel du marché. Dans la pratique et comme nous le verrons plus loin, cette information n'est pas indiquée alors qu'elle constitue un élément de transparence qui n'entame en rien la qualité de la compétition.

2. Les dispositions d'ordre procédural

Des éléments procéduraux sont, également, pris en charge par les PPM.

En premier lieu, l'on remarque la référence au numéro d'ordre d'inscription du projet de marché ainsi que l'indication du service ou de la direction bénéficiaire de son objet. Il s'agit de la structure responsable du marché au sein de l'AC et c'est à elle que les candidats doivent s'adresser pour demander des informations concernant le marché.

En deuxième lieu, il est indiqué le mode de passation du marché. Cette exigence doit concerner l'ensemble des marchés et ce, quel que soit leur montant et quel que soit le mode de passation envisagé. Ainsi, les marchés passés par appel d'offres ouverts ou restreints, les marchés passés par entente directe, les marchés passés par demande de renseignement et de prix ou consultation de fournisseurs doivent, absolument, être inscrits dans les PPM de l'année. Cette indication permet de saisir les modes de passation privilégiés par un ministère aux fins des statistiques. Il serait, en effet, assez aisé de constater et de s'interroger pourquoi tel ministère privilégie les appels d'offres ouverts ou restreints au détriment de la demande et de renseignement de prix et vice-versa. Quelle est la proportion qu'occupent les marchés en dessous du seuil, c'est-à-dire, les DRP ou consultations des fournisseurs et quelles en sont les raisons ? Il s'agit, en tous les cas, d'un premier instrument que les auditeurs examinent pour avoir une idée de la volonté de la PRM dont les marchés sont à auditer.

En troisième lieu, le PPM fait apparaitre la programmation, dans le temps, du déclenchement de la procédure de passation du marché. Le remplissage de cette colonne suppose que l'AC ait fixé les dates limites de livraison des acquisitions envisagées en tenant compte des durées légales de mise en œuvre des procédures relatives à chacune d'elles, du délai d'attribution ainsi que ceux ouverts pour les divers recours. Cet exercice permet à l'AC de bien fixer les dates de lancement des consultations afin de rendre les acquisitions disponibles aux dates voulues. Il nécessite la maitrise de toutes les étapes de la passation et d'exécution du marché. Il s'agit du délai de publicité du PPM et de l'AGPM, du délai de préparation de dossiers de consultation, de leur approbation par la structure chargée du contrôle *a priori*, du délai imparti aux candidats pour déposer leurs offres, du délai imparti aux différentes commissions pour dépouiller et classer les offres, du délai imparti à la PRM pour apprécier les classements opérés par la commission et signer le marché, du délai imparti aux concurrents évincés pour contester l'attribution provisoire, du délai imparti aux différentes autorités chargées d'approuver le marché et enfin du délai de publicité de l'attribution provisoire et définitive qui consacre l'entrée en vigueur du marché et son début d'exécution. Ces différentes dates doivent être bien articulées pour la cohérence de l'ensemble[211].

Cette exigence liée à la fixation de différentes dates est pertinente pour, au moins trois raisons :

D'abord, elle permet d'éviter les pertes de crédits liées à la clôture de l'exercice budgétaire.

Ensuite, une opération de passation de marché nécessite la mobilisation de ressources humaines spécialisées dans divers domaines (administratif, technique, financier et du contrôle) dont il importe de programmer les périodes d'interventions. Par exemple, l'acquisition d'un logiciel nécessite les interventions d'un spécialiste en passation de marchés pour confectionner le dossier d'appel d'offres et conseiller l'administration tout au long du processus d'acquisition et d'exécution, d'un technicien spécialisé en la matière pour aider à l'établissement des spécifications techniques, superviser l'installation et assister l'Administration pour la réception et les essais, des services des engagements et du Trésor pour effectuer les paiements, des contrôleurs internes

---

[211] Pour une étude pratique des différents délais au Sénégal, voir E. M. FALL (ARMP) & M. SARR NIANG (DCMP), « Procédures de passation des marchés publics : un aperçu sur les délais », *RMP* n°5, novembre 2011, p.6-7.

et externes pour vérifier la légalité de la dépense et la conformité des procédures. N'étant pas à la disposition permanente de l'AC ces techniciens doivent être informés à temps afin qu'ils puissent ajuster leur agenda en fonction de leurs activités.

Enfin, Les achats à effectuer doivent, souvent, être effectifs dans des délais au risque d'être sinon inutile du moins de ne pas pouvoir permettre l'atteinte des objectifs pour lesquels ils sont réalisés. Par exemple : les travaux de construction d'une école prévue pour la rentrée doivent être réceptionnés à une date permettant la mise en place des équipements avant la rentrée

Ainsi, le choix de la date pour le lancement de la procédure de sélection doit, absolument, se faire en fonction de la date à laquelle la réception de l'ouvrage le rend opérationnel au plus tard le jour de la rentrée de classe.

Ces informations constituent, pour l'AC, l'aboutissement d'un travail plus approfondi. En effet, l'établissement du PPM suppose, au préalable, que l'AC ait bien défini et estimé ses besoins. Il nécessite, également, la fixation des dates limites de livraison des acquisitions envisagées en tenant compte des durées légales de mise en œuvre des procédures relatives à chacune d'elles.

L'idée qui justifie l'obligation d'établissement du PPM est en réalité double. Il s'agit, d'une part, de programmer les achats publics afin d'éviter le pilotage à vue et, d'autre part, d'informer les futurs concurrents en mettant à leur disposition des informations utiles relatives aux marchés publics à passer au courant d'une période déterminée. C'est aussi le moyen permettant d'assurer une large information des opérateurs économiques sur les opportunités d'affaires offertes par l'Administration.

C'est pourquoi, le PPM doit faire l'objet d'une publication à temps utile afin de donner la possibilité au maximum d'entreprises de postuler aux marchés.

Le plan ainsi compris doit avoir un contenu précis. L'examen de celui-ci oriente la recherche vers la détermination de sa nature juridique.

B. La nature juridique du plan

L'avènement d'une nouvelle institution ou d'un nouvel acte a, presque, toujours suscité un débat doctrinal à propos de sa nature juridique, surtout, lorsque celle-ci n'est pas expressément déterminée par les textes créateurs.

On se rappelle que tel a été, par exemple, le cas du plan de développement économique. A son sujet, les auteurs faisaient remarquer que l'approche juridique de la planification n'a jamais été aisée[212].Dans les économies des pays de l'ex Union soviétique, cette approche juridique butait, traditionnellement, sur la conception socialiste de la légalité, de sorte que le plan y apparaissait paradoxalement comme à la fois autoritaire, centralisé et souple. Par contre, dans les économies libérales même teintées d'interventionnisme, l'approche juridique de la planification demeure, largement, tributaire de la dualité de

212 J.P. COLSON, *Droit public économique*, Paris, *LGDJ* 1995, p. 303.

signification possible du recours à la planification. Celle- ci remplit, d'abord, une fonction technique qui répond à un besoin de régulation des économies contemporaines. A cet effet, un effort de précision, d'harmonisation, voire, de programmation constitue une exigence minimum de cette régulation[213]. La référence à la planification a, ensuite, revêtu une signification politique et idéologique. A ce niveau, il faut noter que les objectifs visés par les pouvoirs publics, lorsqu'ils élaborent un plan de développement et les priorités qu'ils retiennent au sein d'un large éventail de possibilités, apparaissent comme des actes politiques par excellence qui, de ce fait, relèvent à quelque degré, de préférence idéologique[214].

Ces différentes conceptions ne permettent pas de dégager de façon cohérente la nature juridique du plan de développement économique et social.

Pour une partie de la doctrine, le plan se situe, avant tout, dans le domaine politique et n'entraine, par lui-même, aucune obligation juridique[215]. D'autres, reconnaissent à la suite d'André de Laubadère[216], la juridicité du plan. Pour ces auteurs, il ne saurait être question dans la vision que le libéralisme a de l'instance juridique qu'une institution consacrée constitutionnellement, organisée selon une procédure élaborée et aboutissant à la promulgation d'un texte formel, ne fasse pas partie de l'ordre juridique.

Mais, pour Colson, cette attitude doctrinale est gênée par la contradiction suivante : le plan fait, nécessairement, partie de l'ordre juridique mais sans revêtir un caractère impératif, qui serait incompatible avec le caractère libéral de nos sociétés. Cette posture scientifique est beaucoup plus conforme à la réalité. En effet, le plan intègre, incontestablement, l'ordre juridique au regard de son encadrement par les textes. Seulement, il faut reconnaitre à la suite de Colson que son contenu ne revêt aucun caractère impératif quant à son exécution. Celle-ci dépend des contingences économiques et sociales ou de l'adoption d'autres mesures législatives ou conventionnelles.

La même démarche peut être adoptée en ce qui concerne la légalité budgétaire. En effet, étant un acte de prévision et d'autorisation, le budget se présente comme un acte juridique assez singulier au sujet de son établissement et de son exécution.

Pour répondre à la question relative à la juridicité du PPM, l'on tentera de s'appuyer sur les particularités du plan de développement économique et de la loi de finances car, à plusieurs égards, ces deux documents rappellent le PPM. Ainsi, comme en ce qui le concerne l'on s'intéresse à son élaboration **(1)** avant

---

213 J.P. COLSON, Ibid. p.303

214 Pour les détails, voir, G. CLAIRE, op.cit. p. 15.

215 Sur ces auteurs, Voir, A. DE LAUBADERE, *Droit public économique*, Paris, *DALLOZ* 1974, p. 333-334.

216 Sur le rattachement des plans à une catégorie juridique ainsi que les conséquences d'un tel rattachement, voir, A. DE LAUBADERE et P. DELVOLVE, *Droit public économique*, Paris, 4e édition *Dalloz* 1983, pp. 447-448.

de mettre l'accent sur les modalités de son exécution (**2**) afin de voir ce qui fait de lui un acte juridique particulier.

1. Le caractère obligatoire de l'établissement du plan de passation des marchés

Une lecture, même, superficielle de l'art. 6 du CMP du Sénégal et de l'art. 27 du CMP du Niger pourrait faire apparaitre que l'élaboration du PPM est une obligation, expressément, formulée et imposée à toutes les AC[217]. Cette obligation est annuelle à l'image de celle qui pèse sur l'Etat concernant les lois de finances. Celle-ci constitue, on le sait, la traduction financière des PPM. En effet, si la loi de finances contient les crédits budgétaires, il faut noter que la justification de leur inscription se trouve dans les différents PPM[218].

Cette obligation d'établissement des PPM est renforcée par la précision du moment pendant lequel ces documents doivent être élaborés et publiés. Ainsi, selon ces deux articles, chaque année et avant le début de l'exercice budgétaire, les différentes AC ont l'obligation d'établir leur PPM.

Ces différents plans doivent, ensuite, être transmis à l'entité administrative chargée du contrôle *a priori* qui procède à l'appréciation de leur conformité avant de les publier sur le portail des marchés publics[219].

En sus de ce support numérique, le droit nigérien prévoit leur publication dans le Journal des Marchés Publics[220].

Dans la logique générale de rationalisation des délais procéduraux, l'art. 6 (nouveau) du CMP du Sénégal a tenté de corriger une lacune contenue dans l'art. 6 du Décret n°2011-1048[221] en précisant que, désormais, les AC doivent communiquer leur PPM à la DCMP « *au plus tard, le 1er Décembre de l'année précédant l'année budgétaire considérée* ». Ainsi, toutes les AC ont jusqu'au 1er Décembre de l'année N pour communiquer, à la DCMP, le PPM de l'année N+1. L'idée est de veiller à une meilleure articulation entre l'exécution du budget et celle des PPM. Celle-ci dispose d'un délai de trois (3) jours pour

---

217 Le caractère obligatoire de l'établissement des PPM découle de l'emploi du présent de l'indicatif par ces deux articles.

218 En termes plus simples, dans la loi de finances, on prévoit, le montant des dépenses et les grandes catégories de ces dépenses alors que dans le plan de passation des marchés, il est procédé à la présentation détaillée de l'objet de ces différentes dépenses.

219 Les plans sont publiés sur http://www.marchespublics.sn/pmb/index.php ? Option=com_plan&task=frontgen&idtype=1&Itemid=105 pour le Sénégal et http://www.marchespublics-niger.net/index.php?option=com_plandepassation&view=list&Itemid=90&lang=fr pour le Niger

220 Voir art. 2 al. 3 de l'arrêté n°0034/CAB/PM/ARMP du 21 janvier 2014 fixant les délais dans le cadre de la passation des marchés publics et des délégations de service.

221 L'art. 6 de ce décret ne précise ni le délai imparti aux AC pour élaborer et communiquer leurs PPM encore moins le délai imparti à la DCMP pour examiner, valider et publier ces PPM. Finalement, tout dépendait de la diligence des AC et de la DCMP.

examiner et publier l'ensemble des PPM reçus. Cette exigence, on ne peut plus irréaliste installe la DCMP dans un dilemme : soit procéder à un contrôle sérieux et rigoureux, quitte à dépasser, inévitablement, le délai de trois (3) jours, soit procéder à un examen superficiel, c'est-à-dire, bâcler le travail ou en tout cas les contrôler dans « la précipitation »[222].Cette inquiétude s'appuie sur le nombre impressionnant de PPM à valider et à publier chaque année et sur le nombre assez réduit du personnel dédié à la tâche.

Au Niger, le CMP n'a pas entendu impartir de délai, ni aux AC pour la confection et la communication de leur PPM à la DGCMP/EF, ni à cette dernière pour la validation et la publication de ces documents. C'est plutôt à un arrêté du PM de préciser que « *le plan prévisionnel de passation des marchés est élaboré par l'autorité contractante au plus tard le 15 janvier de l'année budgétaire en cours* ». Cette disposition suppose que le budget est déjà adopté et que les AC vont s'en inspirer pour élaborer leur PPM. Dans l'entendement du concepteur du droit nigérien et contrairement à son homologue sénégalais, l'établissement et l'adoption du budget précèdent l'établissement et la publication des PPM. La même disposition ajoute que « *la publication du plan prévisionnel est faite au Journal des Marchés publics au plus tard le 31 janvier de la même année*». Dans l'esprit de cette disposition, la DGCMP/EF dispose d'un délai de 15 jours pour examiner et publier l'ensemble des PPM puisque les AC ont jusqu'au 15 janvier pour les élaborer. Ce délai de quinze (15) jours est plus raisonnable que le délai de trois (3) accordés à la DCMP du Sénégal.

Ces deux positions présentent, chacune, des avantages et des inconvénients.

La position du CMP du Sénégal qui exige à ce que tous les PPM soient communiqués au plus tard le 1er décembre aux fins de leur examen et de leur publication dans les trois(3) jours qui suivent a l'avantage de garantir leur large diffusion et ce, bien avant le début de l'année budgétaire au cours de laquelle les marchés vont être lancés. Cependant, outre la volonté d'imposer à la DCMP de travailler sous pression, l'autre inconvénient est que les PPM risquent fort d'être révisés, juste, après l'adoption de la loi de finances (LF). En effet, les parlementaires ont jusqu'au 31 décembre pour adopter la LF alors que la DCMP ne dispose que de trois (3) après sa saisine pour publier les PPM. Théoriquement, les PPM sont publiés le 3 décembre alors que le budget peut attendre jusqu'au 31 décembre pour son adoption. Dans cette hypothèse, les PPM pourraient subir des révisions après l'adoption de la LF au cas où celle-ci avait été modifiée par les parlementaires lors des discussions qui précèdent son adoption. Le PPM est, certes, révisable mais cette précipitation peut perturber les prévisions des opérateurs économiques intéressés par le marché déjà publié mais qui pourrait être retiré du PPM pour des considérations budgétaires.

Le droit nigérien compte, au titre d'inconvénient, la perte de tout le mois de janvier dans la gestion des crédits budgétaires relatifs aux marchés publics. En effet, à partir du moment où les AC ont jusqu'au 15 janvier de l'année pour

---

222 M. NGAIDO et M.T SOCK, op. Cit, p. 27.

élaborer leur PPM et que l'autorité en charge de leur publication a jusqu'au 31 janvier de la même année pour le faire, il y a lieu de conclure qu'aucun marché, au titre de la nouvelle année budgétaire, ne pourrait être passé avant le début du mois de février.

Mais, d'un autre point de vue, la disposition est beaucoup plus réaliste que celle du Sénégal, car elle demande aux AC d'attendre l'adoption du budget avant de porter à la connaissance des opérateurs économiques les marchés qu'elles ont l'intention de passer au titre de l'année budgétaire considérée.

Au-delà de l'élaboration et de la publication des PPM dans un certain délai, les CMP imposent aux AC l'obligation de mentionner dans ces documents, l'ensemble des marchés qu'elles envisagent de passer au titre de l'année budgétaire considérée. Cette obligation d'exhaustivité s'applique à tous les projets de marché quel que soit leur montant, quelle que soit leur nature et quel que soit leur mode de passation. Elle est sanctionnée par la nullité du marché passé alors qu'il n'a pas été, au préalable, inscrit dans le PPM[223].

Cependant, si au Niger la règle est générale et ne souffre d'aucune exception[224], tel n'est pas le cas du Sénégal. Dans cet Etat, l'art. 6 du CMP exclue de l'obligation d'inscription au PPM, les marchés prévus à l'article 76.2 dudit code. Cet article renvoi, d'abord, aux marchés considérés comme secrets ou dont l'exécution doit s'accompagner des mesures particulières de sécurité ou pour lesquels la protection des intérêts essentiels l'exige. Il s'intéresse, ensuite, aux marchés pour lesquels l'urgence impérieuse résultant de circonstances imprévisibles, irrésistibles et extérieurs à l'autorité n'est pas compatible avec les délais et règles de formes exigées par la procédure d'appel d'offres ouvert ou restreint et, enfin, aux marchés passés dans le cadre des mesures de mobilisation générale et de mise en garde.

L'exclusion de ces marchés se justifie par les circonstances particulières dans lesquelles ils sont passés. En effet, l'urgence, l'imprévisibilité n'auraient pas de sens si l'AC avait le temps de planifier le marché en question.

En dehors de ces exceptions réglementaires, le CRD du Sénégal a eu l'occasion d'introduire une autre exception "exceptionnelle" en s'appuyant sur ce qu'il appelle les fonctions du PPM. Pour lui, le PPM « *a pour fonctions principales d'amener les autorités contractantes à planifier leurs acquisitions…mais aussi d'informer les potentiels candidats sur les marchés à passer durant l'année* ». Partant de ces fonctions, le régulateur souligne « *qu'au regard de l'urgence qui s'attache à l'exécution des marchés considérés et du caractère restreint de la concurrence où seuls les candidats ayant été invités peuvent soumettre une offre, leur inscription dans le plan de passation des*

---

[223] cf. supra. pp. 79-80.

[224] L'article 27 du CMP dispose que « *Sous peine de nullité, les marchés passés par l'autorité contractante doivent avoir été préalablement inscrits dans ce plan prévisionnel de passation de marchés publics* ». Cette formulation n'exclue aucun marché, soit en fonction de son montant, soit de sa nature, ne soit de son mode de passation.

marchés n'apporte pas de plus-value quant à la prise en charge des fonctions, ci-dessus indiquées ». C'est au regard de ces éléments que le CRD a autorisé « *exceptionnellement la continuation de la procédure de passation des marchés…nonobstant leur défaut d'inscription au niveau du plan de passation de l'autorité contractante*»[225].

Cette décision est discutable pour deux raisons :

En premier lieu, elle limite les fonctions du PPM à la planification des acquisitions publiques et à l'information des potentiels candidats. Or, au-delà de ces deux fonctions, le PPM constitue un instrument de transparence facilitant la traçabilité de tous les marchés publics passés au cours d'un exercice budgétaire. C'est pourquoi, en matière d'audit, le PPM est le premier document demandé car il donne une idée des marchés annoncés par l'AC concernée. En outre, il sert à informer, non pas seulement, les candidats mais aussi et surtout les contribuables sur la destination des fonds mis à la disposition de la puissance publique à travers les différents prélèvements obligatoires.

En deuxième lieu, l'AC ne peut pas invoquer l'urgence ou le caractère imprévisible des marchés en cause pour justifier leur non inscription dans le PPM. En effet, le CMP exige non pas une simple urgence mais une urgence impérieuse[226]. Mieux, cette AC ne peut pas brandir le manque detemps nécessaire pour la planification de la nature et de l'étendue des prestations en cause compte de la connaissance précoce de l'information sur la tenue du XVe sommet de la Francophonie. Même en cas de non maitrise de la nature ou de l'étendue de la prestation, le CMP lui permet de procéder à la révision du PPM.

La juridicité particulière du PPM est, aussi, perceptible au niveau de son exécution.

2. Les contraintes particulières perceptibles dans l'exécution du plan

Contrairement à son élaboration, l'exécution du PPM allie souplesse et rigueur.

Souplesse, d'abord, car il est précisé que le PPM peut être révisé au cours de son exécution[227]. Cette révision, qui rappelle le rapport entre la loi de finances initiale et les lois de finances rectificatives, peut concerner les différents

---

[225] Il s'agit des marchés suivants : campagne hors média ; fourniture d'effets vestimentaires ; acquisition de produits protocolaires et de pavoisement ; acquisition de cadeaux aux Chefs d'État passés dans le cadre de l'organisation du XVe sommet de la Francophonie. Pour les détails sur cette décision, voir http://www.armp.sn/ index.php?option=com_ content&view=article&id=1020:decision-nd-23014armpcrd-du-27-aout-2014&Itemid=1052 (consulté le 12 mars 2015).

[226] Sur le caractère incertain de la distinction entre urgence simple et urgence impérieuse, voir, J. P.SESTIER, « urgence et mise en concurrence dans les contrats publics », Mélanges en l'honneur du Professeur M. Guibal, Montpellier, Presses de la Faculté de Droit de Montpellier 2006 p. 390.

[227] Voir l'art. 6 du CMP du Sénégal et l'art. 27 al.2 du CMP du Niger.

éléments du marché. Elle peut avoir pour objet, la suppression d'un marché prévu et devenu sans intérêt, l'insertion d'un nouveau marché devenu nécessaire. La révision peut, aussi, être justifiée par la modification de la consistance de l'objet du marché ou même celle de la date du lancement de la procédure.

En conséquence, l'inscription d'un marché dans le PPM ne doit pas être comprise comme une obligation de le passer. C'est pourquoi, l'art. 2 al. 4 de l'arrêté nigérien n° 0034/CAB/PM/ARMP du 21 janvier 2014 précise que « *les autorités contractantes restent libres de ne pas donner suite aux projets d'achat public mentionnés dans le plan prévisionnel…* ». Il s'agit d'une simple intention de le passer mais avec possibilité de modifier les éléments du marché.

Cette souplesse constatée dans l'exécution du PPM rappelle, à plusieurs égards, les modalités d'exécution d'une loi de finances. En la matière, l'on sait que l'inscription d'un crédit n'impose, nullement, l'obligation d'engager le montant correspondant. En effet, l'autorité bénéficiaire de ce crédit peut ne pas l'utiliser lorsqu'il est devenu sans objet tout comme il peut subir des modifications à travers certains actes règlementaires susceptibles d'être pris en cours d'exécution de la loi de finances (virement ou transfert de crédits, décret d'avance, etc.).

Rigueur, ensuite, car la décision de passer un marché public doit, impérativement et théoriquement, rester dans les limites de l'itinéraire, préalablement, tracé dans le plan. La sanction à tout manquement, dans ce sens, est fatale : c'est la nullité du marché[228].

La nullité des marchés passés au mépris du PPM répond à une préoccupation déjà posée par le COA au Sénégal. En effet, son art. 24 dispose déjà que « *le non-respect des formalités de publicité prescrites et la violation du principe d'égalité de traitement des candidats aux commandes publiques par les acheteurs publics entraîne la nullité de la procédure de passation ou du marché passé, à la requête de toute personne intéressée au déroulement normal de la procédure* ».

Les articles 6 al. 2 du Code sénégalais et 27 du Code nigérien confirment cette nullité des marchés passés alors qu'au préalable, ils n'avaient pas été inscrits dans les PPM.

Ces différents éléments passés en revue, permettent de soutenir que le PPM revêt une nature juridique certaine et celle-ci ressemble à celle d'une loi de finances de l'année.

Ainsi, à l'image de celle-ci, le PPM obéit aux différents aspects du principe de l'annualité budgétaire. Il doit être élaboré et publié chaque année et avant le début de l'exercice budgétaire ; exigence qui rappelle l'aspect antériorité de l'annualité budgétaire. Il doit, aussi, en principe, être exécuté au cours de l'année budgétaire considérée.

---

[228] Voir art. 27 al. 4 du CMP du Niger et art. 6. al.3 du CMP du Sénégal.

Dans le cadre de son exécution, seuls les marchés qui y sont inscrits, au préalable, pourraient être passés. Mieux, l'AC n'est pas tenue de les passer tous ; toute chose qui rappelle le principe selon lequel l'autorisation de dépenser contenue dans la loi de finances ne vaut pas obligation de dépenser le crédit correspondant. Mais, si la dépense est décidée, elle doit, normalement restée dans les limites des prévisions contenues dans la loi de finances. La décision de passer un marché doit, également, rester dans les limites des prescriptions du PPM, notamment, en termes du choix de la procédure.

Il peut, aussi, être révisé comme une LFI et les répercussions financières de cette modification du plan sont normalement prises en compte dans une LFR. Celle-ci a pour vocation, on le sait, de prendre en charge les modifications intervenues depuis l'adoption de la LFI[229].

Après avoir examiné les caractéristiques du PPM, il y a lieu de s'appesantir sur sa portée.

Paragraphe II : La portée du plan de passation des marchés publics

Dans quel but il a été institué l'obligation d'établir et de faire publier des PPM en début de chaque année budgétaire ? Est-elle suffisamment perçue et mise en œuvre par les AC et les instances chargées du contrôle *a priori* ? Autant de questions que l'on peut se poser après l'examen des dispositions des CMP y afférentes. En vérité, l'examen de ces prescriptions laisse entrevoir un souci de prendre en compte l'essentiel des principes fondamentaux régissant les marchés publics (**A**). Toutefois, d'importantes insuffisances sont à relever dans la mise en œuvre de cette nouvelle obligation (**B**).

A. Un supposé réceptacle des principes du droit des marchés publics

Le droit des marchés publics est articulé autour d'un certain nombre des principes dits transversaux car, régissant toutes les étapes, allant de la préparation du marché à son exécution.

Il s'agit, des principes de l'économie et l'efficacité du processus d'acquisition, d'égalité et de libre et large concurrence et de la transparence des processus.

La prise en compte de ces principes se traduit, dans cette étape de la procédure, par l'existence d'un PPM.

A ce sujet, il apparait que cette exigence vise à garantir le respect du principe de transparence. Celui-ci est, à son tour, de nature à garantir l'effectivité des autres principes. En effet, à partir du moment où le PPM a pour vocation de

---

229 Sur les fonctions des lois de finances rectificatives voir M. FALL, op. cit, pp. 294 et suivantes.

contenir tous les éléments des marchés à passer et de les porter à la connaissance des intéressés, l'on peut conclure que l'idée de transparence occupe, a beaucoup d'égards, une place de choix. C'est pourquoi, conscientes du rôle stratégique de ce principe dans la gestion des deniers publics, les instances communautaires ont jugé pertinent de lui consacrer un texte spécial[230] que les Etats membres ont l'obligation de transposer dans leur ordonnancement juridique interne sous forme d'un Code de transparence et d'éthique en matière de marchés publics[231].

Il est clairement écrit que pour satisfaire cette exigence de transparence, les AC doivent « - *élaborer et mettre à jour périodiquement le plan de passation des marchés de leur service qui prend en compte, notamment, les ressources disponibles et attendues, le calendrier prévisionnel d'exécution des opérations de passation de marchés, la description complète des besoins et les modes de consultation des entreprises* »[232].

Il s'agit, à travers ces documents, d'exprimer une volonté générale de favoriser la traçabilité de la dépense publique et de lutter contre l'opacité dans la gestion des deniers publics.

Dans cette logique de consécration et d'imposition de l'idée de transparence dans la gestion des affaires publiques, il a été relevé que « *si l'homme ne peut plus dissimuler ou mentir, tout ira bien* »[233]. En effet, au-delà des marchés publics, l'exigence de transparence a été reconnue comme l'une des dimensions de la modernité démocratique. Dans un tel système, il se trouve qu'être informé, complètement et objectivement, est un droit fondamental ou un droit public subjectif selon la belle formule de Bonnard[234]. En tous les cas, l'information améliore la qualité des rapports entre l'Administration et les administrés.

---

230 Il s'agit de la Directive n°02/2000/CM/UEMOA du 29 juin 2000 portant adoption du Code de transparence dans la gestion des finances publiques au sein de l'UEMOA. Elle a été remplacée par la Directive n°01/2009/CM/UEMOA portant code de transparence dans la gestion des finances publiques au sein de l'UEMOA.

231 Au Sénégal, l'obligation a été prise en compte par le décret n° 2005-576 du 22 /06/2005 portant charte de transparence et d'éthique en matière de marchés publics http://www.finances.gouv.sn/UserFiles/Decret%20portant%20Code%20ethique%20et%20Charte%20de%20transparence%20et%20ethique%20en%20matiere%20de%20marches%20publics.pdf . Au Niger, c'est le décret n°2011-688/PRN/PM du 29 décembre 2011 portant code d'éthique des marchés publics et des délégations de service public qui prend en charge cette exigence communautaire (Pour le Niger, le décret est publié sur http://www.marchespublics-niger.net/fichiers/DECRET_2011_688_CODE_D_ETHIQUE.pdf (consulté le 05 juillet 2013).

232 Voir décret sénégalais n° 2005-576 du 22 juin 2005 portant charte de transparence et d'éthique en matière de marchés publics sur http://www.jo.gouv.sn/spip.php?article3898 (consulté le 28 avril 2015).

233 P. MOREAU DEFARGES, *La gouvernance*, Que sais-je, Paris, PUF 3e édition 2008 ; p.109.

234 Cité par M. NGAIDO, « réflexions sur le droit à l'information administrative au Sénégal », *EDJA* n°53, avril-mai-juin 2002, p. 30.

Ainsi, si tout est public, les mauvaises pensées, les manipulations seront neutralisées, dissoutes par la lumière de l'honnêteté car le caché est considéré comme l'un de ces résidus maléfiques dont l'homme doit se débarrasser[235]. C'est pourquoi, de nos jours, s'il faut concevoir "une bourse des mots", la transparence serait, sans doute, le concept le plus côté tellement qu'il est évoqué à toutes les occasions et dans tous les discours. C'est, certainement, pour sacrifier à ce rituel conceptuel que le constituant sénégalais a réaffirmé l'attachement du peuple de ce pays à la transparence dans la gestion des affaires publiques[236].

Si l'on revient au domaine des marchés publics, il faut souligner que le PPM a pour fonction, d'informer, c'est-à-dire, de mettre à la disposition de tous les acteurs et observateurs de la commande publique, des informations utiles. La transparence est, alors, largement tributaire de l'information.

De ce fait, grâce au PPM, les candidats sont régulièrement informés de toutes les opportunités d'affaires. Ils connaissent, en amont, les besoins exprimés par les AC ainsi que les voies et moyens qu'elles comptent mettre en œuvre, en termes de procédures et de ressources pour les satisfaire. Ces informations reçues, à temps, sont de nature à permettre à ces candidats de se préparer en conséquence. C'est en cela que cette exigence de transparence, permet de garantir le respect des principes de liberté et d'égalité devant les marchés publics. Concernant le principe de liberté d'accès aux marchés publics, il faut noter qu'il consiste à permettre à toute entreprise ou toute personne remplissant les conditions requises par les CMP et les dossiers d'appel à candidature de se porter candidate à l'attribution d'un marché. Ce principe, on le sait, trouve son fondement dans la liberté du commerce et de l'industrie[237], elle-même rattachée à la liberté d'entreprendre.

Incontestablement, cette exigence de liberté vise, d'une part, à stimuler le jeu de la concurrence en donnant la possibilité au maximum d'opérateurs économiques de postuler aux marchés et, d'autre part, à limiter les entraves que l'AC pourrait opposer à la participation de certaines entreprises aux compétitions qu'elle organise.

Il se trouve que la publication d'un PPM, parce qu'elle permet l'information préalable de tous les candidats, est de nature à garantir cette liberté. Mais cette liberté d'accès aux marchés publics serait sans effet si elle n'avait pas pour corollaire le principe d'égalité de traitement des candidats[238]. Ainsi, grâce au PPM tous les candidats sont censés détenir, au même moment, l'information selon laquelle, un marché de tel objet, pour tel montant sera passé par tel ministère selon telle procédure et à telle date.

---

[235] Pour toutes ces questions voir P. MOREAU DEFARGES, ibid. 108-109.

[236] Voir préambule de la constitution sénégalaise du 22 janvier 2001.

[237] Voir, A-S MESCHERIAKOFF, *Droit public économique*, Paris, *PUF* 1994, pp.78-84.

[238] C. EMERY, op. cit, p.34.

C'est en cela que la transparence assure la liberté et l'égalité de traitement des candidats. Ces principes forment un tout : la transparence garantit l'égalité, qui assure elle-même le libre accès à la commande publique[239].

Ces trois principes concourent à accroitre et à intensifier la concurrence dans la passation des marchés publics. A son tour, la concurrence, si elle est réelle, concourt à donner un contenu concret à l'idée de rationalisation de la dépense publique. En effet, elle est de nature à multiplier et à diversifier les offres et, par voie de conséquence, les possibilités de choix pour l'AC de son partenaire contractuel.

Au-delà des candidats, les PPM intéressent les citoyens ainsi que les partenaires au développement, soucieux du bon usage des fonds qu'ils mettent, souvent, à la disposition des AC.

A l'endroit du citoyen, l'exigence de bonne gouvernance confère au contribuable le droit légitime de savoir l'utilisation qui est faite des ressources publiques qu'il a mises à la disposition de la puissance publique. Ainsi, un examen rapide des différents PPM lui permet de connaitre les principales acquisitions des AC ainsi que leur montant et les modalités de passation des marchés prévues. Cette publication lui permet d'apprécier la pertinence des choix et priorités de tel ou tel ministère, de les comparer avec ses attentes afin de se prononcer, en conséquence, sur la gestion administrative et la prise en compte des préoccupations des administrés.

L'exigence de transparence intéresse aussi, et de plus en plus, les partenaires au développement[240]. En effet, de nos jours, ils s'accordent à n'apporter leurs concours qu'aux États qui ont, au préalable, élaboré et mis en application des règles transparentes de passation et d'exécution des marchés publics. Cette vigilance des partenaires au développement est, souvent, sollicitée par les autres acteurs sociaux. C'est dans ce sens que nous comprenons la réaction de la coalition des partis d'opposition du Niger dénommée, Alliance pour la Réconciliation Nationale (ARN) qui a appelé les partenaires techniques et financiers de l'État du Niger à «*exiger des autorités actuelles la mise en œuvre des conditions de transparence et d'équité dans l'octroi des marchés publics qu'ils financent*»[241].

Du côté des AC, le PPM assure une bonne planification des marchés. Celle-ci est de nature à rendre inopérant le recours à l'urgence pour passer des marchés dans la précipitation et selon des procédés peu compatibles avec le souci de rationalisation de la dépense publique.

---

239 J.C. DUVAL, *L'essentiel du droit des marchés publics*, Paris, *Ellipses* 2010. p. 17.

240 Il faut rappeler que le plan a été d'abord une exigence des bailleurs de fond avant sa consécration par le code des marchés publics issu de la réforme de 2007 au Sénégal.

241 http://www.tamtaminfo.com/larn-appelle-les-partenaires-du-niger-a-etre-plus-regardants-sur-les-marches-publics/ (consulté le 7 mars 2012).

Si, au regard des objectifs assignés aux marchés publics, le PPM apparait comme un instrument adéquat, il y a lieu de relever quelques insuffisances dans sa mise en œuvre.

B. Une obligation diversement mise en œuvre

Il est connu de tous que les procédures de passation, notamment, clles relatives à la transparence constituent les aspects les plus sensibles et les secouées des CMP. La prise en compte de la transparence apparait dans l'obligation faite aux AC d'élaborer et de publier des PPM.

Mais la question que l'on peut se poser, à ce sujet, est celle de savoir si le respect de l'obligation de publication des PPM pourrait garantir que les règles décrites et annoncées dans ces documents seront, effectivement, respectées lors du lancement des procédures.

Cette question et ce rappel ne sont qu'un prétexte pour vérifier si les PPM tels qu'ils sont conçus, publiés et exécutés répondent aux préoccupations énoncées dans les CMP.

L'analyse de ceux-ci laisse apparaitre des insuffisances. Celles-ci sont incompréhensibles au regard de l'existence d'un modèle- type et d'un contrôle de conformité avant leur publication sur le portail des marchés publics[242]. Elles concernent aussi bien la forme que le fond des PPM.

Sur la forme, l'on a pu remarquer que les PPM sont, généralement, publiés avec beaucoup de retards. En effet, un tour sur les portails des marchés publics de deux Etats permet de constater le retard accusé dans la publication de beaucoup de PPM. Certains sont publiés en fin janvier, voire, au mois de février ; d'autres n'indiquent même pas la date de leur publication, toute chose qui n'autorise aucune appréciation objective et qui éloigne leur exécution des exigences de l'annualité budgétaire. Cette situation est, en partie, justifiée par l'imprécision des CMP quant aux dates d'établissement et de publication de ces PPM[243]. C'est, certainement, pour corriger cette lacune et combattre le laxisme et le retard constatés dans l'établissement et la publication des PPM que le droit en vigueur dans les deux États a, récemment, subi des modifications.

Ainsi, au Sénégal, les AC ont l'obligation de communiquer, à la DCMP, leur PPM au plus tard le 1er décembre de l'année précédant l'année budgétaire considérée et que cette dernière doit l'examiner et le publier dans un délai de trois (3) jours. Le délai est certes très limité, mais il faut l'entendre et le comprendre comme une réaction face aux comportements de certaines AC. Au

---

242 Voir art. 6 du Code sénégalais des marchés publics et art. 27 du Code nigérien des marchés publics. Pour les portails confère http://www.marchespublics.sn/pmb/ pour le Sénégal et http://www.armp-niger.org/portail-marches-publics-niger.php pour le Niger.

243 L'art. 6 du CMP de 2011 (décret n°2011-1048) et l'art. 26 du CMP du Niger (décret n°2011-686) ne précise ni le délai d'établissement et de communication du PPM aux fins de publication ni le délai imparti à l'entité administrative chargée de contrôle a priori pour l'examen, la validation et la publication des PPM.

Niger, l'art. 2. al. 2 de l'arrêté n° 0034/CAB/PM/ARMP du 21 janvier 2014 dispose que les PPM sont élaborés au plus tard le 15 janvier de l'année budgétaire en cours et que leur publication dans le Journal des marchés publics doit être faite au plus tard le 31 janvier de la même année.

En attendant la réaction ou le nouveau comportement des AC face à ces exigences, l'on peut espérer qu'il sera, certainement, mis fin aux laxismes et retards longtemps constatés.

Pour qu'il en soit ainsi, il incombe aux ARMP d'instituer des formations et des sensibilisations sur la pertinence et les modalités d'une bonne planification des marchés publics.

Sur un autre plan formel et dans la logique d'instituer ce qu'il est convenu d'appeler une administration électronique[244], les PPM sont en ligne, c'est-à-dire, publiés sur le portail des marchés publics du Niger et du Sénégal.

Comme on le voit, les achats publics n'échappent pas à l'air du temps. Il s'agit, incontestablement, d'une révolution allant dans le sens de moderniser la gestion publique, mais faudrait-il, encore, que des mesures d'accompagnement suivent. En effet, si « *la meilleure façon de cacher quelque chose à un Noir, c'est de la mettre dans un livre* »[245] parce qu'il ne lira jamais, l'on peut soutenir que la meilleure façon de cacher des informations relatives aux marchés publics à certains candidats, c'est de les publier sur internet. Ce rapprochement est défendable, car, même à Niamey ou à Dakar, la connexion internet constitue un luxe dans plusieurs quartiers à plus forte raison dans les régions.

C'est pourquoi, puisque l'idée est de vulgariser les projets des marchés publics, l'on pourrait envisager un système de publication par voie d'affichages dans les ministères, les services déconcentrés, les chambres de commerce en plus de la publication par voie d'internet. Cela aurait pour avantage de permettre à toutes les catégories de candidats de s'informer et de se préparer en conséquence. C'est dans ce sens que l'on comprend l'art. 2 de l'arrêté nigérien n°0034 qui évoque la publication des PPM dans « le Journal des Marchés Publics ». Il s'agit, certes, d'une avancée mais qui ne résout pas tout le problème car ce Journal n'est disponible qu'à Niamey. Du coup, les entreprises se trouvant à l'intérieur du pays doivent développer un réseau d'informateurs au risque de s'exclure de certaines procédures de passation des marchés.

Sur le fond, d'autres imprécisions et lacunes émaillent le contenu des différents PPM.

Concernant l'objet du marché, par exemple, l'on constate que ce sont les mêmes termes génériques qui sont employés. L'on peut lire, fréquemment : « achats de véhicules », « matériels de bureau », « denrées alimentaires ». Ces expressions doivent, à notre sens, être évitées, car les fournisseurs, prestataires sont spécialisés. Ainsi, même au sein d'une catégorie plus ou moins homogène,

---

[244] Voir G. CHATILLON, « Administration électronique et services publics », *AJDA* juillet-août 2001, p. 617.

[245] http://jkanya.free.fr/Texte12/lesnoirs140712.pdf (consulté le 13 mars 2013).

les fournisseurs et les entrepreneurs se spécialisent. C'est le cas, par exemple, en matière des véhicules où certains se spécialisent dans la commercialisation des camions au moment où d'autres se penchent vers des véhicules de luxe ou des véhicules tout-terrain.

Cette remarque est valable en ce qui concerne les matériels informatiques et les matériels de bureau que l'on peut retrouver dans le même plan. Ici, il faut noter que dans la gamme de matériels de bureau l'on peut, sans doute, insérer les matériels informatiques. Dans ce cas, le seul fait d'indiquer matériels de bureau dans le PPM ne renseigne pas, suffisamment, sur les intentions réelles de l'AC.

Dans la même logique d'approximation dans la présentation de l'objet du marché, il a été donné de constater qu'aucune idée de quantité n'apparait dans l'essentiel des PPM examinés. Pourtant, cette précision est concevable et même attendue au regard des dispositions pertinentes des CMP [246]qui exigent la définition précise de la nature et de l'étendue des besoins avant l'établissement de ce plan.

Pire, il a été donné de constater la passation de certains marchés dont ni l'objet encore moins la programmation ne figure dans le PPM. En pareille situation, à qui incombe la responsabilité entre l'AC qui a passé le marché et l'entité administrative en charge du contrôle *a priori* qui a, non seulement, validé le rapport d'analyses comparatives des offres dans le cadre de son contrôle mais, aussi, immatriculé ce marché malgré la non inscription de son projet dans le PPM ?

La responsabilité est, sans doute, partagée. Mais, celle du contrôleur mérite une attention particulière puisqu'il a le pouvoir de refuser d'approuver le PV d'attribution du marché. Ce refus se justifie dès lors qu'il se rend compte que le projet du marché ne figure ni dans le PPM initial ni dans le PPM modifié soumis à son contrôle.

Au Niger, l'agent public responsable de la passation d'un marché non inscrit dans le PPM encourt des sanctions administratives sans préjudice des poursuites judiciaires[247].

Concernant le mode de passation, il faut reconnaitre qu'il est, systématiquement, indiqué dans les deux Etats. Seulement, il faut se rendre à l'évidence que, très souvent, sa publication n'est pas un gage de garantie. En effet, il a été relevé que certains marchés sont passés selon une procédure autre que celle indiquée dans le PPM. C'est le cas, par exemple, d'un marché figurant dans le PPM et dans l'AGPM et qui devrait être passé par AO mais qui l'a été

---

[246] Il s'agit, c'est un rappel, des articles 5 du CMP du Sénégal et 72 du CMP du Niger.

[247] Voir art. 6 de décret n°2014-127/PRN/PM du 26 février 2014 complétant le décret n°2013-569/PRN/PM du 20 décembre 2013 portant CMP et déterminant les fautes et les sanctions applicables en matière de marchés publics et des DSP.

par le ministère de la coopération internationale, sous forme de DRP[248]. Ce manquement au principe du respect de la parole donnée constitue une atteinte à l'aspect de la transparence qui veut que les règles décrites dans les documents de publicité soient effectivement appliquées au cours de la procédure.

L'une des grosses lacunes constatées, particulièrement au Niger, concerne les dates. Aucune indication de date du lancement de la procédure encore moins celle d'attribution ou de démarrage des prestations n'apparait dans les différents PPM disponibles. Il est simplement prévue une colonne intitulée " période" et en dessous, il est mentionné, tantôt 1er trimestre ou 2e trimestre à côté de l'année ; tantôt c'est l'année qui est indiquée sans aucune autre précision. Cette indication ne renseigne pas s'il s'agit du moment du lancement de la procédure, d'attribution du marché ou du démarrage de la prestation.

Il est vrai que le régime des marchés publics obéit au principe de l'annualité d'où, probablement, la référence à l'année de passation et d'exécution du marché. Mais, dans un souci d'une large transparence qui conditionne l'efficacité de la concurrence, les AC nigériennes doivent s'efforcer de mettre à la disposition de tous les impétrants potentiels, les dates probables du lancement de la procédure afin qu'ils se préparent en conséquence.

Ce silence, sur les dates, prive les candidats d'un élément pourtant capital à savoir l'information. Ils doivent, de ce fait, essayer de la chercher. Or, la recherche de cet élément précieux, risque de créer une certaine proximité corruptogène entre les PRM et les éventuels candidats. En effet, l'information sur les dates probables devenant, tout naturellement, un enjeu, seuls les candidats "courtois", disposés à passer régulièrement "saluer" les PRM sont en mesure d'y accéder à temps utile.

L'information se vend, en réalité, selon certaines indiscrétions. Elle s'analyse comme un objet de transaction et de manipulation, fortement, préjudiciable aux principes de transparence et d'égalité devant les marchés publics.

Le silence des AC nigériennes quant à l'indication des dates probables s'explique, selon certains responsables, par le souci de garder intact le pouvoir discrétionnaire dont dispose l'AC, de choisir librement le moment d'agir, c'est-à-dire, de lancer la procédure.

Nous faisons remarquer, tout de suite, que l'exercice de ce pouvoir n'est en rien entamé par l'indication des dates dans le PPM. En effet, il appartient à l'AC de bien planifier ses achats en fonction de ses priorités et de choisir librement les dates probables du lancement des procédures. Mieux, cette programmation est susceptible de corrections à travers les possibilités de révision du PPM.

---

[248] Voir rapport final de la mission de revue indépendante de la conformité de la passation des marchés publics du ministère delà Coopération internationale, de l'aménagement du territoire, des transports aériens et des infrastructures au titre de la gestion 2009, p. 11 sur http://www.marchespublics.sn/pmb/ (consulté le 05 septembre 2012).

Celle-ci peut être l'occasion de revoir certains éléments du marché dont les dates initialement indiquées.

Le dernier manquement constaté aussi bien au Niger qu'au Sénégal concerne le refus d'indiquer le montant prévisionnel du marché. A travers les discussions que nous avons eues avec certains acteurs des marchés publics, il nous a été révélé qu'il s'agit d'une volonté de le masquer. L'idée est de susciter la concurrence afin qu'il ait autant de prix qu'il y a des offres. Ainsi, l'AC aura une large possibilité de choix entre des prix, objectivement, proposés par les futurs candidats. Or, selon nos interlocuteurs, si le prix arrêté par l'AC est publié, tous les candidats essaieraient de proposer des prix sensiblement égaux à celui indiqué dans le plan.

Cette justification du refus de publier le montant prévisionnel est à notre sens contestable. Elle n'entame en rien la qualité de la concurrence d'autant que le prix, ne serait-ce qu'en théorie, n'est plus un critère déterminant du choix de l'offre des candidats. Son indication allait pousser les impétrants à insister sur les autres critères de sélection au lieu de s'attarder sur le prix qui ne constituerait plus aucun enjeu.

L'indication du prix allait, également, permettre de convaincre, davantage, sur la pertinence des modes de passation retenus.

Les projets des marchés ainsi ficelés et portés à la connaissance de tous les candidats, il ne reste plus qu'à élaborer les dossiers d'appel à candidatures et à mettre en œuvre la procédure de passation conformément aux prescriptions indiquées dans le PPM.

CHAPITRE II :

UNE IMPRESSION D'UN RECUL DANS LE NOUVEAU DROIT DE LA PASSATION DES MARCHÉS PUBLICS

Voulant mettre en exergue les nécessaires mutations qui caractérisent la dynamique constitutionnelle, Royer Collar soutenait, avec pertinence, que les constitutions ne sont pas des tentes dressées pour le sommeil[249]. Elles doivent, par conséquent, être modifiées afin de les adapter aux circonstances changeantes de la société. C'est ce qui leur assure, au fond, une certaine longévité[250].

Cette réalité est, aisément, transposable dans le domaine de l'achat public. A ce niveau, l'on remarque que les CMP sont sujets à d'innombrables modifications et adaptations qui pourraient pousser à les qualifier d'antivirus[251]. Dans le langage informatique, l'antivirus est un logiciel conçu pour identifier, neutraliser et éliminer des logiciels malveillants dont les virus ne sont qu'un exemple. Ceux-ci, peuvent se baser sur l'exploitation des failles de sécurité, mais, ils peuvent également s'agir du programme qui modifie ou supprime des fichiers. Ces derniers peuvent être des documents de l'utilisateur de l'ordinateur ou des fichiers nécessaires au bon fonctionnement de la machine[252].

On le voit, l'antivirus a une mission assez vaste et complexe. Pour qu'il puisse la réussir avec toute l'efficacité requise, il doit être régulièrement mis à jour au risque d'être complètement déphasé ; donc inutile.

Telle semble être la situation du dispositif juridique d'encadrement des marchés publics. Ce dispositif, on le sait, doit permettre l'instauration d'une bonne pratique dans le domaine des acquisitions publiques conformément aux principes fondamentaux sans cesse rappelés et en combattant les mauvaises pratiques des acteurs de la commande publique.

C'est normalement, la prise en compte de ces impératifs qui devrait justifier les incessantes modifications dont fait l'objet les CMP aussi bien au Niger qu'au Sénégal.

---

249 Cité par J. GICQUEL et J. E GICQUEL, *Droit constitutionnel et Institutions politiques*, Paris *Montchrestien,* 20e édition 2005, p.177.

250 Voir D. G. LAVROFF, « La Constitution et le temps » *in* Mélanges P. ARDANT, Droit et politique à la croisée des cultures, Paris, LGDJ 1999, pp. 207-227.

251 Propos tenus par M. Y SAKHO, ancien DG de l'ARMP du Sénégal dans la *RMP* n° 4, septembre 2011, p. 3.

252 Pour toute précision sur ces questions, cliquez sur http://fr.wikipedia.org/wiki/Logiciel_antivirus (consulté le 10 novembre 2012).

Pour la constitution, sa nécessaire réforme est, en principe, guidée par le souci de l'adapter aux réalités sociales certes, mais dans le sens de l'approfondissement de la démocratie et de l'Etat de droit[253]. C'est cette idée qui permet de distinguer les révisions consolidantes des révisions déconsolidantes[254].

Concernant le droit des marchés publics, il est vrai que tous ses aspects ne sont pas affectés par les multiples réformes. C'est surtout les procédures de passation (les modes de passation, les seuils, les délais) qui y sont concernées. A ce sujet, il y a certes, des réformes qui vont dans le sens de la consécration d'une large concurrence[255]. Ces réformes peuvent être qualifiées de réformes salutaires ou consolidantes des acquis en matière de bonne gestion financière. Mais tel n'est pas le cas de la plupart des réformes observées ces dernières années. Elles peuvent, dès lors, être qualifiées des modifications déconsolidantes[256].

Ainsi, autant pour les constitutions, l'on est en droit de distinguer les révisions consolidantes des révisions déconsolidantes autant pour les CMP l'on peut évoquer et distinguer les modifications qui garantissent la transparence et l'efficience de l'achat public de celles qui s'orientent, malheureusement, vers l'opacité[257].

En tous les cas, l'examen des dispositions pertinentes de la Directive n°04/2005 et celles des CMP laissent apparaitre que la réforme des modes de passation des marchés n'est qu'un leurre (**Section I**) même si des progrès encourageants sont à relever dans l'encadrement des formalités d'attribution et de mise en vigueur des marchés publics (Section **II**).

---

253 I. M. FALL, *Les révisions constitutionnelles au Sénégal*, Dakar, *CREDILA* 2011, pp. 99 et suivantes.

254 I. M. FALL, *ibid.*, pp. 143 et suivantes.

255 C'est le cas des nouvelles exigences liées à la définition et à l'évaluation des besoins ; c'est aussi le cas de l'obligation d'établissement et de publication des PPM ; de l'ouverture des marchés aux PME entre autres. Ces réformes concernent, également, les modalités d'information des éventuels concurrents et soumissionnaires et ce, au début et à la fin du processus ; les modalités d'exécution et surtout, du contrôle et de la régulation des marchés publics. L'idée de fond est de donner tout son sens au principe de transparence qui postule une information à tous les stades de la procédure.

256 Pour l'essentiel, elles touchent au champ d'application du CMP mais dans le sens de sa réduction. L'idée de fond, est de soustraire certains marchés publics à l'application des procédures contraignantes soit en raison de leur nature dite particulière soit en raison de leur montant.

257 Pourtant, ces modifications qui touchent à la partie la plus sensible des CMP devraient être articulées autour de deux objectifs majeurs. Il s'agit, d'une part, de garantir une large concurrence et d'autre part, d'assurer l'efficacité de l'achat public qui rime, souvent mal, avec certaines exigences procédurales. Cela se justifie car, si la réglementation est censée tirer le meilleur du milieu concurrentiel, elle doit être constamment en phase avec lui. C'est en tout cas, la conciliation de ces deux exigences qui assure une meilleure rationalisation de la dépense publique tant souhaitée.

SECTION I : LA RÉFORME DES MODES DE PASSATION, "UN MIROIR AUX ALOUETTES"?

Le mode ou procédure de passation des marchés s'analyse comme un ensemble de règles à observer dans le cadre de la désignation du partenaire contractuel. Son choix est considéré comme une étape fondamentale de l'acte contractuel et suscite une attention particulière. C'est ce qui justifie, au fond, l'encadrement strict et détaillé dont il fait l'objet, lequel limite le principe général de la liberté contractuelle[258]de la personne publique. En effet, une fois le choix du type de contrat effectué, l'on s'accorde à souligner que la liberté de l'AC se trouve, automatiquement, encadrée dans la mesure où ce sont les procédures prévues par les textes, pour ce type de contrat, qui s'imposent à elle. C'est le choix du type de contrat qui implique la procédure à suivre dans le cadre de sa conclusion[259].

Sous ce rapport, la procédure est envisagée comme un élément de la légalité de la formation du contrat. En France, il a été jugé qu'elle (la procédure) constitue en tant que telle, une règle d'ordre public dont la méconnaissance est soulevée d'office par le juge[260]. L'idée est qu'à chaque situation de droit ou de fait (définit par les textes) correspond une seule et même réponse juridique en termes de procédures[261].

Telle est la situation des marchés publics pour la passation desquels, les CMP se sont empressés d'indiquer, avec précision, les différentes procédures applicables. Celles-ci dépendent, généralement, du seuil, c'est-à-dire d'un montant au-dessus duquel, une procédure contraignante est imposée et en deçà duquel, l'AC retrouve une certaine liberté d'appréciation.

La nature particulière de l'objet du marché ou les circonstances de sa passation permettent, également, à l'AC de retrouver une certaine liberté, nonobstant, l'atteinte du seuil indiqué pour l'application des contraintes du CMP.

---

258 Une importante littérature existe sur cette question. On peut citer à titre indicatif, B. STIRN, « La liberté contractuelle, droit fondamental en droit administratif ? », *AJDA* 1998, pp. 673-675; P. TERNEYE, « La liberté contractuelle est-elle un droit fondamental ? », *AJDA* 1998, pp.657-672 ; F. MODERNE, « La liberté contractuelle est-elle vraiment et pleinement constitutionnelle ? », *RFDA* N°1 2006, pp. 2-11 ; A. DUFFY, « La constitutionnalisation de la liberté contractuelle », *RDP* n°6-2006, P.1570-1600. A propos de l'influence de la concurrence sur cette liberté, voir M. PERIGON, « *L'influence du droit de la concurrence sur la liberté contractuelle* », Cahiers de l'Ecole doctorale Droit et sciences sociales de la Faculté de droit de Montpellier n°4 juillet 2004, pp. 29-58.

259 A ce sujet, voir l'étude précitée de C. BRECHON-MOULENES, pp. 754 et suivantes

260 CE sect. 29 janvier 1982, Martin, disponible sur http://www.legifrance.gouv.fr/affichJuriAdmin.do?idTexte=CETATEXT000007679994&dateTexte= (consulté le 25 juin 2013).

261 C. BRECHON-MOULENES, op.cit. p.755.

Ainsi, la procédure change, soit en fonction du montant du marché, soit en fonction de sa nature ou des circonstances dans lesquelles sa passation est envisagée. C'est pour tenir compte de ces différentes possibilités que l'art. 28 de la Directive n°04/2005 souligne que les marchés publics peuvent être passés, soit appel d'offres, soit par entente directe. Mais lorsque le montant du marché est en dessous des seuils nationaux de passation des marchés, les AC peuvent recourir à des procédures de consultation ou de sollicitation de prix.

Toutefois, que le montant du marché soit au-dessus ou en dessous des seuils nationaux, « *les procédures mises en œuvre respectent les principes posés à l'article 2 de la présente directive* »[262]. Il s'agit de faire en sorte que les procédures de passation d'un marché soient soumises aux principes fondamentaux de transparence, de liberté et d'égalité de traitement de traitement des candidats, quel que soit son montant et quel que soit le mode de sa passation[263].

S'inspirant de cette disposition du droit communautaire, l'art. 28 du CMP du Niger dispose que « *les marchés peuvent être passés soit appel d'offres..., soit par consultation de fournisseurs avec demande de remise de prix, soit par procédure négociée en entente directe* ». En droit sénégalais, la lecture combinée des dispositions de l'art. 26 du COA et de certaines dispositions du CMP permet de comprendre que les modes de passation des marchés prévus sont l'appel d'offres et ses variantes, l'entente directe (ED) et les demandes de renseignement et des prix (DRP). Les autres dispositions des CMP ont tenté d'agencer, d'hiérarchiser ces différents modes de passation des marchés. Ainsi, en s'appuyant sur le droit et la pratique en cours dans les deux Etats, la question que l'on pourrait se poser est celle de savoir si la préférence affichée pour telle ou telle procédure est de nature à garantir une passation des marchés conforme aux objectifs fondamentaux rappelés à l'art. 2 de la Directive n°04/2005.

La réponse est, certainement, négative car au regard du contexte nigérien et sénégalais, la mise en vedette de l'appel d'offres et ses variantes n'est que théorique (**Paragraphe I**) car, dans ces Etats, les AC et les concepteurs du droit peinent à cacher leur penchant pour les modes dérogatoires et spécifiques dans l'encadrement desquels il est aisé de constater un certain recul (**Paragraphe II**).

Paragraphe I : Une mise en vedette théorique de la procédure d'appel d'offres

Aux termes de l'art. 29 de la Directive n°04/2005,« *l'appel d'offres estla procédure par laquelle l'autorité contractante choisit l'offre conforme aux spécifications techniques, évaluée la moins disante, et dont le soumissionnaire satisfait aux critères de qualification. Cette procédure se conclue sans négociations, sur la base de critères objectifs d'évaluation préalablement*

[262] Art. 28 de la Directive n°04/2005.
[263] Voir art. 2 de la Directive n°04/2005.

portés à la connaissance des candidats dans le dossier d'appel d'offres et exprimés en termes monétaires ».

Dans le cadre de la transposition de cette disposition, le Niger[264] et le Sénégal[265] ont adopté des formules plus ou identiques.

La consécration de ce mode ainsi que la première place qu'il occupe dans l'énumération des modes de passation des marchés a entrainé la suppression de la procédure d'adjudication qui a longtemps prévalu dans l'attribution des marchés publics aussi bien au Niger qu'au Sénégal. C'est pourquoi, il comporte, à l'instar de l'adjudication, deux variantes à savoir l'appel d'offre ouvert (AOO) qui est érigé en procédure de droit commun **(A)** et l'appel d'offre restreint (AOR) qui est appelé à intégrer le camp des procédures dérogatoires **(B)**.

A. L'érection de l'appel d'offres ouvert en mode normal de passation des marchés publics

L'appel d'offres est dit ouvert lorsque tout candidat qui n'est pas exclu par les dispositions pertinentes des CMP peut soumettre une offre ou une demande de pré-qualification[266]. Pour certains auteurs, il s'agit de la procédure la plus objective, parce qu'elle ne laisse que peu de marge de manœuvre à l'AC pour choisir l'offre. En effet, l'AC a l'obligation d'appliquer les critères qu'elle a choisis et qu'elle a préalablement portés à la connaissance des candidats. Mieux, le choix est réalisé sans qu'aucune négociation ne soit autorisée avec ces candidats[267].

C'est certainement, pour ces raisons que l'AOO a séduit le législateur communautaire au point de l'ériger en règle, c'est-à-dire, en mode de passation de droit commun. L'art. 28 al. 2 de la Directive n°04/2005 dispose, en effet, que « *l'appel d'offres ouvert est la règle ; le recours à tout autre mode de passation doit être exceptionnel, justifié par l'autorité contractante et être autorisé au préalable par l'entité administrative chargée du contrôle des marchés publics* ». Cette disposition qui élève l'AOO au statut de procédure de droit commun a été reprise par les CMP des Etats sous examen.

---

[264] Au Niger, il est écrit à l'art. 29 al. 1 du CMP que « l'appel d'offres est la procédure par laquelle l'autorité contractante choisit l'offre conforme aux spécifications techniques, évaluée la moins disante, sans négociation, sur la base de critères préalablement portés à la connaissance des candidats dans le dossier d'appel d'offres et exprimés en termes monétaires ».

[265] Au Sénégal, l'art. 60 du CMP que « l'appel d'offres est la procédure par laquelle une autorité contractante attribue le marché sans négociation, après appel à la concurrence, au candidat qui remet l'offre conforme évaluée la moins disante, sur la base de critères quantifiés en termes monétaires préalablement portés à la connaissance des candidats, et qui réunit les critères de qualification également mentionnés dans le dossier d'appel à la concurrence ».

[266] Voir l'art. 30 de la directive n°04/2005 ; l'art. 30 al.1 du CMP du Niger et l'art. 60 al. 2 du CMP du Sénégal.

[267] Sur ces différentes considérations, voir, P. DE BAECKE, op. cit, p. 85.

C'est ainsi qu'il est écrit à l'art. 28 al. 2 du CMP du Niger que « *l'appel d'offres ouvert constitue le mode normal de passation des marchés* ». Au Sénégal, c'est l'art. 60.3 du CMP qui dispose que « *l'appel d'offres ouvert constitue le mode de passation des marchés auquel les autorités contractantes doivent recourir par principe* ».

Face à ces dispositions relatives à l'AOO, il y a lieu de se demander, qu'est ce qui, au fond, a poussé le législateur communautaire et, par la suite, les concepteurs des CMP du Niger et du Sénégal, à lui reconnaitre cette place de choix. Qu'est ce qui fait sa particularité par rapport à son prédécesseur, c'est-à-dire, la procédure d'adjudication et aux autres modes de passation des marchés ? Est-il de nature à servir les principes fondamentaux et à participer à l'idée générale de rationalisation de la dépense publique ?

Pour répondre à ces questions, il importe de mettre l'accent sur ses caractéristiques afin de voir en quoi il est plus pertinent que les autres **(1)** avant de revenir sur ses variantes **(2).**

1. Les particularités de l'appel d'offres ouvert

Préoccupé par la recherche de la performance et de l'efficacité de la dépense publique en général[268] et de la dépense découlant de l'achat public en particulier, l'UEMOA s'est rendue compte que cela n'est possible qu'à travers une mise en œuvre concrète et effective des principes de transparence, de mise concurrence, de liberté et d'égalité d'accès aux marchés publics.

Celle-ci passe, nécessairement, par l'érection de l'AOO en procédure de droit commun. En effet, parmi tous les modes de passation des marchés, l'AOO apparait comme celui à même de donner un sens pertinent à ces principes dits fondamentaux.

Il s'agit d'une procédure objective, ouverte, formaliste par laquelle, l'AC choisit l'offre conforme, aux spécifications techniques, évaluée la moins disante et dont le soumissionnaire satisfait aux critères de qualification.

La procédure est particulière à plusieurs égards.

D'abord, elle est censée garantir le respect du principe de transparence. En effet, en plus de la publication de tous les projets des marchés dans les PPM, le droit en vigueur, dans les deux Etats, prévoit une deuxième mesure de publicité

268 Voir, R. POLI, « Les indicateurs de performance de la dépense publique » in *RFFP* n° 82, Juin 2003, p. 1. Cet article est disponible sur http://www.finances.gouv.fr/lolf/downloads/1300_3_poli.pdf (consulté le 18 décembre 2012). Pour cet auteur, la recherche de la performance de la dépense publique est une préoccupation ancienne des gouvernements. Pour N. MEDE, au-delà de la dépense publique, cette recherche de la performance et de l'efficacité concerne tous les champs de l'action publique et est devenue une constante de la réflexion des pouvoirs publics aussi bien dans le Tiers-monde que dans les pays développés. Pour détails, voir, N. MEDE, « La nouvelle gestion budgétaire : l'expérience des budgets de programmes au Benin » *in* http://afrilex.u bordeaux4.fr/sites/afrilex/IMG/pdf/04dos5mede.pdf (consulté le 18 décembre 2012).

concernant les marchés susceptibles d'être passés après appel public à la concurrence. C'est dans ce sens qu'il est écrit à l'art.6 al. 3 du CMP du Sénégal que « *les projets de marché figurant dans le plan de passation des marchés qui doivent donner lieu à une procédure d'appel d'offres comportant un appel public à la concurrence...font l'objet de la publication...au plus tard le 15 janvier de l'année prévue pour leur passation , d'un avis général...* ». Cette obligation est réitérée par l'art. 56 du même Code qui dispose que « *les autorités contractantes sont tenues de publier chaque année un avis général recensant les marchés publics...qu'elles prévoient de passer par appel à la concurrence...sur la base du plan de passation des marchés établi...* ».

Au Niger, c'est l'art. 65 du CMP qui dispose qu' « *au début de chaque année budgétaire, l'autorité contractante prépare un avis général dont l'objet est d'informer le public des appels d'offres qu'elle prévoit de lancer au cours de l'année à venir* ». Cette disposition est complétée par l'art. 2 al. 3 de l'arrêté n°0034/CAB/PM/ARMP qui précise l'avis général est élaboré par l'AC au plus tard le 7 janvier de l'année budgétaire en cours pour être publiée au plus tard le 15 janvier de la même année.

A travers cet avis général de publicité (AGPM), l'objectif poursuiviest le même : multiplier les mesures et supports de publicité afin de renforcer le principe de transparence au sujet des marchés, jugés les plus importants. Cet avis de pré-information sert, en effet, à informer les opérateurs économiques de sorte qu'ils puissent anticiper et surveiller le lancement des procédures. C'est pourquoi, il se présente comme un condensé des grandes lignes du PPM, mais n'intègre que les projets devant faire l'objet d'un appel public à la concurrence. Il s'agit, en d'autres termes, d'extraire du PPM tous les marchés devant être passés par AOO, notamment, afin de les porter, davantage, à la connaissance des éventuels candidats[269].

Au sujet du statut juridique de cet avis, il faut relever que le caractère obligatoire de son élaboration et de sa publication se déduit des termes employés par les dispositions pertinentes des deux CMP[270].

Mais, comme en ce qui concerne les PPM, l'obligation de publier l'AGPM n'implique pas, nécessairement, obligation de passer tous les marchés qui y sont contenus. Il s'agit d'un avis indicatif censé traduire l'intention de passer certains marchés pendant un certain temps. C'est en tout cas, ce qui peut être tiré de l'examen de l'art. 65 al. 3 du CMP du Niger qui souligne que « *les autorités*

---

[269] Il s'agit, incontestablement, d'une mesure de publicité non pas de trop mais de plus c'est-à-dire une publicité adaptée censée favoriser une large vulgarisation des marchés en question.

[270] Voir l'art. 65 du CMP du Niger qui emploi le présent de l'indicatif « *...l'autorité contractante prépare un avis général* ». L'art. 2 al. 3 de l'arrêté n°0034/CAB/PM/ARMP est beaucoup plus explicite qu'il dispose que « *les autorités contractantes sont tenues d'élaborer et de transmettre à l'ARMP l'avis général...* ». Au Sénégal, les termes de l'art. 56.1 sont sans appel. Il est écrit, en effet, que « *les autorités contractantes sont tenues de publier chaque année un avis général...* »

contractantes restent, cependant, libres de ne pas donner suite aux projets d'achat public mentionnés dans cet avis général indicatif ».

En fonction des périodes auxquelles les projets de marchés ont été programmés, les AC doivent observer une autre formalité : c'est la publication d'un avis d'appel à candidature appelé, en l'espèce,avis d'appel d'offres (AAO). L'art. 42 de la Directive n° 04/2005 dispose, à cet effet, que « *les marchés publics par appel d'offres... doivent, obligatoirement, faire l'objet d'un avis d'appel à la concurrence porté à la connaissance du public par une insertion faite, dans les mêmes termes, dans une publication nationale et/ou internationale et sous format électronique...* ». La directive sanctionne l'absence de cette mesure de publicité par la « *la nullité de la procédure* ».

Après la publication de cet avis, un temps, nécessaire, doit être imparti aux intéressés afin qu'ils puissent préparer et déposer leurs dossiers de soumission. La fixation de ce délai n'a pas été laissée à l'appréciation souveraine des Etats puisque l'art. 52 de cette directive a tenu à préciser que « *...le délai de réception des candidatures ou des offres ne peut être inférieur à trente (30) jours calendaires pour les marchés supérieurs aux seuils nationaux, et à quarante-cinq (45) jours calendaires pour les marchés supérieurs au seuil communautaire, à compter de la publication de l'avis* ».

De son côté, l'art. 66 du CMP du Niger dispose que « *chaque marché public passé par appel d'offre ouvert est toujours porté à la connaissance du public par l'autorité contractante au moyen d'un avis d'appel d'offres publié dans un journal à diffusion nationale et/ou internationale, un bulletin des marchés publics, le cas échéant dans une revue spécialisée ainsi que par affichage ou par voie électronique ».* Cette disposition vise, sans doute, à multiplier les supports de publication de l'avis afin que le maximum d'opérateurs économiques et autres intéressés soient informés du marché à passer.

Toutefois, elle comporte des limites puisqu'elle ne permet d'avoir aucune idée du contenu de cet AAO. Pourtant, pour qu'il serve d'outil d'information pertinente, l'AAO doit contenir un certain nombre d'éléments dont l'AC, l'objet du marché, les conditions relatives au marché, les conditions de recevabilité des candidatures, les critères de choix de l'offre, les différentes garanties, la date limite de validité des offres etc...C'est en cela que l'art. 66 du CMP du Sénégal parait plus pertinent. En effet, outre l'obligation de publier l'AAO dans un support accessible, cet article insiste sur les éléments à incorporer dans ce document[271].

---

[271] Aux termes de cette disposition, l'AAO fait connaitre au moins : l'objet du marché, le lieu et la date où l'on peut prendre connaissance des cahiers de charges ou les modalités d'obtention de ces documents, le lieu et la date limite de réception des offres, le délai pendant lequel les candidats restent engagés par leurs offres, les justifications à produire concernant le qualités et capacités exigées des candidats, le montant de la garantie de soumission à constituer. Dans le souci de bien satisfaire les candidats, l'article ajoute que des renseignements complémentaires peuvent être sollicités de la PRM dix (10) jours avant la date limite de dépôt des offres.

De toutes ces exigences, trois semblent déterminantes, au regard du principe d'ouvrir le marché à une large concurrence. Il s'agit, à notre sens, des qualités et capacités exigées des candidats, du délai de réception des offres et de la garantie de soumission.

A propos des qualités et capacités exigées des candidats et sur la vérification desquelles nous reviendrons, amplement[272], il faut admettre, qu'il s'agit des exigences de bon sens et de rationalité. En effet, l'ouverture du marché à tous les opérateurs économiques ne doit pas priver l'AC du droit de s'entourer d'un minimum de garantie et précaution quant au profil de son futur partenaire. C'est pourquoi, elle est habilitée, par les textes, à fixer, en fonction de l'objet du marché ou de sa nature particulière, quelques critères que tout postulant doit satisfaire. Il s'agit, d'un faisceau d'indices permettant à l'AC d'apprécier l'aptitude générale de son futur cocontractant à fournir, efficacement, la prestation, objet du marché. Le caractère *intuitu personae* des marchés publics qui met en avant la personnalité du candidat ainsi que l'environnement de son entreprise justifie, largement, la nécessité de s'engager avec un prestataire solide, présentant toutes les garanties financières, juridiques, techniques, environnementales, etc...

Ces critères qui sont des exigences minimales doivent être objectifs, c'est-à-dire, fixés uniquement en fonction de l'objet du marché. Ils ne doivent pas être générales encore moins discriminatoires. L'idée est, qu'autant ces critères sont nécessaires pour protéger l'AC contre une éventuelle mauvaise exécution du marché, autant, ils ne doivent pas constituer un obstacle inutile à une large concurrence.

Quant au délai de réception des offres, il s'analyse comme un laps de temps à impartir aux candidats afin qu'ils préparent et déposent leurs dossiers de soumission. Il s'agit, d'un délai minimal impératif qui doit être prescrit à peine de nullité de la procédure. L'art. 52 de la Directive n°04/2005 précise que ce délai ne peut être inférieur à trente (30) jours calendaires pour les appels d'offres nationaux et quarante-cinq (45) jours calendaires pour les appels d'offres communautaires[273].

Au regard de la précision affichée par le droit communautaire, le droit des marchés publics des Etats sous examen a repris les mêmes délais de trente (30) et de quarante-cinq (45) jours calendaires selon les cas[274].

Toutefois, dans le souci de prendre en compte certaines situations d'urgence, il a été prévu de réduire ces délais normaux de réception de dossiers de soumission. C'est ainsi que l'art. 63 al. 3 du CMP dispose qu' « *en cas d'urgence dûment constatée par la Direction chargée du contrôle des marchés*

---

[272] Cf. supra. pp. 135-147.

[273] Selon cette disposition, ces délais peuvent être réduits de sept (7) jours lorsque les avis et le dossier sont préparés et envoyés par des moyens électroniques.

[274] Pour le Sénégal, voir l'art. 63 al. 2 du CMP et pour le Niger, les articles 3 et 5 de l'arrêté n°0034/CAB/PM/ARMP.

publics, ce délai est de 10 jours au moins pour l'appel d'offres national et de 15 jours au moins pour l'appel d'offres international ». Au Niger, ces délais d'exception sont de 15 jours pour les AON et de 30 jours pour les AOI[275].

Ces délais sont suffisamment pertinents car les marchés concernés ont déjà fait l'objet de deux mesures de publicité à travers les PPM et les AGPM. De ce fait, un opérateur économique assez averti doit être dans les dispositions de bien préparer et déposer son dossier de soumission. Mieux, ce sont des délais minimaux et, par voie de conséquence, rien ne saurait empêcher à l'AC de prévoir un délai plus long lorsque la complexité du marché le justifie.

Malheureusement, l'examen de la plupart des AAO montre que les AC s'accrochent au délai de trente (30) jours qu'elles considèrent comme un délai standard ou maximal à ne pas dépasser.

Au-delà de ces questions liées à la publicité et aux délais, l'art. 29 de la Directive n°04/2005, l'art. 29 du CMP du Niger et l'art. 60 du CMP du Sénégal précisent que le recours à l'AOO entraine la conclusion des marchés, sans négociation, sur la base de critères objectifs, préalablement, portés à la connaissance des candidats.

Le rejet de cette idée de négociation traduit la volonté de combattre tout contact, toute proximité entre les soumissionnaires et les agents publics chargés d'examiner les offres car une telle situation est de nature à entacher l'objectivité qui doit prévaloir lors de l'examen des dossiers.

En conséquence, la commission apprécie et juge les dossiers et non les soumissionnaires. Cette disposition vise, sans doute, à favoriser une certaine impartialité et une égalité de traitement des candidats car une fois les plis déposés et dépouillés, les CMP s'opposent, en principe, à ce que les AC engagent des négociations ou autres formes de discussion avec les soumissionnaires sur les éléments du DAO ou de leurs dossiers.

Le marché est ainsi attribué à l'offre conforme jugée la moins disante, sans qu'il y ait eu la moindre négociation entre les parties.

Le choix de l'offre sur la base des critères objectifs qui constitue la moelle épinière de la procédure traduit, simplement, la volonté du législateur communautaire d'être en phase avec les exigences de la nouvelle gestion publique qui insistent davantage sur la qualité de la dépense publique.

Il s'agit d'une certaine évolution par rapport à l'ancien droit, notamment, le CMP de 2002 du Sénégal. En effet, l'art. 48 de ce Code définissait l'appel d'offre comme *« le mode de passation de marchés par lequel l'autorité contractante choisit son cocontractant après un appel public à la concurrence des offres au cours d'une séance publique»*. Cette définition de l'appel d'offre est d'un laconisme incommensurable car elle ne précise point les critères de

---

275 Voir les articles 3, 4 et 5 de l'arrêté n° 0034/CAB/PM/ARMP du 21 janvier 2014 fixant les délais dans le cadre de la passation des marchés publics et des délégations de service public sur http://www.armp-niger.org/workspace/uploads/reglementation/arrete-34.pdf (consulté le 30 avril 2015).

choix de l'offre. Or, pour qu'il puisse garantir le meilleur choix[276], les critères de sélection doivent être énumérés dans toute leur exhaustivité.

Ainsi, consacrée, il faut noter que l'objectif de cette procédure adulée est, en réalité, double. Elle vise, d'une part, à diversifier les possibilités de choix de la PRM à travers la concurrence et la diversification des critères de sélection et, d'autre part, à fonder ce choix sur des critères objectifs, préalablement, portés à la connaissance des candidats[277].

L'AOO remplace, ainsi, théoriquement l'ancienne procédure de l'adjudication[278].

La dernière exigence est en rapport avec l'aptitude financière du candidat à s'engager dans un lien contractuel. Il s'agit de l'obligation de constituer une caution, appelée la garantie de soumission.

En réalité, cette garantie est exigée dans la plupart des compétitions où une multitude de citoyens peut être tentée de faire acte de candidature. C'est le cas, par exemple, d'une compétition électorale. Dans celle-ci, la caution s'analyse comme le « *dépôt d'une somme d'argent exigée lors de l'enregistrement d'une candidature à une élection et destinée à attester son caractère sérieux* »[279]. L'idée est « *d'éliminer ou d'éviter les candidatures farfelues...* »[280].

Les objectifs assignés à cette caution sont, aisément, transposables dans le domaine de l'achat public. En effet, dans l'AOO, par exemple, tous les opérateurs économiques peuvent, en principe, déposer leurs dossiers de soumission. Dans ce cas, certaines mesures de précaution doivent être prises afin de décourager des candidatures fantaisistes. Il s'agit de mettre en exergue « *la solvabilité et l'intention sérieuse de contracter* »[281]. C'est pourquoi la garantie est gardée par l'AC jusqu' à l'expiration du délai de validé des offres. Ainsi, en cas de retrait d'une offre avant l'expiration de ce délai ou en cas de fraude constatée dans les dossiers de soumission, la garantie pourrait être confisquée par l'AC.

---

276 R. CHAPUS, op.cit., p.1192.

277 Sur ces critères, cf. supra. pp. 147 et suivantes.

278 Il s'agit en réalité du plus vieux mode de passation des marchés publics. G. JEZE, *in* « Théorie générale des contrats de l'Administration », *RDP* 1930, p. 262, précise que dès le XVIe siècle, on trouve des ordonnances prescrivant l'adjudication au rabais pour l'exécution des travaux publics ou les marchés des fournitures.
Au Niger, si la procédure de l'adjudication a disparu du droit des marchés publics dès 2002, il faut admettre que ses manifestations demeurent plus que présentes dans la pratique de l'attribution des marchés publics. Il en est de même pour le Sénégal.

279 P. AVRIL et J. GICQUEL, *Lexique de droit constitutionnel*, Que sais-je ? PUF 2003, P.17

280 http://www.elhadjmbodj.net/index.php?option=com_content&view=article&id=102 : polemique-autour-du-montant-du-cautionnement-pour-la-presidentielle-les-100-millions-de-la-discorde&catid=1 : news (consulté le 17 janvier 2013).

281 G. JEZE, article précité, RDP 1930, p. 283.

Il appartient aux AAO de faire connaitre son montant. Il en est de même en ce qui concerne les AOR, les DRP, les CF où les lettres d'invitation indiquent le montant de la garantie de soumission.

Ce montant doit, nécessairement, être fixé en fonction de l'importance du marché. En tous les cas, il ne doit pas être exagéré au point de constituer un obstacle à la participation des candidats à la passation des marchés.

Au Niger, l'art. 128 du CMP dispose que le montant de cette garantie doit être « *compris entre un et trois pour cent (3%) de l'offre ou du montant prévisionnel du marché* ». Au Sénégal, l'art. 114 du CMP prévoit la même fourchette que celle définie en droit nigérien.

Mais dans le souci d'alléger cette contrainte qui pèse sur certains candidats, notamment, les PME, le Code sénégalais renvoie à un arrêté qui doit fixer les montants des marchés en dessous desquels, l'AC peut ne pas exiger la fourniture d'une garantie de soumission. Il s'agit de l'arrêté n°00860 du 22 Janvier 2015[282] dont l'art.1er dispose, en substance, que l'AC peut ne pas exiger la fourniture d'une garantie de soumission pour les marchés d'un montant estimé inférieur à 80 millions pour les fournitures et services et à 100 millions pour les travaux. Pour ces marchés, la fourniture d'une garantie de soumission est une faculté laissée à l'appréciation de l'AC.

C'est une disposition qui a été prise en vue de faciliter, aux PME, la constitution de leur dossier de soumission au regard des difficultés qu'elles éprouvent à se faire cautionner.

Un certain rapprochement peut être établit entre les deux cautions au regard de leur finalité. Seulement, elles s'en distinguent, dès lors que l'on s'intéresse à leur sort à l'issue de la compétition.

Pour la caution à une élection, il est de principe, qu'elle n'est restituée que lorsque le postulant réalise un certain score, c'est-à-dire, enregistre un certain nombre de voix fixé par le Code électoral. Du coup, le risque est total lorsque le candidat n'est pas convaincu de réaliser le score lui ouvrant droit à la restitution du montant déposé. En revanche, pour la garantie de soumission, l'art. 84.3 du CMP du Sénégal et l'art. 95 du CMP du Niger rappellent, sans ambigüité, qu'après attribution du marché, les autres soumissionnaires sont informés du rejet de leur offre et, le cas échéant, leur caution leur est restituée. Il apparait qu'aucune condition n'est exigée pour la restitution de la garantie de soumission.

Au-delà de ses mécanismes qui tranchent avec ceux de l'adjudication, l'AOO garde toute sa pertinence au regard de ses différentes configurations.

---

282 Arrêté n°00860 du 22 Janvier 2015 fixant les seuils en dessous desquels il n'est pas requis de garantie de soumission. L'arrêté est disponible sur http://www.armp.sn/images/Arretes/Arr%C3%AAt%C3%A9_fixant_les_seuils_en_dessous_desquels_il_ne st_pas_requis_de_garantie_de_soumission_N00860.pdf (consulté le 15 juin 2015).

2. Les variantes de l'appel d'offres ouvert

Deux séries de variantes relativement bien encadrées sont prévues par le droit en vigueur dans les deux Etats. Il s'agit des variantes spatiales et des variantes procédurales.

- Les variantes spatiales

L'existence des variantes spatiales de l'AOO est en rapport avec l'étendue de la mise en concurrence, de la publicité et du statut juridique des entreprises concernées par la compétition. Dans cette perspective, le nouveau droit des marchés publics est conçu de sorte que l'envergure de la publicité ne se limite plus aux seuls cadres nationaux des Etats. En effet, le souci de favoriser et d'intensifier la concurrence a poussé le législateur communautaire à inscrire les procédures de passation des marchés publics, notamment, l'AOO dans la dynamique de l'intégration économique régionale. De ce fait, loin de permettre aux AC de s'enfermer dans leur territoire national et d'attribuer les marchés aux seuls candidats nationaux, le nouveau droit prévoit, à côté de l'appel d'offres national, les appels d'offres communautaires et internationaux.

L'idée est de réaliser l'intégration à travers les marchés publics. Dans le souci de prendre en charge cette préoccupation communautaire le CMP du Sénégal distingue à son art. 63 al.2 le délai de réception des offres selon que l'AOO est national, communautaire ou international.

L'allusion ainsi faite à l'existence de ces trois formes d'AOO est complétée et précisée par l'art. 52 du même Code qui ajoute que « La participation aux appels à la concurrence...dont le financement est prévu par les budgets des autorités contractantes énumérées à l'article 2 du présent décret est réservée aux seules entreprises sénégalaises et communautaires, régulièrement patentées ou exemptées de la patente et inscrites au registre du commerce et du crédit immobilier ou aux registres des métiers au Sénégal ou dans l'un des Etats membres de l'UEMOA ou aux entreprises des Etats appliquant le principe de réciprocité »[283].

A travers cette disposition, le droit sénégalais assimile les entreprises communautaires et les entreprises des Etats qui appliquent la réciprocité aux entreprises nationales.

Il s'agit d'un régime préférentiel aménagé au stade de la mise en concurrence. Ainsi, dès lors que le marché public est financé par le budget de l'Etat, la participation à la procédure de sa passation est ouverte, sans

---

[283]Deux exceptions sont prévues et face auxquelles la participation à la procédure de passation du marché est ouverte aux autres entreprises internationales. Il s'agit du cas lorsque les marchés concernés ne peuvent être exécutés par les entreprises nationales, communautaires ou celles des États qui appliquent la réciprocité et du cas lorsque du fait de l'envergure financière du marché et/ou de la complexité technique des travaux, fournitures ou services, la faible concurrence locale ne garantit pas une compétition transparente ou une exécution économique et diligente du marché.

discrimination aucune, aussi bien aux entreprises nationales qu'aux entreprises communautaires et, seulement, à celles des États qui appliquent la réciprocité.

Au regard du droit international économique, l'on peut conclure à l'existence d'un traitement national[284] accordé par l'État du Sénégal aux entreprises susvisées.

Au Niger, c'est l'art. 23 du CMP qui dispose de façon explicite que « *l'appel à candidature peut être national, communautaire ou international…* ». Il définit par la suite ce qu'il faut entendre par AOO national, par AOO communautaire et par AOO international.

Ainsi, aux termes de cette disposition, « l'appel à candidature est national lorsqu'il concerne les marchés des travaux, fournitures ou services… dont le montant prévisionnel est inférieur à un seuil fixé par arrêté du Premier ministre, s'adresse principalement aux personnes physiques ou morales ayant leur domicile ou leur siège social au Niger et est porté à la connaissance du public au moyen d'un support de publication à diffusion nationale ».

La même disposition précise que « l'appel à candidature est communautaire lorsqu'il concerne les marchés des travaux, fournitures ou services…dont le montant prévisionnel atteint le seuil communautaire de publication, s'adresse à des personnes physiques ou morales ayant leur domicile ou siège social dans un Etat membre de l'UEMOA et est porté à la connaissance du public par un avis communautaire dont le contenu, le mode de communication et les modalités de publication sont définis par la commission de l'UEMOA ».

Il est international,« lorsqu'il concerne les marchés des travaux, fournitures ou services… pour lesquels l'appel d'offre national n'est pas approprié, s'adresse aux personnes physiques ou morales sans référence particulière au lieu de leur domicile ou siège social et est porté à la connaissance au moyen d'un support de publication à diffusion internationale ».

Au regard de cette disposition, il apparait clairement que le droit nigérien a introduit, contrairement au droit sénégalais, une distinction entre les marchés pour la passation desquels seuls les candidats nationaux sont admis et les marchés pour lesquels il est permis aux entreprises communautaires ou internationales de soumissionner. En effet, en fonction d'un seuil pour la fixation duquel l'art. 23 du CMP renvoie à un arrêté du Premier ministre, la concurrence est réservée, soit aux seuls nationaux, soit ouverte aux autres entreprises. En conséquence, le principe du traitement national consacré en droit sénégalais au profit des entreprises communautaires n'est pas reconnu en droit nigérien.

Toutefois, la lecture de l'arrêté n°0037/CAB/PM/ARMP du 21 janvier 2014 auquel renvoie l'art. 23 du CMP, fait apparaitre que celui-ci ne fixe que les seuils de passation des marchés publics, notamment ceux relatifs, soit à l'AOO,

---

[284] Sur ce principe, voir, https://www.wto.org/french/thewto_f/whatis_f/tif_f/fact2_f.htm (consulté le 10 septembre 2014).

soit aux consultations des fournisseurs sans se soucier de préciser les seuils qui autorisent les AC à limiter la concurrence aux seuls opérateurs économiques nationaux et les seuils qui l'autorisent à ouvrir la compétition aux candidats communautaires et internationaux.

L'on peut, dès lors, conclure que la construction du régime préférentiel nigérien est inachevée et semble aller à l'encontre de la logique générale de suppression des barrières à l'intérieur de la zone d'intégration que constitue l'UEMOA.

Quoi qu'il en soit et sous réserve de cette ambiguïté contenue dans le droit nigérien, l'AAO est lancé à l'endroit, non plus seulement, des opérateurs économiques nationaux mais aussi des candidats non nationaux.

Il s'agit d'une avancée significative qui a beaucoup d'intérêts.

En premier lieu, l'externalisation de la concurrence entre dans le cadre général de l'émergence d'un droit communautaire ouest africain de la concurrence[285]. Elle est de nature à rendre les entreprises nationales plus compétitives. En effet, l'entrée en scène des entreprises communautaires et internationales révélerait, sans doute, les atouts mais aussi les limites des entreprises locales. Et comme l'avait souligné Saint Exupéry « si *tu diffères de moi, loin de me léser, tu m'enrichis* »[286], les entreprises nationales sauraient tirer le maximum d'avantages liés à cette situation de concurrence au risque de disparaitre du circuit économique.

La concurrence, ainsi, élargie les pousserait à mieux élaborer leurs dossiers de soumission. En même temps, elle est de nature à favoriser l'émergence et l'épanouissement des PME à travers les différentes possibilités de sous - traitance[287].

En deuxième lieu, la nouvelle donne constitue une aubaine pour les AC. En effet, cette large concurrence favorise la diversification des offres et donc des possibilités de choix de l'AC. De ce fait, les AC nigériennes et sénégalaises sont dans les dispositions de profiter de l'expertise nationale, régionale et internationale avec le seul souci de mieux dépenser.

En troisième lieu, cette ouverture vers les entreprises communautaires constitue un pas important dans la concrétisation de l'idée d'intégration économique régionale.

---

[285] Voir l'article de S. J. PRISO-ESSAWE sur « L'émergence d'un droit communautaire africain de la concurrence : "double variation sur une partition européenne" in http://www.persee.fr/web/revues/home/prescript/article/ridc_0035-3337_2004_num_56_2_19273 consulté le 17 janvier 2013.

[286] http://www.evene.fr/celebre/biographie/antoine-de-saint-exupery-279.php?citations (consulté le 03 juillet 2012).

[287] Grâce à cette forme d'AOO, il y a sans doute une multiplication des possibilités de sous-traitance au profit des PME. En effet, les entreprises assez puissantes qui parviennent à gagner le marché, sous-traitent généralement avec les PME locales. Du coup, elles sont la possibilité de participer à l'exécution du marché même si, techniquement et financièrement, elles n'avaient pas la possibilité de les gagner.

Le recours à l'expertise communautaire ou internationale est une pratique qui a toujours existé dans les deux États, particulièrement au Niger, où l'essentiel des grands chantiers ont été réalisés par les entreprises étrangères. Ceci est dû à l'absence de grandes entreprises nationales capables de construire, par exemple, des routes, des stades et autres édifices publics. Du coup, certaines entreprises non nigériennes ont toujours été choisies, de gré à gré, à défaut des concurrents de taille.

A la faveur de la réforme impulsée par l'UEMOA, il est désormais exigé une mise en concurrence entre entreprises nationales, communautaires et internationales.

- **Les variantes procédurales**

Quant aux variantes procédurales, elles renvoient à l'itinéraire procédural. Elles indiquent que l'AOO peut être direct tout comme il peut être précédé d'une pré-qualification ou se dérouler en deux étapes.

Au sujet de l'AOO précédé de pré-qualification, l'art. 31 de la Directive n°04/2005, rappelle qu'il n'est possible que, lorsque la prestation objet du marché revêt un caractère complexe et/ou exige une technicité particulière. Dans ce cas, il sera procédé à un examen préalable de l'aptitude du candidat à exécuter ce type de marché de façon satisfaisante avant d'envisager sa conclusion, c'est-à-dire, le choix de son offre.

Il s'agit d'une invite de l'organisation communautaire en direction de ses Etats membres afin qu'ils mettent l'accent sur l'aptitude du candidat à exécuter le marché en question, au regard de sa complexité.

S'inspirant de cette exigence communautaire, l'art.41 du CMP du Niger et l'art. 71 du CMP du Sénégal prévoient, dans les mêmes termes, les cas de recours à cette procédure. Il faut qu'il s'agisse de travaux importants ou complexes, des services spécialisés. Le Code sénégalais ajoute la fourniture de matériels devant être fabriqués sur commande.

Dans les deux cas, la qualification du candidat se base sur des critères[288] de nature à renseigner sur son aptitude à exécuter le marché en question.

Au sujet de l'AOO en deux étapes, il faut reconnaitre que son existence traduit, sans doute, la volonté d'encadrer certains types de marchés, assez, complexes et qui nécessitent une certaine expérience dans le domaine ou par lesquels l'AC cherche à atteindre un certain objectif. C'est dans cette logique, qu'il faut comprendre les deux cas alternatifs prévus à l'art. 33 de la Directive

[288] Aux termes de l'art.41 du code nigérien, ces critères sont au nombre de quatre (4). Il s'agit des références aux marchés analogues, des effectifs, les installations et matériel dont les candidats disposent pour exécuter le marché et la situation financière. L'art.71 al.2 du code sénégalais prévoit quant à lui trois (3) à savoir les références concernant les marchés analogues, les moyens matériels et humains dont les candidats disposent pour exécuter le marché et la capacité financière. Ces différents sont censés renseignés sur l'aptitude du candidat à exécuter le marché au regard de sa complexité ou importance.

n° 04/2005. Au regard de cette disposition, l'AOO en deux étapes est envisagé lorsque le marché revêt une grande complexité ou lorsqu'il doit être attribué sur la base des critères de performance et non des simples spécifications techniques.

Si pour l'AOO précédé de pré qualification, il est exigé une simple complexité, dans l'AOO en deux étapes, cette complexité doit être suffisamment grande.

Dans tous les cas, sur le terrain procédural, il est exigé de la PRM de motiver sa décision et de la soumettre à l'autorisation préalable de la structure chargée du contrôle *a priori*.

Une fois l'autorisation acquise, la PRM demandera aux candidats intéressés de lui remettre des propositions techniques sans indication du prix. Apparait ici, le souci de statuer sur l'aptitude du candidat au regard de la grande complexité du marché. Et ce n'est qu'aux candidats jugés aptes, c'est-à-dire, qui ont satisfait au minimum acceptable des critères de qualification, qu'il sera demandé de faire des propositions techniques définitives assorties, cette fois –ci, de prix et ce, conformément au DAO.

L'art. 33 de la Directive n° 04/2005 ainsi rappelé a été repris, presque, dans les mêmes termes par l'art. 44 du CMP du Niger et l'art. 72 du CMP du Sénégal[289].

L'AOO ainsi présenté dans ses différentes facettes[290] a été hissé au rang de procédure de droit commun.

Parce qu'il exige une large mise en concurrence, il donne à l'acheteur public une bonne visibilité des offres. Il lui permet, en même temps, de peser sur le prix, de comparer les solutions proposées par les candidats et de protéger les deniers publics contre la corruption.

Toutefois, la prise en compte de certaines réalités propres au fonctionnement de la machine administrative a rendu nécessaire le maintien de certaines procédures qui n'exigent pas cette large mise en concurrence. En effet, la mise en concurrence impliquant le respect d'un délai relativement long s'avère lourde. Elle est de nature à nuire à l'efficacité et à la célérité de l'action administrative dans bien de cas. C'est dans ce sens qu'il faut envisager les procédures dérogatoires, comme l'AOR.

---

289 La seule différence est qu'en droit sénégalais, la décision de recourir à l'appel d'offres en deux étapes est soumise non pas à l'autorisation préalable de la DCMP mais à son avis préalable, ce qui constitue une sorte de dilution des exigences communautaires.

290 Nous venons de voir qu'il peut être national, communautaire ou international en fonction du champ d'application de l'appel à candidature. Nous avons également montré que sur le terrain procédural de sa mise en œuvre, il peut être précédé de pré-qualification ou se dérouler en deux étapes en fonction de la nature particulière de la prestation, objet du marché.

B. Le nouvel aménagement de l'appel d'offres restreint

Construit autour de l'idée de présélectionner les candidats à mettre en compétition, l'AOR est un mode de passation des marchés qui a toujours existé dans le droit positif des Etats sous examen[291]. Il repose sur une mise en concurrence minimale car intéressant les seuls candidats que la PRM a décidé de consulter. C'est pourquoi, R. Chapus trouve qu'il se caractérise par « *une opération de présélection qui va limiter la concurrence aux candidats choisis par l'Administration comme les plus aptes à exécuter le marché dans les meilleures conditions* »[292].

Statuant sur son régime juridique, l'art. 32 de la Directive n° 04/2005 dispose que *« l'appel d'offres est dit restreint lorsque seuls peuvent remettre des offres, les candidats que l'autorité contractante a décidé de consulter. Le nombre de candidats admis à soumissionner doit assurer une concurrence réelle »*. Le texte communautaire ajoute qu' *« il ne peut être recouru à la procédure d'appel d'offres restreint que lorsque les biens, les travaux ou les services, de par leur nature particulière, ne sont disponibles qu'auprès d'un nombre limité de fournisseurs, d'entrepreneurs ou de prestataires de services. »*

En tous les cas, « *le recours à la procédure de l'AOR doit être motivé et soumis à l'autorisation préalable de l'entité administrative chargée du contrôle des marchés publics »*.

Le texte fixe, ainsi, le cas d'ouverture du recours à l'AOR ainsi que la procédure à suivre pour passer le marché selon ce mode ; un mode qui constitue, manifestement, une limite aux principes fondamentaux, notamment ceux de la libre concurrence et de l'égalité de traitement des candidats.

Quoi qu'il en soit, l'art. 32 de directive ainsi rappelé est en parfaite adéquation avec l'art. 28 al. 2 de la même directive qui veut que l'AOO soit la règle et que le recours à tout autre mode de passation soit exceptionnel, motivé et soumis à l'autorisation préalable de l'entité administrative chargée du contrôle *a priori.*

C'est dans cet esprit que le Niger et le Sénégal devraient comprendre et transposer l'art. 32 de la Directive n° 04/2005 dans leurs CMP. Toutefois, de l'examen de ceux-ci se dégagent deux constats. Le premier indique que les CMP ont entendu élargir les cas d'ouverture du recours à l'AOR (**1**) alors que le

---

[291] L'article 54 du code sénégalais de 2002 prévoit deux conditions alternatives pour la passation d'un marché par AOR. D'une part, les travaux, fournitures ou services ne doivent être disponibles qu'auprès d'un nombre limité de fournisseurs ou d'entrepreneurs et d'autre part, le montant prévisionnel du marché doit être inférieur à 50 millions de Francs CFA. En droit nigérien, c'est l'art. 39 du code de 2002 qui indique ces cas d'ouverture. Il s'agit du lorsque le montant prévisionnel du marché est inférieur à un seuil fixé par voie règlementaire et du cas où il n'existe qu'un petit nombre d'entreprises connues à l'avance pouvant offrir les travaux, fournitures ou services envisagés.

[292] R. CHAPUS, op.cit. p.1193.

second renvoie à une volonté manifeste d'alléger les contraintes procédurales dans sa mise en œuvre (**2**).

1. Un élargissement des cas d'ouverture

L'art. 32 de la Directive n°04/2005 souligne qu'il ne peut y avoir d'AOR que lorsque les biens, les travaux ou les services, de par leur nature particulière, ne sont disponibles qu'auprès d'un nombre limité de candidats.

Dans ces conditions, l'on peut conclure à l'impertinence d'une mise en concurrence illimité de candidats. En conséquence, un seul cas d'ouverture de recours à l'AOR est prévu en droit communautaire.

Mais, l'analyse des dispositions pertinentes des CMP indique que le Niger et le Sénégal n'ont pas entendu s'aligner sur la directive. En effet, l'art. 45 du CMP du Niger et l'art. 73 du CMP du Sénégal prévoient, chacun, quatre (4) cas d'ouverture de recours à l'AOR.

Dans les deux cas, l'on retrouve les marchés qui ne sont exécutés qu'à titre de recherches, d'essais, d'expérimentations ou de mise au point ; les marchés que l'AC doit faire exécuter en lieu et place des titulaires défaillants et à leurs frais et risques[293] et les marchés ayant fait l'objet d'un AOO infructueux.

Au sujet de ce dernier cas, les deux Etats ont enregistré un progrès notable en termes de transparence. En effet, outre, un effort de définition de ce qu'il faut entendre par AOO infructueux[294], l'on remarque que cette hypothèse était, dans les anciens CMP, rangée parmi les marchés à passer de gré à gré ou par entente directe[295].

A ces trois cas d'ouverture que les deux Etats ont en commun, l'art. 73 du CMP du Sénégal en ajoute un (1). C'est le cas des « marchés *pour lesquels, en raison des circonstances particulières, une action rapide de l'autorité contractante est nécessaire, justifiant la réduction des délais de réception des candidatures et des offres, afin de prévenir un danger ou un retard préjudiciel qui n'est pas provoqué par l'autorité contractante...* ».[296]

Il est à remarquer que le CMP du Sénégal n'a pas entendu intégrer l'unique cas d'ouverture prévu par la Directive n°04/2005, c'est-à-dire, l'hypothèse où la

[293] Lorsque cette défaillance du cocontractant intervient et en cas d'urgence impérieuse ou extrême, les deux codes prévoient le recours à l'entente directe puisqu'il est manifestement impossible de respecter le délai prévu pour la passation d'un marché par AOR.

[294] Cette précision est surtout contenue dans le code sénégalais des marchés. Son art. 64 rappelle les deux cas dans lesquels un AO peut être déclaré infructueux, mais après consultation de la DCMP. C'est lorsqu'aucune offre n'a été déposée à l'expiration de la date limite de dépôt des offres ou lorsqu'il n'a été proposé que des offres irrecevables ou non conformes.

[295] Voir art.76 du code sénégalais de 2002 et art.42 du code nigérien de la même année.

[296] Une situation presque identique est prévue en droit nigérien mais celle-ci est rangée dans la catégorie des marchés par ED. En effet, comme nous le verrons, un peu plus loin, l'article 48 Para b)....

prestation, objet du marché n'est disponible qu'auprès d'un nombre limité des candidats. Il s'agit d'un manquement à une obligation communautaire car, cet Etat a choisi de ranger cette hypothèse dans la catégorie des marchés à passer par entente directe. Or, comme nous le montrerons plus loin, l'AOR est beaucoup plus en phase avec les exigences de transparence et de recherche de l'efficacité de la dépense publique que l'entente directe.

Le CMP du Nigera ajouté un (1) cas aussi. Il s'agit de la reprise du cas prévu par la Directive n°04/2005, c'est-à-dire, l'hypothèse où, il « *n'existe qu'un nombre restreint de professionnels agrées, connus à l'avance, pouvant réaliser les travaux, ou offrir les fournitures ou services envisagés* »[297].

Dans les deux Etats, il est à noter une volonté manifeste d'allonger la liste des cas d'ouverture des marchés par AOR au mépris des dispositions pourtant claires de l'art. 32 de la Directive n° 04/2005.

Il s'agit d'une violation de l'esprit et même de la lettre de cette directive. En effet, la réforme du droit des marchés publics vise un objectif qu'il n'est jamais de trop de rappeler. Il s'agit, entre autres, de réduire le champ de l'opacité et d'accroître la libre concurrence dans les achats publics. Cet objectif vise, dans une large mesure, à rationaliser la dépense publique d'où le cantonnement des modes dérogatoires à des hypothèses très exceptionnelles, comme c'est le cas de la seule hypothèse de l'AOR prévue par le droit communautaire. Dans celle-ci, la mise en concurrence n'aurait aucune pertinence à partir du moment où la prestation, objet du marché, ne peut être réalisée que par un nombre restreint de prestataires connus à l'avance.

La préoccupation d'assouplir les exigences communautaires ne se limite pas à cette augmentation des cas d'ouverture des marchés par AOR. Elle s'étend, également, aux mécanismes de sa mise en œuvre.

---

297 Une deuxième hypothèse existait sous l'empire du décret n°2011-686/PRN/PM du 29 décembre 2011 portant CMP mais elle a été supprimée en par le nouveau décret portant CMP signé en 2013. Il s'agit du le marché dont le montant prévisionnel est inférieur ou égal à un seuil fixé par arrêté du Premier Ministre. Ainsi, aux termes de l'arrêté n° 0143/CAB/PM/ARMP du 29 juin 2012, fixant les seuils dans le cadre de la passation et l'exécution des marchés publics et des délégations de service public, sont passés par AOR, les achats publics d'un montant égal ou supérieur à Vingt millions (20.000.000) de F.CFA et inférieur ou égal à Vingt-cinq millions (25.000.000) de F.CFA pour les prestations intellectuelles ; les achats publics d'un montant égal ou supérieur à Vingt millions (20.000.000) de F.CFA et inférieur ou égal à Trente-cinq millions (35.000.000) de F.CFA pour les Fournitures et Services courants et les achats publics d'un montant égal ou supérieur à Vingt millions (20.000.000) de F.CFA et inférieur ou égal à Quarante-cinq millions (45.000.000) de F.CFA pour les travaux. Le maintien d'un seuil pour la passation d'un marché par AOR était très critiquable car il expose l'AOO au risque de rétrécissement de son champ d'application. En effet, à partir du moment où le mode de droit commun est plus contraignant et plus complexe que l'AOR, les AC seraient toujours tentées de fractionner le montant des marchés afin de les maintenir dans la limite des montants justifiant le recours à ce mode dérogatoire. C'est certainement pour cette raison que cette hypothèse a été supprimée du CMP du Niger.

2. Un relatif allégement des contraintes procédurales de mise en œuvre

Au sujet de la procédure de passation des marchés par AOR, l'art. 32 de la Directive n°04/2005 est sans ambigüité. Il dispose, en effet, que la décision de recourir à l'AOR « *doit être motivée et soumise à l'autorisation préalable de l'entité administrative chargée du contrôle des marchés publics* ».

Deux exigences sont ainsi posées. Il s'agit, d'une part, de l'obligation de motiver la décision de recourir à l'AOR et, d'autre part, de la soumettre à l'autorisation préalable de la structure chargée du contrôle *a priori* des marchés publics.

Pour la première exigence, il incombe à l'AC d'exposer les raisons de fait et surtout de droit de nature à justifier le recours à ce mode dérogatoire de passation des marchés publics.

Quant à la deuxième exigence, qui implique l'obtention d'une autorisation préalable, elle signifie que l'AC doit chercher à obtenir l'accord de l'entité administrative chargée du contrôle *a priori* avant de lancer la procédure de passation d'un marché par AOR. Ainsi, sans cette permission, il serait juridiquement impossible de recourir à l'AOR au regard de la Directive n° 04/2005.

Ces deux exigences sont en parfaite adéquation avec l'art. 28 al. 2 de cette directive qui rappelle que l'AOO est désormais la règle et que le recours à tout autre mode de passation, y compris, l'AOR soit exceptionnel, motivé et soumis à l'autorisation préalable de l'entité administrative chargée du contrôle *a priori.*

Le choix des candidats à mettre en concurrence ainsi que leur nombre ne sont pas laissés à la discrétion de l'AC, car l'art. 32 de la directive précise que « *le nombre de candidats admis à soumissionner doit assurer une concurrence réelle* ». Cette disposition indique que l'AC a l'obligation de consulter plus d'une entreprise et que, les entreprises consultées soient juridiquement différentes de telle sorte que la concurrence ait un contenu concret.

Le CRD ou le juge administratif sont habilités, par cette disposition, à vérifier la réalité de cette mise en concurrence, au regard du nombre et du statut juridique des entreprises, réellement, consultées par les AC.

Dans le cadre de la transposition de cet art. 32 de la Directive n°04/2005, il faut noter que le Niger a choisi de s'y conformer depuis la signature du décret de 2013. En effet, sous l'empire du décret n°2011-686 portant CMP, l'art. 45 soumettait la passation des marchés par AOR à l'avis préalable de la DGCMP. Ce n'est qu'après la signature du décret n°2013-569/PRN/PM du 20 décembre 2013 que la décision de passer un marché par AOR est soumise, selon l'art. 46 de ce décret, à l'autorisation préalable de la même structure.

Il s'agit, d'une évolution positive qui va dans le sens du respect des exigences communautaires et du renforcement des attributions des structures en charge du contrôle des marchés publics.

Au Sénégal, en revanche, le CMP a opté pour l'allégement des contraintes procédurales. Certes, il maintient comme au Niger, l'obligation de motivation, c'est-à-dire, qu'il oblige les AC à extérioriser les motifs de droit ou de fait de nature à justifier le choix de l'AOR. Mais, au lieu de soumettre cette décision motivée à l'autorisation préalable, les rédacteurs du CMP du Sénégal ont préféré la soumettre à l'avis de la DCMP.

Les deux notions ne sont pas pareilles et ne supposent pas les mêmes contraintes. En effet, à travers l'avis, il est demandé à une personne ou à un organisme déterminé de se prononcer techniquement[298]sur la décision projetée. Toutefois, si cette consultation est obligatoire, tel n'est pas le cas de la prise en compte de son résultat. En effet, en règle générale, et sauf texte contraire, les résultats de l'avis recueilli n'ont aucune force contraignante pour l'Administration. Il s'agit, par voie de conséquence, d'un simple point de vue de la structure consultée et l'auteur de la décision n'est pas tenue de s'y conformer. A travers l'autorisation préalable, en revanche, c'est la permission de la structure consultée qui est demandée avant de mettre en œuvre la décision projetée. De ce fait, le refus d'accorder cette autorisation constitue un obstacle à la volonté de recourir à l'AOR.

Toutefois, l'art. 46 du CMP exclue du champ de l'autorisation préalable, les marchés pour lesquels, il n'y a qu'un nombre restreint de professionnels agrées et capables de les exécuter. Pour ces marchés, le droit nigérien estime qu'il n'est pas nécessaire de solliciter l'autorisation préalable et ce, en violation de la Directive n°04/2005. Or, l'idée de la Directive est de permettre à la structure en charge du contrôle *a priori* de voir en quoi le marché, au regard de son objet, ne peut être exécuté que par un nombre limité des candidats.

Au total, que l'on reste dans le cadre de l'allongement des cas d'ouverture des marchés par AOR ou que l'on se place sur le terrain de l'allègement des contraintes procédurales, il y a lieu de retenir une certaine violation de la lettre de l'art. 32 de la Directive n°04/2005. Cette perversion du droit communautaire ouvre, aux intéressés, la possibilité d'introduire un recours en manquement contre le Niger et le Sénégal[299] conformément aux dispositions des articles 5 et

---

[298] R. ODENT, « la procédure d'élaboration des actes administratifs en droit français », communication présentée au colloque des conseils d'Etat français et italien en 1966, p.1 sur http://www.juradmin.eu/colloquia/1968/france-2.pdf consulté le 27 décembre 2012.

[299] A ce sujet, rappelons utilement les dispositions de l'article 46 du décret malien n° 08-485/PRM du 11 août 2008 portant procédures de passation, d'exécution et de règlement des marchés publics et des délégations de service public. Outre, le souci de rester dans la limite du seul cas d'ouverture prévu par l'article 32 de la directive 04/2005, cet article du code malien impose de motiver la décision de passer un marché par AOR et de la soumettre comme souhaitée par l'UEMOA, à l'autorisation préalable de la structure chargée du contrôle a priori. Il en est de même de l'article 35 de la loi béninoise n° 2009-02 du 07 août 2009 portant code des marchés publics et des délégations de service public en République du Benin.

suivants du Protocole additionnel n°1 relatif aux organes de contrôle de l'UEMOA[300].

La volonté de limiter le champ d'application du principe de libre concurrence ne se limite pas à l'encadrement de l'AOR. Il en est aussi et surtout des autres modes dérogatoires et spécifiques dont le régime juridique est en parfaite violation des dispositions pertinentes de la Directive n°04/2005. Pourtant, ces modes séduisent les AC nonobstant les risques qui entourent leur utilisation.

Paragraphe II : Un certain recul dans l'encadrement des autres modes

A côté de l'AOR, le droit des Etats sous étude a prévu un autre mode dérogatoire de passation des marchés publics. Il s'agit de l'entente directe (ED) dont le recours est justifié par la particularité de l'objet du marché et/ou les circonstances dans lesquelles la passation du marché est envisagée.

Il est aussi prévu des procédures spécifiques dont le recours est plutôt justifié par le montant du projet de marché.

Cette distinction entre les procédures dérogatoires et les procédures spécifiques découle, d'une part, de l'article 28 al. 4 de la Directive n°04/2005 qui dispose que les AC « *peuvent avoir recours, en dessous des seuils nationaux de passation de marchés, à des procédures de consultation...ou de sollicitation de prix* »et, d'autre part, de l'article 38 de la même Directive qui renvoie aux circonstances dans lesquelles, les AC sont habilitées à passer des marchés par ED même si le montant du marché dépasse le seuil.

Que l'on soit dans les procédures dérogatoires ou dans les procédures spécifiques, le souci de fond est le même : permettre aux AC de retrouver une certaine liberté, une certaine marge de manœuvre dans la passation de leur marché dès lors que le montant de celui-ci est jugé insignifiant ou lorsque les circonstances dans lesquelles la passation du marché est envisagée sont incompatibles avec l'idée de publicité et de mise en concurrence.

Toutefois, cette liberté n'est pas synonyme d'arbitraire car l'art. 2 de la Directive n°04/2005 impose le respect des principes fondamentaux dans la passation des marchés « *quel qu'en soit le montant* ». C'est à l'aune de ces prescriptions du droit communautaire qu'il faut appréhender le droit et la pratique en cours dans les Etats sous examen.

A l'évidence, l'on remarque qu'il y a, certes, un effort de rationalisation des marchés par ED mais cet effort est mal soutenu par la pratique en cours **(A).** Du côté des modes dont le recours est justifié par le montant du marché, il y a lieu de conclure que le droit ainsi que la pratique dans ce domaine ne se soucient nullement de la qualité de la dépense publique **(B).**

---

[300] Ce Protocole est disponible sur http://www.uemoa.int/Pages/Actes/NewPages/Protocole_additionnel_I.aspx (consulté le 26 décembre 2012).

A. Une difficile rationalisation des marchés par entente directe

Très suspectée et décriée, l'entente directe (ED) a toujours été considérée comme un mode contenant des germes de corruption[301] ou, à tout le moins, s'opposant à l'atteinte des objectifs de transparence et de libre concurrence[302].

Pour le Professeur B. Guèye, c'est un procédé qui permet « *aux services, au mieux, de se simplifier la tâche en ne mettant pas en œuvre la lourde procédure de l'AO, au pire d'établir avec des fournisseurs privilégiés des relations de connivence pouvant aller jusqu'à des pratiques de corruption* »[303]. C'est pourquoi, les rédacteurs des différents CMP ont toujours su afficher une attitude de méfiance à son égard, en le maintenant dans le statut de mode d'exception dont le recours doit être justifié, par la nature particulière de la prestation et/ou du contexte de l'intervention du marché. Cependant, à l'aune de la pratique, il a été donné de constater, une certaine prolifération des marchés par ED qui pousse à la qualifier de "*procédure de droit commun de fait*" aussi bien pour le Niger que pour le Sénégal[304].

Deux facteurs expliquent le recours abusif à cette procédure. Il s'agit, d'une part, de la multiplicité des cas dans lesquels, les AC peuvent y recourir et, d'autre part, des motifs qui étaient fréquemment invoqués.

A propos des cas d'ouverture, deux situations sont prévus par les Codes nigérien et sénégalais de 2002. Il s'agit des ED avec mise en concurrence[305] et des ED sans mise en concurrence.

---

301 Voir, Y. BODIAN, « Brèves réflexions sur la règlementation des marchés de gré à gré dans le nouveau Code des marchés publics : des germes de la corruption », *africajuris* n°48 du 02 au 08 janvier 2003, pp. 4-7.

302 B. GUEYE, « Le nouveau code sénégalais des marchés publics : entre réponse aux attentes de la société civile et prise en compte des influences communautaires », op. cit, p. 262.

303 *Ibid.*, p. 262.

304 Faute de statistiques disponibles sur la question, nous avons été obligés de discuter avec certains opérateurs économiques. Selon, ces derniers, l'essentiel des marchés publics est attribué aux opérateurs économiques proches du régime en place selon la procédure de gré à gré. Apparait ici, la dimension politique des marchés publics, qui s'analysent comme le moyen privilégié de satisfaire une certaine clientèle politique au mépris de la procédure pertinente.

305 L'art.76 du code sénégalais prévoyait trois hypothèses. Aux termes de cette disposition, il est possible de recourir à l'ED en cas de déclaration d'infructuosité de l'AO ; en cas d'extrême urgence ou d'urgence impérieuse et enfin, lorsque la prestation est à exécuter à titre de recherche ou d'expérimentation. Dans le code nigérien, on retrouvait à l'article 42, les deux hypothèses présentes en droit sénégalais, c'est-à-dire, en cas de déclaration d'infructuosité et en cas d'urgence impérieuse. La troisième hypothèse, qui existait en droit nigérien, mais qui est classé parmi les marchés par ED sans mise en concurrence en droit sénégalais, concerne les marchés conclus pour les besoins de défense et de sécurité nationales, qui exigent le secret, ou pour lesquels la protection des intérêts essentiels de l'État est incompatible avec des mesures de publicité.

A ce niveau, l'on peut noter que l'existence de la mise en concurrence dans la passation de ces marchés constitue un pas significatif vers la consécration de la transparence. Mais, comme « *la transparence a quelque chose d'inaccessible et un côté mythe de Sisyphe* »[306], les deux Etats n'ont pas réussi à rompre avec l'opacité à propos des marchés à passer par ED. Ce qui explique l'existence des marchés par ED sans mise en concurrence[307].

Concernant les motifs invoqués pour justifier le recours à l'ED, il faut déplorer une certaine ambigüité dans l'interprétation de certains concepts et notions. Il s'agit de la notion « d'urgence », de l'expression « besoins de défense et de sécurité nationale... intérêts essentiels de l'Etat ».

La difficulté avec ces expressions et concepts est que leur explication et définition ne sont nullement données par les anciens CMP.

A partir du moment où ces Codes ne sont d'aucun secours, l'on pouvait, tout naturellement, s'attendre à ce que le juge soit saisi afin qu'il use de son pouvoir d'interprétation pour donner un sens et un contenu précis à ces notions politico juridiques. Malheureusement, jusqu'à l'abrogation de deux CMP, aucun juge n'a été saisi dans ce sens[308]. Dans ce flou, une sensation d'urgence permanente

---

306 J. GUIBAL, « Transparence et délégation des services publics», *LPA* n°110, sept 1995, p.16.

307 A propos de ceux-ci, l'art. 42 al. 4 du code nigérien de 2002 prévoyait un seul cas (c'est le cas lorsque les besoins ne peuvent être satisfaits que par une prestation nécessitant l'emploi d'un brevet d'invention, d'une licence ou des droits exclusifs détenus par un seul et unique entrepreneur ou fournisseur) au moment où, celui du Sénégal en prévoyait trois (3). Il s'agit des marchés des fournitures, travaux ou services qui ne peuvent être obtenus qu'auprès d'un fournisseur ou entrepreneur donné et il n'existe aucune solution de remplacement raisonnable, des fournitures dont la fabrication est exclusivement réservée par les propriétaires des brevets d'invention, à eux-mêmes ou à leurs licenciés et pour les travaux, fournitures ou services considérées comme secrets ou dont l'exécution doit s'accompagner de mesures particulières de sécurité lorsque la protection de l'intérêt supérieur de l'Etat l'exige.

308 C'est surtout, vers la jurisprudence administrative française qu'il faut se tourner pour avoir une idée de la notion d'urgence. Ainsi, le juge administrative pose, trois conditions que l'événement doit, cumulativement, satisfaire pour justifier l'urgence qui peut être simple ou impérieuse.

Pour ce juge, il ne saurait y avoir urgence lorsque la situation a été créée par une défaillance de l'Administration elle-même (C'est le cas, par exemple, du défaut de planification, c'est-à-dire du refus du refus de l'insertion de l'objet du marché dans le plan de passation des marchés publics alors que ce besoin est récurrent. En guise d'illustration, l'on peut évoquer les marchés relatifs à la gestion des inondations ou de l'achat des engrais et semences. Ce sont des besoins récurrents, que l'AC, doit absolument prévoir dans son programme d'achat). Il a été décidé dans ce sens que, « *le fait de décider la rénovation des lycées d'une région, en urgence, après avoir attendu près de deux ans pour lancer la procédure ne saurait caractériser l'urgence* », voir CE, 1er octobre 1997, M. Hemmerdinger, Rec.p.136.

La deuxième condition est que, l'événement doit être imprévisible et cette imprévisibilité ne saurait découler de l'imprévoyance. C'est ainsi que juge français a jugé que, « *la nécessité de construire une école pour la prochaine rentrée scolaire n'a rien*

animait les AC dans la mise en œuvre des procédures de passation des marchés[309] et qui les poussait à user et à abuser de l'ED.

La recrudescence de ce mode dérogatoire est confortée par la quasi absence de saisine du juge administratif qui aurait trouvé occasion, d'invalider nombre de marchés et de circonscrire les hypothèses du recours à l'ED.

Les conséquences du recours illégal et abusif aux procédures négociées sont lourdes sur les ressources publiques. C'est pourquoi, l'art. 38 de la Directive n°04/2005 a entendu énumérer les quatre (4) cas dans lesquels, il est possible de recourir à l'ED après avoir motivé la décision et obtenu l'autorisation préalable de l'entité administrative chargée du contrôle *a priori*. C'est au regard de cette position du droit communautaire qu'il faut apprécier l'encadrement des marchés par ED au Niger et au Sénégal ainsi que la pratique développée dans ce domaine.

A l'évidence, l'on constate une certaine redéfinition des cas d'ouverture des marchés par ED **(1)** et une relative dilution des contraintes dans sa mise en œuvre **(2).**

1. Une redéfinition des cas d'ouverture des marchés par entente directe

L'idée selon laquelle « *l'opinion publique est sensible à la question des cas d'ouverture des marchés de gré à gré* »[310] ou par ED est largement répandue aussi bien au Niger qu'au Sénégal. En effet, il suffit d'évoquer la question des modes de passation des marchés publics pour que les interrogés se mettent à présenter l'ED comme le mode le plus exposé à la corruption.

Pour faire face à cette inquiétude généralisée et combattre les fraudes imputables à la prolifération des marchés par ED, l'UEMOA a décidé de les circonscrire. C'est dans ce sens qu'il faut comprendre l'énumération de quatre

---

d'imprévisible » (TA de Nice, 3 avril 1996, Bartoli, Rec.p.609) et que « *la rentrée scolaire annuelle ne saurait être regardée comme un événement imprévisible pouvant justifier le recours à une procédure dérogatoire du droit commun pour faire exécuter un marché de travaux* ».

Enfin, l'événement doit être indépendant de la volonté de la personne publique. Ce caractère peut se rattacher par certains traits à l'imprévisibilité. En effet, l'imprévoyance d'une administration n'est pas indépendante de sa volonté, c'est une défaillance de sa volonté, et elle ne saurait en conséquence, l'invoquer pour en tirer bénéfice.

Ce qu'il faut déduire de ce rappel de la jurisprudence française, est que l'urgence impérieuse ne se caractérise pas, par des conditions différentes de celles qui doivent être satisfaites en cas d'urgence simple. En revanche, elle doit être, telle que les délais de droit commun, mêmes réduits, ne soient pas compatibles avec l'urgence des besoins à satisfaire.

309 Sur cette idée, voir, J.C. TALL, *Les chantiers de Thiès, prétextes à une réflexion sur les marchés publics*, forum sur la gouvernance publique, Dakar 15-17 février 2006.

310 B. GUEYE, op. cit, p. 263.

(4) cas d'ouverture des marchés par ED faite à l'art. 38 de la Directive n° 04/2005[311].

En principe, c'est en s'inspirant de ces cas- limites, que les rédacteurs des CMP du Niger et du Sénégal doivent définir les hypothèses du recours aux marchés par ED afin de justifier une transposition dans l'esprit du législateur communautaire.

Toutefois, à l'examen de deux CMP, il apparait deux volontés : celle d'allonger la liste des cas d'ouverture et celle de leur donner un contenu diffèrent de celui préconisé par la norme communautaire. La démarche n'est pas mauvaise en soi. Il suffit que le texte et la pratique soient compatibles avec les principes fondamentaux de la commande publique.

Au chapitre des cas d'ouverture, il faut remarquer que si le Niger vient de se ranger derrière les prescriptions de l'art. 38 de la Directive n°04/2005 en fixant quatre (4) cas d'ouverture[312] tel n'est pas, encore, le cas du Sénégal qui a reconduit à l'art. 76 de son nouveau CMP, les cinq (5) cas qui étaient prévus par le décret n°2011-1048 abrogé. A cette différence du nombre des cas d'ouverture s'ajoute celle relative à leur contenu.

Cette différence se situe, d'abord, entre les cas nigériens et sénégalais et, ensuite, entre ceux-ci et les cas prévus par la directive communautaire.

A propos des ressemblances entre l'UEMOA, le Sénégal et le Niger, il faut noter le cas d'ED concernant les marchés destinés à répondre à des besoins qui ne peuvent être satisfaits que par un prestataire détenant un brevet d'invention, une marque, des droits exclusifs.

---

311 Selon cette disposition, le marché est passé par entente directe dans les cas suivants : 1. lorsque les besoins ne peuvent être satisfaits que par une prestation nécessitant l'emploi d'un brevet d'invention, d'une licence ou de droits exclusifs détenus par un seul entrepreneur, un seul fournisseur ou un seul prestataire ; 2. lorsque les marchés ne peuvent être confiés qu'à un prestataire déterminé pour des raisons techniques, artistiques ; 3. dans le cas d'extrême urgence, pour les travaux, fournitures ou services que le l'autorité contractante doit faire exécuter en lieu et place de l'entrepreneur, du fournisseur ou du prestataire défaillant ; 4. dans le cas d'urgence impérieuse motivée par des circonstances imprévisibles ou de la force majeure ne permettant pas de respecter les délais prévus dans les procédures d'appel d'offres, nécessitant une intervention immédiate, et lorsque l'autorité contractante n'a pas pu prévoir les circonstances qui sont à l'origine de l'urgence.

312 Sous l'empire du décret n°2011-686 portant CMP, l'art. 48 prévoyait 5 cas d'ouverture. Ce n'est que, récemment, avec la signature du décret n°2013-569 portant CMP que le cinquième cas, c'est-à-dire, « les marchés de travaux, fournitures ou services passés dans le cadre de la Défense Nationale ou de la Sécurité publique exigeant le secret ou pour lesquels la protection des intérêts essentiels de l'Etat est incompatible avec des mesures de publicité » a été supprimé. Ces marchés dits secrets sont, totalement, excluent du champ d'application du CMP et sont régis par le Décret n° 2013-570/PRN/PM du 20 décembre 2013, portant modalités particulières de passation des marchés de travaux, d'équipements, de fournitures et de services concernant les besoins de défense et de sécurité nationales. Voir Journal officiel spécial n°3 du 14 juin 2014, p. 121.

Toutefois, la définition des besoins nécessitant l'intervention de ce type de prestataire ne doit pas conduire à porter atteinte à la libre concurrence. La DCMP du Sénégal qui a été, par la suite, suivie par le CRD, a refusé de donner son avis favorable au recours à l'ED au motif que, « l*e requérant a ciblé une technologie particulière alors que, les dispositions visées proscrivent toute référence à des noms de marque ou spécifications exclusives émanant d'un fournisseur ou d'un prestataire particulier* ». La DCMP ajoute que « *ni, la complexité des travaux, ni le fait que le même operateur ait déjà fourni et installé les équipements de base(...) ne suffisent à démontrer que les besoins exprimés ne peuvent être satisfaits que par un seul et même opérateur* ». La DCMP conclue, en tous les cas, que « *la capacité de la SONATEL à proposer une solution prouve que MCS n'est pas détenteur d'un droit d'exclusivité au sens de l'article 76 du code des marchés* »[313].

L'existence d'un droit d'exclusivité ne se présume pas et tout candidat s'en prévalent doit, sans dérogation aucune, être en mesure de présenter le document juridique le lui conférant.

Pourtant, il a été donné de constater la répétition des marchés passés par ED, fondés sur l'existence d'un droit d'exclusivité sans que le titre conférant ce droit ne soit pas versé au dossier soumis du marché[314].

Soulignons, au passage, que c'est le seul cas que les deux Etats ont transposé dans les mêmes termes.

Pour les autres cas, la démarche suivie par les deux Etats est différente.

C'est ainsi qu'au Niger, l'on relève le cas d'extrême urgence, lorsque l'AC doit faire exécuter la prestation en lieu et place du prestataire défaillant. En droit sénégalais, ce cas est rangé dans la catégorie des marchés à passer par AOR.

Au Sénégal, il est prévu le cas des marchés pour lesquels l'urgence impérieuse résultant des circonstances imprévisibles, irrésistibles et extérieures à l'autorité, n'est pas compatible avec les délais et règles de forme exigées par la procédure d'AOO ou restreint. Le CRD est très regardant, d'une part, sur la non imputabilité des circonstances à l'AC et, d'autre part, sur le caractère impérieux de l'urgence. C'est ainsi que, reprenant les objections de la DCMP, il a estimé que, « *...l'urgence invoquée résulte des faits de l'AC, son caractère impérieux n'est pas établi* » et « *qu'au regard de ces éléments, il y a lieu de dire*

313 Voir, Décision n° 011/ARMP/CRMP/CRD en date du 11 juin 2008 du CRD statuant en commission Litiges sur l'avis négatif émis par la DCMP à la demande d'autorisation du Ministère de l'Intérieur de passer par entente directe le marché de l'extension du réseau de production des passeports numérisés sur http://www.marchespublics.sn/fichiers/16299410194874c1166a5b4.pdf (consulté le 25 juin 2012).

314 Voir rapport définitif de la Revue indépendante de la passation des marchés publics de 2009 du Ministère de l'économie et des finances in http://documents.armp.sn/IMG/pdf/rapport_final_MEF2.pdf (consulté le 08 janvier 2013). Dans ce rapport d'audit, aucun des marchés passés par ED n'a été accompagné d'une preuve suffisante attestant l'existence d'un droit d'exclusivité. Les pages 78 à 88 de ce rapport sont suffisamment illustratives.

que la procédure de passation par ED, comme dérogation étant d'application restrictive, elle ne peut être utilisée que pour les cas limitativement visés... »[315]. Cette interprétation du régulateur sénégalais est largement partagée par la doctrine.

Pour certains, l'urgence doit être assortie d'imprévisibilité et d'extériorité pour produire les effets sur, soit le délai, soit le mode de passation des marchés. L'imprévisibilité renvoie à la dimension évènementielle de l'urgence « *laquelle n'existe que du fait d'une nécessité de réaction rapide face à un évènement inattendu* »[316]. C'est pourquoi, on ne peut soulever l'urgence du fait d'un évènement dont on pouvait plus ou moins raisonnablement avoir une représentation psychique antérieurement aux faits.

A propos de l'extériorité, il faut rappeler que l'urgence a ceci de commun avec la turpitude juridique que « *nul ne peut l'invoquer lorsqu'elle lui est propre* »[317]. Ainsi, la carence, l'oubli conduisant à s'enfermer dans des délais incompatibles avec les exigences de la mise en concurrence ne peuvent justifier le recours aux procédures autorisées en cas d'urgence.

Sans utiliser les mêmes termes et sans décrire, explicitement, les mêmes circonstances, le Code nigérien a prévu un cas qui s'apparente, a beaucoup d'égards, à l'hypothèse de l'urgence impérieuse ainsi décrite par le droit sénégalais. En effet, il est prévu au Niger, une ED en cas d'urgence impérieuse justifiée par des circonstances imprévisibles et pour satisfaire des besoins résultant d'une situation de conflit grave ou d'une catastrophe naturelle dont les conséquences exigent une réparation immédiate[318]. L'on se rend compte que les circonstances de l'intervention de l'urgence ainsi que ses conséquences

[315] Décision n°033/11/ARMP/CRD du 16 mars 2011 du Comité de Règlement des Différends statuant en commission Litiges sur la demande de la Loterie Nationale sollicitant l'autorisation de passer par entente directe des marchés de fournitures et de services listés en annexe pour urgence nonobstant l'avis défavorable de la DCMP in http://documents.armp.sn/IMG/pdf/Decisions_No_033-11.pdf (consulté le 7 décembre 2012). En l'espèce, il s'agit du Directeur de la LONASE qui a fait résilier plusieurs marchés passés par son prédécesseur. Consécutivement à ces mesures et pour éviter une rupture certaine dans l'approvisionnement de la LONASE en fournitures essentiels à la continuité du service public des jeux, la LONASE a saisi la DCMP d'une demande de passer par ED des marchés relatifs, d'une part, à des fournitures de consommables, des bobines thermiques, des bulletins, du carburant, des programmes de jeu PMU ; d'autre part, des services portant sur le gardiennage, le nettoiement et l'assurance.

[316] J. F. SESTIER, « Urgence et mise en concurrence dans les contrats publics », Mélanges en l'honneur du Professeur M. Guibal, Montpellier, Presses de la Faculté de Droit de Montpellier 2006, p. 394

[317] J. F. SESTIER, op. Cit, p. 394

[318] L'art. 49 du CMP du Niger se veut particulièrement prolixe sur la question. En effet, dans un souci de précision et d'exhaustivité cette disposition insiste surtout ce qu'il faut entendre par catastrophe naturelle. C'est ainsi qu'elle cite « sècheresse, *famine, intempérie, incendie, séisme, accident, épidémie, invasion acridienne ou aviaire, ouvrage effondré ou menacé d'effondrement* ».

rappellent, amplement, la situation prévue au Sénégal. En effet, outre, le caractère imprévisible des circonstances, il faut que l'on soit en présence d'un besoin à satisfaire immédiatement, ce qui rejoint l'idée de l'impossibilité de respecter les délais de la procédure normale prévue en droit sénégalais.

Voulant se démarquer, davantage, des dispositions de la Directive n°04/2005, le Niger et le Sénégal ont ajouté deux cas supplémentaires. Il s'agit, d'une part, des hypothèses concernant les marchés complémentaires prévues par les deux Etats et, d'autre part, des marchés considérés comme secrets ou dont l'exécution doit s'accompagner des mesures de sécurité, lorsque la protection de l'intérêt supérieur de l'Etat l'exige[319].

Ce dernier cas mérite que l'on s'y attarde afin de souligner l'effort du Sénégal. En effet, au moment où l'art. 9 de la Directive n°04/2005[320] et le droit nigérien[321] ont entendu l'exclure du champ d'application du CMP, le droit sénégalais a choisi de le verser dans les marchés à passer par ED.

Quoi que l'on puisse dire, il s'agit, de l'expression d'une certaine volonté d'aller vers plus de rigueur et de transparence dans la gestion des modes de passation des marchés publics. Cette volonté est perceptible dans la définition de ce qu'il faut entendre par marché secret. A travers cette définition, l'idée est d'éviter toute divergence d'interprétation ou d'interprétation approximative comme c'était le cas sous l'ancien CMP de 2002[322].

Notons, enfin, que le Sénégal permet aux AC de passer des marchés par ED dans le cadre des mesures de mobilisation et de mise en garde[323].

---

319 Ce cas est soumis aux dispositions pertinentes du CMP au Sénégal. Au Niger, en revanche, il est exclu du champ d'application du CMP depuis la signature du Décret n° 2013-570/PRN/PM du 20 décembre 2013, portant modalités particulières de passation des marchés de travaux, d'équipements, de fournitures et de services concernant les besoins de défense et de sécurité nationales. Voir, Journal officiel spécial n°3 du 14 juin 2014, p. 121.

320 L'art. 9 de la Directive n°04/2005 précise, expressément, que la « présente directive ne s'applique pas aux marchés de travaux, de fournitures et de services, lorsqu'ils concernent les besoins de défense et de sécurité nationales exigeant le secret ou lesquels la protection des intérêts essentiels de l'Etat est incompatible avec des mesures de publicité ».

321 Pour le Niger, voir, Décret n° 2013-570/PRN/PM du 20 décembre 2013, portant modalités particulières de passation des marchés de travaux, d'équipements, de fournitures et de services concernant les besoins de défense et de sécurité nationales. Voir Journal officiel spécial n°3 du 14 juin 2014, p. 121.

322 B. GUEYE, op. cit. p. 263.

323 A défaut d'une définition dans les Directives n° 04 et 05/2005 et dans le CMP du Niger, l'on peut se référer à l'art. 4 du CMP du Sénégal. Celui-ci définit, la mise en garde comme la « *mise en œuvre de mesures propres à assurer la liberté d'action des pouvoirs publics, à diminuer la vulnérabilité des populations ou des équipements principaux et à garantir la sécurité des opérations de mobilisation générale ou de mise en œuvre des forces armées* ». Quant à la mobilisation générale, elle est présentée comme la « *mise en œuvre de l'ensemble des mesures de défense nationale* ».

Les différents cas ainsi énumérés doivent être considérés comme des cas – limites auxquels il est impossible d'ajouter d'autres.

Toutefois, l'examen de certains rapports d'audit indique, clairement, la volonté de certaines AC d'allonger la liste des cas d'ouverture des marchés par ED au mépris des dispositions ci-dessus rappelées. En guise d'illustration, l'on peut citer le cas d'un marché de fournitures de deux véhicules de marque Mercedes Benz conclus par ED entre la DMTA du Ministère de l'Economie et de finances et la Sénégalaise de l'Automobile. Pour justifier le recours à ce mode dérogatoire, la DMTA avance « *le souci d'harmonisation du parc spécial du gouvernement* » et invoque des « *mesures particulières de sécurité* » ; deux arguments qui ne font pas partie des exceptions retenues par le CMP[324]. De même, il a été relevé que, pour obtenir l'autorisation de passer un marché par ED avec Axa pour la couverture d'assurance des aéronefs en 2009, le Ministère des Forces Armées sénégalaises a articulé, dans sa demande, l'expérience de l'attributaire qui détiendrait ce contrat depuis 1974 pour des raisons liées à la participation de l'Etat dans le capital d'Axa. Or, un tel argument, pourtant, admis par la DCMP ne saurait justifier une ED[325].

Ces quelques cas, rappelés, montrent à quel point les AC sont disposées à faire des approximations et à tromper la vigilance de la DCMP chargée d'autoriser ou d'émettre un avis sur le recours à l'ED.

Au-delà de cette légère différence dans la définition des cas d'ouverture des marchés par ED, il y a lieu de remarquer une certaine volonté de diluer les contraintes imposées par la Directive n°04/2005 dans la mise en œuvre de la procédure.

2. Une relative dilution des contraintes procédurales de mise en œuvre de l'entente directe

Dans un effort de précision et de changement de perspective dans la définition de tous les modes de passation des marchés publics, l'art. 28 de la Directive n° 04/2005 dispose, sans ambigüité, que « *l'AOO est la règle* ». Par voie de conséquence, « *le recours à tout autre mode...doit être exceptionnel, justifié par l'AC, et être autorisé au préalable par l'entité administrative chargée du contrôle des marchés publics* ». Cette disposition, on ne peut plus claire, a été confirmée par l'art. 38 de la même Directive qui dispose que le recours à l'ED « *doit être motivé et soumis à l'autorisation préalable de l'entité administrative chargée du contrôle des marchés publics* ».

---

324 Voir, Revue indépendante de la conformité de la passation des marchés au titre de la gestion 2009 du Ministère des forces armées. Rapport définitif mars 2011, p. 72, sur http://www.armp.sn/images/AUDITS_2010/AUDIT_2009/revue_independante_de_la_passation_des_marches_gestion_2009_rapport_final_ministere_des_forces_armees.pdf (consulté le 25 mars 2014).

325 Rapport définitif, *ibid*, pp. 3 et 4.

De cette disposition, découlent deux exigences fondamentales, à respecter, dès lors qu'il est envisagé la passation d'un marché par ED.

La première exigence est relative à l'obligation de motiver la décision. Elle a pour soubassement, la nécessité de tenir compte du principe de transparence dans la mise en œuvre des modes de passation des marchés publics, quels qu'ils soient. Elle implique, en générale, que « *l'auteur de la décision est tenu d'exposer de façon complète et précise, les raisons de fait et de droit pour lesquelles elle est prise* »[326]. En l'espèce, elle oblige l'AC à accompagner sa demande, des raisons de fait ou de droit qui justifieraient le recours à cette procédure. En conséquence, ces raisons ne se présument ; elles doivent être extériorisées, argumentées et portées à la connaissance de tous les acteurs, en particulier, le contrôleur *a priori* qui a pour mission de juger de leur pertinence[327].

C'est en fonction de la pertinence des arguments avancés par l'AC et de leur conformité aux CMP que l'entité en charge du contrôle des marchés publics accordera ou refusera l'autorisation de passer le marché.

Ces contraintes montrent, à suffisance, toute la méfiance du législateur communautaire à l'égard de l'ED.

C'est dans cette logique que le Niger et le Sénégal devraient s'inscrire pour définir les modalités de mise en œuvre de l'ED.

Au Niger, il faut relever que les dispositions de l'art. 38 de la Directive n°04/2005 ont reçu une transposition satisfaisante, nonobstant, quelques maladresses rédactionnelles à déplorer. En premier lieu, il est écrit à l'art. 50 du CMP que « *l'opportunité de recourir à la procédure d'un marché négocié par ED doit faire l'objet d'une demande de dérogation auprès de l'entité administrative chargée du contrôle a priori des marchés publics* ». A travers cette disposition, la volonté de se conformer aux exigences communautaires est sans équivoque. Toutefois, les termes employés ne sont pas sans poser quelques difficultés d'interprétation. Du coup, ils risquent d'être, certainement, à la source des divergences entre les AC et la DGCMP/EF. En effet, l'art. 49 du CMP a, explicitement, énuméré les cas d'ouverture ainsi que les circonstances et conditions de nature à justifier le recours à un marché par ED. De ce fait, c'est la conformité de la décision de l'AC à ces cas d'ouverture et conditions posées que la DGCMP/EF doit vérifier et apprécier avant d'accorder ou de refuser la dérogation demandée.

Il s'agit d'un pur contrôle de conformité de la décision aux dispositions pertinentes du CMP que la DGCMP/EF doit exercer. Il est question, pour cette

---

[326] R. CHAPUS, op.cit. p.1129.

[327] Ainsi, l'AC doit être en mesure de prouver, en quoi est ce que et pourquoi les besoins, objet du marché, ne peuvent être satisfaits que par une prestation nécessitant l'emploi d'un brevet par exemple ? Elle doit également être en mesure de justifier et de convaincre le contrôleur *a priori*, du caractère extrême d'une urgence ou en quoi est-ce qu'il y a défaillance du cocontractant et pourquoi, il est nécessaire de faire exécuter la prestation par un autre ? Autant de questions de nature à motiver la décision de recourir à l'ED.

entité, de vérifier si la décision figure parmi les cas d'ouverture limitativement énumérés et si les conditions prévues à cet effet en sont réunies.

Mais, à moins qu'il ne soit une erreur rédactionnelle, l'art. 50 du CMP semble confier à la DGCMP/EF, le pouvoir d'apprécier, non pas la légalité ou la conformité de la décision de recourir à un marché par ED, mais son opportunité. Si, telle est la volonté des rédacteurs de ce texte, il y aurait, sans doute, une remise en cause d'un pouvoir, traditionnellement, reconnu à l'Administration. En l'espèce, le pouvoir de juger de l'opportunité d'agir ou de ne pas agir, de décider ou de ne pas décider, c'est-à-dire, la liberté de choisir entre deux ou plusieurs décisions mais à condition qu'elles soient toutes conformes à la légalité[328]. C'est le lieu de rappeler que l'Administration qui a en charge la satisfaction des besoins d'intérêt général doit être dans les dispositions de bénéficier d'une certaine liberté d'appréciation que lui confère son pouvoir discrétionnaire.

Appliqué au cas d'espèce, l'on peut affirmer qu'il appartient à l'AC de juger de l'opportunité de recourir ou de ne pas recourir à un marché par ED. Quant à la DGCMP/EF, son pouvoir doit se limiter à l'appréciation de la conformité, au CMP, de la décision de recourir à l'ED afin d'accorder ou de ne pas accorder la dérogation sollicitée. Mais, reconnaitre à la DGCMP/EF le pouvoir de juger de l'opportunité de permettre à une AC de passer un marché par ED reviendrait à lui donner des prérogatives d'accorder ou de ne pas accorder une dérogation en dehors de toute considération juridique. En effet, aux termes de l'art. 50 du CMP, c'est la DGCMP/EF qui est juge de l'opportunité d'accorder ou de ne pas accorder cette dérogation. En conséquence, elle peut refuser la dérogation pour inopportunité nonobstant la satisfaction, par l'AC demanderesse, des conditions posées par le CMP. Dans une telle hypothèse, l'on peut convenir avec R. Chapus que, *« le fait de prendre une décision alors qu'elle ne l'était pas, est un facteur d'illégalité »*. C'est pourquoi, toute décision de la DGCMP/EF, refusant la dérogation alors que les conditions posées par le CMP sont réunies sera, sans doute, annulée pour erreur de droit[329].

Hormis, cette incohérence rédactionnelle, il faut reconnaitre que le CMP est, sur ce point, en adéquation avec la Directive n°04/2005. En effet, il confie à la DGCMP/EF, le pouvoir d'accorder ou de refuser une dérogation au principe général qui veut que l'AOO soit la règle.

En deuxième lieu, l'art. 49 du CMP du Niger a entendu placer les marchés par ED sur le terrain de la transparence et de la concurrence ne serait-ce que

---

[328] Voir, dans ce sens, R. CHAPUS, op.cit. p. 1056.

[329] Au-delà de cette divergence d'interprétation qui risque, probablement, de surgir, il faut ajouter que reconnaitre un pouvoir d'appréciation de l'opportunité à la DGMP, reviendrait à l'ériger au rang du supérieur hiérarchique des AC. En effet, en matière de contrôle non juridictionnel des actes administratifs, notamment, dans les rapports entre l'autorité hiérarchique et ses subordonnés, il est admis que la première a la possibilité de reformer, d'annuler, entre autres, les décisions des subordonnés et ce, en se fondant aussi bien sur la légalité que sur l'opportunité.

minimale. En effet, en énumérant les cas d'ouverture de ces marchés, la disposition fait la distinction entre les ED passées avec une mise en concurrence et les ED sans mise en concurrence.

Dans le premier cas, il est fait référence à deux catégories de marchés assez fréquentes au Niger. Il s'agit, en premier lieu, des marchés passés « *en cas d'urgence impérieuse justifiée par des circonstances imprévisibles et pour satisfaire des besoins résultant d'une situation de conflit grave ou d'une catastrophe naturelle (sècheresse, famine, intempérie, incendie, séisme, accident, épidémie, invasion acridienne ou aviaire, ouvrage effondré ou menacé d'effondrement) dont les conséquences exigent une réparation immédiate* ». En deuxième lieu, la procédure concerne les marchés passés « *en cas d'extrême urgence, pour les travaux, fournitures ou services que l'autorité contractante doit faire exécuter en lieu et place de l'entrepreneur, du fournisseur ou du prestataire défaillant* ».

Face à ces deux cas de figure, l'art. 49. 6 du CMP fait obligation aux AC d'engager les discussions qui leur paraissent utiles avec au moins trois (3) candidats avant d'attribuer le marché au candidat présentant les conditions les plus avantageuses. Il s'agit, certainement, d'une volonté de limiter l'opacité et la liberté qui caractérisent la mise en œuvre de ce mode dérogatoire. L'idée est de réduire le favoritisme, la corruption et de susciter une certaine mise en concurrence afin d'améliorer la qualité de la dépense publique au regard de l'existence, d'au moins trois (3) offres différentes.

Le CMP du Sénégal a choisi de s'inscrire sur deux registres. Ainsi, loin de se conformer, strictement, au principe selon lequel, le recours à tout autre mode dérogatoire doit être motivé et soumis à l'autorisation préalable de la DCMP, l'art. 76 de ce Code institue, en vérité, un régime dualiste. En effet, après avoir refusé toute idée de mise en concurrence, comme c'est le cas au Niger, cet article distingue les ED soumises à avis de la DCMP[330] de celles qui sont soumises à son autorisation préalable[331].

---

[330] Il s'agit des marchés considérés comme secrets ou dont l'exécution doit s'accompagner de mesures particulières de sécurité ou pour lesquels la protection des intérêts essentiels l'exige ; des marchés pour lesquels, l'urgence impérieuse résultant de circonstances imprévisibles, irrésistibles et extérieurs à l'autorité, n'est pas compatible avec les délais et règles de forme exigés par la procédure d'appel d'offres ouvert ou restreint ; des marchés passés dans le cadre des mesures de mobilisation générale et de mise en garde.

[331] Il s'agit des marchés destinés à répondre à des besoins qui, pour des raisons tenant à la détention d'un droit d'exclusivité ne peuvent être satisfaits que par un cocontractant déterminé et des marchés qui complètent ceux ayant fait l'objet d'un premier marché exécuté par le même titulaire à la condition que le marché initial ait été passé selon la procédure d'appel d'offres et que le marché complémentaire ne porte que sur des fournitures, services ou travaux qui ne figurent pas dans le marché initial conclu mais qui sont devenues nécessaires, à la suite d'une circonstance imprévue et extérieure aux parties et que ces prestations ne peuvent être techniquement ou économiquement séparées du marché initial.

La dualité du régime juridique s'inscrit dans la logique générale de l'allègement des contraintes communautaires. Ce constat se déduit d'une simple analyse des cas d'ouverture des marchés par ED où il apparait que les marchés soumis à avis sont, de loin, plus consistants et plus importants que ceux soumis à l'autorisation préalable. Or, en termes de contraintes, l'autorisation préalable est plus redoutable qu'un simple avis.

Ainsi, sur les cinq (5) cas d'ouverture prévus à l'art. 76 du CMP, trois (3) sont soumis à l'avis de la DCMP contre deux (2) nécessitant son autorisation préalable. Mieux, en termes de fréquence, les motifs d'urgence et de secret qui conditionnent le recours à ces 3 cas d'ouverture sont les plus régulièrement invoqués pour justifier la passation d'un marché par ED.

En somme, les ED soumises à avis sont quantitativement et qualitativement plus importantes que celles soumises à autorisation préalable.

Il est vrai que les rédacteurs du CMP du Sénégal ont pris le soin de donner un contenu assez précis aux notions de « l'urgence impérieuse » et de « secrets », mais il serait beaucoup plus sécurisant de soumettre la décision à l'autorisation préalable afin de lui permettre de voir si l'AC a bien compris les conditions posées par le CMP et dans le cas contraire opposer son veto.

Cette inquiétude s'appuie sur certaines caractéristiques de l'avis mais dont il convient de relativiser au regard des particularités du droit des marchés publics.

De façon générale, l'avis est présenté comme une forme de consultation imposée par les textes avant la prise d'une décision. Seulement, si le recours à cette consultation est obligatoire, son contenu ne revêt que rarement, le même caractère obligatoire. Il est fait, ainsi, une distinction entre l'avis conforme et l'avis simple. Ce dernier est présenté comme une formalité qui implique une obligation de solliciter l'avis mais nullement celle de tenir compte de son contenu. Mais, en droit des marchés publics, la force juridique de l'avis simple varie selon qu'il soit favorable ou défavorable. S'il est défavorable, il est impossible de poursuivre la procédure, sauf après saisine du CRD de l'ARMP.

A travers le choix de l'avis au détriment de l'autorisation préalable, il y a manifestement, une certaine volonté de diluer l'intensité normative de la Directive n° 04/2005. Mais, en vérité, cette dilution risque de ne pas produire l'effet attendu car, autant, la DCMP avait la possibilité de refuser son autorisation, autant, elle pouvait émettre un avis défavorable[332].

La saisine pour autorisation tout comme celle pour avis doit être suffisamment motivée afin d'emporter son intime conviction sur la conformité de la décision projetée. C'est ainsi qu'après avoir rappelé que *«les dispositions de l'article 76 doivent s'interpréter strictement et qu'il appartient aux personnes qui s'en prévalent d'apporter au cas par cas, la preuve de la nécessité de protéger l'intérêt supérieur de l'Etat »,* la DCMP a émis un avis

---

[332] Nous verrons que le code sénégalais a introduit la possibilité de contourner, non seulement, l'avis défavorable de la DCMP mais aussi une éventuelle confirmation de cet avis par le CRD.

défavorable à la demande de passer un marché par ED au motif que « *le requérant ne démontre pas en quoi les intérêts supérieurs de l'Etat peuvent être menacés par l'accès au serveur central des passeports* »[333].

Les motifs avancés doivent être pertinents et conformes aux dispositions de l'art. 76 du CMP pour prétendre bénéficier de l'autorisation de passer le marché par ED. La DCMP a estimé, dans ce sens, que « *le fait qu'un appel d'offres soit déclaré infructueux n'est pas un événement imprévisible puisque le code lui-même a envisagé cette hypothèse en déterminant les facteurs pour lesquels il peut intervenir...* »[334].

En définitive, l'on peut retenir que les cas d'ouverture des marchés par ED sont limitativement énumérés de même que les modalités de mise en œuvre de la procédure. Mieux, la DCMP et la DGCMP/EF sont placées au cœur du dispositif car elles sont investies de la mission de permettre la mise en branle de la procédure de l'ED.

L'objectif visé par les rédacteurs de deux CMP est de renforcer les contraintes et obstacles au recours à cette procédure dérogatoire.

Il y a, certes, des failles dans l'encadrement des marchés par entente directe. Mais, l'espoir est permis au regard de l'encadrement juridique des marchés dont le montant est en dessous d'un certain seuil fixé par les CMP. En ce qui les concerne, l'on peut affirmer, sans ambiguïté, que le droit et la pratique militent en faveur de la promotion d'une mauvaise gestion des deniers publics, ou à tout le moins, une gestion qui met l'accent sur la quantité et non sur la qualité de la dépense publique.

B. Une logique de consommation des crédits budgétaires dans le régime des procédures spécifiques

En disposant que l'AOO est la règle, l'art. 28 de la Directive n°04/2005 distingue, en même temps, deux catégories de mode de passation des marchés publics. Il s'agit des modes exigés lorsque le montant du marché est supérieur ou égal à un certain seuil et des modes qui sont envisageables lorsque le montant est en deçà de ce seuil.

---

333 Décision n°011/ARMP/CRMP/CRD en date du 11 juin 2008 du Comité de règlement des différends statuant en commission Litiges sur l'avis négatif émis par la DCMP à la demande d'autorisation du ministère de l'Intérieur de passer un marché par entente directe le marché de l'extension du réseau de production des passeports numérisés. Pour les détails de cette décision, voir http://documents.armp.sn/IMG/pdf/ Decisions_ No_011.pdf (consulté le 11 janvier 2013).

334 Décision n°073/11/ARMP/CRD du 25 mai 2011 du comité de règlement des différends statuant en commission Litiges sur la demande de la société anonyme « Petit Train Bleu » sollicitant une autorisation de passer par entente directe sa commande relative à l'acquisition de gaz oïl en tickets sur http://documents.armp.sn/IMG/pdf/ Decisions_No_073_-11.pdf (consulté le 11 janvier 2013).

Pour la fixation de ces seuils, la directive se réfère aux CMP des Etats. En conséquence, il appartient à chaque Etat de le faire en fonction de ses choix politiques, de ses priorités et possibilités économiques.

Le critère de distinction entre ces deux catégories de procédures est, sans doute, le degré de liberté dont dispose l'AC dans le choix de son partenaire contractuel. En effet, plus le montant du marché est bas plus l'AC dispose d'une certaine liberté dans le choix et la mise en œuvre des procédures de passation du marché concerné.

C'est au nom de cette liberté que le Sénégal a prévu à l'art. 53 de son CMP que les procédures contraignantes ne s'appliquent qu'aux marchés d'un montant supérieur ou égal à 70.000.000 FCFA pour les travaux et 50.000.000 FCFA pour les fournitures, services courants et prestations intellectuelles. Lorsque le montant est inférieur à ces seuils, le marché fait l'objet d'une demande de renseignement et des prix (DRP) conformément aux dispositions pertinentes d'un arrêté du MEF du 07 janvier 2015[335].

Au Niger, la fixation des seuils de passation des marchés n'a jamais été du ressort des CMP[336]. Dans cet Etat, le choix a toujours porté sur un acte réglementaire d'une force juridique inférieure à celle de l'acte instituant le CMP. Le souci est d'obtenir un acte juridique flexible et facile à modifier en fonction des circonstances du moment. L'acte réglementaire en vigueur est l'arrêté n°0037/CAB/PM/ARMP signé le 21 janvier 2014[337]. Aux termes de l'art. 2 de cet arrêté, tout achat public d'un montant inférieur à 50.000.000 FCFA HT s'effectue sur simple facture. L'art. 7 du même arrêté ajoute que tout achat public d'un montant égal à 50.000.000 FCFA HT et inférieur à 55.000.000 FCFA HT peut être effectué par consultation des fournisseurs dont les modalités de mise en œuvre sont définies à l'art. 48 du CMP.

Au total, l'on constate que deux principaux modes spécifiques sont prévus dès lors que le montant du marché est en deçà des seuils. Il s'agit des DRP pour le Sénégal et des consultations des fournisseurs (CF) pour le Niger et auxquels il faut ajouter les achats sur facture qui prennent, également, des proportions inquiétantes.

---

335 Il s'agit de l'arrêté n° 00107 du 07 Janvier 2015 relatif aux modalités de mise en œuvre des procédures de demande et de renseignement des prix en application de l'art. 78 du CMP.

336 Au temps où le CMP était adopté à travers une loi, celle-ci renvoyait à un acte règlementaire pour la fixation des seuils de passation des marchés (voir, par exemple l'art. 41 de l'ordonnance n°2002-007 du 18 septembre 2002 portant CMP au Niger qui dispose que « lorsque la commande est inférieure à un certain seuil fixé par voie réglementaire… ». Cet acte réglementaire était l'arrêté n°303/ME/F du 9 septembre 2003 fixant les seuils de passation des marchés publics.

337 Cet arrêté a abrogé l'arrêté n°0143/CAB/PM/ARMP du 29 juin 2012 fixant les seuils dans le cadre de la passation et l'exécution des marchés publics au Niger (Journal officiel, spécial n°08 du 20 mars 2013, p. 311).

Ce constat vise un objectif : vérifier si ces modes tels qu'ils sont conçus et mis en œuvre sont en adéquation avec les préoccupations et exigences des articles 2 et 28 de la Directive n°04/2005. La situation n'incite guère à l'optimisme. En effet, que l'on soit au Sénégal avec les DRP **(1)** ou au Niger avec les consultations des fournisseurs **(2)**, la volonté affichée est quasiment la même : que les AC consomment rapidement le maximum de crédits budgétaires mis à leur disposition.

1. Une reconfiguration des DRP au Sénégal

En fixant les seuils de passation des marchés, l'art. 53 du CMP du Sénégal précise que lorsque les montants sont inférieurs à ces seuils, les marchés correspondants font l'objet des DRP conformément aux dispositions de l'art. 78 du même Code. Cet article renvoie, à son tour, à un arrêté du MEF pour la définition des modalités de mise en œuvre de cette procédure[338].

Aux termes de cet arrêté, trois (3) catégories de DRP sont créées et aménagées[339]. Il s'agit des DRP dispensées de forme écrite, des DRP à compétition restreinte et des DRP à compétition ouverte.

La première DRP est indiquée lorsque le montant du marché est inférieur à 5.000.000 FCFA TTC pour les travaux et les prestations intellectuelles et à 3.000.000 FCFA TTC pour les fournitures et services. Dans ces cas, l'art. 2 de l'arrêté précité prévoit que l'AC peut recourir à une demande de cotation auprès d'au moins trois (3) candidats qui seront consultés suivant les modalités laissées à la libre appréciation de cette AC.

Quant à la deuxième DRP, c'est-à-dire, celle à compétition restreinte, elle est autorisée lorsque le montant du marché est inférieur à 25.000.000 FCFA TTC pour les travaux et les prestations intellectuelles et à 15.000.000 FCFA TTC pour les services et fournitures courants. Pour la mise en œuvre de cette procédure, l'art. 3 de l'arrêté précité permet à l'AC de choisir les modalités de publicité et de solliciter, simultanément, par écrit des prix d'au moins cinq (5) entreprises choisies en raison de leur capacité à exécuter le marché.

Concernant la dernière DRP, à savoir celle à compétition ouverte, elle est exigée lorsque le montant du marché est inférieur à 70.000.000 FCFA et supérieur ou égal à 25.000.000 FCFA TTC pour les travaux ; inférieur à 50.000.000 FCFA TTC et supérieur ou égal à 15.000.000 FCFA pour les services et fournitures et inférieur à 50.000.000 FCFA et supérieur ou égal à 25.000.000 FCFA pour les prestations intellectuelles. Pour la passation du

[338] Il s'agit de l'arrêté n°00107 du 07 janvier 2015 relatif aux modalités de mise en œuvre des procédures de demande de renseignements et de prix en application de l'article 78 du Code des Marchés publics.

[339] Il n'était prévu qu'une seule catégorie de DRP à l'art. 78 du décret n°2011-1048 du 27 juillet 2011. Elle était indiquée lorsque le montant du projet de marché est inférieur à 25.000.000 FCFA pour les travaux et les prestations intellectuelles ; 15.000.000 FCFA pour les services et fournitures courantes. Avec l'abrogation de ce décret la signature du nouveau, cette procédure devient la DRP à compétition restreinte.

marché selon ce mode, l'art. 5 de l'arrêté précité dispose que l'AC doit lancer un avis d'appel à concurrence à compter de la publication duquel, un délai de 15 jours est imparti aux candidats pour préparer et déposer leurs offres[340].

L'aménagement de ces trois (3) formes de DRP est consécutif à l'important relèvement des seuils de passation des marchés publics opéré au Sénégal[341]. Ce relèvement, il faut rappeler, s'inscrit dans la perspective d'augmenter le taux d'absorption des crédits budgétaires et donc du niveau de réalisation des objectifs définis dans ce que les autorités politiques appellent le Plan Sénégal Emergent[342]. En effet, dans cet Etat, le discours et propos diffusés çà et là sont sans équivoque : les procédures de passation des marchés mettaient les AC « *dans l'impossibilité d'absorber les crédits mis à leur disposition* »[343] et il ne faut que le CMP soit un obstacle à la réalisation des politiques publiques. C'est au regard de toutes ces considérations qu'il a été décidé de réduire les délais et de relever les seuils de passation des marchés afin de faciliter la consommation des crédits budgétaires.

La gradation constatée dans l'aménagement des modalités de mise en œuvre des DRP traduit la volonté de trouver un certain équilibre entre le souci d'accélérer le rythme d'absorption des crédits budgétaires, la liberté qui doit être reconnue aux AC lorsque le montant du marché est assez faible et les exigences posées aux articles 2 et 28 de la Directive n°04/2005.

Toutefois, un tel équilibre n'a pas été totalement trouvé pour, au moins, deux raisons :

En premier lieu, il apparait qu'aucun contrôle *a priori* n'est prévu dans la mise en œuvre de ces procédures et ce, en violation flagrante de l'esprit et de la lettre de l'art. 28 de la Directive n°04/2005[344]. En conséquence, les AC peuvent

---

340 Pour le reste, tout se passe comme dans le cadre d'un AOO.

341 En ce qui concerne les marchés de l'Etat, des collectivités locales et des établissements les seuils sont de : 70.000.000 FCFA pour les travaux alors qu'ils de 25.000. 000 FCFA ; 50.000.000 pour les services et fournitures courantes alors qu'ils étaient de 15.000.000 FCFA et 50.000.000 FCFA pour les prestations intellectuelles alors qu'ils étaient de 25.000.000 FCFA dans le décret n°2011-1048 du 27 juillet 2011.

342 A propos de ce document de référence des interventions de l'Etat, des partenaires techniques et financiers, du partenariat public-privé et de la participation citoyenne, à moyen terme voir http://www.gouv.sn/Plan-Senegal-Emergent-PSE.html (consulté le 05 mai 2015).

343 Voir sur cette question, « Rétrospectives 2014, succès au groupe consultatif de Paris : La confiance renouvelée des bailleurs au Sénégal » in http://www.lesoleil.sn/index.php?option=com_content&view=article&id=43913:retrospectives-2014-succes-au-groupe-consultatif-de-paris-la-confiance-renouvelee-des-bailleurs-au-senegal-&catid=78:a-la-une&Itemid=255 (consulté le 22 mars 2015).

344 Dans le souci de soumettre toutes les procédures dérogatoires au même régime et contraintes procédurales, cet article dispose que « l'appel d'offres ouvert est la règle, le recours à tout autre mode de passation doit être exceptionnel, justifié par l'autorité contractante et être autorisé au préalable par l'entité administrative chargée du contrôle des marchés publics ».

tailler et retailler le montant afin qu'il reste en deçà des seuils dans le seul but de passer le marché en toute discrétion. En tous les cas, le contrôle *a posteriori* sur lequel les autorités politiques ont compté pour alléger, voire, supprimer le contrôle *a priori* est inefficace.

En deuxième lieu, l'arrêté fait, entièrement, confiance aux AC quant au choix des délais, des modalités de publicité et de mise en concurrence. En effet, le fait d'exiger à ce que des lettres d'invitation soient envoyées de façon simultanée à, au moins, trois (3) ou cinq (5) candidats ne règle nullement le problème. Dans la pratique, il nous a été donné de constater que certaines subterfuges sont utilisées par les AC pour, soit envoyer les lettres à des entreprises dont certaines sont fictives[345], soit demander à la même entreprise de présenter trois ou quatre offres ou factures différentes[346], soit envoyer les lettres à des dates différentes, rompant par-là, l'égalité de traitement des candidats. En tous les cas, le souci de garantir une concurrence réelle est largement faussé par l'existence des ententes entre certaines AC et les candidats. En conséquence et au regard du dispositif en place, l'AC a toujours la possibilité de choisir librement son partenaire contractuel. C'est en cela qu'il est important de réfléchir sur les mécanismes de contrôle de ces mesures de publicité[347].

Cette situation est assez inquiétante au regard des nouveaux montants. En effet, déjà dans l'ancien CMP, il a été donné de relever que certaines AC fractionnaient abusivement, les montants de leurs marchés afin qu'ils n'atteignent pas les seuils de 15.000.000 ou 25.000.000 FCFA[348]. La volonté est de passer le marché avec moins de contraintes possibles et favoriser son candidat au détriment des principes fondamentaux posés à l'art. 2 de la Directive n°04/2005. C'est en raison de cette souplesse que les DRP se présentent comme les modes de passation des marchés les plus prisés des AC. Dans son dernier rapport, l'ARMP a pu relever que 73 % des marchés de la gestion 2013 ont fait l'objet des DRP[349].

Avec les nouveaux textes, la volonté affichée est assez claire : encourager les AC à consommer, rapidement, le maximum de crédits budgétaires. L'accent

---

345 Dans plusieurs missions d'audit, il a été donné de constater que les éléments d'identification de l'entreprise consulté à savoir le NINEA, le siège, le numéro de téléphone sont en réalité fictifs. L'entreprise n'a aucune existence juridique.

346 A ce niveau également, l'on a pu constater l'existence de plusieurs éléments qui poussent à conclure que c'est la même entreprise qui a été consulté et qui a présente plusieurs offres ou factures différentes. L'on relève dans deux ou trois offres le même style rédactionnel, les mêmes fautes etc…des éléments de nature à créer un doute sur la différence entre ces soumissionnaires.

347 Voir sur cette question, A. CLAEYES, « Le contrôle du juge sur l'exigence de publicité adaptée en matière de marché public : CE, 7 octobre 2005, Région Nord-pas-Calais », *RDP* n°4 2006, pp. 1067-1083.

348 Cf. infra pp. 60-61.

349 Voir rapport ARMP 2013, p. 13 disponible sur http://www.armp.sn/images/rapport/armp_rapport_annuel_%202013.pdf (consulté le 28 avril 2015).

est, ainsi, mis sur la quantité et non sur la qualité de la dépense publique, pourtant, voulue par la réforme des finances publiques en général. En effet, malgré les critiques dont elles font l'objet, il apparait que les DRP d'un montant inférieur à 25.000.000 FCFA et 15.000.000 FCFA n'ont subi aucune amélioration quant aux formalités à observer et au nombre de candidats à consulter[350]. L'habitude étant prise, les AC vont, très probablement, persister dans leur pratique de fractionnement afin de ne pas dépasser ces seuils et passer leurs marchés. Du coup, les DRP à compétition ouverte qui exigent des formalités de publicité assez contraignantes risquent d'être reléguées au second plan. En d'autres termes, les AC essaieront de faire en sorte que les montants de leurs marchés ne dépassent pas les seuils des DRP à compétition restreinte.

En tous les cas, le maintien de ces DRP dans leur aménagement actuel, constitue un manquement dans la transposition des articles 2 et 28 de la Directive n°04/2005.

Au regard des montants en jeu (seuils de DRP) et des pratiques de fractionnement qui tendent à se généraliser, il y a fort à craindre quant à l'atteinte des objectifs de rationalisation de la dépense publique voulue par le législateur communautaire. C'est pourquoi, il est important d'accompagner et de sensibiliser les AC dans la mise en œuvre de ces nouvelles procédures de passation des marchés publics.

Au Niger, aussi, les préoccupations et la démarche sont, à peu près, les mêmes que celles du Sénégal.

2. Une redéfinition de la procédure de consultation des fournisseurs au Niger

L'art. 48 du CMP dispose que « *lorsque la commande est inférieure à un seuil fixé par arrêté du premier Ministre, il peut être passé des marchés par consultation des fournisseurs sans qu'il soit nécessaire de requérir l'autorisation préalable de l'entité administrative chargée du contrôle a priori des marchés publics* ». Jusqu'en 2014, ce seuil était fixé par l'arrêté n°0143/CAB/PM/ARMP du 29 juin 2012 à 10. 000.000 FCFA HT[351] et ce, pour

---

[350] L'art. 3 de l'arrêté 00107 du 07 janvier 2015 ne prévoit ni autorisation ni avis de la DCMP. Il ne prévoit aucune mesure de publicité spécifique en dehors de l'envoi simultané de cinq (5) lettres d'invitation.

[351] Il ne dispose que «*tout achat public d'un montant égal ou supérieur à dix millions (10.000. 000) De francs CFA hors taxes, réalisé par l'État, les Établissements Publics, les Sociétés d'État, les Sociétés d'Économie Mixte, les Communes et Communautés Urbaines, donne lieu à la passation d'un marché public conformément aux dispositions du code des marchés publics et de ses textes d'application* ». L'arrêté ajoute à son art. 2 que « *tout achat public d'un montant inférieur à dix millions (10.000.000) de francs CFA hors taxes réalisé par l'État, les Établissements Publics, les Sociétés d'État, les Sociétés d'Économie Mixte, les Communes et Communautés Urbaines, s'effectue sur simple facture et ne donne pas lieu à la passation d'un marché public.*

toutes les catégories des AC[352]. En conséquence, seuls les marchés d'un montant inférieur à 10.000.000 FCFA HT faisaient l'objet des consultations des fournisseurs.

Mais avec l'adoption du Plan de Développement Économique et Social (PDES) 2012-2015[353], les autorités politiques avaient estimé qu'ils existaient, dans les textes et dans les pratiques, quelques obstacles qui gênaient sa mise en œuvre. Ces obstacles s'apprécient à l'aune du taux d'absorption des crédits budgétaires. L'étude menée, sur la question, a conclu à un faible taux de consommation de ces crédits au Niger[354].

Ce constat étant fait, il convient de sérier les causes avant d'envisager les solutions. Plusieurs domaines ont été ciblés.

Concernant celui des marchés publics, il a été mis en place, par arrêté n° 158/PM du 28 juin 2011, un Comité de réflexion sur les mécanismes de passation et de contrôle des marchés publics afin de procéder à une analyse du cadre juridique et institutionnel du système des marchés publics ainsi que des pratiques en la matière. Dans ses conclusions, le comité fait ressortir qu'il existe, effectivement, certains facteurs de blocage dans le dispositif des marchés publics de nature à avoir une incidence sur le taux de consommation des crédits. Ces facteurs seraient inhérents tant au cadre juridique et institutionnel des marchés publics[355]qu'au comportement des acteurs. Ce qui l'a amené à formuler plusieurs recommandations[356].

---

[352] L'institution de ce seuil unique pose quelques problèmes. En effet, à partir du moment où l'Etat et les autres personnes morales visées par cet arrêté n'ont pas les mêmes possibilités financières, il serait incohérent de leur imposer les mêmes procédures pour les mêmes montants. Rares sont les marchés des établissements publics ou des collectivités locales qui atteindraient ce seuil fatidique de 10 million. Par conséquent, beaucoup d'entre eux, risquent de ne recourir qu'aux procédures simplifiées, d'où la nécessité de définir des seuils adaptés aux possibilités financières de chaque AC. Voir Journal officiel de la République du Niger, spécial n°08 du 20 mars 2013, p.311.

[353] Sur les axes prioritaires du PDES et les résultats attendus, voir, http://www.lesahel.org/index.php/component/k2/item/1708-programme-de-developpement-economique-et-social-du-niger-pdes-2012-2015-et-de-linitiative-3n--cinq-axes-strategiques-declines-en-11-resultats-strategiques (consulté le 24 mars 2015).

[354] Voir, Ministère du Plan, de l'aménagement du territoire et du développement communautaire : Étude sur le taux de consommation des crédits des investissements publics au Niger, Juillet 2013.

[355] A propos de l'impact du dispositif institutionnel des marchés publics sur le taux d'absorption des crédits, cf. supra. pp. 490-493.

[356] Le comité recommande de :

- réviser les textes portant organisation et attributions de la DGCMP, dans l'objectif de renforcer ses capacités institutionnelles, notamment en spécifiant le profil des agents ;
- réviser l'arrêté n° 146/CAB/PM/ARMP du 29 juin 2012 fixant les délais dans le cadre de la procédure des marchés publics et des délégations de service public ;
- exiger une caution en cas de recours auprès de l'ARMP, dans le but de limiter les recours abusifs ou fantaisistes ;

Toutefois, il apparait qu'aucune de ces recommandations n'a trait au relèvement du seuil de passation des marchés. Malgré cela, l'arrêté du 29 juin 2012 précité a été abrogé et remplacé par l'arrêté n° 0037/CAB/PM/ARMP du 21 janvier 2014 afin de fixer des nouveaux seuils de passation des marchés au Niger[357].

Cet arrêté consacre une modification substantielle, à la limite démesurée, des montants pour lesquels les AC ne sont pas tenues de recourir aux procédures contraignantes de passation des marchés. En effet, il est écrit à son art. 2, que tout achat d'un montant inférieur à 50.000.000 FCFA HT s'effectue sur simple facture. Sur le terrain procédural, il suffit, pour l'AC, de solliciter et de comparer, au moins, trois (3) factures pro-forma ou demandes de proposition pour choisir son partenaire contractuel.

Dans la même logique, il est prévu à l'art. 7 de cet arrêté, que « *tout achat public réalisé par l'État d'un montant égal à 50.000.000 FCFA HT et inférieur à 55.000.000 FCFA HT peut être effectué par consultation des fournisseurs* ». Pour la mise en œuvre de cette procédure, l'art. 48 du CMP demande aux AC d'envoyer des lettres d'invitation à soumissionner et de comparer les propositions obtenues d'au moins trois (3) candidats afin de garantir l'obtention d'un prix compétitif.

Au total, que l'on soit dans le cadre des achats sur facture ou des consultations des fournisseurs, le constat est le même : le droit nigérien est en totale contradiction avec les dispositions des articles 2 et 28 de la Directive n°04/2005 en ce sens qu'il ne prévoit ni avis ni contrôle avant la mise en œuvre de ces procédures.

- Limiter autant que faire se peut le nombre d'intervenants dans le circuit de signatures des marchés publics, afin d'éviter la lenteur et de lutter contre la corruption ;
- Renforcer, par la formation, les capacités/qualifications des agents des Divisions Marchés Publics (DMP) et définir le profil de recrutement desdits agents ;
- Création d'une section « Marchés Publics » à l'ENAM ;
- Élaboration d'un manuel de procédures à l'usage des acteurs des marchés publics ;
- Doter en personnel qualifié les DMP et la DGCMP qui étaient en sous-effectif ;
- Séparer les fonctions de « contrôle des marchés publics » avec celles du « contrôle financier » ;
- Instituer une fiche de suivi pour améliorer la traçabilité des dossiers de marchés publics ;
- Accélérer la mise en place du programme « E. Gouvernement » et de l'Intranet Gouvernemental pour permettre l'application à grande échelle des TIC au sein des administrations publiques et leur interconnexion ;
- Mettre en place un système de suivi-évaluation du système des marchés publics ;
- Appliquer des sanctions disciplinaires et/ou pénales lors de manquement professionnel des agents et attribuer aussi des récompenses pour ceux qui se distinguent par leur travail;
- Diligenter un audit par un cabinet spécialisé sur les procédures, les délais et les formalités en matière de marchés publics, ainsi que sur la qualité de la dépense publique.

Pour toutes ces recommandations, voir ce rapport, pp. 21-22.

[357] http://www.armp-niger.org/workspace/uploads/reglementation/arrete-37.pdf (consulté le 24 mars 2015).

Il s'agit des manquements assez graves dans la transposition de cette directive en ce sens qu'une part importante des marchés est passée en dehors de tout contrôle et de toute contrainte.

Le rejet de toute forme de contrôle *a priori* risque, indiscutablement, de porter un préjudice sérieux à l'idée de rationalisation de la dépense publique et ce, au regard des montants assez élevés. En effet, jusqu'à 50.000.000 FCFA HT, les AC nigériennes sont libres de choisir qui consulter, quand consulter et comment consulter. L'essentiel est que le nombre de candidats consulté ne soit pas inférieur à trois (3). Cette exigence ne garantit, nullement, la fiabilité de la mise en concurrence. En effet, dans la pratique, il a été donné de constater que, dans un premier temps, les AC usent et abusent des pratiques de fractionnement afin que le montant du marché reste dans les limites du seuil toléré. Dans un deuxième temps, un simulacre de mise en concurrence est, souvent, organisé à travers lequel, il est demandé à un opérateur économique de déposer trois (3) factures ou propositions différentes afin de respecter les exigences formelles posées à l'art. 48 du CMP. Le tour étant ainsi joué, le marché est attribué à l'opérateur économique connu et choisi à l'avance. C'est pourquoi, certains acteurs n'hésitent pas à qualifier cette procédure de passation de marché de leurre, de source de corruption, d'enrichissement illicite, de gaspillage des ressources publiques, en tout cas d'attentatoire aux principes fondamentaux de la commande publique. Ces derniers, on le sait, visent à permettre à l'AC de faire le meilleur achat possible pour une satisfaction efficace des besoins d'intérêt général. C'est pourquoi, l'un des défis majeurs de la définition des procédures et de leur mise en œuvre consiste, à bien des égards, à trouver un bon équilibre entre le renforcement de la transparence et l'efficacité de la procédure. Autrement dit, il faut veiller à ce que la mise en œuvre des dispositions sur la transparence ne soit pas une source de gêne, de lenteur dans la passation des marchés et de surcroit, pour l'AC, d'où la nécessité de ne pas l'enfermer dans des contraintes procédurales absolues. Toutefois, ce souci d'allégement des procédures doit tenir compte des montants en jeu.

Aussi, des mécanismes de sanctions doivent-ils être aménagés et mis en œuvre dès lors que des pratiques de fractionnement arrivent à être décelées. C'est à ce prix que l'idée de responsabilisation des acteurs et de l'allègement des procédures portera ses fruits.

Le mode de passation des marchés publics déterminé, les autorisations ou avis obtenus, il ne reste plus qu'à le mettre en œuvre afin de choisir le titulaire du marché public. Cette étape, aussi, importante a fait l'objet d'une attention particulière par le législateur communautaire.

Il reste à voir, si les rédacteurs des CMP des Etats concernés et la pratique développée dans ce sens ont, effectivement, pris en compte les préoccupations de la Directive n° 04/2005, qui visent à renforcer la transparence dans cette phase, objet de toutes les suspicions.

SECTION II : UNE RIGUEUR DE FAÇADE DANS L'ENCADREMENT DES FORMALITÉS D'ACHÈVEMENT DES PROCÉDURES

La procédure de passation d'un marché peut connaitre deux issues : une issue malheureuse qui conduit à son avortement[358] et une issue heureuse qui débouche sur l'attribution du marché.

Dans cette deuxième hypothèse, il y a lieu de se demander si l'encadrement de la phase d'attribution du marché prend en compte les principes fondamentaux de la commande publique tels qu'ils sont définis à l'art. 2 de la Directive n°04/2005 et repris par les CMP des États sous examen.

Pour répondre à cette préoccupation, il convient de cerner les critères d'examen des candidatures et des offres, les différentes mesures de publicité dans leur conception et dans leur mise en œuvre afin de voir s'ils sont de nature à garantir la transparence et l'égalité de traitement des candidats. Ces différents critères et mesures méritent que l'on s'y attarde au regard de la plus grande attention dont ils font l'objet de la part de tous les acteurs de la commande publique. C'est pourquoi, un accent particulier sera mis sur le nouvel encadrement de ces procédures d'attribution du marché (**Paragraphe I**) avant de s'appesantir sur les formalités nécessaires à sa mise en vigueur (**Paragraphe II**).

Paragraphe I : Le nouvel encadrement des procédures d'attribution du marché

La phase d'attribution du marché fait l'objet d'une attention particulière, aussi bien, par le législateur communautaire que par les législateurs nationaux.

La surveillance, tous azimuts, de cette étape se justifie par l'ampleur de contestations qu'elle suscite. En effet, à y regarder de près l'on se rend compte que l'essentiel de contentieux relatifs à la passation de marchés publics porte,

---

358 Le mobile essentiel de la conclusion d'un marché public est la satisfaction des besoins d'intérêt général mis à la charge de l'Administration. En fonction des exigences de cet intérêt général, l'Administration peut être amenée à opter pour telle ou telle procédure. Elle peut, pour les mêmes raisons, être amenée à renoncer à la conclusion du marché. Ainsi, autant l'Administration a la possibilité de conclure un marché pour satisfaire certains besoins d'intérêt général, autant, elle a la possibilité d'y renoncer pour le même motif et ce, même après la mise en branle de la procédure de sa passation. Il s'agit, de ce que l'on appelle, la déclaration sans suite ou la faculté de renonciation à la passation d'un marché ou son abandon.
La passation d'un marché peut, également, connaitre un avortement lorsque la procédure est déclarée infructueuse. Elle est infructueuse lorsqu'à la date limite du dépôt des offres, aucune offre n'a été déposée ou toutes les offres déposées sont inappropriées ou irrégulières.

soit sur le rejet d'une candidature, soit sur le rejet d'une offre, soit sur l'absence ou le déficit d'information à l'endroit des candidats évincés.

C'est au regard de la sensibilité de la question et de son caractère déterminant dans la procédure de passation des marchés que la Directive n°04/2005 et les CMP des Etats concernés se sont employés à fixer, avec rigueur, des critères clairs et précis aux fins de désignation de l'attributaire du marché (**A**). Les mêmes textes ont pris la précaution d'aménager des mécanismes d'information à l'endroit de tous les concurrents (**B**), une façon de se mettre en harmonie avec le principe de transparence. A l'aune de la pratique, l'on se rend compte que ces exigences ne sont que, faiblement, assimilées et mises en œuvre.

A. Une insuffisante maitrise des critères d'attribution du marché

A l'ouverture des plis, un écueil important doit être évité par les commissions des marchés (CM). Il s'agit de la confusion entre les critères d'analyse des candidatures et les critères d'analyse des offres. En conséquence, deux phases doivent être distinguées à ce stade de la procédure.

La première phase consiste à trier les soumissionnaires dont les offres seront examinées alors que la deuxième a pour objet l'analyse des offres présentées par les soumissionnaires éligibles afin de déterminer la moins disante de celles jugées conformes.

Ces deux phases obéissent à des logiques différentes. Elles doivent être distinguées et comprises aussi bien par les candidats, les soumissionnaires, les commissions des marchés, les responsables de préparation des dossiers d'appel à candidatures que par les structures en charge du contrôle des marchés publics.

Malheureusement, l'examen de certaines décisions des CRD témoigne de la fréquente confusion entre le rejet d'une candidature et le rejet d'une offre. Du coup, l'on constate que certains recours sont formés pour contester le rejet d'une offre mais pour un motif tiré de l'invalidité de la candidature même. Cette confusion est à la fois imputable aux candidats qui forment le recours, à la commission des marchés et aux instances chargées de trancher les contestations[359].

---

[359] C'est ainsi que dans une décision rendue le 11 janvier 2012 par le CRD de l'ARMP du Niger, il ressort que le directeur de l'entreprise ETEME a introduit un recours pour contester les motifs de rejet de l'offre de son entreprise. Il soutient avoir fourni, entre autres, les attestations de bonne fin.
Ce recours, formé contre le rejet d'une offre mais fondé sur l'attestation de bonne fin est à notre sens, maladroit. En effet, l'attestation de bonne fin, c'est-à-dire de bonne exécution des marchés similaires est une pièce exigée par le DAO afin d'apprécier la capacité technique et professionnelle de l'entreprise soumissionnaire, à exécuter le marché. Sa présence ou sa validité est vérifiée au stade de l'examen des candidatures et non à celui des offres. En d'autres termes, la pièce querellée est examinée, préalablement, à toute étude des offres. Par voie de conséquence, son absence ou son invalidité entraine le rejet de la candidature.

En somme, deux phases étanches sont à distinguer sur le terrain procédural : examen des candidatures, d'abord, et examen des offres, ensuite. A chacune de ces phases, le nouveau droit des marchés publics prévoit la possibilité de définir une diversité des critères afin de pousser les AC à asseoir leur choix sur plusieurs considérations à condition qu'elles ne soient pas discriminatoires. L'idée est de leur permettre de combiner plusieurs critères en fonction de l'objet du marché afin de miser, tantôt sur la qualité du cocontractant, tantôt sur la qualité de l'offre, tantôt sur son coût.

Toutefois, il a été donné de constater que cette diversification des critères pose quelques difficultés pratiques qui font qu'elle est rarement respectée aussi bien par les AC que par les soumissionnaires. C'est pourquoi, l'on est tenté de soutenir que si la diversification des critères d'examen des candidatures n'est que faiblement respectée**(1)** celle des critères d'examen des offres ne fait que traduire la valse-hésitation des concepteurs des CMP **(2)**.

1. Le faible respect des critères d'examen des candidatures

A priori, l'on peut penser que toute personne intéressée peut, au nom du principe de la libre concurrence, faire acte de candidature à une procédure de passation d'un marché public. Toutefois, ce principe n'ayant aucun caractère général et absolu, des restrictions lui sont apportées aussi bien au Niger qu'au Sénégal, conformément au droit communautaire. Ainsi, en fonction de l'objet et du montant des marchés des critères objectifs de participation à la compétition sont fixés.

Le rôle de la commission des marchés est de vérifier leur prise en compte effective par les différents soumissionnaires. Il s'agit d'une phase obligatoire, quelle que soit la procédure mise en œuvre et quel que soit le montant du marché.

Du point de vue, strictement, procédural, l'examen de la candidature précède, forcément, celui des offres et le rejet d'une candidature s'oppose à l'examen de l'offre, quelle que soit sa pertinence.

En l'espèce, l'entreprise ETEME, devrait orienter sa contestation vers le rejet de sa candidature et non celui de son offre, même si, du point de vue pratique, le rejet de la candidature entraine, fatalement, le rejet de l'offre.

Cette confusion est aussi imputable au service qui a élaboré le DAO, car l'art. 3 de l'IS stipule que, « *l'absence ou la non-conformité de l'une des pièces exigées entraine le rejet de l'offre* ». Il ressort de cette stipulation, une absence de discernement, quant à la nature de la pièce qui serait jugée absente.

Cette pièce, peut être relative à la recevabilité des candidatures, tout comme, elle peut porter sur la conformité de l'offre. Du coup, la pièce peut tantôt entrainer le rejet de la candidature, tantôt le rejet de l'offre. Voir Décision n°003/ARMP/CRD du 11 janvier 2012 sur l'examen du recours du Directeur General de l'Entreprise ETEME contre Ministère de la Défense Nationale suivant Appel d'offres ouvert international n°01/MDN/DRF/2011 portant acquisition de matériels HCCA au profit de la Direction Centrale de l'intendance militaire des forces armées nigériennes.

Deux catégories de restrictions ou exigences y sont introduites qu'on peut classer en restrictions générales, d'une part, et en restrictions spécifiques, d'autre part.

A propos de la première série de restrictions, il faut noter que leur objet est de bloquer l'accès aux marchés publics à tout candidat se trouvant dans la situation décrite. A ce sujet, S. Braconnier rappelle que « *le droit des marchés publics règle les conditions d'accès à ces marchés* »[360] et ce, au nom de l'intérêt général à la satisfaction duquel le cocontractant est associé.

L'on comprend, par-là, que c'est au nom de cet intérêt général dont la satisfaction passe par une bonne exécution des prestations que les CMP doivent ériger des barricades pour filtrer l'accès aux marchés publics. C'est dans cette logique que les Etats doivent comprendre et transposer les dispositions des articles 17 et 18 de la Directive n°04/2005[361].

Dans cette perspective, l'art. 43 du CMP du Sénégal et l'art. 17 du CMP du Niger ont prévu des cas d'exclusion de participation à toute procédure de passation des marchés publics. Il s'agit des atteintes autorisées aux principes de la libre concurrence et de l'égalité d'accès aux marchés publics.

Résumées à l'essentiel, ces exclusions postulent que l'opérateur économique susceptible de contracter avec la personne publique doit avoir la capacité générale de soumissionner. Cette exigence tient compte de trois considérations :

En premier lieu, le candidat doit, d'une part, posséder la capacité juridique de droit commun, c'est-à-dire, l'aptitude à faire acte de commerce et, d'autre part, ne pas être dans un cas d'interdiction en raison de sa situation économique et financière.

En deuxième lieu, l'entreprise ne doit pas être sous le coup de certaines sanctions administratives ou judiciaires[362] qui débouchent sur son exclusion ou sa suspension.

En troisième lieu, une attention particulière est accordée à la régularité de l'entreprise au regard des lois fiscales et sociales[363]. A ce propos M. D.

---

360 S. BRACONNIER, *Précis du droit des marchés publics*, op. Cit, p.194.

361 Ces deux dispositions définissent les règles relatives à la participation des candidats et soumissionnaires. Elles interdisent l'accès à certains candidats en raison, d'une part, des règles relatives au conflit d'intérêt (les entreprises dans lesquelles les membres de l'AC, de l'entité administrative chargée du contrôle des marchés, la PRM, les membres da CAM possèdent des intérêts financiers ou personnels de nature à compromettre la transparence des procédures de passation des marchés ; les entreprises affiliées aux consultants ayant contribué à préparer tout ou partie des dossiers d'appel d'offres ou de consultation) et, d'autre part, de leur situation économique, financière, administrative et judiciaire (ouverture d'une procédure collective à l'encontre du candidat et les candidats suspendus ou exclus de toute procédure de passation des marchés).

362 En cas de fraude, des exclusions temporaires ou définitives sont prononcées par le CRD par exemple.

363 Au sujet de cette exclusion, il faut relever que le droit des marchés publics est mis au service du respect et de l'effectivité de la législation fiscale et sociale. Cette disposition exclue, manifestement, les entreprises du secteur informel, qui en principe, ne paient pas

Chabanol rappelle que si la passation des marchés publics obéit au principe d'égalité de traitement des candidats, « *il est clair que le candidat qui se trouve en délicatesse avec ses obligations fiscales ou sociales…bénéficie d'un avantage indû par rapport à ses concurrents : ses charges sont allégées et le jeu entre eux n'est pas juste* »[364].

Toutefois, à propos des obligations fiscales, il faut noter que le paiement de l'impôt n'est pas un gage de comportement exemplaire car seuls les « apprentis-fraudeurs » cherchent à échapper à leurs obligations en se dispensant d'effectuer leurs déclarations. Le quotidien de redressement fiscal réside, plutôt, en correction des déclarations inexactes[365].

Au total, il est formellement interdit à toute entreprise se trouvant dans l'un de ces cas ci-dessus énumérés de soumissionner à un marché public. L'idée de fond est de permettre aux autorités contractantes de s'engager avec des entreprises viables, présentant toutes les garanties et une forte présomption de crédibilité.

En dehors de ces restrictions générales et communes aux deux Etats, il existe une restriction propre au droit nigérien. Elle se trouve à l'art. 52 de la Constitution qui dispose que « *durant son mandat, le Président de la République ne peut (…) prendre part, ni par lui-même, ni par autrui, aux marchés publics et privés de l'Etat et de ses démembrements.*

Les dispositions du présent article s'étendent aux Présidents des institutions de la République, au Premier ministre, aux membres du Gouvernement et aux députés ».

Cette disposition assez singulière peut susciter des interrogations : Pourquoi fermer l'accès aux marchés publics de l'Etat à une catégorie de citoyens parce qu'ils sont députés, Présidents des institutions de la République et membres du gouvernement ? N'y a-t-il pas là, une discrimination ou une rupture d'égalité des citoyens devant la loi, voire, devant « les avantages publics » ?

Ces questions ont reçu un début de réponse à travers l'intervention de l'interprète authentique de la Constitution qui a certifié, dans un avis, que le but de cette disposition « *est de protéger les biens publics en imposant des interdictions aux personnalités qui, de par leur position privilégiée à la tête ou*

---

les impôts, parce qu'elles ne sont pas en règle vis-à-vis de la législation. De ce fait, toutes les entreprises sont invitées à se mettre en règle dès lors qu'elles souhaitent faire acte de candidature à la passation d'un marché public. C'est le même effet, en ce qui concerne la législation sociale.

Un lien vient d'être établi entre le droit des marchés publics et le droit fiscal et social ; toute chose qui ne fait que confirmer le caractère transversal de la matière.

364 Voir D. CHABANOL, « Le choix du cocontractant : pouvoir discrétionnaire ou lié ? » Mélanges en l'honneur du Professeur M. Guibal, Montpellier, Presses de la Faculté de Droit de Montpellier 2006 p. 84.

365 D. CHABANOL, *op. cit*, p. 85.

au sein des institutions de l'Etat, pourraient tirer profit d'une manière ou d'une autre, des biens publics ou privés de l'Etat ou de ses démembrements... » [366].

Pour parer à toute ambigüité, quant au champ d'application de la disposition, le juge ajoute qu'il est formellement interdit aux personnalités visées à l'art. 52 de la Constitution d'user de leur position soit, personnellement, soit par le biais de prête-nom ou de société « écran », pour acquérir ou prendre en bail un bien appartenant au domaine de l'Etat ou de ses démembrements, ou de soumissionner à tout marché public ou privé de l'Etat ou de ses démembrements. L'interprétation ainsi donnée par le juge constitutionnel suscite, au moins, deux observations :

En premier lieu, si l'opportunité et la pertinence de cette disposition sont discutables dans d'autres Etats, tel n'est pas le cas du Niger où la disposition a bien une histoire et une justification. En vérité, le constituant nigérien de 2010 s'est inspiré du contexte national caractérisé par le scandale des « députés hommes-d'affaires » pour justifier la constitutionnalisation de leur exclusion des procédures de passation des marchés publics. En effet, il suffit d'organiser une petite enquête pour constater la cohérence des réponses données par les interrogés. Ainsi, à la question de savoir « *qui gagne les gros marchés publics de l'Etat au Niger ?* », les interrogés répondraient, sans ambages, que ce sont les députés nationaux. Mieux, ces interrogés citeraient, spontanément, des noms, tellement la presse nationale en parle. Dans ce contexte, il a été donné de constater que la participation de ces députés par le biais de leur statut de commerçant porte, gravement, atteinte à l'égalité des candidats.

L'évidence de cette atteinte ne souffre d'aucune ambiguïté dans la mesure où leur statut de députés nationaux est doublé de leur appartenance, pour l'essentiel, à la majorité parlementaire. C'est cette posture politique qui leur permet d'avoir un accès privilégié et facile à tous les besoins du gouvernement, à tous les dossiers et, par voie de conséquence, aux marchés des ministères et des autres autorités contractantes. En conséquence, l'exclusion des autorités citées à l'article 52 de la Constitution ne porte nullement atteinte à l'égalité des citoyens devant la loi et devant les marchés publics. C'est plutôt leur participation aux dites procédures au même titre que les opérateurs économiques ordinaires qui est de nature à rompre l'égalité de traitement des candidats.

Mais, une question juridique risque de se poser à propos de la portée de cette restriction. En effet, l'art. 52 de la constitution entend exclure, entre autres, les députés de toute participation aux procédures de passation des marchés publics organisées au nom et pour le compte de l'Etat et de ses démembrements. L'on peut, à juste titre, se poser la question de savoir si la disposition s'applique aux seuls députés nigériens ou à tous les députés y compris ceux de la sous-région.

---

366 Avis N°01/CCT/2012 du Conseil constitutionnel de Transition du Niger sur http://cour-constitutionnelle-niger.org/arrets_constitutionnelle_par_an.php (consulté le 5 avril 2013).

La question n'est pas sans intérêt car dans le souci d'aller vers une plus grande intégration régionale, il a été jugé nécessaire de ne plus limiter les appels à candidatures aux seuls opérateurs économiques nationaux. Ainsi, les appels à candidature peuvent être nationaux, communautaires ou internationaux. Dans ces deux dernières hypothèses, est- il de bon droit de bloquer les députés nigériens et permettre aux députés ivoiriens, béninois, sénégalais ou autres de participer à la passation des marchés publics au Niger ? Ou bien, il faut considérer que la disposition vise le statut des députés sans considération de leur pays d'origine et de ce fait, aucun député nigérien ou de la sous-région ne pourrait participer à la passation des marchés publics au Niger ?

En attendant une clarification du juge constitutionnel sur la question, l'on peut utilement convoquer l'esprit de la disposition. A la lumière de l'avis émis par le juge constitutionnel, il apparait que la préoccupation du Constituant de 2010 est d'empêcher les autorités visées de participer aux procédures de passation des marchés parce qu'elles usent de leur influence pour accéder facilement aux marchés publics et rompre, par-là, l'égalité de traitement des candidats. Dans ces circonstances, rien ne saurait justifier l'extension de cette disposition aux députés étrangers car aucun indice n'indique, un probable trafic d'influence qu'exerceraient ces députés étrangers sur les autorités contractantes nigériennes.

En conclusion sur ce point, l'on peut noter que l'art. 52 de la Constitution va dans le sens d'une bonne rationalisation de la dépense publique et de l'instauration d'une bonne gouvernance financière. En effet, autant les députés nationaux exercent leur influence sociale, politique et financière pour accéder aux marchés publics, autant, ils exercent les mêmes influences pour échapper à tout contrôle et à toute sanction en cas d'inexécution ou de mauvaise exécution du marché public concerné.

La disposition se justifie au regard de sa vocation, d'une part, à combattre l'inégalité des candidats devant les marchés publics et, d'autre part, à assainir la fonction du parlementaire qui se concilie peu avec les exigences des affaires. Mieux, l'interdiction n'est que temporaire car elle ne vise qu'un statut juridique ; celui du député, du ministre, du Président d'une institution de la République. Il suffit de se décharger de cette fonction pour sortir du champ d'application de l'interdiction et competir au même titre que n'importe quel opérateur économique.

<u>En deuxième lieu</u>, l'interdiction de participer aux procédures de passation des marchés publics vise le Président de la République, le Premier ministre, les ministres, les Présidents des institutions de la République et les députés. Il s'agit des plus hautes autorités appelées à agir au nom et pour le compte de l'Etat et à défendre ses intérêts. Dans ces conditions, peut-on légitimement leur permettre de contracter avec lui ? La question mérite qu'on s'y attarde. En effet, il est admis que la participation à une procédure de passation des marchés publics est une activité économique dans laquelle l'opérateur économique investit et s'investit dans l'espoir légitime de tirer profit ; un profit personnel. Dans ces

conditions, qu'est ce qui pourrait se passer si le candidat se trouve dans la situation de défendre à la fois l'intérêt général (les deniers publics en jeu dans l'exécution du marché public) et son intérêt particulier (les avantages personnels qu'il pourrait tirer de l'exécution du marché) ?

L'on se trouve, ainsi, dans un cas de conflit d'intérêt, c'est-à-dire, une situation dans laquelle un agent public a un intérêt personnel de nature à influer ou paraître influer sur l'exercice impartial et objectif de ses fonctions officielles.

Cette situation peut parfaitement se présenter car le rôle d'un député est de faire les lois et contrôler l'action gouvernementale. Dans le cadre de ce contrôle, il peut, comme nous le verrons plus loin, poser des questions écrites, des questions orales, interpeller les membres du gouvernement pour qu'ils expliquent les conditions dans lesquelles ils mettent en œuvre la politique de la nation. Il peut, à l'occasion, chercher à comprendre les conditions lesquelles certains marchés publics sont passés et exécutés dans tel ou tel ministère et en cas des manquements les dénoncer, voire, envisager des sanctions. Est-il objectivement possible, pour un député, d'envisager des telles actions lorsqu'il se trouve être le bénéficiaire de ces marchés irrégulièrement attribués ou exécutés ? Ne risque-t-il pas de sacrifier l'intérêt général au profit de son intérêt particulier ?

Manifestement, c'est cette situation de collusion entre les contrôleurs (les députés nationaux) et les contrôlés (les différentes autorités contractantes) que l'art. 52 de la Constitution cherche à combattre.

Malheureusement, cette disposition peine à trouver une application et un respect conformes à la volonté du Constituant. Tel a été, par exemple, le cas d'un marché de travaux d'aménagement et de bitumage de la route Filingué-Tahoua attribué à l'Entreprise Générale des Bâtiments et Travaux Publics (EGB/TP) appartenant à l'ancien député national Amadou Oumarou Maïnassara alors qu'au moment de l'attribution du marché sa démission de l'hémicycle n'a pas encore été constatée et acceptée.

Un groupe de députés de l'opposition politique a alors saisi le Conseil constitutionnel de Transition pour l'amener à constater l'inconstitutionnalité de la dite attribution du marché ! Dans son arrêt[367], le juge constitutionnel a relevé qu'il ressort des pièces versées au dossier (...) que l'entreprise EGBTP attributaire des marchés publics querellés est la propriété de Monsieur Amadou Oumarou Maïnassara, député dont la démission n'a pas été constatée par l'Assemblée nationale. Qu'il y a lieu, dès lors, de dire que l'interdiction posée par l'art. 52 de la Constitution n'a pas été respectée par le député Amadou Oumarou Maïnassara[368].

---

[367] http://cour-constitutionnelle-niger.org/arrets_constitutionnelle_par_an.php (consulté le 5 mai 2012).

[368] Cette décision a soulevé un tollé au sein de la classe politique nigérienne. En effet, il était question de savoir, quelle autorité sanctionner face à la violation, grave et manifeste, de la constitution ainsi constatée ?

Ces différentes règles sont censées être connues de tous les candidats. Du coup, cet examen vise simplement à vérifier leur respect par ces derniers.

C'est la première vérification à laquelle les commissions des marchés publics doivent procéder à l'ouverture des plis. Ainsi, les candidatures qui méconnaitraient ces règles sont purement et simplement rejetées. La décision devrait porter sur le rejet de la candidature de X pour tel motif et non le rejet d'une offre, car celle-ci n'étant pas encore examinée.

Après cette première vérification destinée à identifier les candidatures qui remplissent les conditions de droit commun, le droit des marchés publics impose l'examen des capacités particulières. Il s'agit de soumettre les candidats aptes à soumissionner aux marchés publics à une deuxième série d'examens. Celle-ci porte sur leur capacité à intervenir dans le champ couvert par l'objet du marché.

Les règles prévues, à cet effet, sont fixées dans le dossier d'appel à candidatures ou dans les lettres d'invitation et tiennent compte de l'objet du marché, de son montant et des circonstances de sa passation. L'art. 20 de la Directive n°04/2005 rappelle que tout candidat qui possède les capacités techniques et financières nécessaires à l'exécution d'un marché public ainsi

---

Faut-il sanctionner le ministre des infrastructures qui aurait violé l'arrêté n°001/MEF/SG/DCMP du 12 janvier 2011 qui dispose en son article 2 que : « *tout marché dont le montant est égal ou supérieur à 500 000 000 de francs CFA doit faire l'objet d'une communication de la structure responsable du marché au Conseil des ministres, après attribution*». Mais à ce niveau, nous notons que le problème n'est pas encore élucidé : est-ce que le marché en cause n'a, réellement, pas fait l'objet d'une communication en conseil des ministres ? Si, oui, le ministre des infrastructures est, pleinement, responsable de la violation de la constitution, car, il a attribué le marché à un entrepreneur de son parti nonobstant sa qualité de député, et au mépris de l'arrêté visé, parce qu'il n'a pas communiqué le marché en conseil des ministres.
En revanche, s'il a effectivement communiqué le marché en conseil, et que ce collège a validé l'attribution, provisoire, faite par le ministre des infrastructures, la responsabilité de violation des textes visés au moyen incombe à tous les membres du gouvernement, y compris le chef de l'Etat qui préside ce conseil. Faut-il ensuite, sanctionner le ministre de l'économie et de finances qui, en tant qu'ordonnateur principal et unique du budget de l'Etat a autorisé le décaissement d'une avance au titre de ce marché alors que sa légalité est incertaine ? Sous la pression combinée de la société civile et de l'opposition politique, les choses se sont précipitées. Ainsi, le conseil des ministres fut transformé en Tribunal pour prononcer l'annulation des marchés litigieux. Il s'agit d'une maladresse, à notre avis, car le gouvernement devrait d'abord, introduire une action en nullité du marché devant le juge. Cela aurait pu le mettre à l'abri de la critique tendant à évoquer une violation flagrante de la constitution sur la séparation des pouvoirs, puisque l'exécutif s'est substitué au pouvoir judiciaire pour prononcer une annulation. Constatant que cette décision continue de susciter des réactions, le chef de l'Etat a, dans un communiqué rendu sur les ondes de la radio nationale le 2 avril 2012, procédé à un remaniement technique du gouvernement. Les deux ministres, en l'occurrence, celui des infrastructures et celui de l'économie et des finances quittent le premier gouvernement de la 7è République.

qu'une certaine expérience doit pouvoir participer aux procédures de sa passation.

Au regard de cette disposition, l'aptitude du candidat à exécuter un marché doit être appréciée du point de vue technique, financier et de son expérience[369].

Au Niger, l'art. 18 du CMP dispose que « *chaque candidat (...), quelle que soit la procédure de passation des marchés employée, doit, aux fins d'attribution, justifier de ses capacités juridiques, techniques et financières dans son dossier d'offres. Il doit également justifier qu'il est à jour de toutes ses obligations fiscales et parafiscales dans son dossier d'offres* ».

Au Sénégal, l'art. 44 du CMP prévoit que « *...tout candidat à un marché doit justifier qu'il dispose des capacités juridiques, techniques, financières et environnementales requises pour exécuter le marché...* ».

Il s'agit de ce que l'on appelle communément les critères de qualification. Ils sont fixés dans le dossier d'appel à candidatures, notamment dans les données particulières et cherchent à mettre en exergue les capacités intrinsèques du soumissionnaire à exécuter le marché. Celui-ci doit justifier qu'il dispose de toutes les capacités juridiques, techniques, financières et environnementales requises pour exécuter le marché convoité en présentant les documents et attestations appropriés.

Les marchés étant divers, le contenu de ces capacités varie et suit la particularité du marché. C'est pourquoi, dans les deux Etats, les CMP se contentent d'indiquer les types de capacités à exiger et de laisser aux AC, le soin de les définir dans le dossier d'appel à candidatures. Elles ont, en conséquence, une certaine liberté dans la définition du contenu des différentes capacités ; une liberté qu'elles doivent exercer avec prudence pour ne pas porter atteinte à la libre concurrence et à l'égalité de traitement des candidats.

Au titre des capacités techniques, il est souvent demandé aux candidats de présenter une liste des principales fournitures ou des principaux services effectués au cours d'un nombre déterminé d'années ou une liste de travaux exécutés au cours de ces mêmes années. Cette présentation doit être accompagnée d'attestations de bonne exécution[370]. L'on peut, toujours, exiger au titre des capacités techniques, une déclaration indiquant l'outillage, le matériel et l'équipement dont le candidat dispose pour la réalisation des marchés de même nature.

Ces critères peuvent, également, porter sur l'expérience du candidat, quant à l'exécution des marchés similaires ou son ancienneté dans le domaine couvert

---

[369] Ces exigences visent à rendre compte des capacités du candidat à exécuter le marché. Du coup, une entreprise peut être apte à participer à une procédure de passation d'un marché mais ne pas disposer des aptitudes nécessaires à son exécution. C'est pourquoi, la Directive de l'UEMOA rappelle que le contenu de ces trois capacités doit être défini, en fonction des caractéristiques du marché et de son montant. Elles ne doivent pas, non plus, être discriminatoires, notamment, à l'endroit des PME.

[370] C'est pourquoi, les entreprises doivent toujours demander des attestations de service fait délivrées par le service bénéficiaire de la prestation qu'elles ont exécutées.

par l'objet du marché. Il s'agit là, d'une exigence qui vise à minimiser le risque d'un défaut de viabilité ou de pérennité d'une offre dans la mesure où il serait difficile d'appréhender le comportement professionnel d'un candidat nouvellement arrivé sur le marché.

Le paragraphe b de l'art. 44 du Code sénégalais précise qu'il soit versé au dossier « une note présentant le candidat et indiquant *ses moyens humains et techniques, toutes informations utiles sur les activités et marchés de même nature que le marché concerné* ».

L'examen des capacités techniques qui repose, ainsi, sur le personnel, le matériel et l'expérience de l'entreprise est important au regard de la nécessité de conclure le marché avec un candidat apte à l'exécuter. Certes, il ne préjuge pas des moyens qui seront, effectivement, mis en œuvre lors de l'exécution du marché mais cet examen permet d'avoir une première impression et d'asseoir une présomption sur la capacité du candidat[371]. L'idée est de voir si, techniquement, la capacité de l'entreprise à exécuter le marché peut être présumée.

Au titre des capacités financières, le CMP du Niger prévoit à son art. 21 qu'elles se justifient par une ou plusieurs des références suivantes : déclarations appropriées de banque ou organismes financiers habilités, la preuve d'une assurance des risques professionnels, la présentation des bilans ou d'extraits de bilan, une déclaration concernant le chiffre d'affaires global, le chiffre d'affaires du domaine d'activités faisant l'objet du marché pour, au maximum, les trois derniers exercices en fonction de la date de création de l'entreprise ou du début d'activité du soumissionnaire, dans la mesure où les informations sur ces chiffres d'affaires sont disponibles.

Quant au CMP du Sénégal, il se contente de prévoir à son art. 44, le paiement de redevance de régulation, le versement d'une garantie de soumission[372] et tout autre document permettant de juger de la capacité financière de l'entreprise[373].

---

[371] Généralement, les entreprises et cabinets d'études versent dans leur dossier de soumission les CV du personnel clé, c'est-à-dire les personnes qui seront déployées sur le terrain pour l'exécution du marché. C'est en fonction du profil et de l'expérience de ces personnes que la candidature est souvent retenue.

[372] Depuis la signature de l'arrêté n°00860 du 22 janvier 2015 fixant les seuils en dessous desquels il n'est pas requis de garantie de soumission, la constitution de cette garantie n'est plus systématique au Sénégal. Il s'agit, d'une mesure qui vise à alléger les difficultés que rencontrent certaines entreprises à disposer de cette garantie. Désormais, pour les marchés d'un montant estimé inférieur à 80.000.000 FCFA TTC (fournitures et services) et 100.000.000 FCFA TTC (travaux), l'AC peut ne pas exiger la fourniture d'une garantie de soumission.

[373] En pratique, les dossiers d'appel à candidature exigent les attestations de capacité financière (le flux de ressources disponibles dans le compte du candidat), l'attestation des liquidités ou facilité de crédits, les états financiers certifiés et le chiffre d'affaires.

D'autres exigences liées aux capacités spécifiques des candidats sont prévues dans les deux CMP. Il s'agit de ce que l'on appelle des critères sociaux et des critères environnementaux.

En matière sociale, le paragraphe c de l'art. 44 du CMP du Sénégal se réfère aux attestations justifiant que le candidat a satisfait à ses obligations à l'égard de la Caisse de Sécurité sociale, de l'Institut de Prévoyance Retraite du Sénégal (IPRES), des services chargés des recouvrements fiscaux et de l'Inspection du travail. En droit nigérien, les dispositions de l'art. 122 du CMP se veulent beaucoup plus prolixes et peu réalistes. En effet, avec un goût prononcé pour l'exhaustivité et l'irréalisme, cet article dispose que l'AC peut exiger, selon le cas, la production d'un rapport contenant les informations sociales suivantes : l'effectif total, les embauches en distinguant les contrats à durée déterminée et les contrats à durée indéterminée et en analysant les difficultés éventuelles de recrutement, les licenciements et leurs motifs, les heures supplémentaires, la main d'œuvre extérieure à la société ; le cas échéant, les informations relatives aux plans de réduction des effectifs et de sauvegarde de l'emploi, aux efforts de reclassement, aux réembauches et aux mesures d'accompagnement ; l'organisation du temps de travail, la durée de celui-ci pour les salariés à temps plein et les salariés à temps partiel, l'absentéisme et ses motifs; les rémunérations et leur évolution, les charges sociales, l'égalité professionnelle entre les femmes et les hommes; les relations professionnelles et le bilan des accords collectifs; les conditions d'hygiène et de sécurité; la formation ; l'emploi et l'insertion des travailleurs handicapés; les œuvres sociales; l'importance de la sous-traitance. Certes, le souci de faire œuvre sociale apparait, incontestablement, à travers cette disposition. Seulement, il faut se rendre à l'évidence, qu'il serait extrêmement difficile pour les agents chargés de préparer le dossier d'appel à candidatures de cerner ces critères, de les articuler et de les insérer à l'occasion du lancement d'un marché.

Mieux, la pertinence de certains d'entre eux est sujette à caution. C'est le cas par exemple des "œuvres sociales" ; un critère dont le contenu, on ne peut plus flou, risque de poser quelques difficultés d'interprétation. Que faut-il entendre par œuvre sociale ?

Au total, que l'on soit au Sénégal ou au Niger, la volonté est la même : lutter contre le chômage et protéger les salariés. Le droit des marchés publics est ainsi mis au service de la mise en œuvre des politiques sociales.

Mais le problème est qu'il est difficile d'établir un lien entre l'objet du marché et ces considérations sociales. En tous les cas, cette disposition risque, fort, d'être discriminatoire car, il serait très difficile pour certaines entreprises notamment les PME, de fournir certaines informations relatives à ces critères sociaux. Ils doivent, par conséquent, être utilisés avec prudence et réalisme.

En matière environnementale, l'art. 44 du CMP du Sénégal permet à son paragraphe h, aux AC, de demander aux candidats des renseignements sur leur savoir-faire en matière de protection de l'environnement. Il s'agit, d'une consécration explicite des préoccupations environnementales en droit des marchés publics du Sénégal[374].

L'idée mérite d'être saluée mais elle doit tenir compte du type du marché ou du marché pour lequel, la dimension environnementale est importante au risque d'être inutilement contraignante[375] et, par voie de conséquence, discriminatoire et attentatoire à la libre concurrence.

Le CMP du Niger poursuit son surréalisme en préconisant, aux AC, de demander aux entreprises, la présentation des informations relatives aux conséquences de leur activité sur l'environnement[376].

---

[374] Dans ce droit, l'on a constaté que son concepteur s'est abstenu de se référer aux aspects environnementaux au stade de la définition des besoins et de la fixation des spécifications techniques tout comme au niveau des critères relatifs à l'accès aux marchés publics de façon générale, malgré les appels de pied de certains spécialistes. C'est pourquoi, il faut admettre que la prise en compte, de cet aspect, au stade de l'examen des capacités particulières et qui impose la production des certificats de qualité, constitue un effort qui doit être pérennisé, généralisé et amélioré. Sur cette question, Voir M. NGAIDE, « *Aperçu sur les considérations environnementales dans les marchés publics au Sénégal* », revue des marchés publics n°8 du juin 2012 et n°9 d'août 2012. Dans cet article, M. NGAIDE déplore le fait que le rédacteur du code sénégalais ait raté l'occasion de la phase de définition des besoins, des spécifications techniques et des motifs de l'exclusion à toute participation à un marché public, pour introduire les préoccupations environnementales. Il s'agit dans l'esprit de l'auteur, de trois étapes qui devaient traduire la volonté des autorités sénégalaises à donner un contenu concret au droit de l'environnement. Ainsi, dans la définition des besoins, il apparaitrait clairement la volonté des autorités de promouvoir un achat vert et à travers les exclusions, le souci de tirer toutes les conséquences liées à la violation du droit de l'environnement car l'entreprise qui s'exposerait à des éventuelles sanctions pour violation de ce droit serait purement et simplement exclue de toute passation à un marché public au Sénégal.

[375] M. NGAIDE, op. Cit. p. 21

[376] Il s'agit, aux termes de son art. 123, des informations relatives à la consommation de ressources en eau, matières premières et énergie avec, le cas échéant, les mesures prises pour améliorer l'efficacité énergétique et le recours aux énergies renouvelables, les conditions d'utilisation des sols, les rejets dans l'air, l'eau et le sol affectant, gravement, l'environnement et dont la liste sera déterminée par arrêté des ministres chargés de l'environnement et de l'industrie, les nuisances sonores ou olfactives et les déchets; les mesures prises pour limiter les atteintes à l'équilibre biologique, aux milieux naturels, aux espèces animales et végétales protégées; les démarches d'évaluation ou de certification entreprises en matière d'environnement ; les mesures prises, le cas échéant, pour assurer la conformité de l'activité de la société aux dispositions législatives ; les dépenses engagées pour prévenir les conséquences de l'activité de la société sur l'environnement; l'existence au sein de la société de services internes de gestion de l'environnement, la formation et l'information des salariés sur celui-ci, les moyens consacrés à la réduction des risques pour l'environnement ainsi que l'organisation mise en place pour faire face aux accidents de pollution ayant des conséquences au-delà des établissements de la société; le montant des provisions et garanties pour risques en matière d'environnement, sauf si cette information est de nature à causer un préjudice sérieux à la société dans un litige en cours; le montant des indemnités versées au cours de l'exercice en exécution d'une décision judiciaire en matière d'environnement et les

L'exubérance des rédacteurs du CMP du Niger contraste avec le laconisme des rédacteurs du CMP du Sénégal en la matière.

Mais la difficulté avec cette disposition du Code nigérien se situe à deux niveaux :

En premier lieu, il serait extrêmement difficile, d'une part, aux agents chargés de préparer le dossier d'appel à candidature de cerner tous ces critères et d'en faire un choix en fonction du marché à passer et, d'autre part, aux candidats, de les comprendre et de préparer leurs dossiers en conséquence.

En deuxième lieu, il faut être réaliste et admettre, qu'en l'état actuel du droit nigérien de l'environnement, il est quasiment impossible de vérifier le respect de cette disposition au moment de statuer sur la recevabilité de la candidature. Sans exagération, il s'agit d'une disposition, pour le moment, illusoire à vocation décorative. Mais c'est une invite, aux autorités nigériennes d'aller dans le sens de la mise en œuvre du droit de l'environnement tel qu'il est contenu dans les accords auxquels elles ont souscrit.

L'ambigüité de la disposition attenue, fortement, sa pertinence et l'effort à aller vers le respect du droit de l'environnement ; toute chose qui se situe aux antipodes de la légistique[377] et traduit un certain art de mal légiférer.

Ces différents renseignements techniques, financiers, sociaux, environnementaux doivent être justifiés par l'objet du marché et une liste de renseignements non essentiels aurait pour conséquence d'écarter de nombreuses candidatures et porter, ainsi, atteinte à la libre concurrence.

Ainsi, en fonction des caractéristiques du marché, un ou plusieurs critères peuvent être insérés dans le dossier d'appel à candidatures et ces critères alternatifs ou cumulatifs, selon le cas, sont relatifs aux aspects techniques, financiers, sociaux, environnementaux[378].

Ces différentes capacités doivent être justifiées par des documents et attestations énumérés dans le dossier d'appel à candidature. Ainsi, la recevabilité de la candidature passe, nécessairement, par leur examen. Celui-ci consiste à vérifier, d'une part, si toutes les pièces exigées sont versées et, d'autre part, si elles sont régulières.

La première vérification ne pose pas de difficultés particulières à l'ouverture des plis. Elle se limite, en effet, à la confrontation des différents dossiers de soumission aux CMP et aux dossiers d'appel à candidature ou aux lettres d'invitation afin de voir si toutes les pièces exigées ont été versées. C'est, plutôt,

---

actions menées en réparation de dommages causés à celui-ci; tous les éléments sur les objectifs que la société assigne à ses filiales.

[377] K. GILBERT, « Une production du droit mieux raisonnée ? La diffusion de la légistique en droit français », Le *Courrier Juridique des Finances et de l'Industrie* - spécial légistique - juin 2008, pp. 47-53 [en ligne] URL : http://www.economie.gouv.fr/files/directions_services/daj/cjfi/2008/cjfi-special-legistique.pdf (Consulté le 27 janvier 2013).

[378] La combinaison est, dans tous les cas, faite par l'AC dans le souci de bien satisfaire le besoin d'intérêt général qui justifie la conclusion du marché.

la deuxième vérification qui nécessite une attention particulière, au regard de la tentation de fraude qui caractérise le comportement de certains candidats. En effet, l'examen de beaucoup de décisions, rapports d'audit et autres dossiers montre que certaines entreprises "se débrouillent" pour se procurer, les documents et attestations exigés dans le dossier d'appel à candidatures. Malheureusement, après vérification, beaucoup d'entre eux, sont irréguliers. Le CRD de l'ARMP du Sénégal a pu constater que « *dans le cadre de l'Appel d'offres pour la fourniture de mobilier et matériel de bureau au profit du Ministère de l'Enseignement technique et de la formation professionnelle, la société TMC a produit deux fausses attestations de service fait en vue de satisfaire les critères de qualification exigés* »[379]. Le CRD note que la société épinglée « *a commis les mêmes violations de la réglementation en produisant deux autres fausses attestations dans le cadre de l'appel d'offres relatif à l'acquisition de matériel pédagogique et didactique destiné aux lycées d'enseignement technique...* »

Aucun des critères de qualification n'est à l'abri de fraudes imputables aux entreprises. Le CRD a, dans une autre affaire, constaté que « *dans le cadre de la passation du marché de l'AGETIP ayant pour objet des travaux de construction et la réhabilitation de voiries dans la ville de THIES, de fausses attestations de bonne exécution de travaux similaires et des états financiers certifiés ont été déposés au nom de GTER SARL* »[380].

Certaines entreprises poussent l'audace à l'extrême en puisant dans les données personnelles de certains individus afin de satisfaire à l'exigence liée à la capacité professionnelle. Le CRD du Sénégal a découvert que « *dans le cadre de l'appel d'offres relatif aux travaux d'entretien courant des routes non revêtues du réseau classé de la Région de Louga lancé par l'AATR, le Groupe DISSO S.A a proposé Monsieur Cheikh WADE, ingénieur en génie civil de son état, comme géotechnicien et, à l'appui, a produit son CV* ». Seulement, le CRD constate *que « sur déclaration de Monsieur Cheikh Wade, celui-ci n'avait ni été*

---

379 Décision n°110/09/ARMP/CRD du 21 décembre 2009 du comité de règlement des différends statuant en formation disciplinaire sur des faits de production par la Société TOUBA MBACKE Constructions de fausses attestations de service fait, en violation de la réglementation sur les marchés publics, sur http://www.marchespublics.sn/pmb/fichiers/293190814b3b43b512562.pdf (consulté le 5 juin 2012).

380 Décision n°059/12/ARMP/CRD du 31 mai 2012 du CRD statuant en formation disciplinaire sur des faits reprochés à l'Entreprise Générale des Travaux d'Études et de réalisations (GTER SARL) relatifs à la production de faux documents dans le cadre de l'appel d'offres de l'Agence d'exécution des travaux d'intérêt public (AGETIP) ayant pour objet la construction et la réhabilitation des voiries dans la ville de THIES, sur http://www.marchespublics.sn/pmb/fichiers/2834558824fe8aa7281b32.pdf (consulté le 14 juillet 2013).

informé, ni autorisé l'utilisation de sa qualité et son CV par le Groupe DISSO S.A »[381].

Une fois l'analyse terminée, les candidatures interdites, insuffisantes ou irrégulières sont rejetées selon les règles propres à chaque procédure. Les candidats concernés sont informés et, ce sont, seulement, les offres déposées par des soumissionnaires jugés recevables qui seront examinées. L'examen des candidatures est, en effet, distinct de l'examen des offres car il porte un jugement sur le soumissionnaire, de manière générale, sans lien avec son offre.

2. Une certaine hésitation dans la définition et l'application des critères d'évaluation des offres

A ce stade de la procédure, un autre écueil doit être évité par la commission : il s'agit du risque de confusion entre la détermination de l'offre conforme et celle de l'offre la moins disante.

Dans un premier temps, il est question d'éliminer les offres non conformes avant, dans un deuxième temps, de procéder au classement des offres retenues afin de trouver la moins disante.

Sont concernées par l'élimination ou le rejet, les offres dites inacceptables, irrégulières ou inappropriées[382].

Les Commissions des marchés (CM) doivent se concentrer sur les offres jugées conformes, portées par des candidatures recevables et leur appliquer les critères préalablement annoncés afin de choisir la moins disante.

Ces critères sont prévus à l'art. 59 CMP du Sénégal et aux articles. 29. 2 et 92. 2 du CMP du Niger.

---

381 Décision n°014/09/ARMP/CRD du 13 janvier 2009 du Comité de Règlement des différends statuant en formation disciplinaire sur la saisine de l'Agence Autonome des Travaux Routiers (AATR) relative aux fausses déclarations fournies par le Groupe DISSO S.A dans le cadre de l'appel d'offres pour les travaux d'entretien courant des routes non revêtues du réseau classé de la région de Louga, sur http://www.marchespublics.sn/pmb/fichiers/209822164349b9317ad2459.pdf, (consulté le 5 mai 2012).

382 Une offre est dite inacceptable, lorsqu'elle n'est pas conforme à la réglementation en vigueur ou lorsque son montant est vraiment très supérieur à l'estimation financière (Voir dans ce sens, Jean Christophe Duval, *L'essentiel du droit des marchés publics*, Paris, ellipses 2010, p.88) alors que l'offre irrégulière est celle qui répond certes, au besoin de l'AC, mais ne respecte pas une des formalités prévues à l'avis de publicité (Est irrégulière par exemple, une offre qui ne contient pas une des pièces énumérées dans le dossier d'appel à candidature alors qu'elle est censée accompagner cette offre. C'est le cas par exemple de l'absence d'un bordereau des prix ou de l'absence de signature sur le cahier de charges). Une offre inappropriée quant à elle, est celle qui ne répond pas aux besoins de l'AC, tel qu'il est décrit dans le dossier d'appel à candidatures (Cette hypothèse peut se produire lorsque par exemple, l'AC exprime dans le dossier d'appel à candidature le besoin de se procurer des mobiliers de bureau et que l'un des candidats propose dans son offre des tables-bancs. L'offre ne correspondant au besoin de l'AC sera rejetée parce qu'inappropriée).

L'art. 59 du CMP du Sénégal dispose que « *la détermination de l'offre la moins disante est effectuée, soit sur la base du prix le plus bas, soit sur la base du prix et d'autres critères, tels que le coût d'utilisation, les performances techniques, les mesures de protection de l'environnement, le délai de livraison ou d'exécution, qui doivent être énumérés dans le dossier d'appel à la concurrence et être exprimés en termes monétaires ou sous la forme de critères éliminatoires* ».

Au Niger, l'art. 29. 2 du CMP dispose que « *lorsque l'évaluation des offres est fondée non seulement sur le prix mais également sur d'autres critères tels que les coûts d'utilisation, délai d'exécution, calendrier de paiement et standardisation, ils doivent être énumérés dans le dossier d'appel d'offres et être exprimés en termes monétaires* ». Plus loin, l'art. 92. 2 du même CMP ajoute que « *sous réserve des dispositions spécifiques applicables aux marchés de prestations intellectuelles, l'attribution du marché se fait sur la base de critères économiques, financiers et techniques, mentionnés dans le dossier d'appel d'offres, afin de déterminer l'offre conforme évaluée la moins disante. Ces critères d'évaluation, tels que les coûts d'utilisation, le prix, la rentabilité, la qualité, la valeur technique, le service après-vente et l'assistance technique, le délai d'exécution, le calendrier de paiement, sont objectifs, en rapport avec l'objet du marché, quantifiables et exprimés en termes monétaires. Si, compte tenu de l'objet du marché, l'autorité contractante ne retient qu'un seul critère, celui-ci doit être le prix* ».

La pluralité des critères d'évaluation et de classement des offres, ainsi, consacrée au Niger et au Sénégal en application de la Directive n°04/2005 pose trois questions : Faut-il considérer que ces critères sont alternatifs ou cumulatifs ? La liste de ces critères, est-elle exhaustive ou simplement indicative ? Qu'en est-il du mode d'emploi de ces différents critères lorsque l'AC décide de les combiner afin de déterminer l'offre conforme la moins disante ?

A propos de la première question**,** les deux CMP permettent aux AC et, par la suite, aux commissions des marchés, de fonder leur choix, soit sur le prix, soit sur ce prix auquel elles sont autorisées à associer un ou plusieurs critères additionnels.

La volonté de permettre aux AC de fonder leur choix sur le seul prix peut être guidé par l'idée selon laquelle l'engagement des dépenses publiques doit se faire parcimonieusement[383]. Toutefois, les CMP ne précisent pas dans quel cas il est possible de recourir au seul prix et dans quel cas, il faut lui adjoindre d'autres critères. Mieux, ces CMP n'imposent aucune motivation quant au choix du seul critère du prix. Dans ces circonstances, la réflexion peut être orientée vers la reconnaissance d'une certaine liberté d'appréciation aux AC dans le choix de ces critères. De ce fait, en fonction du marché et de ses caractéristiques,

---

[383] I. NDIAYE, op.cit.p.121.

l'AC pourra choisir entre le seul critère du prix et le prix auquel elle choisit le ou les critères à lui adjoindre[384].

A propos de la question de savoir si la liste de ces critères est exhaustive ou indicative, S. Braconnier affirme, pour le cas de la France, que l'ordre dans lequel ces critères sont énumérés de même que leur nombre ne sont qu'indicatifs[385]. Dans les Etats sous examen, aussi, le caractère indicatif de l'énumération se déduit aisément de la formule employée. En effet, les dispositions des CMP ci-haut citées emploient l'expression "*les critères tels que...*". Or, une telle expression doit être interprétée comme une volonté de dresser une liste non pas exhaustive mais simplement indicative des critères susceptibles d'être utilisés dans la détermination de l'offre la moins disante. De ce fait, l'AC peut, non seulement, adjoindre au prix, l'un des critères énumérés aux articles précités mais aussi un autre critère non expressément énuméré par les CMP. L'essentiel est que ce critère soit justifié par l'objet du marché et qu'il ne soit pas attentatoire à la libre concurrence.

Le mérite du nouveau droit, à ce sujet, est d'avoir consacré la libéralisation et la diversification des critères de choix de l'offre ; ce qui éloigne de l'automatisme de l'adjudication où le prix le plus bas est, incontestablement, le seul critère du choix de l'offre.

Mais, ce mérite ne doit pas masquer la difficulté de leur emploi, surtout, lorsque l'AC a choisi de les combiner compte tenu des caractéristiques du marché. Dans cette hypothèse, les deux CMP demandent aux AC de les

---

[384] Les exigences de la nouvelle gestion publique qui confèrent, entre autres, plus de liberté aux AC tout en les responsabilisant davantage, se concilient, difficilement, avec toute idée d'imposer un critère dans le choix des offres proposées par les candidats à un marché public. C'est pourquoi, les législateurs nationaux à la suite du législateur communautaire ont, simplement, énuméré les critères et conféré la liberté de choix à la personne publique. De ce fait, le choix du ou des critères de sélection d'une offre doit se faire en fonction du seul objet du marché et des caractéristiques de la prestation.
Mais cette liberté doit, tout de même, être surveillée afin qu'elle ne soit pas utilisée à des fins discriminatoires. C'est pourquoi, l'art 91 du code nigérien rappelle que ces critères, nécessairement, objectifs doivent avoir un rapport avec l'objet du marché. Cela permet, à la DCMP de vérifier le rapport entre le critère choisi et l'objet du marché. En effet, si la phase clé de toute procédure de mise en concurrence réside dans le choix de l'offre d'un candidat, il y a lieu de reconnaitre que c'est sur ce point que se focalise l'essentiel des suspicions et des actions contentieuses.
Pour y remédier, il faut, impérativement, essayer d'asseoir l'objectivité et la transparence dans la définition de ces critères. C'est pourquoi, les codes exigent à ce que l'ensemble des critères censés servir de base à la décision de l'AC soient portés à la connaissance de tous les candidats.

[385] S. BRACONNIER, op.cit.p.316.

exprimer en termes monétaires[386] et faire les additions nécessaires afin de déterminer l'offre la moins disante[387].

La complexité de cet exercice est évidente. Mais, il revêt deux intérêts majeurs :

En premier lieu, apparait, la volonté de tenir compte du principe de transparence, car les candidats et autres acteurs sont utilement informés sur les

---

386 Voir art. 59 du CMP du Sénégal et art. 29 du CMP du Sénégal.

387 En France, il existe, en cette matière deux techniques : la pondération et la hiérarchisation des critères. Seulement, il faut noter qu'aucune de ces deux techniques n'est, expressément, visée par l'art 59 du code sénégalais et les arts 29 et 92 du CMP du Niger.
La hiérarchisation des critères est une technique qui consiste à classer les critères, selon leur importance, dans un ordre décroissant. L'importance accordée à chaque critère s'apprécie à l'aune de l'objet du marché.
En application de cette technique, la détermination de l'offre la moins disante, passe par l'examen successif de toutes les offres sur chaque critère.
Exemple : Dans un marché de fourniture de mobiliers de bureau, l'AC retient au titre des critères de sélection de l'offre, le délai de livraison, le service après-vente et le prix. Ces trois critères sont hiérarchisés de la façon suivante : Le délai de livraison occupe le premier rang, le prix le deuxième rang et le service après-vente le troisième rang.
A l'ouverture des plis, 4 offres sont déclarés conformes et doivent, par conséquent, être examinés afin de choisir la moins disante. Ces quatre offres doivent, d'abord, être examinées sur le premier critère afin de voir celle qui le satisfait au mieux, ensuite elles seront examinées sur le deuxième critère et enfin sur le troisième critère. Ce n'est qu'après les avoir examiné sur les trois critères, que la commission des marchés saura, laquelle des offres ont eu le maximum des meilleurs rangs et c'est elle qui sera retenue.
La pondération des critères, quant à elle, consiste à donner un poids relatif entre les différents critères arrêtés. Elle se caractérise par l'affectation à chaque critère d'un coefficient ou d'un pourcentage.
Le procédé consiste à affecter un certain pourcentage à chaque critère additionnel y compris à celui du prix. De ce fait, en fonction de l'objet du marché, des attentes de l'AC et lorsque le prix n'est pas le seul critère, il sera mentionné dans le DAO et porté à la connaissance des éventuels candidats que ce prix occupe tel pourcentage dans le choix de l'offre, le coût d'utilisation tel pourcentage, le délai de livraison tel pourcentage, la prise en compte des préoccupations environnementales tel pourcentage ainsi de suite.
Cette méthode est généralement utilisée pour des prestations complexes dans lesquelles, le seul prix ne permet pas choisir la meilleure offre.
Le choix du pourcentage à affecter à chaque critère doit reposer sur une logique très simple rappelée par O. FROT. Selon cet auteur, « *...on peut considérer que plus on achète une prestation spécifique, plus on doit faire des efforts sur la qualité par rapport au prix. En revanche, lorsque, l'on achète des fournitures courantes dans un contexte concurrentiel, on donnera plus d'importance au prix* ».
Il apparait que c'est en fonction des caractéristiques de la prestation, que les services compétents de l'AC devront essayer de minorer ou d'amplifier l'importance de tel ou tel critère.
Il s'agit d'une opération délicate. Elle oblige, en réalité, à affecter un pourcentage à chaque critère et en fonction du nombre des critères à ajouter au prix, la commission des marchés doit faire les combinaisons nécessaires et comparer les offres afin de choisir la moins disante.

différents critères de choix des offres ainsi que leur importance respective. En conséquence, ces derniers pourront, facilement, apprécier la pertinence et la régularité de l'attribution d'un marché.

En deuxième lieu, il est aisé, pour les AC, de justifier objectivement le choix d'une offre dont, par exemple, les qualités au regard des critères prédéfinies et évaluées au préalable sont nettement supérieures à une autre d'un prix, pourtant, nettement inférieur si l'importance du prix a été expressément minorée dans le dossier d'appel à candidatures.

Malheureusement, tel n'est pas le cas aussi bien au Niger qu'au Sénégal.

Au Niger, par exemple, malgré la diversification des critères d'évaluation des offres, force est de constater la persistance de l'attribution des marchés sur la base du seul critère de prix. Du coup, les autres critères de rationalité dont la consécration est exigée par l'UEMOA ne figurent dans le CMP qu'a titre, très souvent, décoratif. De ce fait, si l'adjudication comme mode de passation des marchés publics est supprimée de l'écriture officielle du Niger, il faut admettre que ses manifestations demeurent encore. En effet, l'examen des PV d'attribution des marchés tout comme les discussions engagées avec certains responsables, concourent à créditer la thèse selon laquelle les offres sont, quasiment, appréciées sur la base du seul critère de prix proposé par les différents soumissionnaires. Cette situation traduit une certaine insuffisance dans le maniement des critères d'évaluation des offres. Elle crédite la thèse de Chabanol qui écrivait, concernant la France, que « *les responsables, sachant qu'il leur sera impossible de justifier rigoureusement devant leurs juges le choix multicritère qu'ils auront effectué, s'en tiendront au seul critère qui ne peut souffrir de discussion, à savoir le prix* »[388].

Ce constat permet, à juste titre, de reprendre la formule selon laquelle « l'adjudication est morte, vive l'adjudication ».

Au Sénégal, en revanche, l'effort de prise en compte des critères de rationalité est perceptible à travers la lecture de certains DAO ou AAO et certaines décisions du CRD. Mais, un paradoxe mérite d'être relevé à ce niveau. En effet, si pour les AC, les marchés publics ne sont plus, systématiquement, attribués sur la base du seul prix, il faut remarquer que certains soumissionnaires croient, toujours, qu'il suffit de proposer le prix le plus bas pour être attributaire d'un marché. L'on a pu relever que, par exemple, dans un marché relatif à l'achat de matériels informatiques et de bureau, la société CRISTABEL DIFFUSION a contesté le rejet de son offre sous prétexte qu'elle a fait l'offre la moins disante.

Heureusement, le CRD a été vigilant en faisant savoir que « *la commission des marchés a valablement écarté l'offre de Cristabel Diffusion pour défaut de mention des clauses techniques du matériel proposé en violation des*

[388] D. CHABANOL, op. cit, p. 94.

dispositions de la clause 6.3 des instructions aux candidats du DAO... », confirmant, ainsi, le rejet de cette offre[389].

Cette confusion entretenue par le droit positif des États sous examen est accentuée par l'absence de sensibilisation sur la logique et les objectifs des nouveaux modes de passation des marchés publics. En effet, aussi bien au Niger qu'au Sénégal, les dispositions pertinentes des CMP évoquent la notion du moins disant comme à l'époque de l'adjudication. Pire, au Niger, les acteurs continuent à recourir à la notion de « l'*adjudication provisoire* »[390] en lieu et place de l'attribution provisoire qui est consacrée par le nouveau droit des marchés publics.

A défaut de remplacer la notion du "moins disant" par celle du "mieux disant", l'effort doit être fait dans le sens de faire comprendre aux opérateurs économiques que cette notion du moins disant n'a pas le même contenu selon qu'elle s'applique à la procédure classique d'adjudication ou à celle des nouveaux modes de passation des marchés.

Dans la procédure d'adjudication, elle renvoie, indiscutablement, au seul critère de prix alors que dans celle de l'AO son régime se dédouble : elle s'apprécie au regard, tantôt du seul critère de prix, tantôt de la combinaison de plusieurs critères dont le prix[391].

Mais que l'on ne se trompe pas à propos de la diversification de ces critères de classement des offres. En effet, au-delà de la préférence pratique affichée au seul prix dans la sélection de plusieurs offres[392], il faut relever l'existence des critères officieux, occultes qui sont, généralement, privilégiés dans l'attribution de « gros marchés ». Il s'agit, essentiellement, du dessous de table et des considérations politiques. Au regard de l'importance accordée à ce dernier critère officieux, l'observateur est en droit de penser à l'hypothèse de l'insertion des nouveaux critères tels que "*la détention de la carte du parti majoritaire*" ou "*la participation au financement de la campagne électorale*" dans les CMP[393].

Au total, l'existence apparente des critères de rationalité, la préférence réelle du critère du prix pour certains marchés, la prévalence du critère politique pour

[389] Décision n°102/12/ARMP/CRD du 05 septembre 2012 du Comité de règlement des différends statuant en commission Litiges sur le recours de la société Cristabel Diffusion contestant la décision d'attribution du Lot 1 de l'Appel d'offres portant sur la fourniture de matériel informatique et de bureau à la SAED sur http://www.marchespublics.sn/fichiers/8895263205056eccfb34a8.pdf (consulté le 5 mai 2013).

[390] Voir http://www.armp-niger.org/agence-regulation-marches-publics-niger-plaintes-statistiques.php (consulté le 02 juillet 2012).

[391] Voir art. 59 du CMP du Sénégal et art. 29 du CMP du Niger.

[392] L'art. 59 du CMP du Sénégal et l'art. 29 du CMP du Niger ouvre la brèche en autorisant les AC à asseoir le choix de l'offre sur le seul prix ou sur la combinaison du prix et autres critères additionnels. Finalement tout dépend de la volonté de l'AC et, peut-être, de l'objet du marché.

[393] Certains observateurs affirment, sans détours, que les marchés sont distribués dans les états-majors des partis au pouvoir. Ainsi, chaque parti désigne son opérateur économique à qui il souhaite qu'on attribue tel ou tel marché.

l'essentiel des marchés confortent la conviction selon laquelle l'énumération des critères objectifs de sélection des offres prévus par les CMP et les DAO n'est qu'un leurre, une simple clause de style sans portée pratique pertinente. En effet, ce sont presque toujours les offres des candidats membres du parti au pouvoir qui sont jugées les moins disantes au regard des critères, souvent, fantaisistes, décrits dans un DAO taillé sur mesure[394].

Il s'agit d'une véritable atteinte au principe de l'égalité de traitement des candidats ; une atteinte non pas justifiée par les exigences de l'intérêt général mais, simplement, par l'intérêt partisan. Du coup, l'exclusion des députés-hommes d'affaires de la compétition au Niger, par exemple, n'éradique pas tous les risques de collusion entre les AC et les candidats.

Après avoir, plus ou moins, appliqué les critères ci-dessus évoqués, la commission procède au classement des offres, établit un PV et le remet à la PRM qui décide de la suite à donner à la procédure d'attribution du marché. Celle-ci nécessite une bonne information de tous les acteurs ayant participé ou non à la compétition.

B. Une certaine négligence dans l'observation des mesures de publicité

Le procès-verbal (PV) contenant la proposition du choix de l'attributaire provisoire du marché est transmis à la PRM. Celle-ci apprécie la pertinence des éléments qui y sont contenus avant de donner une suite à la proposition qui lui a été ainsi faite par la CM. Après une telle appréciation, la PRM a la possibilité d'accepter ou de ne pas accepter le classement opéré par la CM.

En d'autres termes, deux attitudes sont susceptibles d'être adoptées par la PRM après réception du PV établit par la CM.

---

[394] Un juge au Tribunal hors classe de Niamey soutenait dans l'une de nos discussions que *« dans nos pays les tricheries et autres fraudes se pratiquent de façon particulièrement éhontée ; l'offre des candidats appartenant à la majorité a beau être la plus disante à l'ouverture, elle peut miraculeusement devenir la moins disante sous peu comme par enchantement ! En plus en amont, les critères sont déjà taillés sur mesure ; la conséquence est que l'on retrouve un peu partout des chantiers d'infrastructure qui s'éternisent s'ils ne sont pas définitivement abandonnés ! Pour exemple, prenez le cas de la route si vitale pour le Niger qui mène de Béla à Gaya où les travaux qui devaient durer 15 mois sont à leur 24 e mois et , pour une route qui devait faire une centaine de kilomètres en tout, seule une dizaine est pour le moment construite!!! Pendant ce temps , la route allant de Namaro à Farié , dont le contrat avait le même délai d'exécution et signé en même temps que celui-ci, qui est d'une moindre importance économique, est déjà réceptionnée puisque confié au véritable moins disant objectif ».*

La première attitude peut consister en un refus de la proposition de la commission[395]. Dans ce cas, l'art. 84. 2 du CMP du Sénégal lui impose deux obligations[396] :

Il s'agit, en premier lieu, de développer une argumentation solide de nature à démontrer l'impertinence des éléments sur lesquels la CM s'est appuyée pour faire son classement. Le CMP lui fait, en vérité, obligation de motiver la désapprobation du choix de la CM[397].

En deuxième lieu, la PRM doit élaborer son propre classement qui s'analyse comme une contreproposition[398] dans un délai de trois (3) jours. Les deux classements, c'est-à-dire, celui de la PRM et celui de la CM sont transmis à la DCMP. L'idée est de permettre à cette structure chargée du contrôle a *priori* de bien comparer les deux classements afin de statuer la pertinence désaccord ainsi que ce qui le sous-tend[399].

La deuxième attitude consiste à accepter la proposition de la CM et, dans ce cas, les CMP prévoient deux séries de publicité. Il s'agit, d'une publicité préliminaire, superficielle en vue d'informer tous ceux qui sont impliquées dans la procédure et une publicité beaucoup plus approfondie et substantielle en vue de convaincre, notamment, les concurrents non retenus.

Si les premières mesures de publicité sont assez bien observées **(1),** il y a lieu de relever la persistance de quelques difficultés dans la mise en œuvre des mesures de publicité ciblées et spécifiques **(2).**

1. Une publicité informative relativement bien observée

Au sujet de cette première série de publicité, l'art. 65 al. 1 de la Directive n°04/2005 demande aux AC d'informer aussi bien l'attributaire provisoire que les autres candidats du rejet de leurs offres. Cette disposition est reprise par le

---

395 Il s'agit d'une proposition faite par une commission à la personne investit d'un pouvoir de décision. Le refus de cette proposition ne peut faire l'objet d'aucun recours, ni par un membre de la commission, ni par le candidat proposé. Rappelons que ce dernier ne doit même pas être au courant de la décision de la commission car le code précise que la proposition de la commission ne doit faire l'objet d'aucune publicité.

396 L'art. 84. 2 dispose, en effet, que « *si l'AC n'approuve pas la proposition de la commission des marchés, elle transmet dans un délai de trois jours ouvrables la proposition d'attribution de la commission et sa propre proposition motivée à la commission des marchés et à la Direction de contrôle des marchés publics* ».

397 Il ne suffit pas, pour la PRM, de refuser la proposition de la CM, il lui faut, surtout, soutenir ce refus en montrant en quoi est ce que la CM s'est trompée sur l'appréciation des éléments contenus dans le dossier de l'attributaire provisoire. Cette démonstration risque de s'avérer laborieuse quand on sait la CM regorge des techniciens et autres personnes ressources.

398 Il ne suffit pas de détruire un travail abattu par une commission. Il faut proposer une alternative. Ici, il faut noter que la PRM a été habilitée à refuser une proposition à lui faite par la commission, en même temps il faut qu'il fasse une proposition contraire afin que les deux soient soumises à l'arbitrage de la DCMP, voire, au CRD de l'ARMP.

399 I. NDIAYE, op. cit. p. 13.

droit des marchés publics des Etats sous examen. C'est ainsi que l'on peut lire à l'art. 84 al 3 du CMP du Sénégal que « *dès qu'elle a approuvé la proposition d'attribution, l'autorité contractante avise immédiatement les autres candidats du rejet de leurs offres, leur restitue leur garantie de soumission et publie un avis d'attribution provisoire* ». En droit nigérien, la disposition se veut beaucoup plus complète puisqu'elle impose une publicité à l'endroit du candidat retenu et à l'égard des candidats dont les offres sont rejetées. L'art. 96 du CMP dispose, en effet, que « *l'attribution est notifiée au soumissionnaire retenu et les autres soumissionnaires sont informés du rejet de leurs offres* ».

Dans les deux Etats, il apparait que deux obligations au contenu légèrement diffèrent pèsent sur la PRM. Au Sénégal, elle doit, immédiatement et sans délai, informer les candidats du rejet de leurs offres et procéder à la publication d'un avis d'attribution provisoire[400].

Il s'agit, d'une simple information à l'endroit de tous les intéressés en général et des soumissionnaires en particulier. Il est vrai que la disposition du CMP reste muette quant au support de publication de l'attribution provisoire. Mais dans la pratique, elle consiste à envoyer des correspondances à tous les soumissionnaires non retenus et à publier un avis d'attribution provisoire dans un journal de large diffusion.

Cette publicité se justifie par le souci de garantir la transparence dans cette phase de passation des marchés. L'idée est de porter à la connaissance de tous les acteurs qu'un marché de tel objet passé dans tel ministère selon telle procédure a été attribué à tel candidat qui a proposé tel montant. Toutefois, cette publicité ne contient aucun élément de nature à convaincre les candidats évincés du rejet de leurs offres, c'est-à-dire, les critères utilisés par la CM pour examiner et classer les offres. C'est pourquoi, elle peut susciter la curiosité de ces candidats qui pourraient chercher à savoir les raisons du choix de leur concurrent et celles du rejet de leurs offres.

Ils sont fondés à le faire car, contrairement au Niger, le CMP du Sénégal ne prévoit pas l'obligation de motivation spontanée de la décision du rejet de toutes les offres. En conséquence, et conformément au principe « pas de motivation sans texte », la PRM sénégalaise n'est pas tenue de motiver, systématiquement, la décision du rejet des offres malgré son caractère individuelle défavorable[401].

Un argument de nature à justifier ce refus de motivation spontanée peut être tiré du risque de paralysie de l'action administrative. En effet, au regard du caractère ouvert de la compétition et donc de la multitude des soumissionnaires à informer, il serait, *a priori*, irréaliste d'imposer l'observation, systématique,

---

400 La restitution de la garantie de soumission intervient, aussi, à ce niveau.

401 En France, la Loi n° 79-587 du 11 juillet 1979 relative à la motivation des actes administratifs et à l'amélioration des relations entre l'administration et le public rappelle que les personnes physiques ou morales ont le droit d'être informées sans délai des motifs des décisions administratives individuelles défavorables. Sur les détails de cette loi, voir, http://www.legifrance.gouv.fr/affichTexte.do?cidTexte=JORFTEXT000000518372(consulté le 05 mai 2015).

de cette formalité de motivation. Cependant, cet argument ne résiste pas à la critique car la CM a mis à la disposition de la PRM, toutes les informations relatives aux soumissionnaires et aux offres rejetés et retenus.

En pratique, il a été donné de constater qu'en dépit de quelques insuffisances, notamment, concernant les DRP, cette exigence de publicité est assez bien observée par les AC.

Au Niger, le CMP ne prévoit pas la publication d'un avis d'attribution provisoire selon le format exigé par le CMP du Sénégal. En conséquence, seuls les soumissionnaires sont censés détenir des informations relatives à l'attribution d'un marché au Niger. En effet, il ressort des articles 37 à 39 du CMP, que la PRM informe, en même temps, le candidat retenu et les autres candidats du rejet de leurs offres. Au sujet de ces derniers, l'art. 39 du CMP précise que « *la personne responsable du marché communique aux candidats évincés les motifs du rejet de leurs offres* ». En droit nigérien, il apparait, ainsi, que la motivation de la décision du rejet des offres est spontanée car elle n'a pas besoin d'être provoquée par une demande écrite des candidats.

Au total, si pour l'information des candidats, les dispositions du CMP du Niger sont satisfaisantes, il n'en demeure pas moins que l'absence de publication d'un avis d'attribution provisoire constitue un manquement au principe de transparence. En effet, au-delà des soumissionnaires, tous les contribuables ont droit aux informations financières ainsi que les procédures utilisées dans le cadre de leur utilisation. Et, seule la publication d'un avis d'attribution dans un journal de large diffusion est à même de remplir cette fonction.

Le droit communautaire et le droit sénégalais ne prévoient pas la motivation spontanée du rejet des offres. Il appartient, dès lors, aux candidats de la provoquer.

2. Une publicité substantielle de persuasion insuffisamment cernée

A propos de la deuxième série de publicité l'art. 65 al 2 de la Directive n°04/2005 dispose que « *l'autorité contractante doit communiquer par écrit à tout soumissionnaire écarté les motifs du rejet de son offre, le montant du marché attribué, le nom de l'attributaire, ainsi qu'une copie du procès-verbal d'attribution, dans un délai de cinq (5) jours ouvrables à compter de la réception de sa demande écrite* ».

En droit sénégalais, c'est l'art. 88 al. 1 du CMP qui dispose que « *la personne responsable des marchés communique par écrit, dans un délai de cinq (5) jours ouvrables à compter de la réception d'une demande écrite, à tout candidat écarté, les motifs du rejet de sa candidature ou de son offre* ».

Au Niger, les soumissionnaires sont, directement et en dehors de toute demande écrite, informés des raisons du rejet de leurs offres. Mais l'art. 96 al. 2 du CMP ajoute que « *tout soumissionnaire évincé peut demander par écrit et obtenir une copie du procès-verbal d'attribution dans un délai de sept (7) jours calendaires à compter de la réception de sa demande* ». Il apparait, ici, que c'est le PV d'attribution du marché qui est communiqué au soumissionnaire souhaitant compléter les informations contenues dans la lettre d'information à lui adressée.

Ces trois dispositions montrent qu'une obligation de motivation conditionnée est instituée à l'endroit des candidats évincés, surtout, au Sénégal. La seule formalité à observer par ces derniers est d'en formuler une demande écrite.

Après réception de cette demande, l'AC a l'obligation d'expliquer, par écrit, les motifs de droit ou de fait qui ont sous-tendu sa décision relative à l'attribution du marché. Il s'agit d'une exigence qui vise à lutter contre l'arbitraire et certains choix non fondés sur les critères portés à la connaissance des concurrents. C'est en cela que cette motivation est considérée comme une formalité de nature à renforcer le principe de transparence. C'est pourquoi, les CMP ont entendu définir le contenu de la motivation, c'est-à-dire, les éléments à communiquer aux demandeurs. Il s'agit des motifs du rejet de l'offre du candidat, du montant retenu et du nom de l'attributaire. A ces trois éléments, le CMP du Niger demande aux AC de joindre le PV d'attribution.

La définition du contenu de la motivation n'épuise pas toutes les ambigüités liées au respect de cette exigence formelle et fondamentale. En effet, les PRM peuvent, tout en la respectant, employer des formules vagues ou trop générales et servir, ainsi, une motivation inutile au candidat demandeur. Or, la finalité de la motivation est de déterminer le comportement du candidat qui peut être amené à se résigner ou à intenter un recours. Pour qu'elle puisse servir cette cause, la motivation doit être complète, suffisante et précise[402].

L'on comprend que les formules générales, voire, stéréotypées doivent être bannies de la motivation du rejet de l'offre. Celle-ci doit être individualisée et adaptée à la situation de chaque candidat et au contenu de son offre car l'idée est de convaincre le soumissionnaire du bien-fondé du rejet de son offre ou de sa candidature et de la pertinence du choix de son concurrent.

Le caractère obligatoire de cette notification écrite n'est pas bien cerné par tous les acteurs. Un juge nigérien avait estimé que « *le refus de notification de l'attribution du marché ou le défaut de publicité n'est sanctionné par aucune disposition du code* ». Dans cette affaire, c'est l'Agence Nigérienne des Travaux d'Intérêt Public pour l'Emploi agissant en qualité de Maître d'ouvrage délégué qui a lancé un AAO portant sur la fourniture de dix (10) véhicules Pick-Up destinés au Projet Éducation de Base du Niger. Plusieurs entreprises dont la Société A.T. Automobiles (SATA) ont soumissionné. Après dépouillement, le marché a été attribué à la Compagnie Française de l'Afrique de l'Ouest (CFAO). C'est ainsi que la SATA a, par diverses correspondances, saisi le Secrétariat

---

402 Sur les exigences et la qualité de la motivation, voir, A. DIEYE, « Le juge et la motivation des actes administratifs au Sénégal », Revue *EDJA* n° 81 avril- mai- juin 2009, pp. 32 et suivants.

Général du Gouvernement, la Commission des marchés et la NIGETIP pour demander des précisions sur le choix de la CFAO. N'ayant obtenu aucune réponse, la SATA a saisi le tribunal civil et commercial de Niamey en vue d'amener le juge à constater la violation des dispositions du CMP relatives à la notification, de déclarer irrégulière l'attribution du marché et de déclarer la SATA adjudicataire dudit marché, de condamner la NIGETIP à lui payer la somme de 20.000.000 F au titre de réparation ainsi qu'aux entiers dépens.

Méconnaissant la portée de la formule de l'art. 27 de l'ancien CMP[403], le juge clame qu' « *en vertu du principe, il n'y a pas de nullité sans texte ou d'irrégularité sans fondement juridique, l'on ne peut, sérieusement, déclarer irrégulière l'attribution du marché faite à la CFAO* »[404].

Cette interprétation du CMP de 2002 a certainement inspiré le rédacteur du nouveau Code qui s'est évertué à préciser le caractère obligatoire de la motivation de la décision du rejet des offres[405].

L'interprétation de cette formalité a été donné par le CRD de l'ARMP qui a remarqué que « *la notification faite à la Leyma par le Ministère de la Défense Nationale du rejet de son offre en ne précisant pas ni le motif du rejet ni le montant auquel le marché a été attribué à la NIA viole les dispositions pertinentes d'ordre public (...) du code des marchés publics* »[406].

Le mérite de cette décision est que, non seulement le CRD a essayé de rappeler le contenu de la motivation que les AC doivent servir aux candidats demandeurs mais, également et surtout, il confère aux dispositions y afférentes le caractère d'ordre public dont la violation est lourdement sanctionnée au nom du principe de transparence.

Cette interprétation est partagée par certains spécialistes de droit administratif selon lesquels l'analyse de la jurisprudence montre que lorsque la

---

403 L'art. 27 du CMP de 2002 dispose que « *la personne responsable du marché communique à tout candidat écarté les motifs du rejet de son offre ainsi que le montant du marché attribué et le nom de l'attributaire, dans un délai de dix jours ouvrables à compter de la réception de sa demande écrite* ». Le style rédactionnel indique clairement que la motivation de la décision est obligatoire dès lors que la PRM reçoit la demande du candidat évincé. Ce dernier est en droit de contester le refus par cette PRM de motiver sa décision.

404 Jugement civil n° 068 du 16/02/2005 disponible surhttp://juriniger.org/juriniger/ publication.do ? PublicationId=750 (consulté le 06 février 2013).

405 Voir les arts. 37 à 39 du CMP.

406 Décision n°14/ARMP/CRD du 05 Mars 2012 sur l'examen du recours du Directeur de la Société Nigérienne d'Assurance et de Réassurance contre le Ministère de la Défense Nationale dans le cadre d'un marché de négociation par entente directe portant assurance d'un aéronef Hercule C130 sur http://www.marchespublics-uemoa.net/documents/ 14804218854fb26818df26e.pdf (consulté le 07 février 2013).

motivation est prévue par les textes, elle revêt toujours le caractère d'une formalité substantielle[407].

Si, la consécration de cette obligation est, dans son principe, porteuse d'espoir pour une réelle prise en compte du principe de transparence, force est de reconnaitre que le délai imparti à la PRM parait relativement long. En effet, à partir du moment où l'autorité est censée détenir toutes les informations relatives à chaque candidat et à chaque offre dès la transmission du PV de la commission, point n'est besoin de lui impartir cinq (5) jours au Sénégal et sept (7) jours au Niger pour, simplement, préparer l'information à mettre à la disposition des candidats demandeurs. Ces délais sont, sans doute, de nature à ralentir la procédure de passation des marchés car c'est à partir de cette réponse donnée aux candidats demandeurs qu'il faut observer un délai de quinze (15) jours pour élaborer les autres actes conditionnant l'entrée en vigueur du marché.

Paragraphe II : Une réécriture des actes de mise en vigueur des marchés publics

La proposition de l'attributaire provisoire par la CM et son acceptation par la PRM n'épuisent pas la procédure de passation d'un marché public. Le caractère formaliste de ce droit impose l'observation d'autres formalités qui conditionnent, au fond, la validité de la procédure. Il s'agit de la formalité de signature du marché et celle de l'approbation du marché signé.

Dans un souci de multiplier les précautions contre les éventuelles irrégularités, les articles 16 et 68 de la Directive n°04/2005 insistent sur le fait que l'autorité qui signe le marché doit, obligatoirement, être différente de celle qui l'approuve.

Une incompatibilité est, ainsi, instituée entre la fonction de signataire du contrat et la fonction de son approbation afin de mieux veiller à la régularité de la procédure. Cette incompatibilité est reprise par le droit des Etats sous étude. C'est ainsi qu'un certain délai est fixé à compter de la publication de l'attribution provisoire ; délai à l'issue duquel l'attributaire provisoire est appelé par la PRM afin qu'il soit procédé à la signature du marché (**A**) après quoi, le marché est transmis à une autre autorité pour approbation (**B**).

A. La particularité de l'acte de signature des marchés publics

A la question de savoir si l'attribution du marché créée un droit à sa signature, la réponse servie par les deux CMP est négative. Ils permettent, dès lors, à la PRM de mettre fin à la procédure si un motif d'intérêt général lui impose de le faire à quelle que étape qu'elle soit.

---

[407] Raymond ODENT, « La procédure d'élaboration des actes administratifs en droit français », sur http://www.juradmin.eu/colloquia/1968/france-2.pdf , p.100, (consulté le 07 février 2013).

Cette position qui est conforme à la Directive n° 04/2005 permet de déduire que la PRM a la possibilité de renoncer à la procédure tant que le marché n'a pas été signé. Par voie de conséquence, la désignation de l'attributaire provisoire ne confère pas à celui-ci un droit à la signature du marché. En France, par exemple, le Conseil d'Etat s'est prononcé sur la question en estimant que « *lorsque l'Administration informe le soumissionnaire que son offre est acceptée, cette décision ne crée, pour l'attributaire, aucun droit à la signature du marché* »[408].Mais, lorsqu'elle juge nécessaire de signer le marché, le CMP lui impose le respect de certaines formalités. C'est pourquoi, il y a lieu de s'appesantir les préalables à la signature du marché **(1)** avant de s'intéresser à sa portée **(2)**.

1. Les préalables à la signature des marchés

Préalablement à la signature des marchés, la Directive n°04/2005 demande aux États membres de prévoir, dans leur droit positif, deux formalités. Il s'agit de l'observation d'un délai minimum de quinze (15) jours après la publication de l'attribution provisoire[409]et la fourniture à l'attributaire provisoire du document attestant que le crédit est disponible et qu'il a été réservé[410].

Ces deux formalités sont, plus ou moins, reprises par le droit des marchés publics des États sous étude.

Au sujet de la première formalité préalable, c'est-à-dire, l'obligation d'observer un certain délai entre la publication de l'attribution provisoire et la signature du marché, le droit nigérien distingue deux situations :

Si, aucun recours n'a été adressé à la PRM dans les cinq (5) jours ouvrables après la notification provisoire du marché, le DMP fait procéder à la signature du contrat par la PRM et l'attributaire[411]. En revanche, si au cours de ce délai de cinq (5) jours, un recours est adressé à la PRM, le DMP doit attendre que le recours soit vidé avant de faire procéder, le cas échéant, à la signature du marché[412].

Au Sénégal, l'art. 85 du CMP dispose que « *les marchés sont transmis à la PRM pour signature dans un délai maximum de 10 jours suivant la publication de l'avis d'attribution visé à l'article 84*»[413] .

Quel est l'intérêt de ce délai d'attente, appelé, aussi, délai de *stand still,* que la PRM doit observer avant de signer le marché ? C'est la réponse à cette

---

[408] CE 10 Octobre 1984, Compagnie générale de constructions téléphoniques c/ CHR de Rennes, cité par E. CYRILLE op. Cit. p. 344.

[409] Voir art. 65 al. 3 de la Directive n°04/2005.

[410] Voir art. 67 al. 1 de la Directive n°04/2005.

[411] Voir l'art. 96 al. 3 du CMP

[412] Voir art. 96 al. 4 du CMP.

[413] Ce délai était de 15 jours sous l'empire du Décret n°2011-1048 du 27 juillet 2011 portant CMP. C'est dans la logique générale de réduction des délais de passation des marchés qu'il a été ramené à 10 jours.

question qui renvoie à la deuxième formalité préalable à la signature des marchés.

En droit administratif et dans certaines conditions, la signature d'un acte par l'autorité compétente engage la personne publique. Mais dans le domaine financier, comme celui des marchés publics, cet engagement peut être lourd de conséquence aussi bien pour les candidats que pour la personne publique d'où la nécessité de définir et donner aux uns et aux autres, un délai de réflexion.

Du côté des candidats évincés et comme nous le verrons, ce délai est à mettre à profit, sous peine de forclusion, pour exercer tous les recours devant les instances compétentes[414].

Ce délai de *stand still* impacte, aussi, les rapports entre l'AC et l'attributaire provisoire du marché dans le sens de les protéger :

Du côté de la PRM, elle met ce délai à profit pour demander « *au soumissionnaire retenu de confirmer l'ensemble des qualifications* »[415], c'est-à-dire, les pièces justificatives et attestations relatives à toutes les qualifications énoncées dans le dossier d'appel à candidature. La PRM peut, également, solliciter de cet attributaire, la communication des pièces destinées à compléter son dossier avant la signature. L'intérêt est que, si la PRM constate que le candidat ne parvient pas à confirmer ses qualifications ou à compléter son dossier, elle peut, purement et simplement, le rejeter au profit du candidat suivant, conformément, au classement établi par la CM.

Ce délai a, également, un intérêt pour le candidat retenu. En effet, avant cet acte de signature, l'art. 98 al. 1 du CMP du Niger rappelle que « *…les services compétents de l'autorité contractante doivent fournir à leurs cocontractants, la preuve que les crédits prévus sont disponibles et ont été réservés à cet effet* ». L'art. 3 de l'arrêté n°0077/CAB/PM/ARMP[416] réitère cette obligation en précisant qu'avant la signature de tout marché, la DMP de l'AC doit fournir à l'attributaire la preuve que les crédits budgétaires sont disponibles et ont été réservés à cet effet par un engagement provisionnel.

En droit sénégalais, c'est l'art. 17 du COA qui fait allusion à cette exigence lorsqu'il dispose que « *la conclusion d'un contrat susceptible d'engager les finances de la personne administrative contractante est soumise à l'existence de crédits budgétaires suffisants et au respect des règles d'engagement des dépenses publiques* ».

---

[414] A propos de ces différents recours ouverts aux candidats évincés, cf. supra. pp.365 et suivantes.

[415] Art. 98 al. 3 du CMP du Niger.

[416] Voir art.3 de l'arrêté n°0077/CAB/PM/ARMP du 24 mars 2014 portant modalités de signature et d'approbation des marchés publics et des délégations de service public sur http://www.armp-niger.org/reglementation/arretes/ (consulté le 30 avril 2015). Cette disposition rappelle qu' « *avant la signature de tout marché, la Direction des Marchés publics de l'autorité contractante doit fournir à l'attributaire la preuve que les crédits sont disponibles et ont été réservés à cet effet par un engagement provisionnel* ».

Cette exigence vise, au fond, à rassurer le partenaire privé sur la crédibilité financière de la personne publique. En effet, si à travers la conclusion d'un marché, l'opérateur économique vise à fructifier ses activités, il serait important de le rassurer dès le départ que son engagement n'est pas entouré d'aléas. De ce fait, il serait beaucoup plus disposé à déployer tout son talent en vue d'une meilleure exécution de la prestation, objet du marché.

Après ces préalables à la signature des marchés ainsi que les intérêts qui leur sont attachés, il y a lieu d'apprécier la portée juridique de l'acte de signature.

2. La portée de la signature des marchés publics

A propos de cette question, il convient de convoquer quelques généralités avant d'insister sur la particularité de la signature du marché.

De façon générale, « *la validité de l'acte est appréciée à la date de sa signature s'agissant, par exemple, de la compétence de son auteur* »[417]. De ce fait, dès sa signature, l'acte est valide et peut commencer à produire certains effets de droit[418] sous réserve des mesures de publicité qui conditionnent son opposabilité. Mais tel n'est pas le cas du droit des marchés qui exige, en plus de la signature, l'observation d'autres formalités.

En effet, sauf pour les marchés d'un certain montant relativement faible[419], la signature ne donne aucun effet juridique au marché public. Il ne peut, par voie de conséquence, engager financièrement la puissance publique.

Dès lors, l'on peut conclure qu'un marché public quoique signé par l'autorité compétente n'entre pas en vigueur. Il reste au stade du projet aussi bien au Niger qu'au Sénégal. En d'autres termes, la signature d'un marché ne lui permet, nullement, d'entrer en vigueur.

Cette situation rappelle, à plusieurs égards, le droit de la comptabilité publique des Etats sous examen. Dans ce droit, et jusqu'à l'entrée en vigueur effective des nouveaux textes issus de la réforme impulsée par l'UEMOA

---

[417] R. CHAPUS, op.cit.p.1145.

[418] P. L. FRIER et J. PETIT, op. Cit, p. 306.

[419] Au Sénégal, l'art. 29 du CMP énumère les autorités habilitées à approuver les marchés en fonction de leur montant. C'est ainsi que pour l'Etat, les marchés d'un montant égal ou supérieur à 300.000.000 FCFA sont approuvés par le Ministre chargé des Finances ; les marchés d'un montant égal ou supérieur à 100.000.000 FCFA mais inférieur à 300.000.000 FCFA sont approuvés par le Ministre dépensier et les marchés d'un montant inférieur 100.000.000 FCFA par le Gouverneur à l'exception de la Région de Dakar pour laquelle l'approbation des marchés reste de la compétence du Ministre dépensier. En conséquence, au niveau de l'Administration centrale, les marchés d'un montant inférieur 100.000.000 FCFA sont exonérés de cette formalité d'approbation. C'est la seule signature de la PRM qui consacre leur entrée en vigueur. Au Niger, en revanche, l'arrêté n°0077/CAB/PM/ARMP du 24 mars 2014 portant modalités de signature et d'approbation des marchés publics ne fixe aucun seuil pour l'approbation des marchés publics. En conséquence, tous les marchés, quel que soit leur montant doivent faire l'objet d'approbation au Niger. Le mérite de l'arrêté est d'avoir distingué l'autorité signataire de l'autorité approbatrice au sein de chaque AC.

depuis 2009, le MEF est ordonnateur principal et unique du budget général, des budgets annexes et des comptes spéciaux du Trésor[420]. C'est la signature de cette seule autorité, et sous réserve des règles relatives aux délégations, qui engage financièrement l'Etat.

En conséquence, l'on se rend compte que la signature de la PRM n'est qu'une proposition d'engagement de la dépense publique qui devrait, par la suite, être confirmée par le MEF. En apposant sa signature sur un marché, la PRM met, simplement, en œuvre son pouvoir d'initier les dépenses de son Administration.

Les dossiers signés par la PRM, contrôlés et visés par le COF puis par le bureau de contrôle d'engagement ne confèrent pas au marché toute sa validité. Il doit être transmis à d'autres autorités pour approbation.

B. L'approbation de l'attribution du marché dans les deux États

La validité d'un marché public ne dépend pas, systématiquement, de la seule signature de la PRM. Dans la plupart des cas, il reste au stade du projet et nécessite, dès lors, une autre formalité qui s'analyse comme une validation de la procédure par une autorité différente du signataire. C'est pourquoi, il est prévu à l'art. 16 de la Directive n°04/2005 que « *les marchés publics, selon la qualité de l'autorité contractante, sont transmis à une autorité approbatrice, centrale ou déconcentrée, obligatoirement distincte de l'autorité signataire....* ». Cette disposition est reprise et complétée par les articles 15 et 68 de la même Directive.

Ainsi, le droit communautaire demande aux États de veiller à ce que tous les marchés signés fassent l'objet d'une approbation. Mieux, l'autorité signataire doit être différente de l'autorité approbatrice. L'idée est de permettre à cette dernière de procéder à un ultime contrôle avant l'entrée en vigueur du marché.

L'examen du droit en vigueur montre que la disposition a fait l'objet de transposition même si l'on a pu relever une certaine différence dans son aménagement **(1)** et une nette ressemblance quant à la portée de l'acte d'approbation **(2).**

1. Une différence dans l'encadrement de la formalité d'approbation

Selon les articles 15 et 16 de la Directive n°04/2005, l'approbation est une formalité administrative matérialisée par la signature de l'autorité compétente. Au regard de cette présentation, l'on peut se poser des questions, notamment, celles de savoir qui approuve les marchés ? Est-ce que tous les marchés font l'objet d'approbation ? Dans quel délai faut-il les approuver ?

---

420 Voir, par exemple, l'art. 19 du décret sénégalais n° 2003-101 du 13 mars 2003portant RGCP.

Pour répondre à ces questions, il y a lieu d'analyser les dispositions pertinentes du droit en vigueur dans les deux Etats. Cet exercice permet de constater quelques différences qui portent sur le seuil d'approbation, les autorités investies du pouvoir d'approbation des marchés et les délais d'approbation.

Concernant les seuils d'approbation, il faut tout de suite relever que la Directive n°04/2005 ne fixe aucun montant. En conséquence, tous les marchés quel que soit leur montant doivent faire l'objet d'approbation.

Cette position du droit communautaire a été reconduite par le droit nigérien. En effet, l'art. 99 du CMP ne lie l'approbation des marchés publics à aucun montant. De son côté, l'arrêté n°077/CAB/PM/ARMP se contente de définir la notion d'approbation des marchés[421], de préciser les autorités habilitées à approuver les marchés, les délais d'approbation et les suites réservées à la décision d'approuver ou de ne pas approuver le marché. Par voie de conséquence, tous les marchés passés et signés doivent être approuvés et ce, quel que soit leur montant. Par cette construction, le droit nigérien a choisi de s'aligner sur le droit communautaire en soumettant à un ultime contrôle, tous les marchés.

La disposition, ainsi, adoptée par le Niger est pertinente et réaliste au regard des autorités habilitées à approuver[422] et des points à contrôler avant d'approuver ou de ne pas approuver. En tous les cas, il s'agit d'une attitude qui traduit une certaine prudence dans le processus d'engagement de la dépense publique et ne constitue, nullement, une gêne ou un facteur de lenteur des procédures.

Au Sénégal, en revanche, tous les marchés ne font pas l'objet d'approbation. C'est ainsi que concernant l'Etat, l'approbation ne concerne que les marchés d'un montant supérieur ou égal à 100.000.000 FCFA[423]. En deçà de ce montant, pourtant assez élevé, le droit sénégalais exonère le marché de la formalité d'approbation. En conséquence, la seule signature de la PRM suffit pour lui conférer toute sa validité. Il s'agit d'un manquement, assez important, à la directive qui souhaite que tous les marchés fassent l'objet d'un ultime contrôle avant leur entrée en vigueur. C'est pourquoi, au regard de sa portée, il importe de soumettre tous les marchés à l'approbation ou, à tous le moins, revoir le seuil en dessous duquel l'AC pourrait se passer de cette formalité. En effet, si à travers l'approbation, l'idée est de dissiper les inquiétudes et rassurer le cocontractant sur la disponibilité de crédit budgétaire nécessaire au paiement du

---

[421] L'art. 7 de cet arrêté dispose que « *l'approbation est l'acte par lequel l'autorité compétente valide la décision d'attribution du marché. Elle confère un caractère définitif et exécutoire au marché cosigné par la personne responsable du marché et par l'attributaire* ».

[422] Cf. supra. p. 156.

[423] Voir art. 29 du CMP qui exclue du champ d'approbation les marchés de l'Etat d'un montant inférieur à 100.000. 000 FCFA.

marché, force est d'admettre que le seuil de 100.000.000 FCFA est assez excessif.

Concernant les autorités approbatrices, l'art. 29 du CMP du Sénégal prévoit que les marchés sont approuvés, en fonction de leur montant, tantôt par le MEF tantôt par le ministre dépensier, tantôt par le Gouverneur pour les marchés de l'administration déconcentrée.

Cette disposition prévoit l'existence de trois autorités chargées d'approuver les marchés conclus et signés au nom et pour le compte de l'Etat. L'intervention de chacune de ces autorités dépend du montant du marché à approuver.

Ce dispositif révèle l'idée de prendre en compte deux exigences :

D'une part, la formalité d'approbation intègre les considérations tirées de l'organisation de rapports hiérarchiques au sein de l'Administration. En effet, à travers cette formalité, l'occasion est donnée au supérieur hiérarchique de la PRM qui a signé le marché[424] de réexaminer certains de ses éléments afin de lui conférer sa validité.

D'autre part, l'approbation intègre les considérations tirées des règles d'engagement de la dépense publique. A ce sujet, l'art.43 du COA dispose que « *l'approbation par l'autorité compétente vaut conclusion du marché* ». C'est pourquoi, un tel acte doit nécessiter l'intervention d'une autorité habilitée à engager financièrement la collectivité publique.

Au Niger, les difficultés liées à la compréhension du principe de la séparation entre l'autorité signataire et l'autorité approbatrice des marchés ont poussé le Premier Ministre à signer un arrêté portant modalités de signature et d'approbation des marchés. Après avoir réitéré l'interdiction de cumul, cet arrêté précise, de façon claire et pour chaque catégorie d'AC, l'autorité signataire et l'autorité approbatrice.

C'est ainsi que concernant l'Etat, l'art.11 de l'arrêté n°0077 dispose que les marchés de la Présidence de la République sont approuvés par le Directeur de Cabinet[425], ceux du Cabinet de la Primature par le Directeur du Cabinet[426], ceux des départements ministériels par le ministre[427] et ceux des institutions de la République par le Président de l'institution[428].

L'interdiction de cumul de deux fonctions est expressément consacrée car ces marchés doivent être signés par des autorités différentes de celles-là[429].

---

[424] Nous avons montré que les ministres qui sont en réalité les personnes responsables du marché titulaires délèguent leur signature aux DAGE, SAGE voir aux SG de leur ministère.

[425] Ces marchés sont signés par le Secrétaire Général de la Présidence.

[426] Ces marchés sont signés par le Secrétaire Général de la primature.

[427] Ces marchés sont signés par le Directeur de cabinet.

[428] Ces marchés sont signés par le Secrétaire Général de l'institution ou toute autre autorité en tenant lieu. Pour les administrations déconcentrées, les marchés des régions au titre des crédits délégués sont approuvés par le Gouverneur des régions et ceux des départements par les préfets.

[429] Voir notes ci-dessus.

Concernant les délais d'approbation, l'art. 85 al. 5 du CMP du Sénégal dispose que *« l'approbation du marché ne pourra être refusée que par une décision motivée, rendue dans les quinze (15) jours suivant la transmission du dossier d'approbation »*. Cette disposition montre, clairement, que l'autorité dispose d'un délai de 15 jours pour faire connaitre sa position sur le dossier d'approbation à elle transmise. Le refus de suivre l'art. 68 al.3 de la Directive n°04/2005 qui veut qu'un délai de 30 jours soit imparti à l'autorité approbatrice entre dans la volonté générale de réduire les délais procéduraux. Ce délai est suffisant au regard de l'unique point, c'est-à-dire, la disponibilité des crédits à contrôler

Au Niger, une certaine contradiction est à relever entre l'art. 99 al. 4 du CMP et l'art. 15 de l'arrêté n°0034/CAB/PM/ARMP[430]. En effet, à l'art. 99 al. 4 du CMP, il est prévu que *« l'approbation du marché ne pourra être refusée que par une décision motivée, rendue dans les trente (30) jours calendaires à compter de la réception du dossier d'approbation »*. Cette disposition qui n'est qu'une reprise de l'art. 68 de la Directive n°04/2005 montre que l'autorité approbatrice dispose, à compter de sa saisine, d'un délai de 30 jours pour prendre une décision motivée sur le dossier de marché soumis à son appréciation. Cette décision peut porter, soit sur l'approbation du marché, soit sur sa désapprobation. Mais, à l'art. 15 de l'arrêté précité, il est écrit que *« l'approbation du marché doit intervenir dans un délai de sept (7) jours ouvrables à compter de la réception du dossier par l'autorité approbatrice »*.

Il ressort de ces deux dispositions, une nette contradiction entre un décret (CMP) qui prévoit un délai d'approbation ou de désapprobation de 30 jours et un arrêté qui exige à ce que l'approbation intervienne dans un délais de 7 jours à compter de la saisine de l'autorité compétente. Cette contradiction traduit une certaine absence de vision globale des textes applicables aux marchés publics. C'est pourquoi, dans le souci d'éviter des interprétations divergentes entre un texte général (décret portant CMP) et un texte spécial (arrêté relatif aux délais), les autorités compétentes doivent procéder à une relecture des textes afin de les harmoniser.

Si, sur certains points, quelques différences peuvent être relevées entre le droit nigérien et le droit sénégalais, il y a lieu de remarquer que sur d'autres, la ressemblance est totale.

2. Une ressemblance quant aux effets de l'approbation du marché

Du point de vue strictement juridique, l'on peut se poser des questions sur la force ou l'impact de l'acte d'approbation sur le projet des marchés, le sort d'un marché non approuvé, les points que l'autorité compétente doit contrôler avant

[430] L'arrêté n° 0034/CAB/PM/ARMP du 21 janvier 2014 a pour objet de fixer les délais dans le cadre de la passation des marchés publics et des délégations de service public. Il complète les dispositions du CMP en ce qui concerne les différents délais des procédures.

de décider d'approuver ou de ne pas approuver le marché, l'existence ou non d'un recours contre le refus d'approbation.

La réponse à ces différentes préoccupations est apportée par les articles 15 et 68 de la Directive n°04/2005 que les Etats doivent tenter de transposer dans leur droit interne. Ainsi, une lecture combinée de ces deux articles permettent de comprendre que l'approbation a pour effet de valider le projet de contrat. En conséquence, un marché qui n'a pas été approuvé est nul et de nul effet. Ce refus ne peut intervenir qu'en cas d'absence ou d'insuffisance des crédits. En tous les cas, il est susceptible de recours.

Au regard du droit communautaire de l'UEMOA, l'approbation doit s'appuyer sur des considérations uniquement budgétaires. L'idée est de permettre à l'autorité compétente d'empêcher la mise en vigueur d'un marché pour lequel les crédits nécessaires à son paiement sont épuisés. Il s'agit, d'une certaine volonté de protéger les cocontractants contre un engagement sans provision de la part de la personne publique.

Ce dispositif aménagé par la Directive n°04/2005 a été repris, presque dans les mêmes termes, par le droit des marchés publics des Etats sous étude.

C'est ainsi qu'à propos de la force ou de l'impact de cette formalité, l'art. 85 du CMP du Sénégal rappelle que « *l'approbation achève la procédure de passation des marchés* »[431] et vise à donner effet au marché[432].

Au Niger, c'est l'art. 7 de l'arrêté n°077/CAB/PM/ARMP qui rappelle que l'approbation valide la décision d'attribution du marché. L'article ajoute que cette formalité « *confère un caractère définitif et exécutoire au marché...* ». En conséquence, l'attributaire ne peut se prévaloir des clauses d'un marché n'ayant pas fait l'objet d'approbation.

Ces dispositions renseignent, à l'instar du droit communautaire, que le marché non encore approuvé reste et demeure au stade du projet et qu'il appartient à l'autorité investie du pouvoir d'approbation de le valider afin qu'il puisse produire tous ses effets.

Cette autorité n'est pas, dans tous les cas, tenue d'approuver le marché signé. Elle peut refuser de le faire et dans ce cas, le marché en question est nul et de nul effet[433]. Mais au regard de sort peu enviable du marché non approuvé, le nouveau droit des marchés publics a tenté de fixer les motifs du rejet ainsi que l'attitude que les parties pourront adopter.

En premier lieu, la décision portant refus d'approbation doit être motivée. Les éléments susceptibles de servir de motif et qui doivent être portés à la connaissance des intéressés sont, uniquement, liés à l'absence ou l'insuffisance de crédits[434]. Cette précision montre que l'autorité approbatrice n'a aucun pouvoir d'appréciation quant à l'enchaînement de la procédure qui a conduit à

---

[431] Cet article ajoute qu'après l'approbation, aucun autre contrôle a *priori* ne peut intervenir.

[432] Voir art. 29 du CMP du Sénégal.

[433] Voir art. 99 du CMP du Niger.

[434] Voir article 85 al. 4 du CMP du Sénégal et article 99 du CMP du Niger.

la désignation de l'attributaire provisoire et à la signature du projet de contrat. Elle doit, simplement, se concentrer sur l'existence ou non, dans le dossier, du document attestant que le crédit nécessaire au paiement de ce marché est disponible et qu'il a été bloqué.

Dans la pratique, l'autorité approbatrice se contente de vérifier l'apposition ou non du visa du COF avant de conclure à l'existence ou non des crédits budgétaires suffisants au paiement du marché. En effet, à partir du moment où l'approbation intervient en dernier lieu pour mettre fin au cycle des contrôles a *priori*, la PRM doit, après la signature du marché, le soumettre au visa du COF. Celui-ci vérifie, entre autres, la disponibilité du crédit budgétaire nécessaire au paiement du marché avant d'apposer le visa[435]. En conséquence, dès lors que ce visa est apposé, l'autorité n'a d'autre possibilité que d'approuver le projet du marché. En pratique, l'exercice de cette prérogative dépend de la position du COF.

En deuxième lieu et conformément à la logique du droit communautaire, les deux CMP prévoient la possibilité d'attaquer la décision portant refus d'approbation du marché devant le CRD de l'ARMP[436]. L'occasion est, ainsi, donnée au régulateur de vérifier si, dans le dossier, la PRM a versé le document attestant l'existence et la disponibilité des crédits ou si le projet du marché a été réellement soumis au visa du COF.

Cependant, malgré la pertinence et la clarté des dispositions relatives à l'approbation, il a été donné de constater qu'il existe beaucoup de manquements à l'observation de cette formalité, pourtant, substantielle. C'est ainsi, qu'au Niger, il a relevé que 15% des marchés passés en 2011 et 2012 n'ont pas été approuvés par l'autorité compétente. Pour d'autres marchés, l'approbation n'est intervenue qu'après l'exécution du marché[437]. Il s'agit, certainement, des cas de simulation des procédures destinés à régulariser des choix opérés en violation des règles pertinentes.

Dans les deux Etats, l'examen des dossiers des marchés montre que, très souvent, l'approbation intervient après l'expiration du délai de validité des offres[438]. Or, après l'expiration de ce délai, le soumissionnaire n'est plus lié par son offre et qu'il peut exiger une actualisation des prix ; toute chose qui pourrait déjouer les prévisions budgétaires de l'AC. C'est pourquoi, il est important, pour les PRM, de soumettre rapidement le marché signé à l'approbation afin que celle-ci intervienne dans le délai de validité des offres.

---

435 Sur les prérogatives du contrôleur des opérations financières, cf. supra. pp. 351 et suivantes.

436 Voir art. 99 du CMP du Niger et art. 85 al. 5 du CMP du Sénégal.

437 Voir, rapport définitif de l'audit annuel des marchés publics conclus en 2011 et 2012 au Niger, Avril 2014, pp. 12 et suivants. Ce rapport est disponible sur http://www.armp-niger.org/workspace/uploads/documentation/niger-rapport-definitif-audit-2011-2012.pdf (consulté le 04 mai 2015).

438 *Ibid*, p. 13.

L'approbation des marchés n'épuise pas les formalités à observer avant la mise en exécution des marchés publics.

Au Niger, par exemple, une autre formalité doit être observée dès lors que le montant du marché est supérieur ou égal à 500.000.000 FCFA. Il s'agit de sa communication en Conseil des ministres. L'art. 2 de l'arrêté n°001/MEF/SG/DGCMP du 12 janvier 2011fixant le seuil de compétence de la DGCMP et de ses organes déconcentrés dispose, en substance, que «*tout marché public dont le montant est égal ou supérieur à cinq cent millions (500.000.000) de francs CFA doit faire l'objet d'une communication de la structure responsable du marché en conseil des ministres après attribution. Cette communication est faite à titre d'information, l'attribution du marché reste sous la responsabilité du maitre d'ouvrage*».

Il s'agit d'un exercice supplémentaire imposé aux PRM qui ont l'obligation d'informer les autres membres du gouvernement ainsi que le chef de l'Etat des marchés passés dans leur département ministériel. Cette communication est, aussi, une tentative de renforcement du principe de transparence dans l'attribution des marchés publics. En effet, il s'agit d'une mesure de publicité à l'endroit des hautes autorités du pays mais, également, des citoyens au regard de la large diffusion dont font l'objet les conclusions de ce Conseil des ministres.

L'idée est d'amener la PRM à informer sur l'objet du marché, son montant, la procédure suivie et le nom de l'attributaire. La communication n'est assortie d'aucune sanction[439].

Le marché ainsi signé, approuvé, puis enregistré aux impôts est notifié à l'attributaire qui devient le titulaire de ce marché.

Cette conclusion ne constitue pas un aboutissement du processus contractuel. Elle n'est qu'une étape qui marque la naissance du contrat d'où la nécessité de veiller, avec la même rigueur, aux modalités de son exécution. En effet, il a été montré que le meilleur des contrats sur le papier peut se révéler être « *un enfer administratif et financier si les cocontractants ne font pas en sorte de l'exécuter avec sérieux et logique* »[440].

---

[439] Il s'agit d'un simple compte rendu fait par un ministre à ses paires et au Président de la République. Il est vrai que le Conseil des ministres ne doit pas être transformé en Tribunal pour prononcer l'annulation de l'attribution d'un marché. Mais, la PRM a l'obligation de convaincre ses paires ainsi que le président de la République, de la pertinence et de la régularité de la procédure de passation et du choix de l'attributaire au regard de l'objet et du montant de marché. De ce fait, le Président de la République qui a l'obligation, selon son serment, de respecter et de faire respecter les lois et règlements pourrait se trouver devant un des cas où le droit reçoit, difficilement, application. En tant qu'autorité suprême, il peut, tout naturellement, décider du sort du marché ainsi attribué lorsqu'il est avéré que certaines fraudes ou irrégularités ont émaillé la procédure.

[440] B. MARTINEZ et F. SERR, *Exécution des marchés publics*, Paris, éditions *Le Moniteur* 2013, p. 7.

Toutefois, l'examen du droit et de la pratique dans les Etats montre que c'est la phase de passation des marchés qui cristallise toutes les attentions au détriment de celle de leur exécution. Celle-ci est souvent négligée par le droit et les acteurs en charge du contrôle et de la surveillance des marchés publics et ne dépend que de la seule volonté des parties.

TITRE II

UN RELATIF IMMOBILISME DANS L'ENCADREMENT DE LA PHASE D'EXÉCUTION DES MARCHÉS PUBLICS

Les spécificités constatées dans la préparation et la passation des marchés publics ne doivent pas occulter une évidence : que le marché public est le fruit de la rencontre de deux volontés. De celle-ci découle l'un des caractères fondamentaux du contrat administratif à savoir son caractère synallagmatique en vertu duquel, le marché crée un jeu réciproque de droits et d'obligations entre l'acheteur public et son partenaire. En conséquence, chacune des parties doit s'atteler à assumer sa part d'obligation qui constitue un droit pour l'autre[441].

De façon générale, l'exécution des marchés est très souvent la partie immergée de l'iceberg, peu prise en compte dans les procédures d'achat public. En effet, l'on constate que les contraintes qui s'attachent à l'exécution d'un marché sont écartées, par négligence ou ignorance alors que *« les enjeux sont, au moins, aussi forts, si ce n'est plus que pour sa passation »*[442].

A ce sujet, il faut remarquer que les dispositions des CMP insistent plus sur le régime financier que sur les modalités d'exécution physique des marchés publics. Pour l'essentiel, le droit renvoie aux documents contractuels, le soin de définir et d'adapter les droits et obligations des parties à chaque type de marché. Afin de faciliter leur lecture et leur compréhension, le droit des marchés publics prévoit l'existence d'un document contractuel unique. C'est ainsi que l'art. 79 de la Directive n°04/2005 dispose que « *les marchés font l'objet d'un document unique qui comporte les pièces constitutives et les mentions obligatoires conformes au dossier –type communautaire* ».

---

441 Cette réciprocité dans l'exécution des obligations contractuelles n'installe, toutefois pas, l'Administration et son partenaire dans un rapport d'égal à égal, comparable à celui qui existe dans le contrat de droit privé. En effet, la particularité de la mission assignée à l'Administration et qui justifie, au fond, le recours au procédé contractuel, fait que l'exécution du marché se déploie sur un terrain qui lui est fortement favorable. C'est pourquoi, la lecture des dispositions pertinentes des CMP indique, le maintien de certaines prérogatives classiques attachées à l'exécution des contrats régis par le droit public. Une telle situation, attenue, si besoin est, l'expression civiliste selon laquelle, le contrat est la loi des parties. Malgré ce rapport inégalitaire, il faut relever que les obligations du contrat doivent, conformément aux principes généraux, être exécutées correctement, de bonne foi et dans les conditions stipulées.

442 B. MARTINEZ et F. SERR, op. Cit, p. 3.

Au Sénégal, l'art. 10 du CMP reprend cette exigence du droit communautaire en précisant que « *les marchés sont conclus sous forme écrite et font l'objet d'un dossier unique dont les cahiers de charges et la soumission sont des éléments constitutifs. Les pièces constitutives du marché doivent contenir toutes les indications propres à faciliter la compréhension de son objet...* »[443]. Au Niger, l'art. 102 du CMP[444] reprend le contenu de l'art. 79 de la Directive n°04/2005.

Cette idée de regrouper les droits, les obligations et les conditions d'exécution du marché dans un document unique, rappelle, sans aucun doute, le principe de l'unité budgétaire ; un des principes qui expriment « *toute la sagesse de la technique financière classique* »[445].

L'exigence d'un document unique relatant tous les éléments indispensables à un marché peut s'analyser comme la recherche d'une bonne lisibilité des documents contractuels. En effet, il serait déroutant pour l'opérateur économique, généralement, peu instruit de fixer l'ensemble des éléments relatifs à un marché auquel il est partie, lorsque ceux-ci sont dispersés dans plusieurs documents. La même situation est embarrassante pour l'AC au regard du nombre des marchés à passer et à gérer au cours d'un exercice budgétaire. En effet, ce nombre étant généralement très important, elle risque de se trouver dans l'impossibilité d'archiver et de conserver toute une pile de documents à des fins de l'audit, notamment.

En tous les cas, ces dispositions visent à concilier les deux exigences à savoir la réaffirmation des droits et prérogatives des autorités contractantes, d'une part, et la préservation des droits des titulaires du marché, d'autre part. Ces deux impératifs majeurs constituent la quintessence du cadre d'exécution des marchés publics.

Cependant, à y regarder de près, l'on remarque un certain laconisme dans l'encadrement des modalités d'exécution physique (**Chapitre I**) au moment où une certaine amélioration est perceptible dans celui de la phase d'exécution financière des marchés publics (**Chapitre II).**

---

443 Dans le même ordre d'idées l'art. 13 du même code rappelle que les marchés doivent définir les engagements réciproques des parties contractantes et à cet effet, il doit contenir un certain nombre de mentions dites obligatoires.
Ramenées à l'essentiel, il s'agit des prescriptions relatives à l'identification des parties, au droit applicable, à l'objet du marché, au prix et aux modalités de règlement du marché, au délai d'exécution ainsi qu'aux sanctions attachées au non-respect de ce délai, aux modalités de règlement de litige susceptible de naitre de cette exécution.

444 Comme en droit, sénégalais, l'art.103 du code nigérien complète l'art.102 en présentant une liste minimale de vingt mentions que doit contenir le document unique censé définir les droits et obligations des parties contractantes.

445 P. AMSELEK, *Le budget sous la Ve République*, Paris, *LGDJ*, 1967, p.35. Cette règle vise, on le sait, à assurer la fiabilité et l'efficacité du contrôle parlementaire. Pour cela, l'ensemble des recettes et des dépenses annuelles doivent être retracé dans un document unique. Par voie de conséquence, « *deux additions suffisent pour connaitre le total des dépenses et des recettes et une soustraction pour déterminer l'équilibre* ».

CHAPITRE I

UN CERTAIN DÉSINTÉRÊT POUR LES MODALITÉS D'EXÉCUTION PHYSIQUE

Le droit commun des contrats est articulé autour de l'idée selon laquelle les conventions légalement formées tiennent lieu des lois à ceux qui les ont faites[446]. Rapportée aux contrats publics en général et aux marchés publics en particulier, la teneur de cette loi est relativisée au profit de la puissance publique en raison, essentiellement, de la mission d'intérêt général à elle assignée.

Le caractère relatif de cette loi est matérialisé par l'existence de certaines prérogatives exorbitantes de droit commun reconnues à l'AC et qui constituent l'une des originalités du régime juridique de l'exécution des contrats administratifs[447] .

Après avoir rappelé l'existence de ces prérogatives, la Directive n°04/2005 et les CMP ont posé les principes devant guider l'exécution physique avant de laisser aux cahiers de charges, le soin de les détailler et de les adapter aux spécificités de chaque marché public.

Les cahiers de charges sont, ainsi, définies à travers leur rôle. C'est ainsi que l'art.12 du Code sénégalais et l'art.116 du Code nigérien disposent, dans les mêmes termes, que « *les cahiers de charges déterminent les conditions dans lesquelles les marchés sont exécutés* ». Ils comprennent les documents généraux et les documents particuliers.

Les documents généraux sont, d'une part, les cahiers de clauses administratives générales et, d'autre part, les cahiers des clauses techniques générales.

A propos des premiers cahiers, l'art.117 du CMP du Niger dispose qu'ils « *fixent les dispositions administratives applicables à toute une catégorie de*

---

[446] Tous les ouvrages et articles consacrés au droit des obligations en général et au droit des contrats en particulier reviennent, systématiquement, sur cette règle posée à l'art.1134 du code civil français. En guise d'illustration, voir, C. LARROUMET, Droit civil, TIII, les *obligations : le contrat*, Paris, 2e édition, Economica 1990, pp.569 et suivantes.

[447] Dans ce sens, voir, D. SY, *Droit administratif*, op.cit., p.337. Selon cet auteur, l'originalité des règles qui régissent l'exécution des contrats administratifs trouve son fondement essentiel dans la mission de service. C'est pourquoi, en plus des prérogatives exorbitantes de droit commun, l'originalité de ces règles se situe au niveau de la reconnaissance de certains droits et garanties reconnus au cocontractant ainsi qu'aux solutions susceptibles d'être proposées dans le cadre du règlement des litiges relatifs à cette exécution.

marché » au moment où l'art.12 du CMP du Sénégal précise que ces cahiers fixent « *les dispositions administratives applicables à tous les marchés portant sur une même nature : fournitures, travaux ou services* ». Dans les deux Etats, le souci est le même : faire ressortir l'idée selon laquelle, les cahiers de prescriptions administratives générales sont élaborés en fonction de la nature ou de la catégorie du marché (services, travaux, fournitures).

A propos des cahiers des clauses techniques générales, l'art.117 du CMP du Niger rappelle qu'ils « *fixent les dispositions techniques applicables à toutes les prestations de même nature* ». L'art.12 du CMP du Sénégal dispose, quant à lui, que ces cahiers fixent « *essentiellement les conditions et spécifications techniques applicables à tous les marchés de même nature* ».

En dehors de leur contenu, l'on remarque que les CMP n'ont pas entendu se prononcer sur la valeur juridique de ces documents généraux. En attendant une clarification jurisprudentielle, dans ce sens, l'on peut utilement rappeler que le juge administratif français a estimé qu' « *il s'agit d'actes faisant grief, susceptibles de recours contentieux au travers du texte les approuvant* »[448].

En plus de ces documents généraux, les deux CMP prévoient l'existence des documents particuliers[449]. Ils doivent contenir, selon l'art. 118 du CMP du Niger et l'art. 12 du CMP du Sénégal, « la *définition précise de l'objet du marché et le mode de passation et comportent obligatoirement l'indication des articles des cahiers des clauses administratives générales et des cahiers des clauses techniques générales auxquels ils dérogent, éventuellement. Ils renvoient, si nécessaire, aux termes du commerce international en vigueur, précisent les obligations de l'autorité contractante et du titulaire du marché* ». Cette disposition, assez claire dans sa formulation, indique que ces documents spéciaux sont censés appliquer et adapter les dispositions des documents généraux à chaque marché. En raison de la spécificité du marché, l'AC peut compléter, voire, déroger à certaines dispositions des documents généraux ; l'essentiel est de l'indiquer et de le justifier.

---

448 S. BRACONNIER, op.cit., p.30. L'auteur cite, à ce sujet, l'arrêt du conseil d'Etat français en date du 2 juillet 1982, Conseil national de l'Ordre des architectes. Dans cette affaire, il s'agit, du Conseil national de l'ordre des architectes et autre qui ont introduit un recours tendant à l'annulation d'un décret du 26 décembre 1978 approuvant le cahier des clauses administratives générales applicables aux marchés publics de prestations intellectuelles. Même si, le conseil a estimé qu'au fond, le requérant n'est pas fondé à soutenir une telle illégalité, l'examen du recours indique qu'il est possible d'attaquer ces clauses par la voie du recours pour excès de pouvoir. Pour les détails de cette décision, voir http://www.juris-connect.com/wiki/index.php ? title=CE, _2_juill._1982, _Conseil_national_de_l'ordre_des_architectes,_n%C2%B0_16692_:_Rec._CE_1982 (consulté le 17 février 2013).

449 Dans les deux Etats, ces documents particuliers sont également au nombre de deux : il s'agit des cahiers de clauses administratives particulières et des cahiers des clauses techniques particulières. Les premiers déterminent avec précision les obligations du titulaire du marché alors que les deuxièmes rassemblent les clauses techniques d'un marché particulier.

Au total, les différentes considérations évoquées essaient de définir les modalités d'exécution du marché par son titulaire (**Section I**) tout en reprenant et en adaptant certaines des marques classiques des contrats administratifs (**Section II**).

SECTION I : LES MODALITÉS THÉORIQUEMENT MARQUÉES DU SCEAU DE L'*INTUITU PERSONAE*

La passation et l'exécution des marchés publics ont la particularité d'être traversée par une règle fondamentale à savoir la règle de l'exécution personnelle tirée du principe de *l'intuitu personae*.

Cette expression latine qui signifie « *en considération de la personne* »[450] irrigue, en réalité, tout le régime du nouveau droit des marchés publics[451].

Ainsi, si en droit privé, seuls certains contrats sont conclus *intuitu personae*[452], tel n'est pas le cas des contrats administratifs en général et des marchés publics en particulier. Dans ces derniers, il existe toujours la réserve implicite de ne pas accepter la première personne qui se présentera[453]. En l'espèce, l'*intuitu personae* s'applique aussi bien à la phase d'attribution du marché qu'à celle de son exécution.

Mais, qu'est-ce qu'il faut, réellement, entendre par cette expression latine au-delà de sa traduction française « *en fonction de la personne* » ?

L'*intuitu personae* peut désigner les éléments qui individualisent, officiellement, une personne. Or, l'identité est l'ensemble des traits physiques et moraux qui caractérisent un être précis et qui font de lui une personne unique. En conséquence, on ne considère pas sa seule identité juridique[454]. C'est, d'ailleurs, le plus souvent l'identité morale qui entre en ligne de compte, c'est-à-dire, les qualités de la personne : sa compétence, son imagination, son savoir-faire, son habileté, sa réputation, son appartenance à une profession. Autrement dit, l'attention se porte sur la personnalité plus que sur la personne.

Ces aspects de l'*intuitu personae* sont largement mis en exergue dans l'examen de l'aptitude du candidat à exécuter la prestation, objet du marché.

---

450 G. CORNU, *vocabulaire juridique*, *PUF*, 2007, p. 513.

451 Dans ce contexte où il est question de responsabiliser les acteurs, la dimension personnelle, voire, subjective, doit occuper une place de choix dans la désignation du partenaire contractuel. C'est pourquoi, les CMP exigent des AC de s'assurer de la crédibilité et de l'aptitude des soumissionnaires avant de leur confier l'exécution d'un marché. Mieux, même en cours d'exécution, l'Autorité Contractante doit veiller à ce que le titulaire du marché l'exécute conformément aux considérations qui ont servi à son attribution.

452 Voir, dans ce sens, B. STARCK et autres, *Les obligations, 2. Le contrat*, Paris, 3e édition LITEC DROIT 1993, p.29 et suivantes.

453 *Ibid*, p.98.

454 Sur ces précisions voir, http://fr.wikipedia.org/wiki/Intuitu_person%C3%A6 (consulté le 20 février 2013).

Un autre aspect de *l'intuitu personae*, est relatif à la confiance particulière qui doit exister entre les cocontractants ; particulière, car tout contrat comporte une part de confiance réciproque dès lors que l'exécution n'est pas instantanée. C'est pourquoi, l'on doit choisir son cocontractant en considération des qualités susceptibles de faire naître la confiance.

Ces qualités sont nombreuses mais certaines peuvent être mesurées techniquement. En tous les cas, le besoin de confiance naît des risques susceptibles d'être générés par le contrat. C'est cette dimension de risque combinée au souci d'obtenir une exécution satisfaisante qui justifie l'attachement à l'*intuitu personae* dans l'étape d'exécution des marchés.

Pour Gaston JEZE, l'inexécution ou la mauvaise exécution des obligations découlant du marché peut avoir, sur la marche du service, des conséquences très graves[455] d'où la nécessité d'exiger à ce que le marché soit exécuté par le titulaire en personne.

Au total, si dans la phase d'attribution du marché, la référence à l'*intuitu personae* vise à déceler, dans la personne du soumissionnaire, l'aptitude générale à exécuter le marché, au niveau de son exécution, l'objectif recherché est beaucoup plus concret. C'est pourquoi, certains spécialistes soulignent que « *la personnalité du cocontractant est un élément déterminant du consentement sans lequel celui-ci n'aurait pas été donné* »[456].

Le souci principal est de permettre à l'AC de ne pas confier le contrat au soumissionnaire qui risquerait de mettre en péril l'intérêt général dont elle est garante. Il s'agit, en l'espèce, de s'assurer d'une exécution conforme aux stipulations contractuelles. Toutefois, la pratique révèle que l'idée de *l'intuitu personae* est souvent malmenée dans sa mise en œuvre (**Paragraphe I**) même s'il faut reconnaitre sa réaffirmation dans le cas où l'intervention d'un tiers a été rendue nécessaire et admise (**Paragraphe II**).

Paragraphe I : L'*intuitu personae*, un principe malmené dans sa mise en œuvre

Si tel soumissionnaire a été sélectionné au détriment des autres, c'est parce que l'offre retenue émane de lui et non de quelqu'un d'autre. En effet, il a été montré qu'avant de statuer sur les offres, les différentes CM examinent, d'abord, les candidatures. L'idée est de choisir les soumissionnaires aptes à exécuter le marché au regard de son objet et de ses particularités. Par voie de conséquence, la PRM signera le marché parce que le soumissionnaire retenu présente toutes les garanties d'une bonne exécution et s'est engagé à le faire conformément aux stipulations qu'il a librement acceptées.

---

455 G. JEZE, étude précitée, p.680.

456 A. ANTOINE, « *L'intuitu personae* dans les contrats de la commande publique », *RFDA* n°5, 2011, p. 879.

C'est pourquoi, le titulaire du marché doit exécuter personnellement, c'est-à-dire, avec ses propres moyens, notamment en machines, biens de production, engins, savoir-faire, personnel, la prestation prévue au contrat[457]. Le COA du Sénégal ajoute que l'exécution doit être personnelle[458], correcte[459], intégrale[460] et intervenir dans les délais prévus.

Ces exigences visent un seul objectif mais difficilement réalisable. Il s'agit de l'obtention d'une exécution conforme aux stipulations initiales (**A**) même dans le cas où certaines perturbations amènent à les réviser à travers des avenants (**B**).

A. La difficile recherche d'une exécution conforme aux stipulations initiales

Les stipulations du contrat renvoient aux droits et obligations des parties ainsi que les conditions dans lesquelles, ce contrat doit être exécuté.

Librement acceptées lors de la signature, ces conditions doivent être exécutées de bonne foi, toute chose qui s'apparente au respect des engagements librement souscrits.

Du côté du titulaire du marché, cela s'aperçoit à travers les contraintes qui pèsent sur lui. En effet, comme il a été montré, ce principe va au-delà de la personne physique du cocontractant pour inclure ses aptitudes, ses compétences de même que les conditions dans lesquelles il s'est engagé et qui le singularisent par rapport aux autres soumissionnaires. C'est au regard de ses qualités personnelles et celles de son offre qu'il a été choisi. Il doit les mettre en œuvre et les conserver jusqu'à l'exécution complète de ses obligations contractuelles.

Malheureusement, à l'aune de la pratique, il a été donné de constater que les trois dimensions de *l'intuitu personae*, à savoir l'aspect personnel (**1**), l'aspect temporel (**2**) et l'aspect technique (**3**) sont, dans une large mesure, négligées. Cette attitude entache, fortement, la recherche d'une dépense publique de qualité car l'objectif visé à travers le marché n'est pas atteint.

1. L'insuffisante prise en compte de la dimension personnelle de l'*intuitu personae*

Cette dimension de *l'intuitu personae* implique que le titulaire du marché doit l'exécuter personnellement et non par un autre. Il s'agit de la traduction la plus immédiate et la plus perceptible du principe qui renvoie à l'idée que « *l'attribut aire doit l'exécuter lui-même sinon cela revient à fausser,*

---

457 Sur ces éléments, voir, C. LAJOYE, *Droit des marchés publics*, op. Cit, p. 352.

458 Art. 64 du COA.

459 Art. 59 et 63 du COA.

460 Art. 60 du COA.

rétroactivement, la mise en concurrence, car le choix s'est porté sur une équipe avec des compétences précisées dans le mémoire technique »[461].

Pour G. Jèze, cette idée de contraindre le titulaire du marché à l'exécuter, personnellement, vise à écarter les intermédiaires, c'est-à-dire, ceux qui, nantis d'un marché le repassent, avec bénéfice, à un autre qui l'exécutera[462]. Il s'agit d'éviter, par-là, le trafic des marchés susceptible d'aboutir à une mauvaise exécution.

Cette exigence n'apparait, expressément, dans aucune disposition de la Directive n°04/2005. Elle n'apparait qu'en filigrane à travers son art.26 al.2 relatif à la sous-traitance. Il dispose que « *le titulaire demeure personnellement responsable de l'exécution de toutes les obligations de celui-ci* ».

Ce peu d'intérêt accordé à l'idée de contraindre le titulaire du marché à l'exécuter en personne, s'est répercuté sur le droit positif des Etats sous examen.

En droit sénégalais, il est vrai que l'art. 64 du COA dispose, de façon générale, que « *le cocontractant est tenu d'exécuter personnellement le contrat* ». L'art. 65 du même COA ajoute que « *sauf autorisation préalable de l'Administration contractante, les cessions et sous traités sont prohibés* »[463].

En dehors du COA, l'on remarque qu'aucune disposition de deux CMP ne se réfère, explicitement, à l'idée de l'exécution personnelle des marchés publics. En conséquence, il faut nécessairement procéder à une interprétation de certaines dispositions de ces CMP, notamment, celles relatives aux mentions obligatoires des contrats, pour découvrir la référence implicite à cette exigence.

A ce sujet, l'art.103 du CMP du Niger prévoit que le marché signé doit comporter un certain nombre de mentions dont « *l'identification des parties contractantes* ». Au Sénégal, l'art. 13 al.1 du CMP exige à ce que le marché contienne « *l'indication des parties contractantes, avec notamment le numéro d'inscription au RCCM ou au registre des métiers, le numéro de compte du contribuable ou d'identification aux taxes indirectes et le numéro d'identification nationale des entreprises et administratives (NINEA) ou, pour les candidats étrangers non encore immatriculés au Sénégal, la référence à l'immatriculation auprès d'organismes équivalents dans l'Etat dont ils sont ressortissants* ».

Ces éléments qui servent à identifier les parties peuvent être vérifiés tout au long de l'exécution du marché afin de permettre à l'AC de s'assurer que la prestation est toujours assurée par le titulaire du marché.

Dans les autres aspects des CMP, la référence à l'*intuitu personae* est, implicitement, perceptible à travers les dispositions relatives à la sous-

---

461 http://www.marches-publics-artisans.com/repondre-efficacement-aux-marches-publics-de-travaux (consulté le 23 février 2013).

462 G. JEZE, op. Cit, p. 694.

463 Dans la même veine, l'art. 68 du COA permet à l'AC de résilier le contrat en cas de décès du cocontractant.

traitance[464], à la possibilité de résilier le marché en cas de décès de son titulaire ou en cas d'ouverture d'une procédure collective à son encontre et en cas de cession des marchés.

En cas de décès du titulaire du marché, par exemple, l'art.130 du CMP du Sénégal permet à l'AC de résilier le contrat, de plein droit et sans indemnité, lorsqu'elle n'accepte pas les offres qui peuvent être faites par les héritiers pour la continuation des travaux. C'est la même situation qui se présente en cas de faillite, si l'AC n'accepte pas, dans l'éventualité où le syndic aurait été autorisé par le Tribunal à continuer l'exploitation de l'entreprise, les offres qui peuvent être faites par ledit syndic pour la continuation.

Ces deux hypothèses, malgré leur pertinence, ne sont pas prévues par le CMP du Niger. Pourtant, si l'art. 17 de ce Code exclu, de toute participation à la passation des marchés, les personnes physiques ou morales en état de faillite personnelle, de cessation d'activités, de liquidation, de redressement judiciaire[465] ou dans une situation analogue, il serait beaucoup plus cohérent de prévoir des dispositions relatives au sort d'un marché en cours d'exécution en cas d'ouverture d'une procédure collective contre son titulaire.

Ce silence est incompréhensible car, sans doute, les aptitudes économiques et financières qui ont présidé au choix du titulaire du marché sont, sérieusement, entamées. Et à partir du moment où le marché est conclu en raison de la confiance que son attributaire inspire et si celle-ci disparait en raison de ces difficultés, l'AC doit être mise dans les dispositions de mettre fin au marché.[466]

Une autre hypothèse d'application de l'*intuitu personae* non prévue par les deux CMP mais, seulement, par le COA, est relative à la cession du contrat. L'art.65 de ce COA dispose que « *sauf autorisation préalable de l'Administration contractante, les cessions... sont prohibées* ».

Si l'on considère que cette disposition relative aux contrats administratifs est applicable aux marchés publics, l'on doit conclure qu'il est possible à ce que le titulaire du marché puisse en céder l'exécution à un tiers. Notion civiliste, la cession est caractérisée par « *le remplacement d'une partie par un tiers, au cours de l'exécution du contrat* »[467]. Elle conduit au remplacement du titulaire du marché. C'est pourquoi, la cession du marché n'est possible qu'avec

---

464 En cas de sous-traitance, nous verrons, que cette exigence fait que non seulement le titulaire du marché demeure, personnellement, responsable de toutes les obligations résultant du marché mais aussi, il ne peut en sous-traiter l'intégralité.
En tous les cas, une autorisation de l'AC est exigée pour donner effet juridique à toute sous-traitance.
A travers cette autorisation, l'occasion est donnée à l'AC de refuser ou d'accepter le sous-traitant au regard de la qualité et des garanties que présente ce tiers au contrat initial.

465 La disposition ne s'applique pas aux entreprises concernées lorsqu'elles sont autorisées à poursuivre leurs activités par décision de justice, parce que vraisemblablement, leur situation économique et financière n'est pas irrémédiablement compromise.

466 Dans ce sens, voir G. JEZE, op.cit., p. 712.

467 S. BRACONNIER, op.cit., p.447.

l'autorisation de l'acheteur public comme le prévoit expressément l'art.65 du COA.

En droit français, il a été jugé que le défaut d'autorisation entraine la nullité absolue de la cession[468] et en guise de sanction, l'AC a la possibilité de résilier le contrat aux torts du titulaire[469].

Il est vrai que les motifs pour lesquels l'AC peut refuser la cession sont nombreux. Mais, il faut admettre que ceux relatifs aux garanties que présente le cédant sont, sans doute, les plus déterminants. En effet, avant d'accepter, elle doit s'assurer que le cessionnaire est apte à exécuter le marché, c'est-à-dire, qu'il présente les mêmes qualités que le titulaire initial.

Cette dimension de l'*intuitu personae* vise à faire en sorte que le candidat jugé apte puisse exécuter, personnellement, le marché.

Un autre aspect de ce principe milite en faveur du respect de délai pour lequel ce titulaire s'est engagé à accomplir ses obligations.

2. La banalisation pratique de la dimension temporelle de l'*intuitu personae*

Tout marché comporte normalement des délais d'exécution. Ceux-ci portent sur la réalisation de travaux, la livraison de fournitures ou encore la remise des résultats d'une étude. Le délai a une importance fondamentale dans l'exécution des engagements contractuels.

Du côté de l'AC, il est indiscutable que la recherche de l'efficacité de son action doit la pousser à accomplir sa mission avec célérité, c'est-à-dire, dans un certain délai précis.

Le cocontractant a besoin, aussi, de circonscrire son intervention dans une séquence temporelle précise afin de planifier ses activités, de faire ses calculs et ses prévisions.

Pour ces deux parties, la référence au délai ainsi que son respect deviennent des exigences importantes. En effet, il serait impertinent, voire, impossible de s'engager dans un rapport contractuel, sinon à vie du moins sans préciser un terme à l'issu duquel elles sont en droit d'exiger l'accomplissement de la prestation réciproque convenue.

Pour marquer, son existence et son importance, l'art.86 de la Directive n°04/2005, prévoit des sanctions en cas de non-respect des délais contractuels. Cette référence au délai d'exécution a été reprise et détaillée par les CMP des Etats sous étude. Ces derniers lui accordent une importance telle qu'il figure parmi les critères de choix de l'offre[470] et parmi les mentions obligatoires des contrats. Il devient, de ce fait, une des stipulations obligatoires sur lesquelles les parties s'entendent au moment de la signature du contrat et s'engagent à les respecter. C'est pourquoi, l'art.70 du COA précise que « *le cocontractant de*

---

[468] CE, 20 Janvier 1905, Compagnie départementale des eaux, Rec. CE, p.54.

[469] G. JEZE, op.cit., p. 694.

[470] Voir art. 29 du CMP du Niger et art. 59 du CMP du Sénégal.

l'Administration est tenu de respecter les délais d'exécution prévus pour la réalisation d'une opération déterminée ou de l'ensemble du marché ».

Cette disposition indique que les délais représentent pour le titulaire du marché une contrainte dont le non-respect est en principe sanctionné par l'application des pénalités de retard[471].

L'art. 13 du CMP du Sénégal et l'art. 103 du CMP du Niger réitèrent ce caractère obligatoire de l'insertion du délai dans les documents contractuels.

Mais, au Niger, le CMP ne se réfère qu'au délai d'exécution du marché alors que le CMP du Sénégal se réfère à deux délais à savoir le délai d'exécution du marché et la durée du marché.

Doit- on considérer que ce Code fait allusion au même délai ou à deux délais différents ? Autrement dit, y a-t-il une différence ou ressemblance entre le délai d'exécution d'un marché et la durée du marché ?

L'analyse des dispositions de ce CMP permet de conclure à l'existence de deux délais différents. En effet, pour le premier, l'art. 14 du CMP prévoit que *« la durée d'un marché est fixée en tenant compte de la nature des prestations et la nécessité d'une remise en concurrence périodique. Elle ne peut être, en principe, supérieure à un an, sauf dans les conditions fixées aux alinéas ci-dessous ...et dans le cadre de marchés à commande, de clientèle et des accords-cadres... »*[472].

Cette durée renvoie à la période durant laquelle, existent des relations contractuelles entre l'AC et le titulaire du marché. C'est le cas, par exemple, des marchés de gestion et d'entretien par niveau de services (durée 3 ans), des marchés relatifs à l'acquisition de manuels scolaires qui peuvent être conclus pour un (1) an renouvelable annuellement par avenant et les marchés à commande.

Pour ces types de marché, le CMP prévoit une durée, c'est-à-dire, la séquence temporelle au cours de laquelle les parties restent en relation contractuelle. La fixation de la durée du marché doit tenir compte de la nature de la prestation et de la nécessaire mise en concurrence qui doit être régulière. L'idée est de permettre à l'AC de renouveler, voire, de changer de partenaire contractuel afin de bien profiter de l'innovation susceptible d'impacter l'objet de la prestation[473].

---

471 B. MARTINEZ et F. SERR, op. Cit, p. 71.

472 Les exceptions à ce principe concernent les marchés afférents à des programmes d'investissement, d'entretien et de maintenance d'équipements complexes qui peuvent être contractés pour plusieurs années, les marchés de gestion et d'entretien par niveau de services (GENIS) qui se fondent sur une obligation de résultats en lieu et place de l'obligation de moyens des marchés classiques (3 ans), les marchés relatifs à l'acquisition de manuels scolaires.

473 Le titulaire habituel absorbé par l'accomplissement de sa prestation peut ne pas se rendre compte des mutations ou de l'évolution de la technologie dans ce domaine. Ainsi, conscient de la durée limitée de son marché et la mise en concurrence régulière, il sera

Quant au délai d'exécution, il évoque, tout naturellement, le temps nécessaire que le titulaire du marché utilise pour exécuter la prestation prévue au contrat. Il est proposé par le cocontractant et accepté par l'AC. Par conséquent, son respect constitue l'un des éléments d'appréciation de la qualité de la prestation mise à la charge du cocontractant. Ce délai est, généralement, prévu dans les CCAP. Il peut être un délai global d'exécution ou un délai partiel qui se présente sous la forme de planning et ne concerne qu'une tranche du marché.

Quelle que soit sa formulation, le délai doit être entendu comme un critère déterminant dans la réussite d'un marché public. Le non-respect de celui-ci constitue un facteur de blocage dans la mise en œuvre des politiques publiques et des autorisations budgétaires. En effet, si le paiement d'une dépense publique est, en principe, assujettit au respect de la règle du service fait, aucune dépense ne doit être engagée avant la signature du PV de réception.

En conséquence, le processus de décaissement étant lié au processus d'exécution du marché, un retard constaté dans le dernier processus impactera, fatalement, sur le premier. C'est en cela que le non-respect des délais d'exécution des marchés a un impact négatif sur le taux de consommation des crédits budgétaires.

Malheureusement, certaines discussions engagées sur la question et l'examen de certains rapports d'audit indiquent, à suffisance, que beaucoup de marchés, notamment, ceux de travaux publics ne respectent pas le délai d'exécution.

C'est le cas, par exemple, d'un marché de réalisation des travaux sur le réseau routier la Région de Tillabéry (Niger) qui a connu un retard important (Trois mois environ) car la réception provisoire n'est intervenue que le 20 mai 2011 alors que, contractuellement, les travaux sont supposés être achevés au plus tard en février 2011[474]. Dans d'autres marchés, il arrive que le délai d'exécution soit consommé à 80% alors que l'exécution n'était qu'à hauteur de 45%[475]. Ce retard, fortement, préjudiciable au fonctionnement normal du service est, dans une large mesure, dû à l'insuffisance des moyens mis en œuvre par le titulaire du marché[476]. Dans la même veine, l'exécution d'un marché relatif à la construction d'un immeuble R+2 servant de logement pour les étudiants de l'Université Abdou Moumouni de Niamey a accusé un retard de 31 mois[477].

---

plus prompt à s'appliquer et à suivre les mutations ou les innovations dans le domaine au risque d'être évincé à la prochaine compétition.

474 Voir, Rapport d'audit des marchés publics, gestions 2009-2010, volet, Audit de matérialité, février 2013, p. 38 sur http://www.armp-niger.org/documentation/rapports-d-audits/(consulté le 25 mai 2013).

475 Même rapport, p. 35.

476 *Ibid*, p. 29 et suivants.

477 *Ibid*, p. 52.

Au total, les titulaires des marchés respectent rarement et difficilement les délais d'exécution de certains marchés. Les causes sont multiples mais, de façon générale, les titulaires des marchés semblent imputer la responsabilité aux AC. En effet, à travers un certain nombre d'échanges, il est apparu que le non-respect des délais est, souvent, lié au retard dans le versement des avances de démarrage et des acomptes. Il est revenu dans ces discussions que certains opérateurs économiques ne prennent pas le risque de financer le marché avec leur fonds propres. Ils profitent de l'avance de démarrage pour effectuer les premiers approvisionnements et des acomptes pour le renouvellement des stocks.

Ce comportement traduit une certaine rupture de confiance entre la personne publique et les titulaires des marchés. En effet, à partir du moment où l'AC ne paie pas la facture définitive dans les délais[478], les titulaires des marchés refusent, d'une manière ou d'une autre, de financer le contrat et essaient d'amener l'AC à le faire à travers les avances et les acomptes. En conséquence, tout retard dans le décaissement de ces montants aura un impact sur le délai d'exécution du marché.

Ce constat permet d'établir un lien entre le respect de délai et la troisième contrainte qui pèse sur le titulaire du marché, c'est-à-dire, l'obligation de bien exécuter la prestation en se conformant à ses caractéristiques telles qu'elles sont décrites dans le dossier d'appel à candidatures et reprises dans les cahiers de charges.

3. Le mépris affiché au respect de la dimension technique de l'*intuitu personae*

L'utilité et la qualité de la dépense publique ne sauraient être au rendez- vous que lorsque la prestation exécutée par le titulaire du marché lui-même et dans les délais convenus, serve effectivement et efficacement la cause pour laquelle le marché a été signé. C'est pourquoi, toute exécution qui se veut satisfaisante doit avoir pour référentiel, les prescriptions techniques contenues dans les documents contractuels. Il s'agit, des CCAP et des CCTP qui décrivent l'objet du marché dans toutes ses caractéristiques, lesquelles constituent les attentes légitimes de l'AC et des usagers du service public.

Malheureusement, il n'est un secret pour personne que le constat est en deçà de ces attentes. En effet, aussi bien au Niger qu'au Sénégal, une simple lecture des rapports d'audit physique ou quelques échanges avec certains agents publics suffisent pour conclure que les marchés publics sont très mal exécutés s'ils ne sont pas purement et simplement inexécutés.

Cette déconfiture est, dans une large mesure, imputable aux titulaires des marchés qui ont souvent du mal à honorer les engagements librement souscrits. Mais, il faut admettre que les responsables administratifs ne sont pas, totalement, étrangers à cette situation pourtant préjudiciable à l'idée de rationaliser la dépense publique. En effet, très souvent, certains agents publics

---

[478] Sur les retards dans le paiement des prix des marchés, cf. supra. pp. 260 et suivantes

se rendent complices de leur partenaire contractuel au détriment de l'intérêt général[479].

Au Niger, des cas de mauvaise exécution sont légions et concernent, surtout, les travaux de construction des bâtiments et assimilés, les routes, les ouvrages hydrauliques, etc…

A propos de la construction des bâtiments, plusieurs marchés peuvent être rappelés pour mettre en exergue l'ampleur de la mauvaise exécution ainsi que ses raisons. L'on peut rappeler, par exemple, le cas d'un marché relatif à la construction de deux directions régionales de la statistique à Dosso et à Tahoua. Dans ce marché, il a été donné de constater que le DAO n'a précisé ni le délai d'exécution ni le critère d'évaluation technique des offres. Le seul critère annoncé était le prix[480]. L'omission de ces critères d'évaluation des offres ne peut que conduire à un mauvais choix de l'attributaire du marché et, inévitablement, à une mauvaise exécution de la prestation.

Pour ce type de marché, le prix ne doit pas être privilégié au détriment des considérations techniques et professionnelles. C'est pourquoi à Dosso, par exemple, le chantier a été abandonné depuis des mois, le marché a fini par être résilié et des fissures apparaissent, déjà, sur l'ouvrage alors qu'il n'est toujours pas terminé. Cela est dû à la mauvaise qualité des matériaux et au non-respect des prescriptions techniques car les dosages et la mise en œuvre des bétons ne seraient pas respectés[481]. Un autre exemple peut être tiré du marché de travaux de réfection et d'entretien des bâtiments de l'ORTN attribué après AOR à l'Entreprise INHAD. Dans ce marché, il a été relevé que les travaux ont été mal exécutés à cause d'un manque de professionnalisme dans la finition. En effet, la peinture se décollait par endroits et des réservations qui devraient être bouchées sont abandonnées. La toiture ayant reçu la couche d'étanchéité pose toujours des problèmes. Les travaux s'exécutent sans aucun respect des normes. Le contrôle qui devrait être très rigoureux et à pied d'œuvre est inexistant[482].

Concernant les routes, plusieurs marchés peuvent être rappelés. Par exemple, à propos du marché de réhabilitation de la RN7 et de la RN2, il a été relevé

---

479 En guise d'illustration, il serait intéressant de rappeler les conditions d'exécution d'un marché de fournitures des kits scolaires conclus par le ministère de l'éducation nationale du Sénégal telles qu'elles nous ont été révélées par un agent qui a requis l'anonymat. Suite à un AO, une entreprise de la place a été retenue et pour prouver sa bonne foi et sa volonté d'exécuter le marché dans des très bonnes conditions, elle a présenté un échantillon des sacs d'écoliers qu'elle entend livrer. La qualité de l'échantillon étant jugée satisfaisante, il a été demandé à l'entreprise de procéder à la livraison définitive.
Malheureusement, et à la surprise générale des membres de la commission de réception, les sacs livrés sont "*des sacs dits chinois*" qui n'ont aucune ressemblance avec l'échantillon présenté. Devant le refus de la commission de réception, l'entreprise a tout simplement, choisi de passer par d'autres canaux et la fourniture a fini par être acceptée, nonobstant sa mauvaise qualité.

480 Rapport d'audit des marchés publics, gestions 2009-2010, op. Cit, p. 73.

481 Rapport d'audit des marchés publics, gestions 2009-2010, op. Cit, p. 73.

482 *Ibid*, p. 58.

l'absence de mise en œuvre des mesures d'atténuation d'impact environnemental sur les riverains telles que prévues à l'art.120 du CMP. En effet, selon le rapport consulté, les riverains se plaignent de la poussière due à la fréquence d'arrosage des déviations. Celles-ci n'étant pas bien entretenues, elles causent de nombreux accidents où l'on déplore des pertes en vies humaines et matérielles importantes. La signalisation des déviations ne respecte pas les normes de sécurité car en lieu et place des panneaux classiques, ce sont des troncs d'arbre sur la chaussée qui servent de panneaux de déviation[483].

Les ouvrages hydrauliques, c'est-à-dire, les puits, forages et autres bassins de rétention d'eau ne sont pas épargnés par la mauvaise exécution. En effet, par exemple, un marché relatif à la réalisation de quatre (4) FPM et d'un poste d'eau autonome dans la région de Tillabéry a été attribué à l'Entreprise BATHYR sans concurrence car elle était la seule entreprise à soumissionner suite à l'AOR. Le suivi des travaux a été assuré par la Direction départementale de l'hydraulique. Quelques jours, seulement, après la réception, il a été donné de constater que certes, les forages sont fonctionnels mais la superstructure est dégradée, ce qui confirme la mauvaise qualité des travaux et de maçonnerie[484].

Le rappel de ces marchés ainsi que leur condition d'exécution doit susciter quelques interrogations : Comment expliquer et comprendre ces différentes pathologies et autres approximations constatées sur les différents ouvrages ?

Les raisons ou explications sont diverses et variées. Mais l'on peut tout de même essayer d'en retenir quelques-unes.

En vérité, les insuffisances constatées sur les infrastructures sont, pour l'essentiel, le résultat d'un mauvais dosage des bétons et/ou de leur mise en œuvre ainsi que l'utilisation des matériels inappropriés. Les maitres d'œuvre manquent, cruellement, des moyens matériels nécessaires de même que des moyens humains suffisants et qualifiés. Ce constat permet, à juste titre, de remonter aux conditions d'attribution de l'essentiel des marchés ci-dessus évoqués. En effet, dans ces derniers, l'on constate que le mode de passation choisi était l'AOR tel qu'il était défini et organisé par l'art.44 du CMP. Or, il se trouve que, contrairement au CMP du Sénégal qui exige à ce que l'AC mette en concurrence au moins trois (3) candidats, celui du Niger ne prévoit aucune mise en concurrence.

Par conséquent, des marchés ont été attribués suite à un AOR alors qu'une seule entreprise a soumissionné parce que, peut-être, la seule que l'AC a décidé de consulter[485].

---

483 *Ibid*, p. 35.

484 Rapport d'audit des marchés publics, gestions 2009-2010, op. Cit, p. 27.

485 C'est le cas du marché relatif à la réalisation de quatre (4) FPM et d'un poste d'eau autonome dans la région de Tillabéry d'un montant de 89.245.000 FCFA a été attribué à l'Entreprise Bathyr, précédemment rappelé.

Mieux, et l'on peut généraliser ce constat, les dossiers d'appel à candidature se réfèrent, rarement, aux critères d'évaluation des capacités techniques et professionnelles des candidats.

Même en cas d'observation de cette exigence, l'on constate que les termes utilisés sont évasifs. C'est le cas, par exemple, du marché relatif à la réhabilitation des dortoirs à l'Université Abdou Moumouni de Niamey où l'on a constaté que le DAO est resté imprécis sur le mode d'évaluation du personnel, du matériel, des références techniques, du planning d'exécution et de la note d'organisation[486].

Cette situation traduit le déficit de formation et d'expertise des agents publics qui peinent à appréhender les subtilités des DAO et à les remplir correctement en fonction des caractéristiques de chaque prestation.

A cette ambiance de légèretés et d'approximations dans l'attribution des marchés s'ajoute un problème de suivi et de coordination de l'exécution du marché. En effet, à partir du moment où il est avéré que les entrepreneurs manquent de personnel qualifié et expérimenté, il devient impératif de renforcer la vigilance sur leurs agissements sur le terrain. Malheureusement, les visites des chantiers révèlent, très souvent, l'absence des chefs de chantiers et autres personnels d'encadrement. Cette absence, quasi systématique, du personnel d'encadrement est aggravée par l'insuffisante mise en œuvre du pouvoir de direction et de contrôle, traditionnellement, reconnu à l'AC dans le cadre de l'exécution des contrats administratifs en général et des marchés publics en particulier.

Concernant, précisément, le pouvoir de contrôle, il est classique de rappeler qu'il est en principe prévu dans le marché et à défaut, il peut s'exercer d'office. Il permet à l'AC de procéder à la surveillance générale du marché lors de l'exécution de la prestation mais aussi lors de sa réception[487].

Ce pouvoir est confié aux ingénieurs et autres agents de l'AC qui peuvent convoquer l'entrepreneur et inspecter les chantiers. A cet effet, leur contrôle porte, entre autres, sur les plans de travaux, le respect des règles en matière de sécurité, le choix des matériaux et du personnel, la qualité des fournitures livrées, etc…

Malheureusement, l'exercice de cette prérogative rencontre d'énormes difficultés. En effet, les agents dédiés à la tâche ne l'accomplit pas du tout ou ne l'accomplit pas avec tout le professionnalisme qui sied. Les raisons de ce comportement sont à chercher dans le manque de moyens, de temps ou tout simplement la corruption.

Cette situation ne rime pas avec le souci de rationaliser la dépense publique. En effet, en raison de l'inexécution ou de la mauvaise exécution de l'objet du marché, les AC doivent se rendre à l'évidence que la dépense engagée, à cet effet, n'est que du gaspillage car sans contrepartie pertinente.

---

[486] Rapport d'audit des marchés publics, gestions 2009-2010, op. Cit, p.57.
[487] C. LAJOYE, op. cit, p. 368.

Aussi, peut-on affirmer qu'en autorisant le paiement de la prestation malgré sa mauvaise qualité, l'AC assiste le titulaire du marché dans sa volonté de détourner les deniers publics. C'est en cela que les deux pourraient être poursuivis pour détournement des deniers publics car l'objectif assigné à ceux-ci ne seraient pas atteints du fait de la complicité ambiante.

Les AC doivent veiller à l'exécution correcte des marchés car il y va de leur crédibilité aux yeux des contribuables-électeurs. En effet, l'inexécution ou la mauvaise exécution des marchés est, presque, toujours imputable à la personne publique parce que c'est elle qui avait choisi l'attributaire du marché et c'est encore à elle de présenter un bilan en vue d'une éventuelle réélection.

Si le nouveau droit impose le respect de *l'intuitu personae c'est* en vue d'obtenir une exécution conforme aux stipulations initiales. Ces mêmes exigences sont perceptibles même lorsque celles-ci venaient à être modifiées ; toute chose qui justifie le recours aux avenants.

B. L'encadrement des modifications des stipulations initiales : cas des avenants

Le nouveau droit exige que l'objet du marché soit bien défini dans sa nature, son étendu, son montant et ses caractéristiques avant le lancement de la procédure.

Toutefois, quel que soit le degré de précision de cette définition des ajustements, des modifications peuvent s'avérer nécessaires en cours d'exécution du marché. C'est pourquoi, il est soutenu que « *le marché est...un acte contractuel vivant qui, par conséquent, doit s'adapter aux changements de l'environnement dans lequel il s'inscrit* »[488]. L'on peut conclure avec Charles Dudgnon que « *le contrat est un acte juridique qui doit, souvent, évoluer avec le temps* »[489]. L'on se retrouve dans le domaine de prédilection de l'un des pouvoirs traditionnellement reconnus à l'AC dans l'exécution des contrats administratifs : le pouvoir de modification unilatérale[490].

---

488 Voir B. MARTINEZ et F. SERR, op. Cit, p. 101.

489 C. DUDOGNON, « L'avenant au contrat administratif », RDP n°5, 2009, p. 1353 et suivants.

490 En effet, et contrairement au principe de l'immutabilité des conventions de droit privé, l'Administration peut imposer, unilatéralement à son cocontractant un changement de certaines stipulations contractuelles.

En droit privé aussi, il faut relever que la mutabilité ou l'immutabilité du contrat a, pendant longtemps, divisé la doctrine avant de trouver son épilogue. En effet, pour les uns, le contrat constituerait « une emprise sur l'avenir », tandis que les autres voient en lui « un pont jeté sur l'avenir ». Sur les éléments de ce débat, voir, J.C. MONTANIER, *Le contrat*, Nouvelle édition 2000, Presses universitaires de Grenoble, p.137.

En tous les cas, la réalité est tout autre et que le contrat connait, lui aussi, les flétrissures du temps. En effet, un contrat quel qu'il soit, est conclu dans un contexte, principalement économique, qui a nécessairement une influence sur le prix et sur la quantité de la prestation.

En droit des contrats administratifs, la modification est un pouvoir qui existe et qui s'exerce au nom des nécessités du service public[491]. Pour Gaston Jèze, le pouvoir de l'Administration de modifier l'étendue des prestations du contrat est une règle d'ordre public à laquelle la convention des parties ne peut pas déroger[492]. C'est pourquoi, la réflexion se focalise, plutôt, sur l'équilibre financier du contrat que la modification ne doit pas perturber[493], l'interdiction de changer la nature du contrat sous prétexte de le modifier, etc…

Dans le domaine des marchés publics, l'utilisation de cette prérogative risque d'avoir pour objet le maintien du lien contractuel avec certains partenaires afin de fausser le libre jeu de la concurrence. En effet, dans la mesure où les contraintes procédurales sont proportionnelles au montant du marché, il serait tentant de conclure, dans un premier temps, un marché modeste avec moins de contraintes et procéder, dans un deuxième temps, à des ajustements sous prétexte de le modifier unilatéralement afin d'augmenter le volume et le montant des prestations. C'est pourquoi, dans cette matière, ce pouvoir de modification unilatérale a été adapté et encadré. En conséquence, la modification de toutes stipulations initiales des marchés passe par la signature d'un avenant qui est un contrat annexé au contrat initial. C'est pourquoi, C. Lajoye, présente l'avenant comme « *un contrat écrit constatant l'accord de volonté des parties au marché et portant modification d'une ou plusieurs clauses de ce dernier* »[494]. C'est en cela que le bilatéralisme constitue une caractéristique importante de l'avenant, qui l'éloigne de la modification unilatérale des contrats administratifs et qui le rapproche des contrats de droit privé.

Ainsi, la modification des stipulations initiales d'un marché public passe, nécessairement, par un accord écrit entre l'AC et le titulaire du marché. L'existence de cet accord entre les parties a poussé le Professeur B. Guèye à y voir « *une source de dérapages importants dans la mesure où nombre d'administrations dans le monde ont trouvé dans cette technique un moyen de*

Certains contrats incluent la durée, comme c'est le cas des contrats à exécution successive. Qu'advient-il d'un tel contrat lorsque les circonstances qui ont présidé à sa conclusion ont tellement changé de telle sorte qu'il perd tout ou partie de sa signification, de son intérêt ?

491 Sur la problématique de la mutabilité du service public qui conduit, souvent, à la modification des contrats administratifs, voir, A. S. MESCHERIAKOFF, Droit des services publics, Paris, *PUF* 1991, pp. 171-179.

492 G. JEZE, article précité, *RDP* 1931, p.75.

493 Sur ce point, il faut rappeler que s'il accepte la modification, la légitimité de ses intérêts privés milite à ce qu'une compensation financière lui soit versée au regard du surcoût engendré par les agissements, pourtant, nécessaires de l'AC. L'intérêt privé ne doit pas être sacrifié au nom de l'intérêt général sinon il y aurait une rupture d'égalité devant les charges publiques.

494 C. LAJOYE, op. cit, p. 390.

contourner la réglementation »[495]. Pour ce spécialiste de droit public, le procédé consiste, dans un premier temps, à sous-estimer le montant de l'opération envisagée, soit parce que l'AC ne dispose pas, d'entrée de jeu, de tous les financements nécessaires, soit parce qu'ils trouvent plus expédient de commencer par passer un marché modeste, plus facile à maîtriser du point de vue des contraintes techniques. Dans un deuxième temps, sont réintroduits tous les compléments qui avaient été, volontairement, omis sous la forme simplifiée d'avenants, donc par simple adjonction au contrat, sans AO, sans mise en concurrence et en toute quiétude.

C'est pourquoi, le recours aux avenants a fait l'objet d'un encadrement juridique qui vise à garantir une certaine transparence nécessaire à la protection de la libre concurrence et à la préservation des intérêts des parties.

Ainsi, la lecture de l'art. 85 de la Directive n°04/2005 et de certaines dispositions des CMP des Etats sous étude montre que les cas d'ouverture du recours aux avenants sont fixés avec une certaine précision **(1)** de même que la procédure à suivre dans le cadre de leur signature **(2)**.

1. Une présentation exhaustive des cas d'ouverture du recours aux avenants

L'art. 85 de la Directive n°04/2005 dispose que « *la passation d'un avenant est obligatoire dès qu'il y a un changement dans la masse des travaux, fournitures ou prestations...* ». La seule hypothèse de signature d'un avenant prévu en droit communautaire concerne, donc, le changement de la quantité des prestations. Mais, le droit en vigueur dans les deux Etats n'a pas entendu se limiter à ce seul cas de figure.

C'est pourquoi, l'on pourrait se reporter aux dispositions de l'art. 136 du CMP du Niger et de l'art. 23 du CMP du Sénégal pour avoir une vision complète des perturbations qui pourraient justifier le recours aux avenants.

En droit sénégalais, il est prévu que « *les modifications des conditions initiales du marché après son approbation doivent faire l'objet d'un avenant écrit, signé par les représentants habilités de l'AC et du titulaire du marché* ».

Au Niger, la disposition du CMP ci-dessus évoquée dispose que « *lorsque des modifications doivent être apportées aux conditions initiales du marché après son abrogation, elles font l'objet d'un avenant* ».

Ainsi, si l'art. 85 de la directive ne permet de signer un avenant qu'en cas du seul changement de la quantité des prestations, il faut remarquer que ces deux codes se réfèrent, plutôt, au changement des conditions initiales du marché. Cette expression peut englober aussi bien le changement du volume des prestations que d'autres aspects du contrat, notamment, le montant, la durée, la législation fiscale, les délais d'exécution, la situation juridique des parties, etc...

---

[495] B. GUEYE, « Le nouveau code sénégalais des marches publics : entre réponse aux attentes de la société civile et prise en compte des influences communautaires », op. Cit, p. 265.

C'est pourquoi, l'on peut affirmer que les CMP sont plus réalistes que la directive, car ils intègrent l'essentiel des perturbations susceptibles de survenir en cours d'exécution des marchés publics. C'est ainsi que quatre (4) types de modifications des conditions initiales sont prévues en droit sénégalais au moment où le CMP du Niger n'en prévoit que deux (2).

Au-delà de la différence quantitative, une certaine différence qualitative doit être soulignée au regard de la formulation de certains cas.

Ainsi, au titre du premier cas, l'art. 23 a) du code sénégalais évoque « *la modification de clauses du marché initial n'ayant aucune incidence sur son montant ni sur le volume des fournitures, services ou travaux mais nécessaires à son exécution, y compris les changements affectant l'autorité contractante ou ceux affectant la forme ou la structure juridique du titulaire, sans remettre en cause les éléments du choix initial ni l'économie du marché, ni le titulaire du marché* ». L'art.136. 1) du code nigérien renvoie, quant à lui, à « *la modification de clauses du marché initial n'ayant aucune incidence sur son montant ni sur la quantité des fournitures, services ou travaux et nécessaire à son exécution* ».

Selon les deux CMP, ce premier cas du recours à l'avenant exclut tout changement dans le volume des prestations. Dans ce cas, qu'est ce qui, dans les conditions initiales du marché, pourrait servir de motif à la conclusion de l'avenant ? Face à cette question, le droit nigérien ne renvoie à aucune hypothèse en dehors de l'exclusion du changement de volume des prestations. Peut –on comprendre, par ce silence, que tout motif, autre que le changement du volume des prestations peut servir de prétexte à la conclusion d'un avenant ? En droit sénégalais, le souci de précision est beaucoup plus manifeste. En effet, après avoir exclu l'hypothèse du changement du volume des prestations, l'art. 23 du CMP s'accroche aux changements susceptibles d'affecter la situation de l'AC, la forme ou la structure juridique du titulaire du marché[496]. Cette précision vise, manifestement, les différentes transformations susceptibles d'affecter le statut juridique du titulaire notamment les hypothèses de fusion-absorption, de changement de la forme juridique de l'entreprise titulaire du marché.

Le deuxième cas que les deux CMP ont en commun concerne l'augmentation ou la diminution de la quantité des prestations[497]. Dans les deux CMP, l'avenant devient obligatoire lorsque l'on assiste à une modification, en moins ou en plus, de la quantité de la prestation prévue au contrat initial. Il s'agit

---

[496] Ce changement dans la situation juridique des parties ne doit pas remettre en cause les éléments du choix initial, c'est-à-dire les critères qui ont déterminé la signature du marché ni son économie encore moins entrainer le changement total du titulaire du marché.

[497] L'art. 136. 2 du CMP du Niger vise *« l'augmentation ou la di munition de la quantité de fournitures, services ou travaux non prévus au marché initial mais apparus nécessaires à son exécution et ayant une incidence sur le montant dudit marché* ». Dans une formulation quasi similaire, l'art.23 du CMP du Sénégal fait allusion à « *l'augmentation ou la réduction de la masse des fournitures, services ou travaux excédant les variations maximales prévues par le dossier d'appel à la concurrence* ».

de l'hypothèse la plus fréquente et qui est en adéquation avec le principe de mutabilité du service public. En effet, si le marché a été conclu pour satisfaire un besoin d'intérêt général et à partir du moment où celui-ci n'est pas figé, il est nécessaire de prévoir des possibilités permettant d'adapter le contenu du marché au besoin qu'il est censé satisfaire.

Il est vrai que le droit des marchés publics exige la définition préalable de la nature et surtout de l'étendue des besoins. Toutefois, au regard du caractère prévisionnel et aléatoire de cet exercice[498], il serait plus réaliste d'envisager, les possibilités de modification des clauses relatives à l'étendue des prestations. La bonne définition préalable des besoins ne fera que réduire les cas d'intervention des avenants et non à les éradiquer.

Le troisième cas prévu à l'art.23. c) du code sénégalais concerne « *la réalisation de fournitures, services ou travaux non prévus au marché mais nécessaires à l'exécution de son objet, du fait de la survenance des sujétions imprévues* ». Cette disposition pose deux conditions. En effet, outre, l'absence de la prestation dans le marché initial et sa nécessité pour son exécution, l'art. 23 ajoute la survenance des sujétions imprévues. La référence à cette expression constitue, selon le Professeur B. Guèye, « *un obstacle efficace à la multiplication des avenants prévus à l'avance puisque le responsable ne sera pas toujours en mesure d'invoquer aucun élément nouveau, ce que sous-entend le terme de survenance- ni a fortiori imprévu* »[499]. Mieux, les conditions d'invocation des sujétions techniques sont telles qu'il est assez difficile pour la PRM d'en profiter. Selon la jurisprudence, les sujétions techniques imprévues supposent l'existence des difficultés matérielles rencontrées lors de l'exécution du marché et que celles-ci présentent un caractère exceptionnel, imprévisible lors de la conclusion du contrat et dont la cause est extérieure aux parties (les parties n'ont pas été en mesure de prévoir sa survenance). Ces conditions montrent qu'il n'y a pas de sujétions imprévues lorsque la difficulté matérielle était prévisible ou lorsqu'elle a été volontairement créée par la PRM en vue de maintenir le lien contractuel avec son partenaire privilégié.

En France, l'interprétation de cette notion est strictement opérée par les juridictions[500].

---

[498] C'est par exemple le cas des modifications de la loi de finances initiales adoptée en début d'année budgétaire. Elle est censée contenir l'ensemble des ressources et des charges annuelles. Mais son caractère prévisionnel fait qu'elle subit plusieurs modifications par le biais des lois de finances rectificatives entre autres.

[499] B. GUEYE, op. cit, p.266.

[500] Ainsi, ont été considérées comme des "sujétions techniques imprévues ne résultant pas du fait des parties" : la présence de sols instables (CE, 13 octobre 1978, Département de la Vendée) ; de roches très dures pour la région (CE, 29 avril 1953, Commune de Moissac) ; de nappes d'eau (CE, 5 janvier 1944, Ville de Montpellier) ; d'un ouvrage enterré sur le lieu d'exécution des travaux (CE, 7 février 1962, Dame veuve Sutra) ; la survenance de pluies exceptionnelles au regard de la région et de la période d'exécution des travaux (CE, 13 mai 1987, Société Citra-France) ; la réalisation d'un ouvrage inutile

Le quatrième et dernier cas prévu par le CMP du Sénégal est relatif à la prolongation ou à la réduction du délai d'exécution du marché. Elément important du marché, ce délai est susceptible de subir des perturbations et entrainer, généralement, sa prolongation et dans certains cas, sa réduction. Toutefois, il faut préciser qu'il ne s'agit pas de l'hypothèse de non-respect des délais contractuels ouvrant droit au prononcé de certaines sanctions[501]. C'est, plutôt, une modification nécessaire, acceptée par les parties et consignée dans l'avenant.

Ce cas d'ouverture garde toute sa pertinence au regard des possibilités données aux parties de modifier le volume des prestations. Cette modification a, nécessairement, un impact sur le délai d'exécution du marché. C'est pourquoi, en fonction de l'option choisie, le délai doit être ajusté à la nouvelle consistance des prestations à fournir.

Au total, l'avenant n'est possible que lorsque la modification des conditions initiales du marché a eu un impact, soit sur la situation juridique du titulaire du marché, soit sur le volume des prestations, soit sur la durée d'exécution du marché. En tous les cas, l'art. 85 de la Directive n°04/2005, l'art. 24 du CMP du Sénégal et l'art.137 du CMP du Niger tentent d'apporter des limites au recours aux avenants. Selon ces trois textes, l'avenant ne doit pas conduire à une substitution du marché ni à un changement fondamental de son objet encore moins à un bouleversement de son économie.

Si l'interprétation de deux premières limites à savoir la substitution du marché ou le changement fondamental de son objet ne pose pas de difficultés particulières, il en va autrement à propos de l'expression « bouleversement de l'économie du marché ». En effet, l'on peut se demander à partir de quel indice ou seuil, l'économie du marché est bouleversée ?

A cette question, les deux CMP reprennent les dispositions de l'art.85 de la Directive n°04/2005 pour arrêter ce seuil à 30% du montant du marché initial. En conséquence, la signature d'un avenant n'est possible que lorsque son montant ou le montant des avenants successifs ne dépassent les 30 % du montant du marché initial. Au-delà de ce seuil, l'économie du marché est bouleversée et qu'il faille conclure un autre marché après l'organisation d'une nouvelle mise en concurrence. L'on comprend, par-là, que l'avenant ne doit pas avoir pour but de rajouter des prestations, d'allonger les délais d'exécution de telle sorte qu'un autre candidat aurait pu se trouver en meilleure position lors de l'attribution du marché. Il s'agit d'une simple possibilité de réajuster les prévisions initiales au regard de l'inévitable évolution des besoins du service public mais tout en restant dans des proportions raisonnables. C'est pourquoi, certains spécialistes soulignent que « *le régime applicable aux modifications en cours d'exécution*

---

réalisé en raison de l'incapacité de l'Administration à fournir, à remettre à l'entrepreneur un plan de canalisations (CE, 7 février 1962, Dame veuve Sutra).

501 Sur ces sanctions, cf. supra. pp. 212 et suivantes.

est donc, en réalité, une subtile équation entre nécessité d'adaptation, sincérité des procédures de passation et obligation de mise en concurrence »[502].

Après les cas d'ouverture du recours aux avenants, le droit positif s'intéresse à la procédure à suivre dans le cadre de leur conclusion.

2. Une insuffisante définition de la procédure de conclusion de l'avenant

Sur le terrain procédural, il est important de préciser le moment d'intervention de l'avenant ainsi que les formalités à observer en vue de lui conférer sa validité. A ce sujet, l'art. 85 de la Directive n°04/2005 rappelle simplement que la passation de l'avenant est « *soumise à l'autorisation de l'entité administrative chargée du contrôle des marchés publics* ».

L'art. 136 du CMP du Niger reprend cette formalité et ajoute que la signature ne peut intervenir qu'après l'approbation du marché. De son côté, l'art. 23 du CMP du Sénégal n'a pas entendu reprendre la formalité prévue par la Directive n°04/2005, c'est-à-dire, l'obtention de l'autorisation préalable. Il précise, simplement, que la signature de l'avenant ne peut intervenir qu'après l'approbation du marché.

Au total, les deux CMP situent le moment de la signature de l'avenant entre l'approbation du marché et la réception de son objet. Cette précision ne fait que confirmer la valeur juridique de l'acte approbation. En effet, à partir du moment où il est écrit que l'approbation est la seule formalité censée donner effets au marché, il faut admettre que les ajustements intervenus avant celle-ci ne l'ont pas été en cours de son exécution et ne peuvent pas, en conséquence, nécessiter la signature d'un avenant. En clair, pour qu'il ait un avenant, il faut, nécessairement, que les différentes modifications interviennent en cours d'exécution des stipulations initiales. Or, aucune stipulation du contrat ne peut recevoir un début d'exécution avant l'approbation du marché. A cette précision, le CMP du Sénégal ajoute la limite temporelle au-delà de laquelle, aucun avenant ne peut être envisagé. Ainsi, « *aucun avenant relatif à un marché ne peut être conclu après la réception provisoire* »[503] de la prestation. Le recours à l'avenant est, dès lors, compris entre l'approbation du marché et la réception provisoire des prestations[504].

---

502 B. MARTINEZ et F. SERR, op. Cit, p. 101.

503 Voir art. 23. 3 du CMP.

504 L'avenant doit être distingué des marchés complémentaires prévus parmi les cas d'ouverture des marchés par entente directe. Le marché complémentaire est, comme son nom l'indique, un marché, un nouveau marché. C'est un marché susceptible d'être négocié sans publicité préalable et sans mise en concurrence. Il est assez strictement encadré par les dispositions du Code des marchés publics. Le marché initial et le marché complémentaire sont deux marchés distincts et résultent de deux contrats différents, quitte d'ailleurs à ce que le marché complémentaire poursuive un autre objet que celui du contrat initial ou vienne, dans la limite précitée, bouleverser l'économie de ce dernier. L'avenant, quant à lui, n'est pas un nouveau contrat. Il vient modifier un contrat dont il

Au-delà de la précision du moment d'intervention de l'avenant, le CMP du Niger se range derrière le droit communautaire pour soumettre la conclusion de l'avenant à « *l'autorisation préalable de l'organe chargé du contrôle a priori des marchés publics* ». Il s'agit d'une contrainte supplémentaire qui n'est pas prévue en droit sénégalais.

Ainsi, si dans les deux CMP, les cas d'ouverture sont assez bien précisés, il faut remarquer que le rédacteur du Code nigérien s'est montré beaucoup plus méfiant que son homologue sénégalais. En effet, il peut être tentant, pour l'AC, de procéder à une interprétation abusive de ces cas d'ouverture pour signer un avenant et porter atteinte à la libre concurrence. C'est pourquoi, la précaution qui consiste à faire intervenir l'autorité en charge du contrôle *a priori*, n'est pas de trop. Il s'agit d'une occasion qui est donnée au contrôleur d'apprécier la pertinence des motifs invoqués et le montant de la modification afin de s'assurer que l'équilibre du marché est préservé.

En somme, le régime juridique de l'avenant vise à concilier les principes d'adaptation de l'action administrative, de transparence et de libre concurrence.

Les exigences de *l'intuitu personae* qui traversent l'exécution des conditions initiales du marché même lorsque celles-ci subissent des perturbations ont pour finalité de permettre à l'AC d'obtenir une prestation conforme à ses attentes. Ces mêmes exigences se manifestent même en cas d'intervention d'un tiers à travers le mécanisme de la sous-traitance.

Paragraphe II : Une légère exception au principe de l'exécution personnelle du marché : l'exemple de la sous-traitance

Le principe général selon lequel le marché doit être exécuté, en personne, par son titulaire trouve son origine dans l'application de la notion de l'*intuitu personae*. Le souci est de donner une signification concrète à l'idée selon laquelle, ce titulaire a été choisi en raison de ses compétences et de ses capacités tant professionnelles que personnelles.

Toutefois, ce principe connaît quelques atténuations parmi lesquelles figure en bonne place, la sous-traitance. Elle permet au titulaire du marché de confier, à un tiers et sous certaines conditions, l'exécution d'une partie de ce marché. Elle se présente comme l'acte juridique par lequel, le cocontractant ayant assumé l'obligation d'exécuter l'objet du marché se fait aider par un autre. En d'autres termes, c'est une partie de la prestation qui est confiée, par contrat par le titulaire, à une autre entreprise qui n'est pas liée contractuellement à l'AC.

---

ne peut être « déconnecté ». Autrement dit, l'avenant n'est pas un (nouveau) contrat mais est appelé à être une (nouvelle) disposition contractuelle. L'avenant qui s'avère être un nouveau contrat, motif pris, par exemple, du changement de l'objet qu'il comporte, est illégal dès lors que celui-ci est soumis à des formalités et/ou à une procédure. Sur ces détails, voir, C. DUDOGNON, op. Cit, p. 1359.

C'est pourquoi, M. C. Lajoye y voit une opération triangulaire entre l'AC, le titulaire du marché et le sous-traitant[505]. Elle suppose un contrat de base entre l'AC et le titulaire du marché et un contrat de sous-traitance entre ce dernier et le sous-traitant.

Il s'agit d'une opération très fréquente et qui se présente sous deux formes à savoir la sous-traitance de spécialité et la sous traitance de capacité.

La sous traitance de spécialité ou d'ordre technique a pour origine une compétence dont le sous-traitant dispose. Elle permet de confier à une entreprise une partie des prestations du marché pour lesquelles le titulaire n'a pas le savoir-faire suffisant.

La sous traitance de capacité porte, quant à elle, sur une partie de la prestation globale et aurait pour origine, l'impossibilité matérielle pour le titulaire de réaliser une part de son marché, non pas pour des raisons de compétence, mais pour des motifs de surcharge de travail ou de manque de personnel[506]. L'idée est de veiller au respect des délais d'exécution du marché en palliant la surcharge de travail ou le manque de moyens de l'entreprise titulaire[507].

La sous-traitance est indispensable, notamment, dans les marchés de travaux publics qui supposent l'accomplissement de plusieurs tâches nécessitant, chacune, la mobilisation de certaines compétences précises.

L'évidence de la sous traitance doit tenir compte de la nécessité d'obtenir une exécution satisfaisante de l'objet du marché et qui justifie, au fond, l'attachement à la personnalité et aux aptitudes du cocontractant.

C'est la conciliation de ces deux nécessités qui se cache derrière le régime juridique de la sous-traitance.

Le nouveau droit vise, ainsi, à éviter les abus de sous-traitance par lesquels le titulaire du marché serait tenté de faire appel à des entreprises ne disposant pas des mêmes garanties, expériences, compétences ou qualifications. C'est pourquoi, la philosophie de base du nouveau droit tourne autour des conditions liées à la capacité du tiers à exécuter une partie de la prestation qui lui sera confiée. C'est dans cette logique que s'inscrit la Directive n°04/2005 et, par la suite, les CMP des Etats sous examen. Ceux-ci s'emploient à fixer les conditions de validité de la sous-traitance (**A**) ainsi que les modalités d'exécution de la partie du marché sous-traitée**(B).**

---

505 C. LAJOYE, op. Cit, p. 353.

506 Voir, J. MICHON, *La nouvelle réglementation des marchés publics*, Paris, 2e édition *Moniteur* 2002, p.373.

507 C. LAJOYE, op. cit, p. 353.

A. Une clarification des conditions de validité de la sous-traitance

La sous-traitance est un contrat conclu entre le titulaire du marché et un tiers. A partir du moment où le titulaire du marché a été choisi en raison de ses capacités et aptitudes, il est plus qu'important d'encadrer l'intervention de toute autre personne dans l'exécution du marché et ce, au nom de la nécessité d'obtenir une prestation satisfaisante. Ainsi, c'est pour rassurer l'AC et lui permettre de se prononcer que le nouveau droit des marchés publics a essayé de définir l'objet et l'étendue de la sous-traitance (**1**), le statut du sous-traitant ainsi que les formalités à observer en vue de lui conférer toute sa validité (**2**).

1. Une évolution dans la définition de l'objet et de l'étendue de la sous-traitance

A ce sujet, l'art. 26 de la Directive n°04/2005 rappelle qu'« *en matière de travaux et de services, le titulaire d'un marché public peut sous-traiter l'exécution de certaines parties de son marché... la sous-traitance de plus de 40% de la valeur globale d'un marché est interdite* ».

Cette disposition renseigne que la sous-traitance n'est possible qu'en matière de travaux et de services. Elle exclut, de ce fait, les marchés de fournitures de son champ d'application. Aussi, doit- elle porter, non pas, sur la totalité du marché mais sur une partie et celle-ci ne doit pas excéder 40% du montant du marché.

Au regard de cette précision dans la définition de l'objet et de l'étendue de la sous traitance, l'on se rend compte que le droit communautaire n'a pas entendu laisser une marge de manœuvre aux Etats membres dans le cadre de sa transposition. C'est pourquoi, l'on constate aussi bien à l'art. 48 du CMP du Sénégal[508] qu'à l'art. 24 du CMP du Niger[509] que la sous traitance ne peut intervenir que dans l'exécution des marchés de travaux et de services. En même temps, les deux articles ajoutent l'interdiction de sous-traiter l'exécution du marché à plus de 40 % de son montant global.

Ainsi, à l'instar de la Directive n°04/2005, les deux CMP excluent du champ d'application de la sous-traitance, les marchés de fournitures. Ils interdisent, également, la pratique ancienne de la sous-traitance de la totalité du marché. Le contrat de sous-traitance porte sur l'exécution d'une partie de l'objet du marché et non de sa totalité. Dans ce dernier cas, on parlera de substitution du titulaire du marché et l'on ne parlera pas de sous-traitance mais de cession du marché.

---

[508] Cet article dispose, en effet, que « le titulaire d'un marché de travaux ou d'un marché public de services peut sous-traiter l'exécution de certaines parties du marché… ».

[509] L'art. 24 du CMP du Niger prévoit, quant à lui, que « le titulaire d'un marché public de travaux ou de services peut sous-traiter l'exécution de certaines parties de son marché… ».

La sous-traitance est une convention signée en vue d'obtenir la collaboration à l'exécution du service ou du travail assumé par le titulaire du marché. La substitution totale a pour objet, non pas, une collaboration mais le remplacement du titulaire du marché par un tiers. C'est pourquoi, dans les deux CMP, il est clairement précisé que la sous-traitance ne peut que porter sur l'exécution d'une partie du marché.

Cette précision ne peut garder toute pertinente que lorsqu'après avoir rappelé que la sous-traitance ne porte que sur l'exécution d'une partie de l'objet du marché, l'on parvient à fixer un seuil au-delà duquel, cette opération s'apparenterait à une substitution du titulaire du marché.

A ce sujet, il faut remarquer que ce seuil était fixé dans le CMP du Sénégal de 2002[510]. Mais, au Niger, l'art.12 du CMP de 2002 disposait, simplement, que « le *titulaire d'un marché public peut sous-traiter l'exécution de certaines parties de son marché et que la sous-traitance totale d'un marché est interdite* ». Cette disposition du CMP du Niger ne précise aucun seuil au-delà duquel l'opération pourrait être assimilée à une substitution du titulaire.

Une telle lacune est de nature à favoriser la sous-traitance non pas de la totalité de l'exécution du marché mais d'une partie substantielle de cette exécution portant, directement, atteinte au principe de l'exécution personnelle du marché. En effet, au regard du texte, toute sous traitance autre que celle portant sur la totalité du marché est autorisée. Dans ces conditions, l'on risque, fort, d'assister à une substitution déguisée du titulaire du marché au regard de l'ampleur de la proportion du marché susceptible de faire l'objet de sous traitance.

C'est en cela que l'art. 48 du CMP du Sénégal et l'art. 24 du CMP du Niger qui fixent, explicitement, le plafond de 40% du montant du marché à sous-traiter gardent toute leur pertinence. Ainsi, la partie de l'exécution du marché à sous-traiter ne doit, nullement, excéder 40% du montant du marché à exécuter par le titulaire. De ce fait, le titulaire du marché exécutera, au moins, 60% du montant du marché. C'est pourquoi, la sous-traitance s'analyse comme une simple collaboration entre le titulaire du marché et le sous-traitant.

Le premier reste et demeure le seul responsable de l'exécution de la totalité de la prestation, objet du marché. C'est en cela, aussi, que la sous traitance se distingue de la cotraitance. Celle-ci est la situation dans laquelle plusieurs opérateurs économiques décident de s'associer en vue de prendre en charge l'exécution d'un marché. De ce fait, ils en sont, tous, les titulaires, signataires du contrat et sont donc tous les cocontractants à part entière de l'AC[511].

---

510 Ce code est disponible sur http://www.droit-afrique.com/images/textes/Senegal/Senegal%20-%20Code%20marches%20publics.pdf (consulté le 25 avril 2014).

511 Sur les modalités de la cotraitance, voir entre autres, B. MARTINEZ et F. SERR, op. Cit, pp. 53 et suivantes…

En dehors de la définition de l'objet et de l'étendue de la sous traitance, le nouveau s'est employé à afficher une certaine rigueur dans le choix du sous-traitant.

2. Une certaine rigueur dans l'encadrement du choix du sous-traitant

Deux idées méritent d'être abordées à ce niveau. Il s'agit de celle relative au statut du sous-traitant et de celle relative aux formalités devant entourer la conclusion de ce contrat.

A propos du bénéficiaire, certains spécialistes soulignent que « *toute réflexion sur la sous-traitance est étroitement liée au souci constant des pouvoirs publics de favoriser l'accès des petites et moyennes entreprises à l'achat public* »[512]. L'idée de fond est de permettre aux entreprises ne disposant pas des capacités techniques et financières nécessaires pour participer à la procédure de passation du marché de participer, au moins, à son exécution.

Une telle précision n'a pas été apportée dans le droit communautaire encore moins dans le CMP du Niger. C'est plutôt dans le CMP du Sénégal que l'art. 48 dispose que « *le titulaire d'un marché public... peut sous-traiter l'exécution de certaines parties du marché... en recourant, en priorité, à des petites et moyennes entreprises de droit sénégalais ou à des petites et moyennes entreprises communautaires...* ».

Ainsi, dans l'octroi de la sous-traitance, le CMP du Sénégal formule deux exigences. Il s'agit, d'une part, de la vérification des capacités et aptitudes des sous-traitants et, d'autre part, de la priorité qu'il faudrait accorder aux PME. Celles-ci doivent être régies par le droit sénégalais ou le droit d'un des Etats membres de l'UEMOA.

L'on constate que le droit sénégalais de la sous-traitance affiche sa préférence aux PME afin de favoriser leur développement.

La sous-traitance se présente, ainsi, comme la deuxième voie permettant aux entreprises modestes de participer à la passation et/ou à l'exécution des marchés publics[513].

Cette position du droit sénégalais se comprend lorsque l'on sait que les PME représentent près de 90% des entreprises du pays et concentrent environ 30% des emplois, 25% du chiffre d'affaires et 20% de la valeur ajoutée nationale[514].

---

[512] J. MICHON, op. Cit, p.373

[513] La première est l'allotissement des marchés qui permet à ces entreprises de participer à la compétition initiale en tant que candidate.

[514] Voir exposé des motifs de la loi d'orientation n° 2008-29 du 28 juillet 2008 relative à la promotion et au développement des petites et moyennes entreprises sur http://www.jo.gouv.sn/spip.php?article7188 (consulté le 04 mai 2015). Voir, La Lettre de politique sectorielle des PME octobre 2010, p. 9 http://www.commerce.gouv.sn/upload/docs/LETTRE%20POLITIQUE%20PME.pdf (consulté le 04 mai 2015).

En conséquence, certains marchés de travaux qui exigent beaucoup de garanties et capacités ne peuvent être attribués qu'à des entreprises étrangères. C'est pourquoi, le droit sénégalais entend imposer aux titulaires de ces marchés, le choix des sous-traitants parmi les PME sénégalaises et au pire des cas, les PME de la zone UEMOA.

Cette volonté d'ouvrir les marchés ou leur exécution à ces entités économiques relativement modestes est de nature à favoriser leur épanouissement et, au-delà, l'économie du pays. Cet épanouissement se traduit par une augmentation de leurs chiffres d'affaires qui ont un impact sur la création de la richesse nationale, le niveau des prélèvements obligatoires et la création d'emplois.

Ne disposant pas d'une structure et d'une tradition industrielles marquées, le Sénégal tout comme d'ailleurs le Niger doit, pour son expansion économique, s'appuyer sur un développement durable des PME. C'est ce souci qui a probablement incité le Sénégal à insérer, dans son CMP, ces mesures de protection et des faveurs à l'endroit des PME.

Au fond, cette disposition du CMP n'est qu'une certaine concrétisation de l'art. 19 de la loi d'orientation n°2008-29 du 28 juillet 2008 relative à la promotion et au développement des petites et moyennes entreprises[515]qui précise qu'afin de favoriser l'émergence d'un véritable tissu de sous-traitance sur lequel peuvent s'appuyer les entreprises nationales comme les investisseurs étrangers, les marchés importants généralement octroyés aux grandes entreprises sont désormais répartis selon un certain nombre de principes.[516]

La préférence affichée aux PME de droit Sénégalais n'a pas éclipsé le souci de construction et de consolidation du processus d'intégration dans lequel l'UEMOA a inscrit ces Etats membres. C'est pourquoi, l'art.48 du CMP propose une alternative dans le choix des PME. Ainsi, le titulaire du marché peut proposer, soit une PME régit par le droit sénégalais, soit une PME relevant du droit d'un des Etats membres de l'UEMOA.

Il s'agit d'un moyen de contribuer à l'intégration économique sous régionale à travers la capacité des entreprises sénégalaises ou étrangères titulaires des marchés à constituer un réseau de sous-traitance et de partenariat avec les entreprises étrangères.

Au regard de ces différents avantages, le droit nigérien doit s'atteler à aménager un véritable régime juridique de la sous traitance des marchés publics notamment dans les appels d'offres internationaux.

En plus de la précision du statut du sous-traitant, le nouveau droit impose l'observation d'autres formalités préalables. Il s'agit de l'acceptation obligatoire du sous-traitant par la PRM.

---

515 http://www.jo.gouv.sn/spip.php?article7188 (consulté le 05 mai 2015).

516 Il s'agit des avantages accordés aux PME dans les articles 16, 17, 18, 19, 20 de la même loi d'orientation.

A ce sujet, L'art. 24 du CMP du Niger dispose que le titulaire d'un marché peut sous-traiter une partie de son exécution mais à *« condition d'avoir obtenu de la personne responsable du marché l'acceptation de chaque sous-traitant* ». Au Sénégal, l'art. 48 du CMP prévoit, aussi, que « *le titulaire d'un marché public...peut sous-traiter...à condition d'avoir obtenu l'accord préalable de l'autorité contractante* ».

Ces deux dispositions indiquent qu'avant l'implication du tiers dans l'exécution du marché, il faut, nécessairement, obtenir l'accord ou l'acceptation de la PRM.

Il s'agit de la manifestation la plus immédiate du principe de l'exécution personnelle qui postule que le titulaire du marché a été choisi en fonction de ses aptitudes et qualités qui fondent la présomption d'une bonne exécution du marché. C'est pourquoi, l'intervention d'un tiers doit recevoir l'agrément exprès de la PRM. C'est une occasion donnée à l'AC de vérifier les aptitudes réelles du sous-traitant au regard des exigences du marché à exécuter.

Si ces deux dispositions insistent sur l'accord préalable de l'AC, il remarquer qu'elles ne précisent pas, clairement, le moment de présentation de ce tiers à l'agrément de la PRM. Pourtant, cette indication du moment est nécessaire au regard de l'existence d'une pluralité d'étapes qui aboutissent à la conclusion et à l'exécution du marché.

En tous les cas, une telle précision est totalement absente du droit nigérien.

Au Sénégal, en revanche, l'art.49 du CMP indique deux moments au cours desquels le candidat à la sous-traitance pourrait être présenté à la PRM en vue de son agrément. La présentation peut intervenir au moment du dépôt de l'offre ou après la conclusion du marché.

Dans le premier cas, c'est-à-dire, au moment du dépôt de l'offre, l'art. 49 du CMP fait obligation au soumissionnaire de préciser, entre autres, la nature des prestations dont la sous-traitance est prévue, le nom, la raison ou la dénomination sociale, l'adresse et les références techniques du sous-traitant proposé, le montant prévisionnel des sommes à payer directement au sous-traitant, etc...

Dans cette hypothèse, l'acceptation du sous-traitant est constatée dans le marché ou dans un acte spécial signé de deux parties. Cette description peut, aussi, déterminer le choix de l'offre du candidat qui s'est engagé à sous-traiter une partie du marché. En effet, en fonction des qualités du sous-traitant proposé dans l'offre, le soumissionnaire peut se voir attribuer des points supplémentaires et attirés, par la, l'attention de la CM et par la suite, celle de la PRM dans son choix final.

Dans le deuxième cas, l'art. 49 précise que le sous-traitant peut être présenté après la conclusion du marché. Dans ce cas, « ... *le titulaire de celui-ci, soit remet contre récépissé à l'autorité contractante, soit lui adresse par lettre recommandée avec demande d'avis de réception, une déclaration spéciale contenant les renseignements susmentionnés* »[517].

Dans l'esprit de cette disposition, le sous-traitant peut être présenté, à tout moment, après la conclusion du marché principal. L'essentiel est de fournir à la PRM, les informations nécessaires concernant son intervention.

Dans les deux cas, le sous-traitant doit être présenté à la PRM par le titulaire du marché. A défaut de cette présentation, la PRM ne peut accepter le sous-traitant quand bien même le maitre d'ouvrage public connaîtrait, notoirement, l'activité, sur le chantier, d'un sous-traitant occulte.

L'acceptation du sous-traitant présenté dans l'offre ou après la conclusion du marché peut être expresse ou tacite.

Si l'acceptation expresse ne pose pas des difficultés particulières, il faut s'atteler à donner un sens au silence gardé par la PRM après avoir constaté l'existence d'une proposition de sous-traitance dans une offre ou après avoir reçu les déclarations prévues à l'art.49 al.2 du CMP du Sénégal. Une telle situation peut, à défaut de précision apportée par le CMP, être interprétée comme une acceptation tacite du sous-traitant. En effet, l'abandon de la règle du rejet tacite devrait inciter la PRM à une vigilance accrue et à un examen minutieux des demandes d'acceptation afin d'éviter tout risque de conflit dans l'exécution des marchés publics.

Au total, le titulaire du marché ne pourra recourir à la sous-traitance qu'après avoir respecté les conditions de formation prévues par le CMP. Dans l'hypothèse où ces conditions sont respectées, le contrat entre dans sa phase d'exécution qui confère au sous-traitant un certain nombre de droits.

Ces différentes contraintes et conditions concourent à relativiser l'atteinte au principe de l'exécution personnelle. En effet, l'occasion est donnée à la PRM d'apprécier les aptitudes et capacités du sous-traitant au regard de l'importance de la prestation sous-traitée.

En dehors de la formation du contrat, les manifestations de l'*intuitu personae* sont, également, perceptibles dans les conditions d'exécution de la portion du marché sous-traitée.

---

[517] Il s'agit comme en ce qui concerne la présentation du sous-traitant au moment du dépôt de l'offre d'envoyer une déclaration mentionnant la nature des prestations dont la sous-traitance est prévue ; le nom, la raison ou la dénomination sociale, l'adresse et les références techniques du sous-traitant proposé ; le montant prévisionnel des sommes à payer directement au sous-traitant ; les modalités de règlement de ces sommes ; les conditions de paiement prévues par le projet de contrat de sous-traitance et, le cas échéant, celles de révision des prix.

B. Une insuffisante clarification des modalités d'exécution du marché sous-traité

A l'instar du titulaire du marché, le sous-traitant doit s'engager à exécuter, correctement, la partie du marché qui lui a été confiée. C'est ainsi que, comme dans toute convention, le contrat de sous-traitance pose le principe de la responsabilité des parties en cas de manquement à leurs obligations contractuelles.

La question revêt un intérêt particulier au regard de la présence, en réalité, de deux parties impliquées dans l'exécution de la prestation attendue par la PRM. Qui doit répondre en cas de manquement à l'exécution de l'objet de la sous-traitance ?

A cette question, l'art.26 al.6 de la Directive n° 04/2005 répond que « *le titulaire demeure, personnellement, responsable de l'exécution de toutes les obligations de celui-ci* ». L'art. 24 du CMP du Niger reprend le contenu de cette disposition du droit communautaire en rappelant que, « *le titulaire demeure personnellement responsable de l'exécution du marché* ». Dans un souci de précision, l'art.48 al.2 du CMP du Sénégal dispose, de son côté, que « *dans tous les cas le titulaire reste pleinement responsable des actes, défaillances et négligences des sous-traitants, de leurs représentants, employés ou ouvriers*».

Ces différentes dispositions posent le même principe ; c'est celui de la responsabilité personnelle du titulaire du marché pour toutes les prestations sous-traitées (**1**). Ce dernier dispose, toutefois, d'une action récursoire, dès lors qu'il est établit, qu'il n'a nullement contribué à la réalisation du manquement sanctionné (**2**).

1. Le maintien du principe de la responsabilité personnelle du titulaire du marché

Au regard du droit en vigueur, il appartient au titulaire du marché d'assumer toutes les conséquences liées à l'intervention du tiers dans le contrat qui le lie à la PRM. Comment comprendre une telle construction alors même que la prestation a été exécutée par un tiers qui avait été accepté, explicitement ou implicitement, par l'AC ? Que peut faire le titulaire du marché à l'égard du sous-traitant responsable de la mauvaise exécution du marché ? Il n'y a-t-il pas des possibilités pour la PRM d'agir, directement, sur le sous-traitant ?

Les CMP sont muets sur ces questions assez fondamentales et qui sont susceptibles de se poser en cours d'exécution d'un marché ayant fait l'objet de sous-traitance[518].

---

[518] Les CMP sont beaucoup plus prolixes sur les modalités d'exécution financière de la sous-traitance. En effet, à partir du moment où, le sous-traitant est en général moins puissant économiquement, techniquement et financièrement que le titulaire du marché, les CMP se sont beaucoup plus préoccupés par le souci de le protéger. C'est pourquoi, l'on constate que les rapports entre le titulaire du marché et le sous-traitant en cas

Le principe de la responsabilité personnelle du titulaire du marché se justifie, en vérité, par l'absence de lien contractuel entre l'AC et le sous-traitant, nonobstant, son acceptation. M. J. Michon a écrit, à ce sujet, que « *dans la sous-traitance, le titulaire du marché reste le seul interlocuteur du maitre d'ouvrage public, sauf en ce qui concerne le règlement financier du marché* »[519]. Dès lors, la PRM ne peut mettre en jeu la responsabilité contractuelle d'un sous-traitant. En conséquence, c'est au titulaire du marché de répondre des malfaçons et autres manquements imputables à l'intervention de son sous-traitant.

L'absence de lien contractuel entre le sous-traitant et la PRM est largement justifiée. En effet, la sous-traitance intervient à l'occasion de l'exécution d'un marché : le titulaire de ce marché confie à une autre entreprise, l'exécution d'une partie de la prestation à laquelle il s'est engagé. C'est pourquoi, la sous-traitance fait naitre une relation triangulaire, mettant en présence trois personnes : la PRM, le titulaire du marché et le sous-traitant.

De cette relation, découlent deux rapports de droit unissant trois personnes, deux par deux. Au premier contrat unissant la PRM et le titulaire du marché se surajoute ou mieux, s'intègre un second contrat liant ce titulaire du marché au sous-traitant. Il en résulte une absence de lien de droit entre la PRM et le sous-traitant. C'est bien ce que rappelle le Conseil d'Etat français lorsqu'il refusait au sous-traitant toute immixtion dans les relations contractuelles entre le maître d'ouvrage public et l'entrepreneur principal. En effet, dans un arrêt du 9 février 1983, Bureau Veritas, le Conseil d'Etat s'est opposé à la mise en cause d'un sous-traitant dans une opération d'expertise avant dire droit[520]. C'est dire qu'alors même qu'un sous-traitant peut être présent à une expertise en qualité de « sachant », il ne peut y participer en qualité de « partie ». De même, dans un arrêt du 13 avril 1983, Société anonyme Boni, le Conseil d'Etat français[521] a refusé, encore, la mise en cause d'une société sous-traitante au titre de la garantie décennale alors qu'il s'agit là d'une responsabilité légale. Pour le juge, si elle est légale par son contenu, il faut relever que cette responsabilité est contractuelle par son origine. Or, il n'existe aucun lien contractuel entre

---

d'inexécution ou de mauvaise exécution de la partie du marché sous-traité sont totalement négligés par le droit positif.

519 J. MICHON, op. Cit, p.331.

520 Dans cette affaire, le juge a estimé que la société Bureau Veritas, étant intervenue dans les travaux publics d'un immeuble "patinoire-parking" construit pour la ville de Saint-Ouen en vertu d'un contrat de droit privé conclu avec la société française d'entreprise de dragages et de travaux publics, n'avait aucun lien contractuel avec la ville de Saint-Ouen. Par suite, le tribunal administratif ne pouvait décider "dans l'intérêt d'une bonne administration de la justice" qu'il appartenait à l'expert de faire participer d'office la société, s'il le jugeait utile, aux opérations d'expertise qu'il a ordonnées. La décision est disponible sur http://www.legifrance.gouv.fr/affichJuriAdmin.do?idTexte=CETATEXT000007664402 (consulté le 23 mai 2015).

521 Sur ces questions, voir, H. PIELBERG, « La sous traitance », Jurisclasseur administratif, Fasc.651, 2008, p.30.

l'Administration et le sous-traitant. En conséquence, c'est à l'entrepreneur principal de répondre des malfaçons de son sous-traitant même.

Mais, ce raisonnement, séduisant, fusse- t-il, mérite d'être atténué pour deux raisons qui ouvrent toutes, la possibilité d'engager la responsabilité du sous-traitant.

2. L'existence des mécanismes d'engagement de la responsabilité du sous-traitant

Dans le premier cas, il faut relever que, s'il n'existe aucun lien contractuel entre la PRM et le sous-traitant, il n'en demeure pas moins qu'il en existe dans les rapports entre ce sous-traitant et le titulaire du marché. C'est pourquoi, après avoir dédommagé la PRM, ce titulaire du marché doit être mis dans les dispositions de se retourner contre le sous-traitant par le biais de l'action récursoire.

Bien connue en droit de contentieux administratif, l'action récursoire est généralement exercée par l'administration qui, après avoir indemnisé la victime, se retourne contre l'agent auteur de la faute personnelle[522].

En droit des marchés publics, le titulaire du marché doit prouver la faute du sous-traitant, dans la seule mesure de ses obligations contractuelles. Le sous-traitant est tenu, en effet, de l'obligation, contractuelle, de livrer, exempts de vices, les ouvrages dont il a reçu l'exécution ou dont il réclame le paiement. La faute du sous-traitant doit, de ce fait, être contractuelle.

Il faut signaler que l'action récursoire, comme toute autre action entre l'entrepreneur principal et son sous-traitant, doit être intentée devant le juge judiciaire du fait de la nature de droit privé du contrat qui les unit.

En outre, le sous-traitant est débiteur d'une obligation de résultat à l'égard de l'entrepreneur principal et dès lors que le résultat auquel il s'est engagé n'est pas atteint, et notamment lorsque l'ouvrage n'est pas conforme aux prescriptions contractuelles, il engage sa responsabilité sans qu'il soit besoin de prouver une quelconque faute[523].

---

[522] Voir les observations sur l'arrêt Laruelle et Delville, GAJA, Paris, 15e édition, *Dalloz* 2005, p. 442 et suivants.

[523] Toutefois, la responsabilité du sous-traitant est atténuée voir écartée en cas de force majeure du fait de la PRM, de la faute de l'entrepreneur principal. Il faut noter qu'en principe, le sous-traitant est réputé travailler sous sa responsabilité personnelle et en pleine indépendance vis à vis de l'entrepreneur principal. Il reste de ce fait, le seul responsable des fautes commises dans l'exécution de son marché de sous-traitance. Toutefois, l'entrepreneur principal peut commettre des fautes lorsqu'il néglige de transmettre à son sous-traitant des informations indispensables pour l'exercice de sa mission, lorsqu'il intervient dans la conduite du chantier de celui-ci ou lorsqu'il manque à ses devoirs de coordination des travaux, de surveillance et d'assistance du sous-traitant.

Au total, l'entrepreneur principal reste le seul responsable de toutes les stipulations sous-traitées même s'il dispose d'une action récursoire[524]contre le sous-traitant.

Dans le deuxième cas, il faut remarquer que le bénéfice du recours au paiement direct n'est pas sans contrepartie. Le sous-traitant est souvent tenu envers l'AC mais sous l'angle de la responsabilité quasi-délictuelle, de réparer les dommages causés par lui.

Toutefois, il a été montré, en France, que ce recours n'est pas d'une grande utilité, pour deux raisons :

D'abord, parce que celle-ci dispose d'un recours contractuel contre l'entrepreneur principal, responsable de l'ensemble des travaux.

Ensuite, parce qu'il est contraignant. En effet, le juge se place sur le terrain de la faute pour examiner la demande de la PRM comme l'illustre la décision du Conseil d'Etat français du 29 avril 1987, Syndicat intercommunal d'étude et de programmation pour l'aménagement de la région grenobloise[525] à propos de l'action d'un syndicat intercommunal résultant de désordres entrainés dans un immeuble par la construction d'un collecteur d'eaux pluviales.

En somme, le régime juridique de la sous traitance vise, au fond, la protection du sous-traitant et de l'AC contre l'acteur principal qui est le titulaire du marché.

La protection du sous-traitant tient compte de la situation de dépendance vis-à-vis de l'entrepreneur principal que ce contrat est susceptible de créer. Celui-ci pourrait être tenté d'absorber de manière excessive les marges bénéficiaires et froisser les intérêts du sous-traitant. Le sous-traitant pourrait, aussi, s'exposer au risque de ne pas être payé en cas de défaillance financière de l'entrepreneur principal. C'est ce qui explique l'aménagement des mécanismes de paiement direct à son profit[526].

Le souci de protection de l'AC est, aussi, perceptible à travers l'interdiction de toute sous traitance occulte. En effet, au regard des enjeux liés à une correcte exécution de l'objet du marché, le droit en vigueur a été aménagé de sorte qu'aucun tiers ne peut intervenir dans cette exécution sans l'accord préalable de l'AC.

L'exécution physique d'un marché public et ce, quelle que soit la formule, est en réalité susceptible de s'inscrire dans deux perspectives.

Une perspective heureuse qui garantit à la PRM l'obtention d'une prestation conforme à ses attentes et une perspective malheureuse causée par l'inexécution ou la mauvaise exécution de la prestation. Celle-ci pourrait l'autoriser à faire

---

[524] CE, Ass. 28 juillet 1951, LARUELLE et DELVILLE, GAJA, Paris, 15e édition, Dalloz 2005 n°69 ; CE Ass. 12 avril 2002, PAPON, GAJA, Paris, 15e édition, Dalloz 2005 n°115.

[525] Voir, M. ROUX, Conclusions sur Conseil D'Etat 29 avril 1987, Syndicat intercommunal d'Etudes et de programmation pour l'aménagement de la région grenobloise (SIEPARG), AJDA 1987, p. 530.

[526] Voir, art. 24 al. 4 du CMP du Niger et art. 49 al. 1 du CMP du Sénégal.

usage des prérogatives que la théorie générale des contrats administratifs lui reconnait.

SECTION II. L'ADAPTATION DES PRÉROGATIVES EXORBITANTES DE DROIT COMMUN

Le contrat administratif est un contrat synallagmatique avec, comme en droit privé, un jeu réciproque de droits et d'obligations. Cependant, à la différence de celui-ci, le contrat administratif se présente comme l'un des moyens dédiés à l'accomplissement de la mission d'intérêt général confiée à l'Administration publique. C'est cette mission qui justifie, au fond, une certaine inégalité dans le rapport contractuel matérialisée par l'existence des prérogatives exorbitantes de droit commun. Il s'agit de l'un des critères alternatifs de la détermination des contrats administratifs[527]. D'ailleurs, selon le critère mis en évidence par la jurisprudence administrative française, le contrat, que l'on cherche à identifier en vue de déterminer le régime juridique qui lui sera applicable est celui auquel s'applique un régime exorbitant[528]. L'exorbitance est, ainsi, consubstantielle au contrat administratif.

Ces prérogatives qui traversent le régime des contrats administratifs sont plus perceptibles dans le cadre de leur exécution. L'idée est que celle-ci soit conforme aux attentes de la personne publique contractante[529].

Partant de ce constat et à partir du moment où les marchés publics sont des contrats administratifs, l'on peut, tout naturellement, penser que toutes ces prérogatives leur sont applicables au même titre que n'importe quel contrat administratif. De ce fait, la PRM aurait le pouvoir de direction et de contrôle, le pouvoir de modification unilatérale du contrat, le pouvoir de sanction qui peut être résolutoire ou pécuniaire. Ces pouvoirs existent, on le sait, sans qu'il soit besoin de les prévoir dans le contrat car ils s'exercent au nom de la nécessité d'obtenir une exécution conforme au besoin du service public[530].

---

527 D. SY, *Droit administratif*, op. Cit, p. 323.

528 Voir dans ce sens M. CANEDO, *« L'exorbitance du droit des contrats administratifs »*, *in L'exorbitance du droit administratif en question (s),* Etudes réunies par F. MELLERAY, Paris, *LGDJ* 2004, p. 126. L'auteur a articulé son raisonnement autour de l'arrêt, CE sect. 19 janvier 1973, Société d'exploitation électrique de rivière du Sant, *AJDA* 1973 p.358.

529 Dans une étude fort intéressante, A. BOCKEL montre comment ces prérogatives traversent l'exécution du contrat administratif au Sénégal et en Afrique francophone. Pour détails, voir A. BOCKEL, « Les contrats administratifs », Encyclopédie juridique de l'Afrique, Tome IX, p.213-247.

530 En France, C. EMERY (op. cit, p. 56) note que lorsqu'elle a conclu un contrat administratif, la personne publique a la faculté d'infliger, elle- même, des sanctions financières ou coercitives à son cocontractant, même si aucune clause du contrat ne les prévoit. De plus, l'Administration n'a pas l'obligation de recourir au juge pour obtenir la sanction de son cocontractant.

Cependant, cette conception générale mérite d'être relativisée afin de tenir compte des particularités propres à chaque catégorie de contrats administratifs. En droit des marchés publics, par exemple, certaines de ces prérogatives ne s'appliquent pas ou s'appliquent rarement. Aussi, les conditions de leur application sont-elles renforcées limitant, par-là, les possibilités de recours au pouvoir unilatéral de l'AC[531]. Cette situation annonce, par la même occasion, un certain déclin de l'exorbitance du droit administratif sous l'effet du droit communautaire[532].

Finalement, les prérogatives exorbitantes maintenues dans le cadre de l'exécution des marchés publics sont adaptées à ce type de contrat administratif. Elles visent à sanctionner des manquements aux obligations contractuelles et à tenir compte des intérêts du service public.

C'est dans cette optique qu'il faut comprendre l'art.128 du CMP du Sénégal qui dispose qu' « *en cas de manquement à leurs obligations contractuelles, les titulaires des marchés publics, encourent les sanctions pécuniaires, coercitives ou résolutoires...* ».

Plusieurs sanctions sont, ainsi, prévues par le droit positif. Il reste à voir si elles sont réellement appliquées conformément à l'esprit qui a présidé à leur aménagement. Pour cela, il convient de s'intéresser aux sanctions pécuniaires (**Paragraphe I**) avant de réfléchir sur les autres sanctions qui sont plus ou moins coercitives à savoir l'ajournement et la résiliation (**Paragraphe II**).

Paragraphe I : Une reconduction des sanctions pécuniaires

En cas d'inexécution ou de mauvaise exécution des contrats administratifs, l'AC dispose d'un pouvoir de sanction. Certes, en droit privé, aussi, il existe des clauses dites pénales, qui s'analysent comme des véritables sanctions à l'égard du cocontractant fautif. Mais, lorsque ces clauses n'existent pas, la partie lésée

---

531 Il est vrai, par exemple, que le pouvoir de direction et de contrôle s'applique à l'exécution des marchés publics comme en atteste la présence des ingénieurs de l'Administration sur les chantiers, même si plusieurs négligences et laxismes sont à déplorer. En revanche, le pouvoir de modification unilatérale du contrat ne s'applique pas au droit de l'exécution des marchés. En effet, il a été montré que toute modification des stipulations initiales du marché doit faire l'objet d'un avenant qui s'analyse comme une sorte de contrat annexe. La résiliation quant à elle s'applique aussi bien en cas de faute qu'en dehors de toute idée de faute. C'est en cela qu'elle ne constitue pas, forcément, une sanction.
Certaines de ces prérogatives, nous verrons, ne peuvent s'appliquer en l'absence de clause contractuelle. C'est le cas des pénalités de retard, dont on ne conçoit pas comment elles pourraient exister sans stipulations contractuelles, expresses, compte tenu de la nécessité de les déterminer à l'avance.

532 Voir, à ce sujet, A.A. D KEBE, « Le déclin de l'exorbitance du droit administratif sénégalais sous l'effet du droit communautaire », Revue électronique Afrilex http://afrilex.u-bordeaux4.fr/sites/afrilex/IMG/pdf/Le_declin_de_l_exorbitance_du_droit_administratif_senegalais.pdf (consulté le 18 juillet 2015)

doit s'adresser au juge afin d'obtenir la sanction de son partenaire défaillant. En droit des contrats administratifs, en revanche, ces sanctions peuvent intervenir en dehors de toute stipulation contractuelle et sans qu'il soit besoin de passer par un juge.

Les sanctions prévues, à cet effet, sont diverses et variées. Elles peuvent être coercitives ou pécuniaires[533]. Résumées autour de la notion des pénalités, ces dernières visent, en général, le non-respect des délais contractuels. C'est pourquoi, l'art. 86 de la Directive n°04/2005 dispose qu' « *en cas de dépassement des délais contractuels..., le titulaire du marché est passible de pénalités, sous réserve que les conditions de mise en œuvre de ces pénalités soient prévues dans le marché...* »[534].

Cette disposition communautaire a reçu un écho dans le droit positif des Etas sous examen à travers l'art. 139 du CMP du Niger et l'art. 134 du CMP du Sénégal.

La consécration de la sanction étant acquise, il y a lieu de revenir sur son fondement (**A**) et sa mise en œuvre par les AC (**B**).

A. Un fondement juridique identique dans les deux Etats

Les pénalités contractuelles répondent à la nécessité, pour l'AC, de se prémunir contre les dérapages du titulaire dans l'exécution du marché. Elles concernent le respect des délais ou d'autres clauses du contrat.

Cependant, les pénalités les plus classiques, en matière des marchés publics, sont celles qui sanctionnent des retards dans l'exécution des prestations[535]. Les marchés fixent toujours la période d'exécution des prestations mises à la charge de leurs titulaires[536]. Le délai se présente, ainsi, comme l'une des obligations essentielles des parties et est fixé en fonction de l'objet de la prestation et de son importance[537].

---

533 Les conditions de recours à chacune de ces sanctions sont définies et aménagées par les codes afin de ne pas exposer le titulaire du marché à l'arbitraire de l'AC.

534 La disposition encadre les modalités de fixation et de paiement de ces pénalités. C'est pourquoi, elle précise que « *ces pénalités ne peuvent excéder le montant fixé dans les cahiers des clauses administratives générales pour chaque catégorie de marché. Lorsque le montant visé à l'alinéa précédent est atteint, le représentant de l'autorité contractante peut demander la résiliation du marché. La remise totale ou partielle des pénalités peut être prononcée par l'autorité hiérarchique de l'autorité contractante.*
Les empêchements résultant de la force majeure exonèrent le titulaire des pénalités de retard qui pourraient en résulter ».

535 B. MARTINEZ et F. SERR, op. Cit. p. 161.

536 L'indication des délais d'exécution fait partie des éléments obligatoires à mentionner dans les documents contractuels.

537 C'est ainsi que, par exemple, pour les marchés des travaux publics, le délai d'exécution se présente comme la période de temps fixée pour l'achèvement des travaux prévus au devis. Pour les marchés de fournitures, deux situations sont à distinguer. S'il s'agit d'une prestation unique, le délai est celui dans lequel l'objet devra être livré. Par contre, s'il

Quelle que soit la formule, le marché prévoit un délai de son exécution. Celui-ci, est libellé, soit en nombre de jours ou de mois impartis au titulaire pour exécuter son obligation, soit à travers l'indication d'une date précise à laquelle la livraison ou l'exécution devra être effectuée[538]. Ainsi, une fois le marché passé, il est de la plus extrême importance que son exécution ait lieu d'une façon, rigoureusement, correcte et dans le délai convenu.

M. A. BOSC note, dans ce sens, qu'« *il ne faut jamais perdre de vue que la marche des services publics est subordonnée à l'exécution satisfaisante des marchés publics* »[539]. Une telle satisfaction ne saurait être obtenue que lorsque la prestation intervient dans le délai.

Au-delà des intérêts du service public, l'exécution dans le délai rentre dans la logique d'articulation du droit des marchés publics avec les exigences liées à la portée de l'autorisation budgétaire.

Ces deux soucis appuyés par la nécessité d'éviter la négligence des titulaires du marché, ont poussé les rédacteurs de la Directive n°04/2005[540] et, par la suite, ceux des CMP à prévoir une sanction pécuniaire en cas de non-respect des délais d'exécution du marché.

C'est ainsi que l'art. 139 du CMP du Niger reprend les dispositions de l'art. 86 de la Directive n°04/2005 pour rappeler qu' « *en cas de dépassement des délais contractuels fixés par le marché, le titulaire du marché est passible de pénalités...sous réserve que les pénalités soient prévues dans le marché* ». Cette disposition indique que les pénalités de retard ne s'appliquent que lorsqu'elles auront été prévues dans le contrat et que les parties n'ont, apparemment, aucune obligation de les prévoir.

De son côté, l'art.134 du CMP du Sénégal se veut beaucoup plus ferme. En effet, contrairement au droit communautaire et nigérien, il a entendu rendre obligatoire l'insertion des clauses des pénalités dans les marchés publics. C'est

---

s'agit des prestations multiples livrables sur commande, deux délais sont à distinguer. Le premier est le temps pendant lequel le fournisseur est tenu envers l'Administration de faire, s'il y a lieu des fournitures et le deuxième délai est celui de la livraison de telle fourniture lorsqu'elle a été commandée.

538 C'est pour matérialiser l'importance du délai d'exécution que les modèles - types des PPM exigent qu'il soit indiqué, la date prévue de démarrage des prestations et la date prévue d'achèvement des prestations.
Il s'agit par-là, d'une tentative de planification dans le temps, des attentes de l'AC. En effet, au-delà de son rôle d'outil d'information à l'endroit des opérateurs économiques, le PPMP se présente comme une sorte de tableau de bord, permettant à l'AC de programmer les différentes prestations attendues selon les échéances fixées avec ses partenaires contractuels.

539 A. BOSC, « De la nature et du régime juridiques des pénalités dans les marchés de fournitures », *RDP* 1921, p.216.

540 L'art. 86 de cette directive dispose, en effet, qu' « en cas de dépassement des délais contractuels fixés par le marché, le titulaire du marché est passible de pénalités, sous réserve que les conditions de mise en œuvre de ces pénalités soient prévues dans le marché ».

pourquoi, il dispose expressément que « *pour assurer le respect des délais contractuels, les marchés doivent prévoir une clause de pénalités pour retard dont le montant est fixé, pour chaque catégorie de marché, dans les cahiers des clauses administratives générales*».

En dépit de cette différence, les deux dispositions posent, au fond, deux exigences : que le délai d'exécution soit précisé dans les marchés et que son non-respect soit assorti des pénalités. Selon S. Braconnier, « *pour garantir la bonne exécution du marché, tous les délais prévus dans le contrat doivent, de préférence, être assortis de la pénalité correspondante* »[541]. Cette position est partagée par MM. Benjamin Martinez et Fabien Serr[542] qui estiment que dès qu'un délai d'exécution est imposé au titulaire, une clause de pénalité doit être prévue et appliquée en fonction de l'importance de retard constaté.

Pour ces auteurs, un marché qui n'envisagerait pas de sanctionner les retards d'exécution poserait des interrogations sur la qualité de son montage, sur l'utilité d'un délai d'exécution, voire, sur les conditions de mise en concurrence si le délai de réalisation en a été un des éléments déterminants[543].

Au total, l'on constate que c'est le non-respect des délais sur lesquels le titulaire du marché s'est engagé qui entraîne l'application des pénalités de retard. La sanction a, de ce fait, un fondement contractuel et repose sur le non-respect de la parole donnée.

Elles prennent la forme des sanctions pécuniaires forfaitaires et se substituent aux dommages-intérêts. C'est pourquoi, Gaston Jèze affirme que « *les pénalités sont purement et simplement des dommages-intérêts fixés à forfait pour le cas de retard dans l'exécution d'une obligation contractuelle* »[544]. Pour cet auteur, elles sont encourues dès qu'il y a retard, sans qu'il y ait besoin de faire la preuve du préjudice causé par ce retard et sans qu'il y ait à faire la preuve du quantum du préjudice causé par la non-exécution ponctuelle de la prestation. La fixation forfaitaire, à l'avance, permet de proportionner les pénalités à l'importance du marché et au degré d'urgence de l'exécution de la prestation pour le bon fonctionnement du service public. De ce fait, la PRM ne peut, en sus des pénalités de retard, prétendre à des dommages-intérêts[545].

Sous ce rapport, les pénalités de retard s'analysent comme un puissant moyen de garantir une réparation rapide du préjudice causé par le retard et une menace en vue de prévenir ces retards[546].

A travers cette fonction à la fois réparatrice et dissuasive, les pénalités visent à inciter les titulaires des marchés à respecter leurs engagements contractuels.

---

541 S. BRACONNIER, op. Cit, p.456.

542 B. MARTINEZ et F. SERR, op. Cit, p. 162.

543 B. MARTINEZ et F. SERR, op. Cit, p. 162.

544 G. JEZE, op. Cit, p.283.

545 Voir CE, 15 Mai 1987, Hôpital rural de Breil-sur-Roya, *RDP* 1988, p.1427.

546 G. JEZE, op. Cit, p.283.

Elles ne constituent, nullement, la contrepartie d'une prestation mais une sanction consentie par le candidat au moment de la signature des documents contractuels.

Il est vrai, que les pénalités de retard ne constituent pas une nouveauté dans le droit des marchés publics des Etats sous examen, mais leur maintien s'inscrit dans la nouvelle logique de garantir l'efficacité de l'achat public qui n'est envisageable que lorsque la prestation intervient dans le délai indiqué.

Faisant, ainsi, partie des stipulations contractuelles obligatoires en vue d'assurer une exécution ponctuelle, les pénalités de retard doivent, par voie de conséquence, s'en tenir aux termes du contrat dans leur mise en œuvre.

B. Une mise en œuvre légèrement différente

A l'instar de l'art. 86 de la Directive n°04/2005, l'art.139 du CMP du Niger et l'art. 134 du CMP du Sénégal posent les bases d'une sanction pécuniaire en cas de non-respect des délais contractuels d'exécution des marchés.

Toutefois, quelques nuances sont à relever dans la formulation de ces deux articles. En effet, l'art.139 du Code nigérien dispose qu' « *en cas de dépassement des délais contractuels fixés par le marché, le titulaire du marché est passible des pénalités sous réserve que les pénalités soient prévues dans le marché* ». L'art.134 du Code sénégalais dispose, quant à lui, que « *pour assurer le respect des délais contractuels, les marchés doivent prévoir de pénalités pour retard dont le montant est fixé pour chaque catégorie de marché dans les CCAG* ».

Une lecture attentive de ces deux dispositions fait apparaitre une première nuance : si dans les deux Etats, l'obligation de fixer les délais contractuels d'exécution des prestations ressort, clairement, de ces dispositions, il n'en est pas de même au sujet des sanctions qui doivent s'en suivre. Dès lors, une certaine nuance est perceptible dans la formulation des sanctions (**1**). Au-delà de cette nuance théorique, l'on a pu constater que dans la pratique, certaines considérations font échec à l'application des clauses des pénalités de retard en dépit de leur pertinence (**2**).

1. Une certaine nuance dans la formulation des pénalités

L'art.134 du CMP du Sénégal a entendu rendre obligatoire l'insertion des clauses des pénalités dans les marchés publics. C'est pourquoi, il dispose expressément que « *pour assurer le respect des délais contractuels, les marchés doivent prévoir de pénalités pour retard...* ». En conséquence, le CMP fait obligation aux AC d'assortir le délai contractuel des pénalités.

L'insertion d'une clause de pénalités justifiant la sanction du titulaire du marché défaillant est donc, normalement, systématique en droit sénégalais. De ce fait, en cas de sa non insertion, l'on peut conclure à une violation de l'art.134 du CMP par les rédacteurs du contrat.

Au Niger, en revanche, le CMP ne permet à la PRM d'infliger des sanctions pécuniaires au titulaire du marché que « *sous réserve que les pénalités soient prévues dans le marché* ». De cette disposition de l'art.139 du code, l'on comprend, d'une part, que les pénalités n'existent que lorsqu'elles sont prévues dans le marché et, d'autre part, que l'AC n'est pas tenue d'insérer une telle clause dans le marché.

Cette ambigüité rédactionnelle qui contraste avec la précision de l'art.134 du Code sénégalais pousse à conclure que le Code nigérien n'exige pas l'insertion d'une clause des pénalités dans le marché. Par voie de conséquence, il appartient à la PRM de choisir de l'insérer ou de ne pas l'insérer, selon qu'elle souhaite ou non, infliger cette sanction au titulaire défaillant. Il s'agit, sans doute, d'une maladresse rédactionnelle car les marchés doivent, tout naturellement, contenir des clauses relatives aux pénalités qui peuvent frapper leur titulaire en cas de non-respect du délai de leur exécution. Cela est confirmé par l'art.23 des cahiers des clauses administratives qui dispose que « *...si le fournisseur ne livre pas une ou l'ensemble des fournitures ou à rendre les services prévus dans le ou les délai (s) spécifié (s) dans le marché, le maitre d'ouvrage pourra, après mise en demeure préalable, appliquer des pénalités dont le taux et les modalités sont spécifiés dans le CCAP* ».

Cette disposition des documents contractuels indique, implicitement, que les pénalités du retard sont, nécessairement, prévues dans le marché et qu'il suffit simplement d'envisager leur mise en œuvre. A ce sujet, on l'a montré, qu'il s'agit des sanctions pécuniaires, c'est-à-dire, des sanctions qui supposent la renonciation ou le versement d'une somme d'argent. Elles sont calculées en fonction du nombre des jours de retard.

L'attention particulière des acheteurs publics est attirée sur la rédaction des clauses relatives aux modalités de calcul des pénalités et aux délais d'exécution. La précision de ces éléments conditionne une application prévisible, efficace et sécurisée des pénalités de retard.

Ainsi, à partir du moment où cette application ne constitue que la mise en œuvre d'une clause du contrat, l'on peut se demander si la PRM est tenue de mettre le titulaire défaillant en demeure, préalablement, au recouvrement des pénalités.

Pour certains auteurs, la mise en demeure n'est pas nécessaire à partir du moment où les pénalités ne constituent que la mise en œuvre d'une clause contractuelle connue de tous. Le seul fait objectif de dépasser les délais prévus, emporte application des pénalités sous réserve de la notification de leurs montants[547]. Pour d'autres auteurs, des garanties doivent être prévues pour éviter l'arbitraire de l'AC. Celles-ci peuvent être relatives à la forme dont la mise en demeure préalable, sauf en cas d'urgence[548]. Cette deuxième position est partagée par G. Jèze qui pense que « *pour que la responsabilité du*

547 Voir, S. BRACONNIER, op. Cit, p.457.

548 A. BOCKEL, op. cit, p. 249.

contractant, au cas de retard, commence à être engagée, il faut une mise en demeure préalable »[549]. Pour lui, la non réclamation, à la date fixée, de l'obligation du débiteur doit être interprétée comme un sursis de délai gracieusement accordé par le créancier.

Les dispositions de l'art.135 du CMP du Sénégal semblent épouser ces deux positions doctrinales. En effet, en disposant qu' « *à moins que le marché en dispose autrement, les pénalités pour retard sont appliquées sans mise en demeure préalable sur la simple confrontation de la date d'expiration des délais contractuels d'exécution et de la date de réception* », l'art.135 pose un principe et une exception.

Le principe est qu'il n'est pas nécessaire de mettre le titulaire du marché en demeure. Il suffit, pour lui infliger la sanction, de confronter la date d'expiration des délais contractuels et la date de réception de la prestation afin de sanctionner le laps de temps qui s'est écoulé entre ces deux dates. Cette rigueur peut, néanmoins, être atténuée par le contrat auquel le CMP permet de contenir des stipulations relatives à la mise en demeure avant l'application des pénalités ; d'où le sens de l'exception.

En droit nigérien, en revanche, l'application des pénalités est toujours conditionnée par une mise en demeure préalable[550].

Ces différentes positions sont critiquables au regard de la dynamique de recherche de l'efficacité de l'achat public et de responsabilisation des acteurs de la commande publique. En effet, à partir du moment où le délai est l'un des éléments sur lesquels, la PRM et le titulaire du marché se sont entendus avant de l'inscrire dans les documents contractuels, son non-respect doit entrainer une sanction, de plein droit, dès lors qu'aucune cause légitime ne justifie ce retard. De ce fait, point n'est besoin de mettre le titulaire en demeure car étant déjà conscient du délai dans lequel il s'est engagé à fournir la prestation.

Mieux, les CCAG adoptés par l'Etat Niger lui permettent d'avertir la PRM dès lors que les signes d'un éventuel retard apparaissent. L'idée est d'envisager la signature d'un avenant en vue de soustraire le titulaire du marché à l'application des pénalités de retard[551].

Cette idée de mise en œuvre automatique de la sanction pécuniaire peut être mise en rapport avec la particularité des caractères propres aux pénalités. En

---

549 G. JEZE op. Cit, p.290.

550 L'art. 139 du CMP dispose, à ce sujet que « le titulaire du marché est passible de pénalités après une mise en demeure préalable… ».

551 L'art.22.2 de ce document- type dispose que « *Si pendant l'exécution du marché, le fournisseur ou son (ses) sous-traitant(s) se heurtent à une situation qui les empêche de livrer les fournitures ou de rendre les services en temps utile, il avisera, promptement, le maître d'ouvrage par écrit du retard, de sa durée probable et de sa ou ses raisons. Aussitôt que possible, après réception de la notification du fournisseur, le maître d'ouvrage évaluera la situation et pourra, à sa discrétion, prolonger les délais impartis pour exécuter le marché, avec ou sans application de pénalités, auquel cas la prolongation sera ratifiée par les parties par voie d'avenant* ».

effet, s'analysant comme des dommages-intérêts forfaitaires, la PRM n'a pas, au moment de leur mise en œuvre, à faire la preuve du préjudice subit à cause de l'inexécution ponctuelle de la prestation. Aussi, le titulaire du marché, n'est-il pas admis à discuter, après coup, les motifs pour lesquels les délais avec pénalités ont été stipulés dans le contrat[552]. La jurisprudence ajoute que, même si l'AC reconnait que le retard ne lui a causé aucun préjudice sérieux, le titulaire du marché ne peut s'en prévaloir pour réclamer l'inapplication des pénalités[553]. Par voie de conséquence et en dehors des causes légitimes de justification de retard, aucun motif ne saurait, en principe, empêcher à la PRM de procéder au recouvrement du montant des pénalités. Pourtant, il n'en est pas, ainsi, dans la pratique.

2. Une difficile application des pénalités de retard

Au sujet des modalités du recouvrement des pénalités, le CMP du Niger observe un mutisme inexplicable au moment où l'art.135 du CMP du Sénégal précise que « *le montant des pénalités infligées aux titulaires du marché vient en atténuation de la dépense. Dans le cas où le montant ne peut être retenu sur les sommes dues, les pénalités sont versées en recettes au budget ayant supporté la charge du marché* ».

Deux modalités de recouvrement du montant des pénalités sont ainsi prévues en droit sénégalais.

La première permet à la PRM de défalquer des sommes dues au titulaire, le montant des pénalités. Il s'agit d'un procédé assez pratique, car l'AC détient entre ses mains, les moyens de se faire justice, c'est-à-dire, les sommes qu'elle doit au titulaire du marché. Ainsi, après livraison ou réception définitive et avant la présentation par le titulaire de sa facture, la PRM procède au calcul du montant des pénalités, en fonction du nombre de jours de retard et le déduit des sommes dues. De ce fait, dès la présentation de sa facture, le titulaire est informé du pourcentage qui a été retenu sur le prix de sa prestation.

La deuxième modalité consiste, pour la PRM, à calculer le montant des pénalités et à délivrer au titulaire du marché, un ordre de recette. Cette modalité suppose que le titulaire du marché ait pu déjà percevoir toute la rémunération ou une partie substantielle de celle-ci de sorte que le restant des sommes dues ne suffit pas. Elle suppose, également, que la garantie de bonne exécution a été levée. Il s'agit d'une hypothèse, assez exceptionnelle, mais prévue pour parer à toute éventualité.

Au total, les pénalités de retard se présentent comme des sanctions assez souples et utiles en pratique aussi bien pour le titulaire du marché que pour la PRM et ce, pour au moins deux raisons :

En premier lieu, les pénalités n'interrompent pas les relations contractuelles. Il s'agit d'un simple moyen de contrôle automatique. La rupture des relations

---

552 G. JEZE, op. Cit, p.285.

553 A. BOSC, op. Cit, p. 220.

contractuelles présente des inconvénients, pour l'AC, à cause de la perte de temps qu'engendre le lancement d'une nouvelle procédure de passation des marchés et les risques contentieux. Pour le titulaire du marché, la rupture des relations contractuelles, outre, le manque à gagner qu'elle lui engendre, risque de voir sa réputation écornée d'autant plus qu'il n'aura pas cette attestation de bonne exécution.

En deuxième lieu, les pénalités de retard recouvrées sans faire la preuve d'un préjudice subi, peuvent permettre à l'AC d'atténuer le coût de la prestation.

Ces différents intérêts des pénalités de retard doivent être compris des PRM qui ne doivent plus les considérer comme des clauses de style ou des simples menaces auxquelles il est toujours possible de ne pas donner suite.

En France, pendant longtemps, les AC considéraient les pénalités comme des châtiments et qu'elles se reconnaissaient le pouvoir discrétionnaire de les appliquer ou de ne pas les appliquer. Du coup, les opérateurs économiques invoquaient des considérations de sentiment, voire, des influences politiques pour apitoyer les chefs de service ou faire écarter les pénalités. Ce n'est qu'à la suite de ces errements que la Cour des comptes a estimé que « *c'est une faute, de la part du chef de service, de renoncer, sans justification juridique, aux pénalités encourues* »[554]. Une telle renonciation équivaut à renoncer à une créance existante de l'Etat.

Malheureusement, dans la pratique, l'on constate beaucoup de retards dans l'exécution de certains marchés sans que des pénalités ne soient appliquées.

Au Niger, par exemple, dans un marché de réalisation des travaux confortatifs des ouvrages et chaussée sur le réseau routier de la région de Tillabéry, ci-dessus cité, un retard d'environ trois mois a été constaté et aucun calcul de pénalités n'a été effectué par la PRM. Le marché de construction d'un immeuble à R+2 servant de logement pour les étudiants de l'Université Abdou Moumouni de Niamey a, de son côté, accusé un retard de 31 mois et aucune somme, au titre des pénalités, n'a été versée ou retenue par la PRM[555].

De façon générale, certains acteurs interrogés répondent que, très souvent, les PRM ne retiennent aucune somme au titre des pénalités de retard alors même que la clause y afférente a été insérée dans le marché. Dans ce cas, elle ne sert qu'à décorer les documents contractuels puisqu'elle n'a aucune portée pratique réelle.

Si l'on s'intéresse de près à la question, l'on se rend compte que l'exécution hors délai n'est pas totalement imputable aux titulaires du marché.

Pour certains d'entre eux, ces retard se justifient par l'indisponibilité de l'eau sur certains chantiers, des retards dans la livraison des exonérations, des retards dans le paiement des avances, bref des faits qui sont largement imputables à la PRM. Du coup, ayant quelque peu failli, l'autorité ne se trouve plus dans la

---

554 Cité par G. JEZE, op. Cit, p.285.

555 Rapport d'audit des marchés publics, gestions 2009-2010, op. Cit, p. 52.

posture d'exiger la prestation à temps voulu, *a fortiori* appliquer des pénalités de retard[556].

En dehors de ces cas de retard imputables à la PRM, il faut noter l'existence d'autres considérations qui font échec à l'application de cette sanction pécuniaire. Il s'agit, essentiellement, des considérations politiques ou partisanes qui ont été mises en avant lors de l'attribution du marché. En effet, à partir du moment où le marché a été attribué à un protégé selon une procédure plus ou moins opaque, il serait, extrêmement, gênant pour la PRM d'infliger une quelconque sanction au défaillant quel que soit le tort causé au bon fonctionnement du service public.

Le souci d'obtenir une prestation conforme aux stipulations contractuelles a poussé les CMP à prévoir, en plus des sanctions pécuniaires, d'autres prérogatives que la PRM peut utiliser en fonction des circonstances.

Paragraphe II. Une sensible différence dans le régime des sanctions coercitives

En dehors des sanctions, le droit en vigueur prévoit d'autres prérogatives. La PRM en fait usage en fonction des manquements constatés dans l'exécution du marché ou en raison d'autres considérations tirées des nécessités du service public. Il s'agit, essentiellement, de la résiliation des marchés et de l'ajournement. A la différence des pénalités de retard, ces prérogatives peuvent être exercées par les PRM même lorsque le contrat ne les prévoit pas expressément.

L'insertion de ces prérogatives dans le nouveau droit ne constitue pas une innovation. Mais au regard de leur finalité, l'on peut estimer qu'elles s'inscrivent, indiscutablement, dans la nouvelle dynamique de recherche de l'efficacité de l'achat public[557]. En effet, ces prérogatives qui n'ont pas leur pendant dans le contrat de droit privé visent une seule finalité : permettre à l'AC d'obtenir une prestation utile et conforme aux stipulations du contrat et adapter les conditions de son exécution.

Comment ces prérogatives sont aménagées et mises en œuvre dans les deux Etats ? C'est à cette question qu'il convient d'apporter des éléments de réponse à travers la revisite du régime de l'ajournement**(A)** et celui de la résiliation **(B)**.

---

556 Voir, B. MARTINEZ et F. SERR, p. 173. Pour ces auteurs, la renonciation aux pénalités de retard doit résulter de situations exceptionnelles ou d'une tolérance particulière pour des retards sans gravité ou justifiées par une situation d'exécution très particulière. Hormis ces situations, les pénalités doivent être infligées avec la plus grande rigueur au titulaire pour sanctionner le non-respect des délais sur lesquels il s'est engagé.

557 Ces sanctions jouent à la fois un rôle préventif et un rôle curatif. D'abord, un rôle préventif au regard de leur caractère redoutable ; lequel est censé pousser les titulaires du marché à bien l'exécuter pour y échapper. Ensuite, un rôle curatif en ce sens que ces prérogatives permettent à l'AC de sanctionner son partenaire afin d'obtenir une réparation, ne serait-ce que morale en raison du préjudice subi.

A. L'ajournement : une prérogative insuffisamment cernée

Présenté par le Dictionnaire universel, comme l'action d'ajourner, c'est-à-dire, de renvoyer à une date ultérieure, l'ajournement est une technique bien connue des jurys d'examens et des tribunaux. Dans le premier cas, il est demandé aux étudiants ajournés de préparer la prochaine session alors que dans le 2e cas, il est question de « *surseoir au prononcé de la sanction lorsqu'il apparait que le reclassement du coupable est en voie d'être acquis, que le dommage causé est en voie d'être réparé et que le trouble résultant de l'infraction va cesser*»[558].

Rapporté au droit des marchés publics, l'ajournement est une prérogative qui permet à l'AC de surseoir à l'exécution du marché. Il s'agit d'une mesure qui a toujours existé dans le droit des Etats sous examen[559] et que le droit communautaire des marchés a reconduit.

L'art. 87 de la Directive n°04/2005 dispose, en effet, que « *l'AC peut ordonner l'ajournement des travaux, fournitures ou prestations, objet du marché avant leur achèvement* ».

Cette disposition réaffirme la possibilité, pour les AC, d'ajourner l'exécution du marché avant son achèvement et les possibilités offertes aux titulaires du marché lorsque la durée de l'ajournement dépasse trois (3) mois[560]. Toutefois, la disposition est restée muette sur les conditions ou circonstances dans lesquelles il est possible d'ajourner l'exécution d'un marché. Il appartient, dès lors, aux Etats membres de le faire dans le cadre de la transposition de l'art. 87 de la Directive.

Malheureusement, l'art.141du CMP du Niger ne va plus loin que l'art. 87 de la Directive n°04/2005 car, il ne fait que le reprendre, textuellement, en disposant que « *la PRM peut ordonner l'ajournement des fournitures, prestations ou travaux avant leur achèvement par une décision motivée* ».

L'art. 131 du CMP du Sénégal dispose, de son côté, que « *l'autorité contractante peut ordonner l'ajournement des fournitures, prestations ou travaux objet du marché, avant leur achèvement, notamment en cas de retard*

---

558 Lexique des termes juridiques, Paris, 17e édition *Dalloz* 2010, p.41.

559 Dans le code nigérien de 2002, l'art. 95 rappelle que lorsque la durée de l'ajournement excède deux (2) mois, le titulaire a droit à la résiliation du marché. Au Sénégal, la durée de l'ajournement peut être de six (6) mois. En effet, l'art. 172 du CMP de 2002 dispose que « lorsque l'autorité contractante prescrit l'ajournement du marché pour plus de six mois, soit avant, soit après un commencement d'exécution, le titulaire a droit à la résiliation de son marché s'il le demande par écrit ». Grâce au nouveau droit, la durée de l'ajournement du marché est harmonisée à trois (3) mois.

560 En permettant aux AC d'ajourner l'exécution du marché, la directive n'ignore pas les droits du cocontractant qui ne doit pas rester, indéfiniment en attente. C'est pourquoi, l'al. 2 de l'art. 87 dispose que « lorsque l'autorité contractante ordonne l'ajournement de l'exécution du marché pour une durée de plus de trois mois, le titulaire a droit à la résiliation de son marché. Il en est de même en cas d'ajournements successifs dont la durée cumulée dépasse trois mois ».

dans l'exécution d'un ouvrage ou dans la livraison d'une fourniture lui incombant et nécessaire à l'exécution du marché, ou pour toute autre raison qui lui est propre ».

Les deux articles posent les bases juridiques de l'exercice de cette prérogative qui permet à la PRM de suspendre l'exécution d'un marché public. L'allure rédactionnelle indique qu'il n'est pas nécessaire de prévoir cette prérogative dans le contrat comme c'est le cas des pénalités de retard. En dehors de ce constat, il faut souligner que les deux CMP ne sont pas, suffisamment, explicites sur les hypothèses et conditions de mise en œuvre de cette prérogative.

Au Niger, le CMP se contente de se référer à une décision motivée de la PRM sans faire état des ce qui pourrait motiver cette autorité. Le CMP du Sénégal, de son coté, semble insinuer qu'il y a d'autres cas susceptibles de justifier l'ajournement même si, il a choisi d'insister sur le retard dans l'exécution du marché. De ce fait, au-delà du retard, l'AC peut ajourner l'exécution d'un marché public pour tout autre motif.

Il ressort de ce constat qu'en droit sénégalais, le retard accusé dans l'exécution des marchés peut être sanctionné, soit par le biais des pénalités de retard, soit à travers l'ajournement.

A partir du moment où cette dernière sanction n'est pas forcement prévue au contrat, faut-il admettre que les deux sanctions sont alternatives ou cumulatives ? En d'autres termes, en cas de retard dans l'exécution du marché, est-il permis à la PRM de choisir entre l'ajournement et les pénalités de retard ou elle a l'obligation d'infliger les deux sanctions ? Cette question qui risque de surgir, dans la pratique, doit pousser les rédacteurs du CMP à mieux clarifier les circonstances dans lesquelles, le recours à l'ajournement est possible.

Il est bien possible d'ajourner l'exécution d'un marché en cas de retard car, par ce comportement le titulaire a dû déjouer la programmation de la personne publique qui a souhaité obtenir la prestation à une certaine date. Et à partir du moment où cette échéance est dépassée, l'AC peut se sentir dans l'obligation de revoir le moment auquel elle a besoin de l'objet du marché et de demander, par voie de conséquence, au titulaire de surseoir à cette exécution et de la renvoyer à une date ultérieure.

Malgré son intérêt, l'ajournement n'est pas mis en œuvre par les PRM. En effet, comme en ce qui concerne les pénalités, le retard est en général imputable non pas aux titulaires du marché mais aux AC qui tardent à mettre ces derniers dans les dispositions d'exécuter le marché selon le calendrier arrêté d'un commun accord.

Du coup, les AC réceptionnent la prestation malgré le retard et sans aucune forme de sanction.

Au-delà de l'idée de sanctionner un retard, l'ajournement doit être considéré comme un procédé utile, en pratique, au regard des difficultés de planification des besoins de l'Administration et des incertitudes liées au rythme de consommation des fournitures et matériels par les services administratifs. En effet, avant le lancement de tout marché, il est important de vérifier, d'une part, l'état de consommation de ces fournitures et matériels et, d'autre part, la capacité de stockage des locaux administratifs. Ainsi, s'il se trouve qu'après l'attribution du marché et avant l'achèvement complet de la prestation, l'AC se rend compte que le stock n'est pas encore épuisé, l'ajournement lui permet de se rattraper à travers la suspension du ravitaillement. Cette technique permet d'éviter le gaspillage des fournitures et autres matériels qui risqueraient d'être dilapidés par certains agents indélicats lorsqu'ils les voient en stock malgré la vigilance de la comptabilité des matières qui n'existe, d'ailleurs, pas dans beaucoup de services.

Un autre cas d'ouverture de l'ajournement non pris en compte dans la pratique des Etats sous examen mais consacré en droit français est celui qui intervient lorsque le titulaire du marché émet des réserves sur la qualité de la prestation au moment de sa réception. Dans cette hypothèse, l'ajournement est la décision prise par la PRM qui a émis des réserves[561] mais qui estime que les prestations pourraient être admises[562] moyennant des corrections opérées par le titulaire.

C'est la PRM qui prend cette décision si elle estime que des fournitures ou des services pourraient être admis moyennant certaines mises au point. Dans ce cas, elle en prononce l'ajournement et invite le titulaire à les présenter à nouveau dans un délai déterminé après avoir effectué les mises au point.

Cette possibilité est négligée si elle n'est pas ignorée par certaines PRM aussi bien au Niger qu'au Sénégal. En effet, il serait intéressant de l'expérimenter après la réception provisoire lorsque la PRM constate des insuffisances ou des malfaçons qui n'impactent pas, substantiellement, sur la qualité de la prestation. De ce fait, la date de réception définitive sera reportée afin de permettre au titulaire d'améliorer la qualité de sa prestation.

Malheureusement, au regard des pathologies constatées sur les murs, les routes et autres ouvrages, force est de reconnaitre que les AC n'ont pas encore intégré, dans leur pratique, la possibilité d'ajourner l'exécution d'un marché en cas des manquements non substantiels.

Si l'ajournement, ainsi, présenté vise, au fond, à suspendre l'exécution du marché pour certaines raisons susceptibles d'être invoquées par la PRM, il n'en est pas de même de la résiliation du marché.

---

561 Les réserves sont l'ensemble des constatations de non-conformité aux stipulations du marché, faites lors des vérifications préalables à l'admission, qui sont portées à la connaissance du titulaire et qui font obstacle au prononcé de la décision d'admission par le pouvoir adjudicateur. En cas de réserves, la décision d'admission est ajournée ou prononcée avec une réfaction du prix.

562 L'« admission » est la décision, prise après vérifications, par laquelle le pouvoir adjudicateur reconnaît la conformité, sans réserves, des prestations aux stipulations du marché. La décision d'admission vaut attestation de service fait et constitue le point de départ des délais de garantie.

B. La variété des motifs de résiliation du marché

Le pouvoir de résiliation unilatérale est l'une des prérogatives les plus connues et les plus établies en droit des contrats administratifs. La mesure « *constitue une manifestation du caractère inégalitaire du droit administratif et la traduction de la mutabilité des contrats administratifs, elle-même dérivée du principe d'adaptabilité des services publics* »[563]. C'est une mesure qui a pour objet de mettre un terme au marché de manière anticipée[564]. Elle n'est pas nécessairement une mesure coercitive car les motifs qui poussent les AC à la prendre sont divers. Elle Ce s'exerce, qu'il y ait ou non faute du titulaire du marché et que cette possibilité soit prévue ou non dans le contrat.

C'est une prérogative qui a toujours existé dans le droit positif des Etats sous examen. Par conséquent, l'art.88 de la Directive n°04/2005 qui dispose que « *les marchés publics peuvent faire l'objet d'une résiliation dans les conditions stipulées aux cahiers de charges...* » ne fait que confirmer la pertinence de ce pouvoir qui a guidé l'exécution des marchés publics au Niger comme au Sénégal[565].

Cependant, l'exercice de ce droit n'a jamais été laissé à la discrétion totale de la PRM. Le droit positif a toujours entendu aménager les conditions de fond et de forme à respecter dans la mise en branle de cette prérogative. C'est pourquoi, l'on distingue le régime de la résiliation justifiée par un motif d'intérêt général (**1**) de celui qui encadre la résiliation pour faute imputable au titulaire du marché (**2**).

1. La résiliation sans faute

Le pouvoir, pour l'AC, de résilier unilatéralement le marché peut être mis en branle en dehors de toute idée de faute imputable à son cocontractant.

Plusieurs motifs sont susceptibles d'être invoqués, à cet effet, parmi lesquels la doctrine insiste sur la notion d'intérêt général. Un des spécialistes du droit des marchés publics souligne que l'Administration dispose, de manière générale et même en l'absence des clauses expresses du contrat, de la possibilité de résilier, unilatéralement, le marché pour motif d'intérêt général[566]. De ce fait, toute clause du contrat de nature à faire obstacle à l'exercice de ce pouvoir est réputée nulle et non écrite[567].

Cette construction est conforme à la philosophie générale du droit des contrats administratifs en général et du droit des marchés public en particulier. En effet, s'il est établi que, c'est en raison des nécessités de satisfaire un besoin

---

563 S. BRACONNIER, « L'indemnisation des préjudices nés de la rupture anticipée d'un contrat public d'affaires pour motif d'intérêt général », *AJDA*, novembre 2009, p.2037.

564 B. MARTINEZ et F. SERR, op. Cit, p. 291.

565 Pour le Niger, voir, art. 92 du CMP de 2002 et pour le Sénégal, voir, art. 166 et suivants du CMP 2002.

566 Voir S. BRACONNIER, *Précis du droit des marchés publics*, op. Cit, p. 471.

567 *Ibid,* p. 471.

d'intérêt général que l'idée de contrat s'est imposée, force est d'admettre que le même besoin d'intérêt général peut être à l'origine de la renonciation à son exécution, et donc à sa résiliation. C'est pourquoi, des spécialistes écrivent que le pouvoir de résiliation pour motif d'intérêt général est « l'un *des droits de l'Administration le moins contesté* »[568].

Voulant s'inscrire sur ce registre, l'art.88 de la Directive n° 04/2005 prévoit que « *les marchés publics peuvent faire l'objet d'une résiliation dans les conditions stipulées aux cahiers des charges dans les cas suivants* ». La disposition cite, entre autres, la liquidation de l'entreprise du titulaire du marché et la survenance d'un cas de force majeure rendant toute exécution impossible. Par cette disposition, le droit communautaire reconduit les deux hypothèses classiques de résiliation du marché en dehors de toute idée de faute, c'est-à-dire, lorsque les conditions de son exécution sont perturbées par certaines circonstances. Il s'agit de l'ouverture d'une procédure de liquidation des biens contre le titulaire du marché le rendant inapte à poursuivre son exécution et la survenance d'un cas de force majeure au nom du principe selon lequel à l'impossible nul n'est tenue.

Ces deux hypothèses qui justifient, amplement, la résiliation du marché ont été reprises et relativement complétées par les CMP des Etats sous étude.

A ce sujet, les articles 143 et 144 du CMP du Niger, ont apporté quelques précisions par rapport à l'art.88 de la Directive n°04/2005. En effet, il est écrit à l'art. 143 de ce Code que « *les marchés peuvent faire l'objet d'une résiliation après mise en demeure dans les conditions stipulées aux cahiers de charges* ». Mais, ces deux dispositions, citent, à l'instar du droit communautaire, la liquidation de l'entreprise du titulaire du marché et la survenance d'un cas de force majeure rendant l'exécution impossible.

L'analyse de cette disposition indique que le droit nigérien impose l'observation d'une formalité avant l'exercice du pouvoir de résiliation. Ainsi, qu'il y ait ou non faute du titulaire du marché, le CMP du Niger fait obligation aux AC de lui adresser une mise en demeure préalable. Celle-ci s'analyse comme un avertissement de nature à amener le titulaire du marché à cesser le comportement susceptible de justifier la résiliation. Dans ce cas, si elle se justifie dans l'hypothèse de résiliation pour faute, l'on peut se poser des questions sur sa pertinence en cas de résiliation sans faute, c'est-à-dire, lorsqu'elle est justifiée par des motifs d'intérêt général, par exemple.

Mais en dehors de cette précision, ce droit n'a pas entendu intégrer, à suffisance, les considérations d'intérêt général dans la définition des cas d'ouverture de résiliation sans faute.

Le premier cas de résiliation prévu a été repris par l'art.26 des CCAG du DTAO fournitures et services qui évoque la résiliation pour insolvabilité. Aux termes de cette disposition, « *le maitre d'ouvrage peut, à tout moment, résilier le marché par notification écrite adressée au fournisseur si celui-ci est déclaré*

---

[568] G. PEQUINOT, Théorie *générale du contrat administratif*, Paris, Pedone 1945, p.391.

en état de liquidation des biens ou devient insolvable ». Dans cette hypothèse, le document -type rappelle que la résiliation se fera sans indemnisation du fournisseur.

Au sujet du deuxième cas de résiliation, c'est-à-dire, le cas de survenance d'une force majeure, l'art.27 des CCAG du même document retient la notion de résiliation pour raison motivée. Selon, cette disposition, « *le maitre d'ouvrage peut résilier le marché en tout ou en partie par notification écrite adressée au fournisseur pour une raison motivée par un cas de force majeure. La notification de résiliation précisera le cas de force majeure qui oblige le maitre d'ouvrage à renoncer au marché et indiquera dans quelle mesure l'exécution des tâches stipulées dans le marché prendra fin et la date de prise d'effet de la résiliation* ». Nonobstant la référence à la « *raison motivée* », le document- type est resté fidèle au Code en retenant comme seul motif, la survenance d'un cas de force majeure. Dans ce cas, la motivation va porter sur le type de force majeure que la PRM a l'intention d'invoquer pour mettre fin à l'exécution du marché.

Toutefois, ces deux dispositions des documents-types sont en totale contradiction avec les dispositions de l'art. 143 du CMP. En effet, dans le souci de protéger les titulaires des marchés, le CMP impose aux AC l'obligation de mise en demeure préalable. Or, en s'intéressant aux articles 26 et 27 de ces documents-types, l'on se rend compte que l'AC est en droit de résilier le marché à tout moment et que la notification reste et demeure la seule formalité à observer dans ce sens[569].

Aussi, le nouvel encadrement de la résiliation sans faute a-t-il abandonné l'hypothèse de la résiliation « pour simple convenance » prévue à l'art.92 de l'ancien CMP de 2002 car elle est susceptible d'abus.

Le droit sénégalais a prévu aussi la possibilité, pour l'AC, de résilier le marché sans se référer à un quelconque manquement imputable à son cocontractant. L'art.129 du CMP dispose, en effet, que « *tout marché public peut faire l'objet d'une résiliation totale ou partielle à l'initiative de l'AC* ». La disposition énumère les motifs parmi lesquels figurent la survenance d'un événement affectant la capacité juridique du titulaire du marché et la situation dans laquelle l'exécution du marché est devenue inutile ou inadaptée compte tenu des nécessités du service.

---

569 En droit français, aussi, la résiliation n'est pas automatique en cas d'ouverture d'une procédure collective contre le titulaire du marché, c'est-à-dire qu'elle ne peut pas être décidée par l'AC sur le simple constat de la situation de redressement ou de liquidation du titulaire du marché. L'administrateur judiciaire en cas de redressement ou le liquidateur en cas de liquidation doit être mis en demeure de reprendre les obligations du titulaire résultant du marché. Ce n'est que le refus de reprendre les obligations ou le silence gardé pendant un délai d'un mois à compter de la mise en demeure qui peut permettre de prendre e une décision de résiliation. Si l'administrateur décide de la continuation du marché, l'AC ne peut pas procéder à la résiliation du marché. Sur tous ces éléments, voir, B. MARTINEZ et F. SERR, op. Cit, p. 293.

Au sujet du premier cas qui fait allusion au décès du titulaire et aux difficultés économiques et financières justifiant l'ouverture d'une procédure collective, le CMP renvoie aux documents contractuels pour la définition des modalités d'une telle résiliation.

Quant à la deuxième hypothèse, elle semble s'orienter vers la consécration de l'idée de l'utilité de la dépense publique chère à la réforme. En effet, dès lors que la prestation convenue, s'avère inutile ou inadaptée aux besoins du service public, le marché correspondant doit, purement et simplement, être résilié pour inopportunité. Une telle résiliation s'impose à la PRM et doit intervenir de plein droit car, la poursuite de l'exécution du marché se ne justifie plus[570]. La pertinence de ce pouvoir de résiliation unilatérale pour motif tiré de l'inutilité ou de l'inadaptation du marché aux besoins du service doit être appréciée à deux niveaux. Elle doit se faire, d'une part, à l'aune du fonctionnement du service public et, d'autre part, à l'aune de la moralisation de l'usage des deniers publics. En effet, les marchés publics sont des contrats passés à titre onéreux pour le besoin du fonctionnement d'un service public ou des investissements publics. Dans ce cas, la PRM doit être libre d'adopter tout acte qui réponde à ce motif d'intérêt général, apprécié au regard de l'objet et des besoins du service public. La résiliation permet, alors, d'éviter de payer l'exécution d'un marché dont les prestations sont devenues inutiles.

La pertinence des motifs retenus pour justifier la résiliation unilatérale est telle qu'aucune formalité particulière préalablement à la prise de cette décision n'a été prévue. En effet, contrairement au Niger, la résiliation peut intervenir à tout moment et sans mise en demeure préalable puisqu'aucune faute n'est reprochée aux titulaires du marché.

Les contraintes ou obligations qui pèsent sur la PRM sont, d'une part, l'obligation de motiver la décision afin d'éviter des résiliations arbitraires et, d'autre part, celle d'indemniser le titulaire du marché. En effet, cette forme de résiliation n'étant pas une sanction, le cocontractant doit être, intégralement, indemnisé pour le préjudice occasionné. Cette indemnisation peut, d'ailleurs, s'analyser comme la contrepartie du pouvoir de résiliation unilatérale du marché. La jurisprudence administrative française a estimé qu'en l'absence de faute du cocontractant, une clause de résiliation sans indemnité doit être regardée comme une clause irrégulière dans la mesure où elle ne respecte pas le droit du titulaire du marché à l'équilibre financier du contrat[571]. Il s'agit, d'un moyen permettant de rééquilibrer les rapports entre l'intérêt général et les

---

[570] L'art.34.5 (a) des CCAG du DTAO fournitures précise dans ce cas que l'avis de résiliation précisera que celle-ci intervient unilatéralement pour raison de convenance, dans quelle mesure l'exécution des taches stipulées dans le marché prend fin et la date à laquelle la résiliation prend effet.

[571] Voir CE, 27 octobre 1978, Ville Saint-Malo. Cette décision est disponible sur http://fdv.univ-lyon3.fr/moodle/file.php/1/FPV2/Droit%20public/Droit_administratif/04%20le%20_regime_des_contrats-administratifs%20mis%20%20jour.pdf (consulté le 29 mars 2013).

intérêts particuliers participant ainsi à l'érosion de l'exorbitance du droit administratif[572].

Véritable *Janus* du droit des marchés publics, la résiliation intervient aussi bien dans l'intérêt du service public qu'en cas des manquements imputables aux parties.

2. La résiliation pour faute

Présentée comme la décision la plus énergique et la plus redoutable susceptible d'être prise par la PRM lors de l'exécution d'un marché, la résiliation unilatérale suppose, dans sa deuxième acception, l'existence d'une faute[573], c'est-à-dire, d'un manquement à une obligation contractuelle. Il s'agit, dans ce cas, d'une sanction mais d'une sanction commune au titulaire du marché et à la PRM dans la mesure où les deux partenaires peuvent être amenés à manquer à leurs obligations contractuelles respectives. C'est pourquoi, la doctrine préfère l'expression de la « *résiliation aux torts* »[574] pour montrer que le tort pourrait être reproché à chacune des parties. En conséquence, le titulaire du marché a la possibilité de poursuivre sa résiliation mais en s'adressant au juge[575] au moment où la PRM dispose de la prérogative de prononcer, elle-même, la résiliation au nom du privilège du préalable[576].

---

572 Voir, dans ce sens, S. BRACONNIER, « *Exorbitance du droit administratif et droit européen* », in F. MELLERAY (dir.), L'exorbitance en question (s), Paris, LGDJ 2004, p. 90.

573 Certaines fautes intervenant dans l'exécution du marché sont imputables à la PRM. Par conséquent, le titulaire du marché peut prendre l'initiative de la résiliation. Mais nous n'allons insister sur ces aspects au regard de notre préoccupation de montrer que la résiliation unilatérale en tant que sanction mise à la disposition de la PRM s'inscrit dans la logique générale de rationalisation de la dépense publique à travers une prestation utile. En effet, conscient que la PRM peut résilier le marché à tout moment, le titulaire du marché serait beaucoup plus à l'exécuter à temps et dans les meilleures conditions.

574 G. Jèze, op. Cit, RDP 1931, p.527.

575 En France, dans un arrêt du 8 octobre 2014, le Conseil d'Etat a montré sa volonté de rechercher un meilleur équilibre contractuel en jugeant que les parties à un contrat administratif peuvent convenir d'une clause permettant, sous certaines conditions, à la personne privée de résilier le contrat. A propos des développements sur cette question, voir, C. PROS-PHALIPPON, « La recherche d'un meilleur équilibre contractuel par le contrat : la clause de résiliation au profit de la personne privée contractante » Note sous Conseil d'Etat, 8 octobre 2014, Société Grenke Location, *RFDA* 2015, pp. 47 et suivantes.

576 Cette expression désigne selon le Lexique des termes juridiques, le droit conféré à l'Administration de prendre des décisions exécutoires par elles-mêmes, c'est-à-dire sans que l'Administration ait à respecter la règle de droit privé selon laquelle nul ne se décerne un titre à soi-même. Principe énoncé par Maurice Hauriou, le privilège du préalable renvoi à cette possibilité pour l'administration de prendre des décisions exécutoires sans s'adresser préalablement au juge, sauf à l'administré concerné, à contester les prétentions de l'Administration en saisissant lui-même le juge.

C'est cette deuxième hypothèse qui fait toute l'originalité du procédé. Celle-ci s'explique et se justifie par les nécessités du service public qui placent l'AC au-dessus de son partenaire, rompant, par-là, le principe d'égalité devant irriguer tout rapport contractuel.

De ce fait, la sanction, c'est-à-dire, le pouvoir de résiliation unilatérale doit être considéré comme un moyen, voire, une arme de nature à permettre à l'AC d'obtenir une prestation satisfaisante et conforme aux stipulations du contrat. En effet, dès lors que le titulaire du marché pense à se démarquer de façon grossière et grave, des stipulations contractuelles, il doit avoir à l'esprit, cette arme redoutable que détient la PRM de résilier unilatéralement le marché. Elle est redoutable, car il est permis à l'AC de « se faire justice » dès lors que le comportement du titulaire gène la bonne exécution du marché.

L'exercice de ce pouvoir obéit à un régime juridique spécifique qui fixe aussi bien les règles de fond que celles de forme.

L'art.88 de la Directive n° 04/2005 rappelle, à cet effet, que les marchés publics peuvent faire l'objet d'une résiliation dans les conditions stipulées aux cahiers de charge à l'initiative de la PRM en raison de la faute du titulaire du marché. Cette disposition du droit communautaire ne que fait reprendre les dispositions de l'art. 166 de l'ancien CMP du Sénégal[577] et l'art.92 de l'ancien CMP du Niger[578]. Toutefois, il faut reconnaitre qu'elle est restée assez vague. En effet, en dehors de la référence au refus d'indemniser le titulaire du marché, auteur des manquements, la disposition est restée muette sur la nature de la faute et la procédure à suivre pour résilier le marché.

Pourtant, la particularité de la sanction justifie une certaine caractérisation de la faute susceptible de la fonder. En tous les cas, la directive est restée, sur ce point, dans sa fonction d'harmonisation des législations et règlementations tout en laissant aux Etats le soin d'apporter les précisions nécessaires.

C'est à cet effet que l'art.143 du CMP du Niger dispose que « *les marchés publics peuvent faire l'objet d'une résiliation après mise en demeure, dans les conditions stipulées aux cahiers de charges...à l'initiative de la PRM en raison de la faute dument constatée du titulaire du marché...après mise en demeure* ». Cette résiliation pourrait intervenir « *en raison de la faute dûment constatée du titulaire du marché* ». Au Sénégal, c'est l'art.129 du CMP qui dispose que « *tout marché public peut faire l'objet d'une résiliation totale ou partielle à l'initiative de l'autorité contractante* ».

Au sujet des motifs, l'article évoque les cas « *de manquement grave du titulaire à ses obligations, notamment en matière environnementale* ».

[577] Cet article dispose que « lorsque le cocontractant n'exécute pas ses obligations, le marché peut faire l'objet d'une résiliation totale ou partielle sur décision de l'autorité contractante ».

[578] En droit nigérien, l'art. 92 de ce code disposait que les marchés publics peuvent faire l'objet d'une résiliation dans les conditions stipulées aux cahiers des charges à l'initiative de la personne responsable du marché en raison de faute du titulaire du marché.

Concernant l'exercice de ce pouvoir, l'article ajoute que, « *sauf stipulations contraires, l'autorité contractante ne peut prononcer la résiliation pour manquement du titulaire à ses obligations qu'après mise en demeure préalable restée sans effet* ».

L'allure rédactionnelle de ces deux dispositions indique que dans les deux Etats, une faute, c'est-à-dire, un manquement aux obligations contractuelles doit exister, préalablement, à la prise de décision de résilier le marché. Seulement, il faut remarquer que la faute exigée n'a pas la même teneur ou le même caractère selon les deux CMP.

Au Niger, la référence à la faute du titulaire du marché, sans aucune précision sur la nature de celle-ci, montre le peu d'intérêt qu'a accordé le rédacteur du Code à la clarification des motifs susceptibles de justifier cette sanction. De ce fait, quelle que soit la nature des manquements et quelles que soient leurs gravités, la PRM peut choisir d'engager ou de ne pas engager la procédure de résiliation du marché. L'essentiel est que le dit manquement soit « dûment constaté » au regard des stipulations des cahiers des charges.

Pourtant, le caractère redoutable et grave d'une telle sanction milite en faveur de la recherche d'un manquement correspondant. Autrement dit, « sanction grave-faute grave ». Cette idée suggère l'exigence d'un certain seuil de gravité de la faute avant le déclenchement de la procédure de résiliation unilatérale du marché.

Ce refus de qualifier la faute qui pourrait servir de prétexte à la résiliation aux torts du titulaire du marché confère à la PRM un large pouvoir d'appréciation des manquements constatés et du choix de la sanction appropriée. En effet, les cahiers des charges auxquels est renvoyée la définition des manquements sont unilatéralement rédigés par la PRM et que le titulaire du marché se contente de les signer ou de ne pas les signer.

En même temps, un tel silence réduirait les marges de manœuvre du juge du contrat en cas de contestation de la décision de résilier le marché. En effet, dès lors que le manquement existe et qu'il a été dûment constaté, le juge n'a aucun pouvoir à tirer du CMP pour apprécier son degré de gravité et la proportionnalité de la sanction.

Au Sénégal, par contre, le rédacteur du CMP s'est montré beaucoup plus regardant sur la nature de la faute susceptible de fonder la résiliation aux torts du titulaire du marché. En effet, il a été montré que l'art.129 de ce Code exige « *des manquements graves du titulaire à ses obligations, notamment en matière environnementale* ». Dans ce pays, l'on se rend compte que la résiliation du marché aux torts de son titulaire n'est possible que lorsque ce dernier a, gravement, manqué à ses obligations contractuelles.

Contrairement au Niger, le droit sénégalais qualifie ainsi la faute, laquelle doit revêtir une certaine gravité. Ces manquements dont la gravité est appréciée par la PRM sous le contrôle du juge en cas de contestation peuvent être tirées des stipulations des cahiers de charge tout comme des conditions générales dans lesquelles le marché doit être exécuté.

De ce fait, plusieurs fautes peuvent être invoquées par la PRM pour résilier le marché dès lors qu'elles présentent une certaine gravité ou lourdeur. Elles peuvent être tirées, par exemple, du refus d'exécuter un ordre de service, du non-respect des délais, de l'interruption injustifiée de l'exécution de la prestation.

Au-delà de cette précision sur la nature de la faute, le Code sénégalais s'inscrit dans l'air de temps pour ajouter un motif supplémentaire de taille : c'est le manquement en matière environnementale. A travers cette précision, le rédacteur de ce Code affiche toute sa cohérence dans la prise en compte des préoccupations environnementales. En effet, à partir du moment où l'art.59 du CMP[579] intègre les mesures de protection de l'environnement dans la liste des critères devant présider au choix de l'offre la moins disante, il serait logique de permettre à la PRM de veiller au respect de ce critère lors de l'exécution du marché. Ainsi, dès lors que les mesures de protection de l'environnement sont insérées dans le dossier d'appel à candidature et que le candidat choisi a proposé comment il entend les prendre en charge, elles deviennent une obligation contractuelle. Par conséquent, tout manquement à celles-ci peut ouvrir droit à la résiliation du marché dès lors qu'il affiche une certaine gravité. La mise en œuvre de cette exigence et la sanction nécessitent le choix des spécialistes en matière environnementale à qui la PRM délègue son pouvoir de direction et de contrôle. De ce fait, ils s'investiront sur les différents chantiers pour veiller à ce que la prestation ne nuise pas à la santé des populations riveraines.

Ce motif de résiliation est pertinent, notamment, dans le marché des constructions des routes, des ponts au regard de la poussière qui pourrait être dégagée par la latérite mal aménagée. Il est également pertinent dans le marché relatif à l'approvisionnement de l'AC en pesticides et fournitures en matière plastique.

Au total, si le motif, c'est-à-dire, la nature de la faute à l'origine de la résiliation aux torts du titulaire du marché est, légèrement, différent d'un Etat à un autre, force est d'admettre que les conséquences sont les mêmes. Il s'agit de la résiliation du contrat. Une fois prononcée, elle produit des conséquences aussi bien sur le contrat lui-même que sur le plan pécuniaire.

Sur le premier aspect, il est indiscutable que la résiliation entraine une rupture, c'est-à-dire, une fin prématurée des liens contractuels entre la PRM et le titulaire du marché. Etant donné que l'exécution du marché n'est pas arrivée à son terme, il est important de prévoir les modalités de poursuite de l'accomplissement de la prestation. A ce sujet, le Code nigérien est resté silencieux sur les modalités de poursuite de l'exécution d'un marché résilié dans ces conditions. Toutefois, l'on peut penser que l'art. 45. 3 du CMP qui propose

579 Au sujet des critères du choix de l'offre, cette disposition du CMP du Sénégal rappelle que « la détermination de l'offre la moins disante est effectuée soit sur la base du prix le plus bas, soit sur la base du prix et d'autres critères, tels que…les mesures de protection de l'environnement… ».

le recours à l'AOR pour choisir celui qui va exécuter le marché en lieu et place du titulaire défaillant renvoie à cette hypothèse.

Au Sénégal, en revanche, l'art.136 du CMP envisage la possibilité de substitution d'entreprise[580] dès lors que la PRM ne souhaite pas abandonner le projet. Il s'agit d'une sanction supplémentaire. En effet, la poursuite de l'exécution du marché est confiée à une autre entreprise aux risques et périls du titulaire défaillant qui doit supporter les excédents des dépenses générées par l'intervention de la nouvelle entreprise.

Sur le plan pécuniaire, il est généralement noté que le titulaire du marché résilié n'a droit à aucune indemnisation à l'exception du dédommagement éventuel correspondant à la valeur non amortie des ouvrages réalisés[581].

Une telle conséquence se déduit des dispositions de l'art.145 du CMP du Niger[582]. Ainsi, dès lors que la résiliation est prononcée aux torts du titulaire du marché, le principe est qu'il n'a droit à aucune indemnité.

En droit sénégalais, il revient même à celui-ci de supporter le surcoût résultant de la passation d'un marché de substitution en vue de l'achèvement de la prestation. Seulement, il faut relativiser ce refus d'accorder certains droits au titulaire du marché résilié. En effet, si au Niger, aucune disposition du CMP ne reconnait des droits à ce dernier, il faut relever que l'art. 133 al.3 du CMP du Sénégal dispose que « *la résiliation du marché ouvre doit, au profit du titulaire, au paiement des fournitures, services, travaux, réalisés et non encore réglés. Si le marché a reçu un commencement d'exécution, le cocontractant peut requérir qu'il soit procédé immédiatement à la réception provisoire des ouvrages exécutés ou livrés, puis à leur réception définitive après l'expiration de la période de la garantie* ».

Cette disposition applicable aussi bien à la résiliation pour faute qu'à la résiliation sans faute montre que la PRM ne doit pas, en sus de l'exercice de son pouvoir, s'enrichir sur le dos du titulaire du marché. Ce dernier adroit à un paiement au titre de la prestation déjà exécutée mais non encore payée.

Le rédacteur du CMP du Niger doit s'employer à corriger cette lacune afin de clarifier les suites à donner à la résiliation du marché aux torts de son titulaire.

Les conséquences de la résiliation du marché aux torts de son titulaire revêtent une certaine gravité d'où la nécessité de prévoir un certain formalisme préalablement à la prise de la décision.

En premier lieu, cette forme de résiliation est une faculté dans les deux Etats. En effet, l'utilisation du verbe « pouvoir » indique, clairement, que les CMP n'ont pas entendu enfermer les PRM dans l'obligation de résilier le marché en cas des manquements quelle que soit leur gravité. Cette construction se

[580] Voir, art.136 du CMP.

[581] V. S. BRACONNIER, op.cit., p.468.

[582] Cette disposition rappelle que lorsque la résiliation est prononcée pour défaut de paiement, le titulaire du marché a droit à une indemnité de résiliation calculée forfaitairement sur la base des prestations qui demeurent à exécuter.

comprend au regard de la gravité de la sanction car, en dehors du titulaire du marché, la résiliation a aussi un coût pour l'AC et pour le bon fonctionnement du service public. C'est pourquoi, toutes les tractations et tentatives de règlement à l'amiable doivent être envisagées afin de faire de la résiliation l'ultime recours.

Toutefois, lorsqu'elle doit intervenir, parce que les négociations ont échoué, l'art. 143 du CMP du Niger impose qu'elle soit prononcée « *après mise en demeure* » au moment où l'art.129 du CMP du Sénégal retient la formule de « *mise en demeure préalable restée sans effet* ».

Malgré la nuance dans leur formulation, les deux articles imposent la même formalité qui est la mise en demeure du titulaire du marché. C'est lorsque ce rappel est resté infructueux qu'il sera procédé à la résiliation du marché.

L'exigence de cette mise en demeure préalable a été considérée comme une application du principe des droits de la défense[583]. Par conséquent, elle doit, d'une part, souligner les manquements auxquels le titulaire du marché est invité à mettre fin et, d'autre part, préciser les mesures qu'il est invité à accomplir dans ce sens. Ainsi, que le titulaire du marché ignore ou pas les manquements commis, la PRM doit lui notifier, avec précision, la nature de ces manquements[584]. S'il n'est pas donné suite à cette mise en demeure, la PRM peut, alors, résilier le marché par décision motivée qui sera notifiée au titulaire du marché par tout moyen permettant de donner date certaine.

Au total, cette décision radicale peut être prise en cas de manquements jugées graves imputables au titulaire du marché tout comme lorsqu'aucune faute ne lui est imputable.

Cette deuxième hypothèse est justifiée comme on l'a montré par les nécessités du service public et le souci de rationaliser la dépense publique à travers un achat utile.

Ainsi, l'étude de cette prérogative exorbitante du droit commun doit permettre de sérier les différentes formes de résiliation, c'est-à-dire, distinguer les cas de résiliation pour faute des cas de résiliation sans faute. L'intérêt est de montrer, pour la résiliation pour faute, les différents manquements constatés dans l'exécution des marchés au Niger et au Sénégal et de voir s'ils justifient une telle sanction.

Pour la résiliation sans faute, il serait intéressant de lister les différents motifs invoqués par les PRM pour résilier le marché dans ces deux Etats.

Malheureusement, l'examen du portail des marchés publics de l'ARMP du Niger ne mentionne aucun cas de résiliation du marché. Tout se passe, comme si, aucun marché n'a fait l'objet de résiliation. Il s'agit d'un manquement à l'exercice d'une des missions de cette institution qui doit mettre à la disposition

---

583 Voir, B. STIRN, conclusion sous CE, 23 Juin 1987, Thomas, *RFDA* 1987, p.194.

584 J. LEFOULON, « Les formalités en matière de sanction dans le contrat administratif », *AJDA* 1974, p.565.

du public toutes les informations relatives à la passation et à l'exécution des marchés au Niger.

Au Sénégal, en revanche, l'ARMP s'est employée à publier, systématiquement, les arrêtés de résiliation du marché[585]. Toutefois, cette publication est insuffisante car elle ne permet pas de distinguer les cas de résiliation pour faute des cas de résiliation sans faute car les motifs ne sont exposés. Pourtant, dans un souci pédagogique, l'ARMP devrait s'employer à exposer les motifs de résiliation de tel ou tel marché afin d'avertir les entreprises sur la nécessité de ne pas commettre les manquements incriminés. C'est en tout cas ce qui se passe dans certains Etats membres de l'UEMOA comme le Burkina Faso. Dans cet Etat, l'ARMP qui pour a mission, entre autres, de donner un avis préalablement à la résiliation du marché, publie systématiquement ses avis dans lesquels elle apprécie la pertinence du motif invoqué par les PRM pour résilier les marchés[586]. Ainsi, les différents motifs de résiliation des marchés sont publiés sur le portail des marchés publics de cet Etat.

Le marché public étant un contrat synallagmatique, l'étude du cadre d'exécution physique n'épuise pas les modalités de son exécution. Il faut, pour être complet, s'intéresser aux modalités de son exécution financière.

Ainsi, au sujet des mécanismes d'exécution physique, il a été montré que les règles ont été fixées en vue de permettre à la PRM de disposer de larges pouvoirs dans l'intérêt du service public. La deuxième modalité d'exécution du marché vise, *a priori*, à prendre en charge les droits du titulaire du marché. Mais au-delà des intérêts de celui-ci, l'étude va tenter de montrer qu'une bonne prise en charge des questions financières conditionne l'obtention d'une prestation de qualité, toute chose qui renforce l'idée de rationaliser la dépense publique.

---

[585] http://www.marchespublics.sn/pmb/index.php?option=com_resiliation&task=listearretes&Itemid=225 (consulté le 1er avril 2013). A la date d'aujourd'hui, 33 arrêtés de résiliation sont publiés.

[586] L'ensemble des décisions du CRD Burkinabé suite à des demandes de résiliation sont publiées sur http://www.armp.bf/index.php?option=com_content&view=article&id=94&Itemid=67 (consulté le 1er avril 2013).

CHAPITRE II

UNE TENTATIVE D'AMÉLIORATION DU CADRE D'EXÉCUTION FINANCIÈRE DES MARCHÉS

Parce qu'ils nécessitent la mobilisation et l'utilisation d'importants moyens financiers, les marchés publics font, depuis un certain temps, l'objet d'une attention particulière de la part :

En premier lieu, des autorités nationales, au regard des incessantes modifications et adaptations dont font l'objet les CMP. Le souci, on le sait, est d'accélérer le processus d'absorption des crédits budgétaires dans l'optique de rendre plus visibles leurs réalisations et programmes politiques.

En deuxième lieu, des acteurs de la société civile qui s'intéressent à la gestion de l'aspect sonnant et trébuchant du contrat social, notamment, dans leur combat contre la corruption, le détournement des deniers publics et autres infractions assimilées.

En troisième lieu, des instances communautaires de l'UEMOA, engagées à mettre sur pied un dispositif juridique de sécurisation et de rationalisation de la dépense publique. Ces instances communautaires considèrent le droit des marchés publics comme un levier de nature à stimuler la concurrence, à accélérer et à garantir le processus d'intégration économique des Etats membres.

En quatrième lieu, du citoyen qui a le droit permanent et inaliénable de constater la nécessité de la contribution publique, de la consentir librement et d'en suivre l'emploi pour paraphraser les dispositions de l'article 14 de la Déclaration des droits de l'Homme et du citoyen de 1789[587].

En cinquième lieu, des opérateurs économiques au regard des opportunités d'affaires que représentent, aujourd'hui, les marchés publics. En effet, au regard de l'importance des moyens injectés dans les achats publics[588], force est d'admettre que l'un des meilleurs moyens pour une entreprise d'améliorer son chiffre d'affaires, c'est de parvenir à décrocher un marché public. Du coup, la commande publique est devenue un élément fondamental de l'activité de bon nombre d'entreprises et qu'aucune ne peut s'en passer.

---

587 http://www.assemblee-nationale.fr/histoire/dudh/1789.asp (consulté le 15 avril 2013).

588 Le rapport annuel 2013 de l'ARMP du Sénégal indique que 1 064 006 760 421 FCFA ont été réservés aux marchés publics. Ce montant a été consommé à hauteur de 88%. Voir, ARMP Rapport annuel 2013, p. 14 sur http://www.armp.sn/images/rapport/armp_rapport_annuel_%202013.pdf (consulté le 05 mai 2015).

Ainsi, placé au cœur du débat, l'argent public justifie l'essentiel des réformes du droit des marchés publics au niveau national avant l'intervention de l'UEMOA à partir de 2000[589]. Il est au centre de toutes les procédures d'attribution des marchés publics et constitue, également, un élément essentiel dans leur exécution. En effet, la question du prix est présente dans la phase de définition des besoins, dans le choix des procédures de passation, dans le choix de l'attributaire du marché et dans son exécution.

Sur le plan strictement juridique, le prix constitue l'un des aspects financiers[590] le plus important du marché public pour, au moins, quatre raisons :

Primo, il a été montré que le prix constitue l'un des critères de qualification juridique des marchés publics.

Secundo, le prix se présente, malgré la réforme, comme le critère le plus important dans la détermination de l'offre la moins disante. En effet, en dépit de la diversification des critères de choix de l'offre, les CMP accordent une importance au prix tel que la détermination de l'offre la moins disante puisse se faire sur la base du seul prix[591].

Tertio, l'indication du prix ou des modalités de sa détermination, constitue l'une des mentions obligatoires à insérer dans les documents contractuels[592]. Du coup, l'on peut soutenir, qu'un marché public n'est conforme au CMP que s'il prévoit un prix ou les modalités de sa rémunération.

Quarto et ce n'est qu'une conséquence du point précédent, le versement du prix s'analyse comme la principale obligation qui incombe à l'AC en vertu du caractère synallagmatique du marché public. C'est ainsi qu'il est donné aux parties à un marché public, la latitude de définir son montant, de prévoir les modalités de sa révision et de son paiement.

C'est dans cette perspective qu'il faut comprendre et analyser les dispositions de l'art.89 de la Directive n° 04/2005 qui prévoient que « *les marchés donnent lieu à des versements, soit à titre d'avances ou d'acomptes, soit à titre de règlement définitif ou pour solde du marché* ». Cette disposition indique les modalités de paiement du prix du marché (**Section I**). Mais, puisque les marchés publics correspondent à des dépenses publiques[593], il serait important de revenir sur la procédure d'exécution de la dépense publique afin

[589] Voir directive n° 02/2000/CM/UEMOA portant adoption du Code de Transparence dans la gestion des finances publiques au sein de l'UEMOA sur http://www.izf.net/pages/dir-02-00/3618/ (consulté le 25 avril 2013).

[590] G. ECKERT, « *Les aspects financiers du nouveau Code des marchés publics* », Contrats et Marchés publics n° 4, avril 2001, chron. 9. Dans cette chronique, l'auteur montre que les aspects financiers du marché public vont au-delà de son règlement. Ils intègrent, aussi, les différentes garanties exigées des candidats ainsi que le financement du marché.

[591] Voir art. 59 du CMP du Sénégal et art. 29. 2 du CMP du Niger.

[592] Voir art.13 du CMP du Sénégal et art.103 du CMP du Niger.

[593] Y. WEBER, « Finances publiques et contrats de l'administration », *in* Etudes de finances publiques offertes à P. M. GAUDEMET, p. 384.

de faire ressortir sa particularité dès lors qu'elle s'applique aux marchés publics (**Section II**).

SECTION I : UNE RÉFORME DES MODALITÉS DE PAIEMENT EN FAVEUR DU BÉNÉFICIAIRE DU MARCHÉ

Réputé intégrer toutes les dépenses et les marges bénéficiaires liées à l'exécution de la prestation, le prix peut se présenter sous plusieurs formes. La Directive n° 04/2005 et les CMP des Etats sous examen précisent qu'il peut être unitaire[594] tout comme il peut être forfaitaire[595], voire, une combinaison de deux formules. Le prix peut aussi être ferme[596] ou révisable[597].

Quelle que soit la formule employée, les CCAG doivent viser le prix, ne serait-ce qu'à titre indicatif. C'est pourquoi, les CMP s'intéressent, directement, aux modalités de son paiement. A ce sujet, les arts. 146 du Code nigérien et 93 du Code sénégalais disposent, dans les mêmes termes, que « *les marchés publics donnent lieu à des versements, soit à titre d'avances ou d'acomptes, soit à titre de règlement partiel définitif ou de solde, ...* ».

Trois modalités de paiement sont, ainsi, prévues. Elles peuvent être regroupées autour de deux axes à savoir les paiements provisoires ou partiels et les paiements définitifs.

L'identité de la formule employée et des modalités retenues par ces deux CMP ne doit pas occulter l'existence d'une certaine nuance, voire, une différence dans la mise en œuvre de ces techniques de règlement des marchés publics. L'idée est de montrer que, malgré la nuance, ces modalités sont aménagées au profit du bénéficiaire du marché et peuvent être exploitées à des fins de rationalisation de la dépense publique.

Pour mettre en relief une telle nuance, nous nous intéresserons au régime des paiements provisoires(**Paragraphe I**) avant d'insister sur le paiement définitif (**Paragraphe II**).

---

594 Le prix unitaire est celui qui est fixé pour un élément déterminé des fournitures, services ou travaux à réaliser et est appliqué aux quantités effectivement livrées ou exécutées desdits éléments, pour déterminer le montant à régler.

595 Le prix global forfaitaire est fixé en bloc et à l'avance pour des fournitures, prestations ou travaux complètement déterminés dans le marché.

596 Le prix est ferme lorsqu'il ne peut pas être modifié en cours d'exécution du marché à raison des variations des conditions économiques. Cette formule est envisagée en cas de marché de courte durée ou lorsque l'objet de la prestation est suffisamment maitrisé par les parties de telle sorte que le cocontractant soit à l'abri de tout aléa majeur.

597 Il est révisable lorsqu'il peut varier durant l'exécution du marché, en fonction des paramètres, expressément, prévus par la clause de révision du prix stipulée par le marché.

Paragraphe I : Un léger réaménagement du régime des paiements provisoires

Le paiement du prix d'un marché public passe par le décaissement d'une somme d'argent. En tant que tel, il constitue une dépense publique et s'inscrit dans le cadre général de l'exécution de la loi de finances. Celle-ci, on le sait, ne peut se faire qu'en conformité avec les règles de la comptabilité publique.

Ces règles exigent, du comptable public, l'accomplissement d'un certain nombre de contrôles avant tout décaissement. Le contrôle porte sur plusieurs aspects de la créance parmi lesquels figure la vérification de sa validité[598].

A cette fin, le droit de la comptabilité publique conditionne la validité de la créance à « *la justification du service fait résultant de l'attestation fournie par l'ordonnateur ou l'administrateur de crédits ainsi que des pièces justificatives produites* ».

L'analyse de cette formule indique que le paiement de la dépense publique est subordonné à la satisfaction de la règle du service fait, c'est-à-dire, à l'accomplissement complète de la tâche ou de l'activité pour laquelle le paiement est sollicité.

Rapportée au droit des marchés publics, cette règle exige l'exécution complète et totale de la prestation avant tout règlement de son prix. Elle exclue, par voie de conséquence, toute idée de paiement anticipé comme c'est le cas des avances et des acomptes. Cette interprétation pourrait s'appuyer sur l'idée selon laquelle, l'AC n'est pas le banquier du titulaire du marché. De ce fait, elle n'a pas à financer l'exécution du marché à travers le versement d'une avance ou d'un acompte d'autant plus que la prestation pourrait être considérée comme un tout indivisible.

Pourtant, malgré la pertinence de cette exigence du service fait, le droit des marchés publics a entendu adopter une attitude réaliste, en prévoyant des possibilités de paiement avant et après le début d'exécution de la prestation.

Cet assouplissement découle du constat selon lequel, l'interprétation et l'application rigoureuse de la règle risque de mettre l'AC dans une situation embarrassante : celle de ne pas trouver de partenaire ayant des disponibilités considérables lui permettant d'attendre trop longtemps alors même que l'exécution de la prestation aurait nécessité des investissements énormes.

Ainsi, c'est au regard des difficultés de trésorerie auxquelles pourraient se heurter les titulaires des marchés que les CMP ont envisagé deux hypothèses : celle du versement des acomptes (**B**) et celle dans laquelle, l'autorité procède au paiement des avances (**A**).

[598] Sur la vérification de cette exigence, cf. supra, pp. 279 et suivantes.

A. L’avance : un paiement anticipé au régime juridique variable

Le soumissionnaire qui se voit attribuer un marché public doit, avant de commencer son exécution, mobiliser des fonds nécessaires à l’acquisition des matériels et autres moyens. Il s’agit de l’aspect financement du marché par son titulaire[599]. Pour cela, il est souvent obligé à emprunter à des banquiers pour un long temps et à des taux intérêts souvent élevés. Dans ces conditions, G. Jèze se demande s’il faut attendre l’exécution partielle, c'est-à-dire, le paiement de l’acompte pour donner à l’entrepreneur le moyen financier de rembourser ses banquiers[600] ou même de s’approvisionner.

La réponse étant, évidemment, négative, le droit des marchés publics est organisé de telle sorte que l’AC puisse venir en aide aux titulaires des marchés afin de les mettre dans les dispositions de bien démarrer l’exécution de la prestation.

Il est vrai que la capacité financière fait partie des critères de sélection des candidats, mais, cela ne doit pas masquer la réalité selon laquelle, très souvent, les entreprises empruntent auprès des banques afin d’entretenir une solvabilité apparente.

Partant de ces considérations et au regard des difficultés qu’éprouvent certaines entreprises à accéder aux prêts bancaires, l’octroi de l’avance est présenté, par certains auteurs, comme un moyen de nature à donner un sens au principe d’égalité d’accès aux marchés entre les entreprises qui disposent d’une trésorerie suffisante pour démarrer l’exécution des prestations et celles qui n’en disposent pas[601]. C’est le cas des PME, dont la participation à la compétition initiale est encouragée par le nouveau droit. C’est pourquoi, l’on peut soutenir que l’AC qui consent à des bonnes conditions, en termes d’avances, contribue à élargir la concurrence car les entreprises sont garanties de pouvoir disposer de la trésorerie nécessaire au démarrage de l’exécution de la prestation.

Prenant en compte ces différents intérêts liés au versement d’une avance, l’art. 90 de la Directive n°04/2005 dispose que « *des avances de démarrage peuvent être accordées en raison des opérations préparatoires à l’exécution des travaux, fournitures ou services qui font l’objet du marché* ». L’article précise que le montant ne peut, en aucun cas, excéder trente pour cent (30%) du montant du marché initial. Aussi, cette avance doit- elle être *garantie* à concurrence de son montant et comptabilisée afin de s’assurer de son apurement.

Cette disposition généralise le versement des avances aux trois catégories de marché public (travaux, fournitures et services). Seulement, elle fait de ce versement, une simple faculté, soumise à la volonté des parties.

Le versement d’une avance ne doit pas être considéré comme un paiement au sens propre du terme. C’est pourquoi, la directive s’est employée à définir

---

599 Voir S. BRACONNIER, op.cit. p.49.

600 G. JEZE, op. Cit. *RDP* 1933, p. 574.

601 F. ALLAIRE, op. Cit. p.125.

des garanties et des modalités de son remboursement. C'est ainsi que son montant ne doit excéder 30% du montant du marché et que le contrat doit prévoir les modalités de son remboursement[602].

S'inspirant de cette disposition communautaire, les CMP du Niger et du Sénégal ont posé les exigences à satisfaire avant de bénéficier du versement d'une avance (**1**) en même temps que les garanties de son remboursement (**2**).

1. Les exigences préalables au versement d'une avance

En matière de paiement d'un marché public, le principe veut que celui-ci intervient au fur et à mesure de son exécution ou à la réception définitive de la prestation. Mais, il a été montré que quelle que soit la périodicité des règlements, le titulaire du marché peut avoir à engager des frais en équipement ou en ingénierie avant le début de l'exécution. C'est cette réalité qui a poussé les CMP à prévoir la possibilité de lui verser une avance.

Elle est présentée comme une technique de préfinancement du marché et constitue de ce fait, un mécanisme dérogatoire à la règle de service fait dans la mesure où elle est, totalement, indépendante des prestations. C'est cette atteinte à la règle du service fait qui explique, sans doute, l'institution des exigences à satisfaire avant d'en bénéficier aussi bien au Niger qu'au Sénégal.

Notons, au passage, que le régime de ces exigences est légèrement différent d'un Etat à un autre.

Au Niger, l'art.147 du CMP dispose que « *des avances peuvent être accordées en raison des opérations préparatoires à l'exécution des travaux, fournitures ou services qui font l'objet d'un marché et lorsque la durée de ces prestations est égale ou supérieure à trois (3) mois* »[603]. Quatre constats se dégagent de la lecture de ces dispositions :

En premier lieu, l'avance est versée en vue d'aider le titulaire du marché à préparer son exécution. De ce fait, la formule est en phase avec la théorie générale qui présente cette technique de paiement anticipé comme un moyen permettant de mettre le titulaire du marché à l'abri des caprices des banques.

En deuxième lieu, la formule employée montre que le versement d'une avance est facultatif. Elle ne constitue nullement un droit. Il faut, dès lors, qu'elle soit prévue dans le contrat.

En troisième lieu, le versement d'une avance concerne toutes les catégories des prestations, c'est-à-dire, les travaux, les fournitures et les services et ce, quel

---

602 En tous les cas, le texte précise que l'avance se rembourse par retenue sur les sommes dues au titulaire à titre d'acompte ou de solde. En d'autres termes, le montant de l'avance est déduit du montant de l'acompte ou du solde, selon le cas et modalités prévues par le marché.

603 Il s'agit d'une reprise partielle de l'art. 98 de l'ancien code qui dispose que « *les avances peuvent être accordées en raison des opérations préparatoires à l'exécution des travaux, fournitures ou services qui font l'objet du marché* ». La reprise est partielle parce qu'en dehors de la généralisation, l'on se rend compte que le nouveau CMP lie le versement d'une avance à la durée du marché ce qui n'était pas le cas de l'ancien code.

que soit le mode de passation du marché. Cette généralisation se justifie car chacune de ces prestations peut nécessiter des dépenses préalables pour la couverture desquelles le concours de l'AC est souhaitable.

En quatrième lieu, et c'est à ce niveau que la rupture est perceptible entre l'ancien et le nouveau CMP du Niger. Dans le nouveau CMP, il est tenu compte de la durée du marché, ce qui n'était pas le cas dans l'ancien CMP. Ainsi, dans le nouveau, le versement d'une avance n'est envisageable que si la durée du marché est supérieure ou égale à trois (3) mois. Cette exigence de durée qui constitue un recul par rapport à l'ancien Code est critiquable. En effet, si la philosophie de base du versement de l'avance est de permettre au titulaire du marché de surmonter les difficultés liées au financement de celui-ci, force est d'admettre qu'il est incohérent d'établir un lien entre ce financement et une durée. En pratique, l'importance des montants financiers à mobiliser peut être sans lien avec la durée d'exécution du marché de telle sorte qu'un marché d'une durée de deux (2) mois peut nécessiter plus de moyens qu'un marché de dix (10) mois. C'est pourquoi, dans l'ancien Code, aucune référence à un délai d'exécution n'a été mentionnée.

L'idée est, certes, de ne pas faire attendre le titulaire du marché trop longtemps avant qu'il ne commence à jouir des retombées de son contrat, mais la logique voudrait à ce que les parties soient libres de prévoir le versement d'une avance quelle que soit la durée de son exécution. C'est pourquoi, il est beaucoup plus pertinent de lier le versement de l'avance au montant du marché et à l'importance de l'investissement préalable.

En tous les cas, l'art. 147 du nouveau Code avertit que « *le démarrage des prestations ne doit en aucun cas être conditionné par le paiement de cette avance* ». Cette précision n'existait pas non plus dans l'ancien Code. C'est pourquoi, il a été donné de constater que les titulaires du marché attendaient jusqu'à ce que l'avance leur soit versée pour démarrer l'exécution du marché. C'est, certainement, pour mettre fin à cette pratique que le nouveau CMP a entendu dissocier, formellement, le versement de l'avance et le début d'exécution du marché.

Cette précision apportée par le nouveau CMP est d'ordre pédagogique et s'analyse comme un éclaircissement à la formule employée par l'art.90 de la Directive n°04/2005 qui évoque l'avance de démarrage. L'interprétation de cette formule peut pousser à conclure que le démarrage de la prestation est conditionné par le versement de l'avance.

Pourtant, dans la pratique des retards enregistrés dans l'exécution de certains marchés sont justifiés par le retard accusé, par les AC, dans le versement de l'avance de démarrage.

Au Sénégal, et contrairement au Niger, deux types d'avance sont prévus par le nouveau CMP. Il s'agit, des avances accordées en raison des dépenses engagées prévues aux articles 94, 95 et 96 du CMP et de l'avance forfaitaire de démarrage prévue à l'art.97 du même Code.

Comme en droit nigérien, les arts. 4 et 97 du Code précisent que le versement de ces deux types d'avance est facultatif. Il dépend de la volonté des parties et couvre toutes les catégories des marchés, quel que soit le mode de passation envisagé.

La différence entre les deux CMP se situe, non seulement, au niveau de l'existence de deux types d'avance mais également dans la définition des cas d'ouverture de leur versement.

Au sujet de la première forme d'avance, c'est-à-dire, celle justifiée par l'engagement des dépenses, l'art. 95 du CMP prévoit cinq (5) situations différentes qui ouvrent la possibilité de la verser. A ce niveau, aucune innovation, car il s'agit d'une reprise des arts 104, 105, 106 et 107 de l'ancien CMP

La première situation est celle dans laquelle le titulaire du marché doit justifier que la prestation à exécuter nécessite, soit la réalisation d'installations ; soit l'achat, la commande ou la fabrication, par lui-même, de matériels, machines ou outillages importants.

La deuxième situation est relative aux marchés de travaux. Dans ce cas, l'avance n'est possible que lorsque les travaux, en question, nécessitent l'emploi sur le chantier d'engins lourds. Cette notion renvoie aux « *matériels dont le titulaire du marché ne disposait pas dans l'Etat du Sénégal au jour de l'approbation du marché...* ».

Le troisième cas est celui dans lequel, le titulaire du marché a justifié de la conclusion d'un contrat d'achat ou d'une commande d'approvisionnement en matériaux, matières premières, ou autres biens destinés à entrer dans la composition de travaux ou de fournitures qui font l'objet du marché.

La quatrième hypothèse est celle dans laquelle, il sera demandé au titulaire du marché qui en fait la demande, d'apporter la justification de l'obligation de faire des dépenses préalables telles que les achats de brevets, les frais d'études, les frais de transport nécessités par l'exécution du marché.

La cinquième et dernière situation de nature à justifier le versement d'une avance se présente lorsque le titulaire du marché est chargé d'acquérir, pour le compte de l'AC, soit des matériels, machines, outillages et équipements industriels ; soit des matériaux, matières premières ou objets fabriqués. Dans ce dernier cas, les avances peuvent être versées, préalablement au paiement effectif de ces dépenses, dès la conclusion du contrat d'achat ou de commande.

Cette énumération limitative et précise des cas d'ouverture du versement de l'avance tranche avec la sobriété du législateur nigérien qui a préféré reprendre la formule laconique de l'art.90 de la Directive n°04/2005. De ce fait, au Niger, il appartient aux AC de définir, au cas par cas, les hypothèses dans lesquelles elles peuvent accorder des avances. En conséquence, les AC nigériennes ont toute la liberté de définir ces cas, parce qu'aucune disposition du CMP ne procède à leur énumération comme c'est le cas en droit sénégalais.

Pourtant, une telle énumération, même si elle restreint les marges de manœuvres des parties, a le mérite de les responsabiliser. Du côté du titulaire du marché, il a l'obligation de justifier et de convaincre la PRM sur la nécessité d'obtenir le paiement de l'avance. Il doit, par exemple, apporter la preuve de la nature et du montant des dépenses engagées afin de permettre à la PRM d'apprécier et de voir si la demande cadre avec les hypothèses prévues par le CMP. Du côté de la PRM, elle a la responsabilité d'apprécier la pertinence de la demande, la nécessité de soutenir financièrement le titulaire du marché et de décider d'accorder ou de ne pas accorder l'avance puisque le CMP fait de son versement une simple faculté.

Quant à la deuxième forme d'avance, c'est-à-dire, l'avance forfaitaire de démarrage prévue à l'art.97 du CMP, son versement est aussi facultatif. Elle s'inspire de l'avance de démarrage prévue à l'art.109 de l'ancien Code[604]. Elle suppose une demande écrite adressée par le titulaire du marché à l'AC. En dehors de l'envoi d'une demande et de la constitution de la garantie correspondante, le CMP ne précise pas les hypothèses dans lesquelles, il est pertinent de verser cette forme d'avance.

Cependant, en attendant une clarification jurisprudentielle, la formule employée semble conditionner le démarrage de la prestation au versement de l'avance forfaitaire.

Au total, il ressort de la présentation de ces dispositions que la prudence et la précision caractérisent la définition des exigences et conditions liées au versement d'une avance.

Ces préalables s'inscrivent dans la logique de recherche de garanties en vue de sécuriser cette modalité particulière de financement du marché.

2. Les garanties liées à l'octroi d'une avance

En acceptant de préfinancer l'exécution de la prestation, l'AC se comporte comme le banquier du titulaire du marché en lui consentant une sorte de prêt. A défaut de ce soutien, on le sait, le titulaire du marché serait obligé de se tourner vers les banques afin d'obtenir des fonds, lui permettant de démarrer l'exécution du marché dans des bonnes conditions.

Activité, hautement risquée, les banques exigent, en sus des intérêts, des sérieuses garanties préalablement à tout décaissement. L'idée de fond est, non seulement, de se mettre à l'abri de toute défaillance de l'emprunteur mais aussi de fructifier le fonds mis à sa disposition.

Ainsi, si le versement d'une avance s'apparente à l'octroi d'un prêt au titulaire du marché[605], l'AC prend les mêmes risques que les banquiers car, il

---

[604] L'art.109 de l'ancien code de 2002 dispose en effet qu' « une avance de démarrage pour permettre au titulaire du marché de faire face aux charges entrainées par la réalisation de l'une des opérations préparatoires à l'exécution des....elle ne peut excéder 15% du montant initial. Elle est versée à partir de la conclusion du marché, en fonction de charges du titulaire telles qu'elles sont prévues par celui-ci et vérifiée par l'AC ».

[605] Dans ce domaine, le rapprochement entre l'Etat et les banques est évoqué par la doctrine. Sur la forme, l'Etat se comporte comme une banque en octroyant des prêts au titulaire du marché. L'un des théoriciens du droit des contrats administratifs, en l'occurrence, G.

décaisse une fraction du montant du marché préalablement à toute prestation. Ce risque est réel car, en cas de défaillance du titulaire du marché, il lui serait très difficile de récupérer le montant ainsi avancé. C'est pourquoi, même si le versement d'une avance n'est assorti d'aucun intérêt, comme c'est le cas chez les banquiers, les CMP s'emploient à prévoir différentes mesures de précautions et garanties. L'idée est, comme en ce qui concerne les banquiers, de parvenir à récupérer le montant avancé.

C'est ainsi qu'en droit nigérien, il est écrit à l'art.147 al.2 du CMP que « *le montant total des avances accordées au titre d'un marché déterminé ne peut en aucun cas excéder trente pour cent (30%) du montant du marché initial. Cette somme doit être garantie à concurrence de leur montant* »[606]. L'art. 148 du même Code ajoute que « *les avances...doivent être comptabilisées par les services contractants, afin que soit suivi leur apurement* ». L'art.149 pousse la logique en disposant que « *les avances sont remboursées à un rythme fixé par le marché, par retenue sur les sommes dues au titulaire à titre d'acompte ou de solde* ».

En droit sénégalais, les mesures de prudence et de garanties varient en fonction du type d'avance. Concernant les avances consenties en raison des dépenses engagées, c'est l'art.94 al.3 du CMP qui annonce la série de garanties en précisant que « *les avances sont versées sur production des justifications de débours contrôlées par l'Autorité contractante et contre remise d'une garantie de restitution d'égal montant* ». L'al.4 de cet article fixe le plafond de l'avance à « *60% du montant initial du marché* ». En plus de ce plafond général et qui concerne les avances en raison des dépenses engagées, l'art. 95 du CMP prévoit des plafonds spécifiques pour chaque catégorie d'avances.

C'est ainsi que pour l'avance au titre d'un marché qui justifie, soit la réalisation d'installation, soit l'achat, la commande ou la fabrication par le titulaire de matériels, machines ou outillages importants, le montant de l'avance ne peut ni excéder le montant de ces dépenses ni 40% du montant initial du marché. Pour les marchés de travaux nécessitant l'emploi d'engins lourds, le montant de l'avance ne peut excéder ni 60% de la valeur vénale des matériels employés sur le chantier ni 30% du montant initial du marché. Concernant le marché justifiant la conclusion d'un contrat d'achat ou d'une commande d'approvisionnement en matériaux, matières premières, ou autres biens destinés à entrer dans la composition des travaux ou des fournitures qui font l'objet du

---

JEZE insiste sur la notion de l'Etat banquier (G. JEZE, article précité, RDP 1933, p. 576). C'est sur le fond que l'Etat se démarque nettement des banques. Au moment où ces dernières cherchent à fructifier le fond mis à la disposition de l'emprunteur, l'Etat cherche de son coté à mettre le titulaire du marché dans des conditions lui permettant de bien exécuter le marché. L'Etat ne cherche pas à spéculer comme c'est le cas des banques dont l'activité principale est ce que l'on appelle le commerce de l'argent.

[606] Cette disposition n'introduit aucun changement, car déjà, à l'art.98 de l'ancien code de 2002, il était écrit que le montant de l'avance au titre d'un marché en peut en aucun cas excéder 30% de son montant.

marché, le montant des avances ne peut excéder 50% du montant du contrat d'achat ou de la commande considérée.

Dans le cas où le titulaire du marché est chargé d'acquérir, pour le compte de l'AC, certains matériels et outils, le montant des avances ne peut excéder 60% du montant des dépenses se rapportant au contrat d'achat ou à la commande considérée.

L'art. 96 du CMP insiste sur le fait que les avances consenties au titre de ces différentes dépenses doivent être suivies dans la comptabilité des services contractants jusqu'à apurement. Elles sont remboursées à un rythme fixé par le marché par déduction sur les sommes dues ultérieurement au titulaire à titre d'acompte ou de solde.

A propos des avances forfaitaires de démarrage, l'art. 97 du CMP évoque l'existence d'une garantie qui doit accompagner la demande de son paiement. Son al.2 souligne que son montant ne peut excéder 20% du montant du marché[607]. Son remboursement est effectué par déduction sur les sommes dues au titulaire, selon les modalités prévues par le marché.

La lecture et la confrontation de ces différentes dispositions ainsi rappelées inspirent quelques observations :

En premier lieu, les rédacteurs de deux CMP ont fixé un seuil à ne pas dépasser dès lors qu'il est envisagé la possibilité de recourir au versement d'une avance. L'idée de fond est que les AC doivent éviter de tout payer ou de procéder à un paiement substantiel préalablement au démarrage de la prestation. Il s'agit d'une mesure de prudence qui ne s'oppose pas au principe de verser l'avance mais qui insiste sur un plafond à ne pas dépasser. En payant l'intégralité du montant du marché, en amont, l'AC risque de démotiver son cocontractant puisqu'il n'y aurait aucun enjeu financier et s'exposerait, par voie de conséquence, à une mauvaise exécution de la prestation. Seulement, il faut se rendre à l'évidence que la définition de ce seuil est différemment envisagée par les deux Etats. En effet, au moment où le Code nigérien fixe un seuil unique de 30% du montant initial du marché, quel que soit le motif à l'origine de la demande du versement de l'avance, le Code sénégalais a choisi de consacrer un seuil général et des seuils spécifiques de 40%, 50%, 20% à côté de la formule selon laquelle le montant de l'avance ne doit, en aucun cas, dépasser le montant de la dépense envisagée.

Cette démarche du rédacteur du Code nigérien indique, clairement, sa volonté de ne pas aller au-delà des prescriptions de l'art.90 de la Directive n°04/2005 qui plafonne le seuil de l'avance à 30% du montant initial du marché. En même temps, ce mimétisme cache mal le manque d'effort imputable au concepteur du Code nigérien. En effet, les situations qui justifient le versement d'une avance sont, naturellement, diverses. Dans ce cas, il pourrait, certes,

---

[607] A ce sujet aussi, le rédacteur du nouveau code est plus généreux que le rédacteur de l'ancien code. En effet, l'art.109 de celui-ci plafonne le montant de l'avance à 15% du montant du marché et précise qu'elle peut être versée dès la conclusion du marché.

s'inspirer du seuil communautaire mais essayer d'apporter des précisons sur les différentes situations de nature à fonder la décision de la PRM. Cette précision aurait l'avantage de ne pas conditionner le démarrage de la prestation au versement de l'avance et de mettre la PRM à l'abri des demandes intempestives de la part des titulaires du marché.

C'est certainement ces différentes préoccupations qui ont poussé, le rédacteur du Code sénégalais à prévoir, en plus du seuil général plafond de 60%, des seuils spécifiques[608]. Notons, tout de même, que le rédacteur du Code sénégalais s'est montré très généreux vis-à-vis des titulaires du marché qui ont la possibilité d'accéder, bien avant le début de l'exécution de la prestation, à au moins 50% du montant du marché. C'est un paiement substantiel ; ce qui pourrait exposer la PRM à bien de déboires en cas de défaillance du titulaire, nonobstant, l'existence d'une garantie de remboursement et de bonne exécution.

En deuxième lieu, les deux CMP mentionnent l'existence d'une garantie de restitution d'un montant égal à celui de l'avance consentie. Par cette formule, il est entendu que le titulaire du marché doit, au moment de percevoir le montant de l'avance, consigner une garantie de remboursement dont le montant doit être, au moins, égal à celui de l'avance. Concrètement, le titulaire du marché doit, en sus de la garantie de bonne exécution, déposer une autre garantie dès lorsqu'il souhaite bénéficier d'une avance. La nature de cette garantie n'étant pas précisée, l'on peut estimer que tout bien ou toute valeur peut être admise, dès lors qu'après évaluation, l'on se rend compte que sa valeur financière est, au moins, égale au montant de l'avance.

Il s'agit d'une mesure de précaution qui s'ajoute à la fixation du seuil à ne pas dépasser. L'idée est de parvenir à récupérer le montant avancé quelles que soient par ailleurs les circonstances dans lesquelles le marché se dénouerait.

En troisième lieu, il est exigé des services compétents des AC de comptabiliser les avances consenties. Il s'agit de consigner dans les documents comptables le montant des avances consenties à chacun des prestataires afin de faciliter la traçabilité de la dépense ainsi que son apurement effectif. Celui-ci se fait par retenue sur les sommes dues au titulaire à titre d'acompte ou de solde. En d'autres termes, préalablement au paiement du montant de l'acompte ou du solde, l'AC doit veiller à y déduire le montant des avances.

Au total et au vu de ces différentes mesures de précaution, il n'est pas excessif de soutenir que l'atteinte à la règle du service fait dont on évoque à propos de l'avance n'est que partielle. Il y a, certes, atteinte parce que le paiement est intervenu avant toute prestation, mais une atteinte partielle au regard des possibilités juridiques permettant à l'AC de récupérer le montant avancé.

[608] La formule employée par l'ancien code est beaucoup plus complexe. En effet, l'art. 103 de code fixe le minimal et le maximal. Autrement dit, le texte précise que le montant cumulé doit atteindre au moins 10% du montant initial du marché mais tout en ne dépassant pas 60% du même montant.

Au fond, si la logique de l'avance est de permettre au titulaire du marché de bien démarrer l'exécution du marché, tel n'est pas le cas de l'acompte dont la finalité immédiate est de réduire le délai d'attente du paiement.

B. Le versement de l'acompte : un droit conditionné dans les deux Etats

Techniquement, la dette publique est arrêtée après l'établissement du décompte général et définitif portant sur les prestations réalisées. Toutefois, lorsque l'exécution de la prestation s'étale sur une période relativement longue et nécessite des investissements assez lourds, le titulaire du marché risque d'épuiser toutes ses économies et se retrouver dans l'impossibilité de poursuivre correctement la prestation. C'est pourquoi, le droit des marchés publics prévoit des décomptes périodiques et partiels qui génèreraient le paiement des acomptes dont le montant est retranché du décompte général[609].

Cette technique de paiement a toujours existé dans le droit positif des Etats sous examen[610] et que le procédé est solidement ancré dans la pratique de ces Etats.

Mais dans sa logique d'harmonisation et de généralisation des mêmes procédures de passation et d'exécution des marchés publics, la Directive n° 04/2005 prévoit à son art. 91 que « *les prestations qui ont donné lieu à un commencement d'exécution du marché ouvrent droit au versement d'acomptes* ».

Au sujet de son montant, la disposition visée précise qu'il « *ne doit pas excéder la valeur des prestations auxquelles ils se rapportent, une fois déduites, le cas échéant, les sommes nécessaires au remboursement des avances* ».

A travers cette formule, la Directive reprend les exigences et les modalités du versement de l'acompte telles qu'elles étaient organisées dans les deux Etats.

---

609 Si à travers le versement d'une avance l'AC se comporte comme le banquier du titulaire du marché, tel n'est pas le cas de l'acompte. Ce dernier est considéré, en effet, comme un paiement partiel et en tant que tel, il nécessite un début d'exécution de la prestation. A travers le versement de l'avance, l'idée est de mettre le titulaire du marché dans les dispositions de bien démarrer alors qu'à travers le versement d'un acompte le souci est d'écourter le temps d'attente.

610 Au Sénégal, l'art 111 de l'ancien CMP de 2002 disposait que « *tout titulaire d'un marché prévoyant un délai d'exécution supérieur à 3 mois est en droit d'obtenir des acomptes suivant les modalités fixées par le marché (...)* ». L'art 112 du même code ajoutait que « *le montant d'aucun acompte ne doit excéder la valeur des prestations appréciée selon les termes du contrat (...)* ». En droit nigérien, c'est l'art 101 de l'ancien code de 2002 qui disposait que « *les prestations qui ont donné lieu à un commencement d'exécution du marché ouvrent droit au versement d'acomptes, à l'exception des marchés prévoyant un délai d'exécution inferieur à trois mois pour lesquels le versement d'acomptes est facultatif* ». A l'art 102 du même code, il était écrit que « *le montant des acomptes ne doit excéder la valeur des prestations auxquelles ils rapportent une fois déduites, les sommes nécessaires au remboursement des avances, le cas échéant* ».

Toutefois, elle supprime la référence au délai d'exécution qui était d'au moins trois (3) mois. Selon, la directive, il n'est pas nécessaire de se référer à un délai d'exécution pour verser un acompte. Il faut et il suffit, simplement, qu'il ait un début d'exécution de la prestation. L'idée est de protéger les intérêts des titulaires du marché.

Mais la pratique ayant la vie dure, il faut remarquer qu'elle a résisté à l'assaut des exigences communautaires. C'est pourquoi, dans les nouveaux CMP, l'on se rend compte que les Etats ont maintenu leurs préoccupations dans la définition du régime juridique de l'acompte (**1**) dont le paiement est conforme aux exigences de la règle du service fait (**2**).

1. Une dualité du régime juridique de l'acompte

L'avance et l'acompte sont toujours présentés comme des paiements anticipés. Mais il faut noter que leur régime juridique se distingue.

En effet, si le début d'exécution conditionne le versement d'un acompte, il a été montré que le versement d'une avance vise l'objectif de permettre au titulaire du marché de bien démarrer.

C'est dans le souci de bien fixer ce régime juridique de l'acompte que l'art. 98 du CMP du Sénégal dispose que « *les prestations qui ont donné lieu à un commencement du marché ouvrent droit à des acomptes à condition que le marché prévoit un délai d'exécution supérieur à 3 mois* ». L'art. 150 du CMP du Niger dispose, de son côté aussi, que « *les prestations qui ont donné lieu à un commencement d'exécution du marché ouvrent droit au versement d'acompte, à l'exception des marchés prévoyant un délai d'exécution inférieur à 3 mois pour lesquels le versement d'acompte est facultatif* ».

Le rapprochement de ces deux dispositions et leur confrontation avec les anciens CMP et l'art. 91 de la Directive n°04/2005 inspirent quelques observations.

En premier lieu, les Etats n'ont pas entendu se démarquer de leur logique traditionnelle dans la définition du régime juridique de l'acompte. Par conséquent, malgré la suppression de la référence au délai d'exécution dans la Directive n° 04/2005, les arts 98 du code sénégalais et 150 du code nigérien ont choisi de reconduire la formule des anciens CMP et de maintenir le délai d'exécution qui doit être d'au moins trois (3) mois pour justifier le versement d'un acompte.

Pourtant, la logique du droit communautaire voudrait à ce que l'acompte soit versé dès qu'il y a un début d'exécution de la prestation car la durée d'exécution du marché n'a aucune pertinence aux yeux du législateur communautaire. Celui-ci s'inscrit, sans doute, dans l'esprit des paiements anticipés qui visent à privilégier les intérêts des titulaires du marché. En effet, trois objectifs, au moins, sont poursuivis à travers le paiement d'un acompte :

D'abord, l'idée est de ne pas faire attendre le titulaire du marché, trop long, avant de lui permettre d'accéder aux retombées financières de son marché.

Ensuite, l'acompte vise à combler les difficultés de trésorerie auxquelles sont confrontées certaines entreprises notamment les PME. En effet, dans certains marchés à exécution successive, l'approvisionnement se fait au fur et à mesure de l'entrée de fonds.

Enfin, le procédé de l'acompte vise, certainement, à corriger le caractère facultatif de l'avance. En effet, si la PRM est en droit de refuser le versement d'une avance, le CMP lui fait obligation de verser un acompte dès lors que la durée d'exécution du marché dépasse trois mois.

En deuxième lieu, le versement de l'acompte nécessite un commencement d'exécution du marché. Cette précision, qui du reste évidente, met en relief la nette différence qui existe entre le versement d'une avance et le paiement d'un acompte. Il suffit qu'il ait un début d'exécution constatable pour que l'acompte devienne un droit. La PRM doit, dès lors, redoubler de vigilance afin de vérifier la matérialité de cette exécution avant d'autoriser tout paiement au titre de l'acompte.

En troisième lieu, les articles 98 du Code sénégalais et 150 du Code nigérien réaffirment leur fidélité aux anciens CMP et désavouent l'art. 91 de la Directive en établissant un lien étroit entre la durée d'exécution du marché et le versement de l'acompte. L'idée est que l'exécution du marché doit s'étaler sur une certaine période afin qu'elle ouvre droit au versement de l'acompte. La référence à cette durée permet de distinguer deux catégories d'acompte, formellement, consacrées en droit nigérien mais, implicitement, évoquées dans le code sénégalais.

L'art. 98 du code sénégalais dispose, en effet, que « *les prestations (...) ouvrent droit à des acomptes à condition que le marché prévoit un délai d'exécution supérieur à trois mois* ». De ce texte, il apparait, sans ambigüité, que le versement d'un acompte est de droit dès lors que la durée d'exécution du marché dépasse trois (3) mois. Par conséquent, il n'a pas besoin d'être prévu au marché. Mais qu'en est-il lorsque la durée de cette exécution est inférieure à trois mois ?

Face au silence du Code sénégalais, l'on peut estimer qu'il est possible aux parties de prévoir le versement d'un acompte. Dans ce cas, il revêtirait un caractère facultatif.

L'art. 150 du code nigérien écarte, quant à lui, toute ambigüité en prévoyant, expressément, l'acompte obligatoire et l'acompte facultatif. Il dispose, à cet effet, que « *les prestations (...) ouvrent droit au versement d'acomptes, à l'exception des marchés prévoyant un délai d'exécution inférieur à 3 mois pour lesquels le versement est facultatif* ». Deux types d'acomptes sont ainsi prévus en fonction de la durée d'exécution du marché.

Mais, quelle que soit la formule employée, il apparait quele paiement de l'acompte nécessite un début d'exécution du marché, toute chose qui met ce paiement provisoire en conformité, apparente, avec les règles de la comptabilité publique.

2. Un paiement en apparente conformité avec les règles de la comptabilité publique

Préalablement au versement de tout acompte, il doit être apporté la preuve du commencement d'exécution de la prestation et que le montant de cet acompte soit proportionnel à l'état d'exécution du marché. Ces idées qui apparaissent dans tout régime juridique de l'acompte ont été reprises par les CMP.

Ainsi, il est écrit à l'art. 99 du Code sénégalais et à l'art. 151 du Code nigérien que « *le montant d'un acompte ne doit pas excéder la valeur des prestations auxquelles il se rapporte, une fois déduites les sommes nécessaires au remboursement des avances, le cas échéant* ».

A travers ce souci de faire correspondre le montant de l'acompte à l'état d'exécution de la prestation, il apparait les préoccupations liées au respect des règles de la comptabilité publique. Pour ces règles, tout paiement suppose une dette et en la matière, il n'y a de dette, à la charge de la personne publique, que lorsqu'il y a une prestation, réellement, exécutée ne serait-ce qu'en partie.

La philosophie de base du régime de l'acompte est assez simple. La prestation donnant lieu au paiement partiel n'est pas considérée comme un tout indivisible, c'est-à-dire, une prestation unique ne pouvant être payée qu'après son exécution complète. Elle est plutôt envisagée comme un ensemble des prestations partielles, pouvant être payées, une à une, dès que chacune est terminée.

La PRM constate, ainsi, au fur et à mesure de l'avancement des travaux ou la fourniture des produits et si la fraction justifiant le paiement de l'acompte est accomplie, elle l'autorise.

A ce sujet, Gaston Jèze fait constater que du point de vue juridique il est certain que la prestation n'est pas terminée au nom du principe de l'indivisibilité juridique de l'ouvrage par exemple. Mais du point de vue de la comptabilité publique, l'éminent juriste français précise qu'il est permis de diviser l'ouvrage en parties. De ce fait, le paiement d'une partie de la prestation est conforme à la règle du service fait. En effet, le motif de cette règle financière est « *de ne pas laisser sortir les fonds des caisses que s'il y a une contreprestation équivalente sur la justification sérieuse d'un service réellement effectué* »[611]. Il faut, et il suffit, que le paiement effectué ne dépasse pas la valeur de la partie exécutée du travail. Gaston Jèze conclut à ce sujet que pour cette partie exécutée, il y a service fait[612].

Au regard de ces différentes idées, l'on peut retenir que « *l'acompte est le paiement non définitif, par la personne publique, d'une partie des prestations du marché à celui qui les a réalisées* »[613]. Son montant ne doit pas dépasser la valeur de la prestation accomplie. Au moment de l'établissement du décompte

---

611 G. JEZE, op. cit, p.575.

612 *Ibid*, p. 575.

613 *Ibid*, p. 282.

général, le montant de l'acompte est déduit dans la perspective de calcul du solde définitif.

Au total, l'acompte qui s'analyse comme un paiement partiel se justifie au regard du droit de la comptabilité publique. L'on peut, par voie de conséquence, conclure à l'existence d'un paiement partiel pour un service partiellement fait.

Si ce paiement est, ainsi, admissible en théorie, il convient de prendre un peu de recul afin de relativiser sa pertinence pratique, notamment, du côté de l'AC. En effet, selon la logique, précédemment exposée, le paiement va intervenir au fur et à mesure de l'exécution de la prestation sans attendre sa finalisation complète. Mais, à y regarder de près, cette technique de paiement peut exposer l'AC à bien de mésaventures. En effet, étant payé en temps réel, c'est-à-dire, après l'accomplissement de chaque fraction de la prestation, le titulaire du marché peut, à tout moment, abandonner l'exécution du marché d'autant que l'AC ne lui doit pas grand-chose.

Si dans les marchés de fournitures, les inconvénients de l'abandon sont moins graves[614], tel n'est pas le cas, d'un marché de construction d'un bâtiment, par exemple. Le titulaire de ce marché peut être payé au fur et à mesure de telle sorte qu'après la fondation ou l'érection du mur, il puisse recevoir le versement d'un acompte équivalent. En cas d'abandon, quelle est la pertinence, pour l'AC, de considérer la fondation ou le mur comme une partie de la prestation susceptible de faire l'objet du versement d'un acompte ? L'on a, certes, payé une partie de la prestation mais quel est son intérêt lorsque le titulaire du marché se trouve dans l'impossibilité, crée sciemment ou imposée par certaines circonstances, de continuer les travaux ? En tous les cas, la rationalisation et la recherche de la qualité de la dépense publique voulues par le nouveau droit des marchés publics peuvent être, sérieusement, menacées par cette situation.

Ce scepticisme ne vise pas à nier la pertinence de l'acompte dans son principe. Simplement, il nous a été donné de constater, lors de nos investigations, l'existence de beaucoup de chantiers abandonnés, notamment, au Niger. Après vérification, l'on s'est rendu compte que certains de ces bâtiments sont à 1/3, voire, à 2/3 de leur exécution mais abandonnés. Ils sont pour la plupart en état de délabrement avancé. Le drame en termes de recherche de l'efficacité de la dépense est que les titulaires de ces marchés ont perçu leur acompte et que les ouvrages, partiellement, réalisés ne serviront que de refuges aux délinquants ou aux animaux.

Malgré ces impairs face auxquels il faut redoubler de vigilance, le paiement de l'acompte ou de l'avance reste au stade de paiement provisoire.

C'est dans cette perspective que la Directive n° 04/2005 et par la suite les deux CMP insistent sur le fait que « les *règlements d'avance et d'acompte n'ont pas le caractère de paiements définitifs ; leur bénéficiaire en est débiteur*

---

[614] L'inconvénient est réel à ce sujet aussi, car l'AC sera obligé de reprendre la procédure afin de trouver un partenaire qui va poursuivre l'exécution du marché abandonné.

jusqu'au règlement final du marché ou lorsque le marché le prévoit jusqu'au règlement partiel définitif ».

Paragraphe II : Une quasi reconduction du régime juridique des paiements définitifs

Il est unanimement admis que les relations financières entre l'AC et le titulaire du marché se résument, pour l'essentiel, au paiement du prix. Il manifeste, lorsqu'il est soldé, la fin des relations contractuelles.

En la matière, un principe essentiel affirme que ce paiement ne peut intervenir qu'après la réception des prestations, laquelle permet l'établissement du décompte général et définitif. En effet, en dehors du versement de l'avance, le point de départ de toute idée de paiement est la réalisation ou l'accomplissement de la prestation pour laquelle le paiement est demandé. Celle-ci se présente comme la contrepartie du paiement et constitue, au fond, l'obligation du titulaire du marché telle qu'elle découle des termes du contrat.

L'analyse de la Directive n° 04/2005 et les CMP des Etats sous examen indique que cette obligation doit être dûment constatée (**A**). Ce n'est qu'après sa constatation que va commencer à courir le délai de paiement (**B**).

A. Une indispensable constatation de la contreprestation

Dans les relations financières entre deux personnes, le droit commun a toujours défendu la règle selon laquelle tout paiement suppose une dette et tout ce qui a été payé sans être dû est sujet à restitution[615].

Cette règle de bon sens irrigue tout le droit de la comptabilité publique qui s'en est inspiré pour concevoir la règle du service fait. Cette pièce maitresse du droit public financier[616] interdit le paiement des dépenses publiques avant que le bénéficiaire ait exécuté les prestations qui en sont les contreparties.

La règle générale n'épargne aucune catégorie de dépense publique[617].

---

615 Sur cette question, voir, F. TERRE, P. SIMLER et Y. LEQUETTE, *Les obligations*, Paris, 7e Edition DALLOZ 1999, p. 888.

616 P. AMSELEK, op. cit, p.421.

617 C'est ainsi qu'on retrouve à l'art. 155 de l'ancien Code nigérien de 2002 que « *les opérations effectuées par le titulaire d'un marché qui donnent lieu (...) à paiement pour solde doivent être dûment constatées par un écrit dressé par le représentant de l'AC ou accepté par elle* ».
Cette exigence n'apparaissait pas, expressément, dans l'ancien code sénégalais de 2002. En effet, son art. 114 disposait, simplement, que « *le règlement pour solde a pour objet le versement au titulaire des sommes dues au titres de l'exécution normale des prestations, objet du marché sous déduction des versements effectués à titre d'acomptes et d'avance de toute nature non encore récupérés par l'AC* ». C'est plutôt à travers l'expression « exécution normale des prestations » qu'il faut déduire l'exigence de constatation de la prestation.

La réforme du droit des marchés publics étant globale, la Directive n° 04/2005 est intervenue pour souligner, à son art 92 al. 2, que « *les opérations effectuées par le titulaire d'un marché qui donnent lieu (...) à un paiement pour solde doivent être constatées par un écrit dressé par le représentant de l'AC ou accepté par elle*».Si cette formule retenue par le droit communautaire n'est qu'une simple reprise de l'art. 155 de l'ancien code nigérien, il faut noter qu'elle rectifie l'imprécision de l'art. 114 de l'ancien code sénégalais.

Quoi qu'il en soit, les Etats membres doivent s'atteler à transposer cette exigence communautaire. C'est à cet effet que le nouveau code nigérien a reconduit la formule de l'art. 155 de l'ancien code qui coïncide avec celle retenue par la Directive n° 04/2005. Du coup, la Directive n'a introduit aucune innovation en droit nigérien.

Le code sénégalais, de son côté, a organisé une certaine résistance. En effet, il a repris la formule de l'ancien code ignorant, par voie de conséquence, les dispositions de l'art. 92 al. 2 de la Directive n°04/2005.

La divergence dans la formulation de cette exigence ne doit pas occulter les objectifs poursuivis par les deux CMP. Ceux-ci tournent autour d'une idée : que le paiement soit conditionné par l'accomplissement de la prestation, ce qui renvoie au respect de la règle du service fait (**1**). Toutefois, une analyse poussée des textes pertinents confrontée à la pratique nécessite le dépassement du simple service fait pour exiger ce que l'on pourrait appeler "un service bien fait" (**2**). Au fond, ce n'est que la satisfaction de celui-ci qui justifie un paiement définitif et conforme à l'exigence de la rationalisation de la dépense publique.

1. Une large prise en compte de la règle générale du service fait

C'est devenu classique de rappeler que la règle du service fait interdit tout paiement de la dépense publique avant que les titulaires du marché aient exécutés les prestations à l'origine du contrat. En d'autres termes, le titulaire du marché devrait exécuter, en totalité, son obligation avant d'acquérir un droit au paiement.

Cette règle est universellement admise. C'est pourquoi, l'on constate dans la Directive n° 04/2005 et dans les dispositions pertinentes de deux CMP la reprise de la même formule. Il y est écrit, en effet, que « *les opérations effectuées par le titulaire d'un marché qui donnent lieu (...) au paiement pour solde doivent être constatées par écrit, dressé par la PRM ou accepté par elle* ».

Les opérations effectuées renvoient, tout naturellement, à l'objet du marché et celui-ci peut être un travail public, une fourniture ou un service. Quant à la constatation, par écrit, elle renvoie à la vérification qui débouche sur la certification de la réalité de la prestation.

En la matière, l'on sait, il n'y a pas service fait lorsqu'il y a absence pure et simple de prestation de la part du titulaire du marché. Il s'agit d'une simple vérification du respect, par le titulaire du marché, de son obligation telle qu'elle découle des stipulations des cahiers de charges. Elle s'apprécie à l'occasion d'une opération appelée la réception de la prestation.

Sur le plan pratique et technique, cette opération se déroule en deux temps, notamment, en ce qui concerne les travaux. En l'espèce, lorsqu'il estime que les travaux sont achevés ou en voie de l'être, le titulaire du marché avertit, par écrit, l'AC. Cette dernière organise les opérations préalables à la réception, notamment, la convocation des membres du comité de réception. Il en est de même en ce qui concerne les fournitures. A la date indiquée, les différents membres du comité procèdent à une vérification et constatation contradictoires de l'objet du marché.

L'objet de cette cérémonie solennelle qu'est la réception est de procéder à des analyses de la prestation. Il s'agit de vérifier si la prestation est conforme à celle qui était prévue et convenue au contrat. Autrement dit, il est question d'examiner la nature de la prestation, son étendue, sa qualité qui seront confrontées aux stipulations des cahiers de charges devant tous les membres du comité de réception. Celle-ci se fait en présence du titulaire du marché ou de son représentant.

Ce tour d'horizon sur la prestation vise à déceler d'éventuels malfaçons ou imperfections. Si, à l'évidence, ils constatent que les ouvrages ne sont pas, réellement achevés et si ces manquements ou insuffisances n'affectent pas, substantiellement, la prestation, ils dressent un procès-verbal de réception provisoire. Il sera, ensuite, demandé au titulaire du marché d'apporter les corrections et régularisations nécessaires avant de prétendre à tout paiement définitif. La réception provisoire a « *pour objet essentiel, d'ouvrir le délai conventionnel de garantie, l'entrepreneur reste toujours responsable de l'entretien et comptables des risques offerts par l'ouvrage* »[618].

Au total, l'objet de la réception provisoire vise à s'assurer de la réalité de la prestation. Dès lors que celle-ci ne correspond pas aux termes du contrat, la réception doit rester provisoire jusqu'à ce que le titulaire du marché apporte les corrections aux manquements constatés.

Cet examen doit intervenir, systématiquement, aussi bien pour les travaux que pour les fournitures. En effet, si la logique générale du nouveau droit des marchés publics est de favoriser un achat public de qualité, aucun décaissement ne doit être décidé après une vérification superficielle de la prestation. C'est dans cette perspective qu'il faut comprendre l'institution d'une garantie de bonne exécution et de la retenue de garantie par la Directive n° 04/2005 et les CMP des Etats sous examen[619]. Par voie de conséquence, le paiement définitif

---

618 A. BOCKEL, « *Les contrats administratifs* », op. Cit ; p. 261.

619 Aussi appelée caution de bonne fin, cette garantit assure la bonne exécution du marché par le titulaire. La garantie de la bonne exécution d'un marché est destinée à couvrir les réserves constatées à la réception des travaux, des fournitures ou services ainsi que celles formulées pendant le délai de garantie, éventuellement prévu. La garantie de bonne exécution doit être constituée en totalité lors de la signature du marché. Son montant est fixé par le cahier des charges sans pouvoir dépasser 5 % du montant du marché augmenté ou diminué, le cas échéant du montant des avenants. Elle est constituée par le cautionnement du montant correspondant. Ce cautionnement peut être remplacé au gré

ne doit intervenir, en principe, qu'en cas de service bien fait. Cette exigence pose beaucoup de difficultés en pratique car son application est largement hypothéquée.

2. Une insuffisante prise en compte de la notion du service bien fait

L'idée de constatation par écrit à laquelle font allusion la Directive n°04/2005 et le CMP du Niger ne doit pas se limiter à la simple vérification de la matérialité de la prestation. En effet, pour que cette prestation ouvre droit à un paiement pertinent, il faut que celle-ci corresponde, exactement, aux termes du contrat, c'est-à-dire, aux spécifications techniques et clauses administratives contenues dans les cahiers de charges. C'est dans ce sens qu'il faut comprendre les dispositions de l'art. 100 du CMP du Sénégal qui retient la formule de « *l'exécution normale des prestations* ».

Dans la première étape, c'est-à-dire, la réception provisoire, il est procédé à une vérification contradictoire de la matérialité de la prestation.

Une deuxième étape peut et doit intervenir. C'est elle qui s'appelle la réception définitive. A son tour, elle s'intéresse plutôt à la qualité de la prestation. Elle intervient après que le titulaire du marché ait apporté les corrections à lui suggérées lors de la réception provisoire.

La réception définitive constitue « *la formalité essentielle par laquelle l'administration reconnait que le cocontractant a accompli, complètement et correctement, ses obligations* »[620]. Le maitre mot est l'accomplissement complet et correct de la prestation et qui doit être reconnu et attesté comme telle par la PRM. En d'autres termes, c'est lorsque la PRM sera, pleinement, satisfaite qu'il sera procédé à la réception définitive de la prestation et un PV sera dressé. L'intérêt du décalage ou de l'existence de deux opérations de réception est, en réalité, double :

En premier lieu, l'idée est de différer la réception définitive pour permettre au titulaire du marché d'apporter les corrections nécessaires plutôt que de se placer sur le terrain contentieux de la mauvaise exécution. Elle est pertinente dans la mesure où certains manquements peuvent être mineurs et qu'il suffit d'accorder quelques semaines, voire, quelques jours au titulaire du marché pour y remédier.

En deuxième lieu, le décalage de la réception définitive peut être envisagé comme un moyen de soumettre la prestation à l'épreuve du temps. En effet,

---

du titulaire par **une garantie à première demande** ou, les deux parties en sont d'accord, par une caution personnelle et solidaire avec un montant qui ne peut être supérieur à celui de la garantie qu'elles remplacent et leur objet est identique. Sa validité définitive est limitée à la réception provisoire des travaux, des fournitures ou des services. La garantie de bonne exécution est remboursée ou la caution de garantie à première demande est libérée, soit : en l'absence de période de garantie, soit au moment du règlement pour solde définitif.

620 P. AMSELEK op. cit, p.442.

certaines prestations comme les forages, les routes, les bâtiments, satisfaisantes en apparence, révèlent des vices quelques jours seulement après leur réception et le début de leur utilisation.

Au total, il s'agit de s'assurer de la qualité de la prestation avant d'envisager tout paiement et la restitution des garanties. Toutefois, malgré la pertinence de ces vérifications au regard du contexte de recherche de la rationalisation des dépenses publiques, force est de reconnaitre l'existence des manquements aussi bien au Niger qu'au Sénégal.

Au Niger, un rapport d'audit sur la gestion des marchés publics[621] révèle l'existence de plusieurs malfaçons, de fissurations sur plusieurs ouvrages. Les travaux sont, en réalité, mal exécutés car il a été montré que les titulaires n'ont pas respecté les spécifications techniques. Malgré ces manquements, assez graves, les prestations ont été réceptionnées. L'analyse des faits confirme cette thèse. En effet, le passage des auditeurs juste après la réception [622] montre que les manquements étaient connus des membres du comité de réception.

La difficulté est que le rapport n'indique pas si ces prestations défectueuses ont fait l'objet d'un paiement intégral ou s'il a été procédé à une réfaction sur les prix.

Dans la pratique, il nous a été rapporté que les membres du comité de réception ne s'attardent pas, beaucoup, sur la qualité de la prestation. En effet, la politisation des marchés publics fait que le refus de réceptionner la prestation n'a aucune portée pratique évidente. Ils peuvent, certes, refuser la réception mais certains titulaires du marché disposent des raccourcis ou des passerelles leur permettant de faire accepter leur prestation quelle que soit sa qualité. Le politique tient, malheureusement, la qualité de la dépense publique en l'état.

Ce constat est valable aussi bien au Niger qu'au Sénégal. Dans ce pays, l'on est au regret de constater que, jusqu'à un passé récent, l'audit des marchés publics se limite à leur passation. Par conséquent, il n'existait aucun document crédible permettant de constater avec pertinence les conditions dans lesquelles les marchés sont exécutés. Cet état de fait constitue un obstacle, sérieux, à l'effectivité du principe de la traçabilité des dépenses publiques et, par la suite, une limite objective à la portée des audits dans ce pays.

Cette situation pousse à envisager l'extension des audits afin de dévoiler les conditions exactes dans lesquelles les marchés sont exécutés et payés.

La systématisation des audits physiques a pour but de lutter contre ce que F. Linditch qualifie des réceptions de pure forme[623]. En effet, des marchés peuvent être passés en toute régularité mais se dénouer dans des très mauvaises conditions.

---

621 Rapport d'audit des marchés publics, gestions 2009-2010, volet audit de matérialité physique, Février 2013.

622 *Ibid*, p. 60 et suivants.

623 F. LINDITCH, op. cit, p. 86.

A travers cet effort, l'idée est d'essayer d'éclairer « ce trou noir », c'est-à-dire, l'antichambre du droit des marchés publics[624] qu'est son exécution. En effet, dans ces deux Etats et bien au-delà, la réglementation des marchés publics se concentre sur leur passation pour occulter, malheureusement, l'exécution. Or, de nombreuses failles existent dans cette phrase tout aussi importante que la passation.

L'exécution qui débouche sur la réception emporte, tout naturellement, transfert de propriété des ouvrages ou des fournitures. Elle constitue, également, le point de départ du délai de paiement dans l'encadrement duquel, le droit des Etats sous examen a opté pour le *statu quo*.

B. Une rigueur différente dans la fixation du délai de paiement

La maitrise des délais de paiement est un enjeu important pour l'économie nationale compte tenu des effets induits sur la trésorerie des opérateurs économiques[625]. Au-delà de cet enjeu, la maitrise des délais permet d'apprécier la crédibilité financière des Etats vis-à-vis de leurs partenaires nationaux et régionaux[626].

De façon générale, les administrations publiques sont réputées être des mauvais payeurs car, très souvent, elles exposent leurs partenaires à des délais de paiement longs. Pour canaliser ce phénomène, les CMP ont toujours essayé de prévoir un délai de paiement assorti des sanctions assez dissuasives.

Au Niger, l'art. 108 du Code de 2002 précise qu'il est procédé au paiement du solde dans un délai qui ne peut excéder 90 jours. Cependant, un délai plus long peut être fixé pour le paiement de certaines catégories de marché. En cas de dépassement de ce délai, l'art. 109 du même Code ouvre droit, sans formalité et de plein droit, pour le titulaire du marché, au paiement des intérêts moratoires.

Dans l'ancien Code sénégalais de 2002, l'on retrouve, à peu près, les mêmes contraintes. L'art 124 de ce Code fixait le délai de paiement à 45 jours à partir de la constatation du droit au paiement. Le défaut de paiement, dans ce délai ouvre, comme au Niger, droit au paiement des intérêts moratoires.

Malgré ce dispositif, il a été donné de constater que les AC accusent beaucoup de retards dans le règlement des factures de leurs partenaires contractuels. Cette situation est à l'origine de l'accumulation des arriérés de paiement, c'est-à-dire, les « *obligations financières de l'Etat vis-à-vis de ses créanciers ou fournisseurs dont le règlement ne s'effectue pas à date échue* »[627].

---

624 F. LINDITCH, ibid, p. 84.

625 B. MARTINEZ et F. SERR, op. Cit, p. 269.

626 Le respect des délais de paiement qui vise à lutter contre l'accumulation des arriérés de paiement fait partie des critères de convergence de l'UEMOA. Dans l'esprit de ce critère, les Etats ne devraient pas accumuler d'arriérés de paiement intérieurs et extérieurs sur la gestion de la période courante.

627 Voir rapport du Ministère de l'Economie et de finances : Document de travail n°6 intitulé arriéré de paiement et dynamique de croissance au Sénégal, DPEE/DEPE Mars 2010, p.

L'importance de ces arriérés est telle qu'ils constituent une question majeure du débat autour de la soutenabilité des finances publiques.

Sur les finances publiques, l'on peut dire que le retard de paiement est dans une large mesure à l'origine des surfacturations. Cette situation, on le sait, gangrène sérieusement l'idée de maitrise de la dépense publique. En effet, convaincus que la facture ne sera pas payée dans le délai règlementaire, certains fournisseurs et entrepreneurs s'emploient, délibérément, à majorer le montant de la facture. Il s'agit d'un mécanisme, assez subtil, leur permettant de faire payer à l'Administration le retard qu'elle accuse dans le règlement du solde. L'on peut penser, à juste titre, qu'il s'agit d'un doublon puisque le retard est sanctionné par le versement automatique des intérêts moratoires. Mais, à en croire, certains acteurs interrogés, le retard n'épargne, ni le versement du solde, ni le versement d'un hypothétique intérêt moratoire[628].

Pour les entreprises et le secteur privé de façon générale, il a été relevé que la situation est catastrophique quand on sait le poids de la commande publique dans leurs activités[629]. Ainsi, ce problème débouche tout naturellement sur des situations conflictuelles entre, d'une part, ces entreprises et les différentes AC et, d'autre part, entre les entreprises et les salariés.

En effet, pendant que le gouvernement n'est pas en mesure d'honorer certains de ses engagements, dans le délai requis, il est possible que les entreprises pourvoyeuses de biens et services aient accusé des retards dans le respect de leurs obligations fiscales. L'impact est ressenti, en l'espèce, par les ressources publiques. Par la même occasion, le retard de paiement peut créer des tensions entre les entreprises et les salariés qui risquent de s'exposer à des retards dans le paiement de leur salaire.

---

4. Ce document très intéressant est disponible sur http://www.dpee.sn/IMG/pdf/arrears.pdf (consulté le 22 mai 2015).

628 Les prestataires négocient, au prix de surfacturations et grâce à la complicité de certains agents du Trésor public pour se tirer d'affaires. De ce fait, tout le monde se retrouve et la surfacturation passe au grand dam de la rationalisation de la dépense publique tant chantée.
Pire, le retard peut être délibéré et exploité à de fins d'enrichissement des partenaires. En effet, à partir du moment où il est établit que le retard ouvre droit au calcul et au versement des intérêts moratoires, les responsables de la chaine de dépense publique et les entreprises peuvent s'entendre pour que ce paiement n'intervient pas à temps. Du coup, des intérêts moratoires vont être, automatiquement, calculés et ajoutés au principal pour être versés au titulaire du marché. L'on constate, qu'en s'abstenant de payer dans le délai, l'on peut enrichir un partenaire. En tous les cas, le retard augmente le coût des marchés et par voie de conséquence le montant supporté par le Trésor public.

629 Dans une étude sérieuse, il a été montré qu'au Sénégal, par exemple, la commande publique représente plus de la moitié du chiffre d'affaires des entreprises. Voir, Actu-Entreprise 18 : commande publique et délais de paiement : enjeux et perspectives. Publication de la Direction de l'appui au secteur privé du MEF, novembre 2011, p. 5. La publication est disponible sur http://www.finances.gouv.sn/UserFiles/ActuEntreprise%20N_18(2).pdf (consulté le 01 juillet 2013).

Aussi, a-t-il été montré que ce retard rend les banques plus frileuses dans l'octroi de leur crédit. Cette situation est, fortement, préjudiciable à la viabilité de ces entreprises car les emprunts bancaires représentent environ 64,7 % des sources de financement qu'elles utilisent[630].

En somme, toute l'économie peut être affectée par cet état de fait. C'est, sans doute, pour juguler cette situation et renforcer les dispositions des CMP que l'UEMOA, à travers l'art. 18 de l'acte additionnel n° 04/99 portant pacte de convergence, de stabilité, de croissance et de solidarité entre ses États membres[631], a érigé les arriérés de paiement au 1er rang des critères de convergence[632].

C'est dans ce contexte que la Directive n°04/2005 est intervenue pour fixer le délai de paiement à 60 jours maximum. En même temps, ce délai est assorti des sanctions qui sont, essentiellement, le versement des intérêts moratoires. Cette exigence a été transposée par les deux Etats. Mais,en réalité, ils ne font que reconduire relativement ce qui existait dans leur droit antérieur aussi bien dans la fixation des délais (**1**) que dans le régime des sanctions (**2**).

1. La reconduction d'une symbolique : la fixation du délai de paiement

S'il est une donnée qui échappe, en très grande partie, à l'emprise de l'Homme, c'est le temps. Il constitue un allié peu sûr. Le temps, selon Henri Mendras, peut être conçu comme un cycle qui se renouvelle constamment, ou une ligne sans début et sans fin, le long de laquelle se rangent les évènements.[633] « *L'Homme, par son intelligence, a fait des découvertes et inventions dans plusieurs domaines de la vie. Il a maîtrisé l'espace, la communication, la vitesse, etc. Mais du temps, il n'a mis au point que des méthodes et techniques de sa mesure, sans jamais le perturber, encore moins le modifier. Il passe, il court, toujours trop vite quand on en a besoin, souvent trop lentement quand on veut aller vite* »[634].

Dans tous les cas, on ne peut faire certaines choses qu'à un moment donné ou au cours d'une période dont il faut connaître les termes. C'est pourquoi, on parle alors des délais.

Cet impondérable qui a toujours présidé aux relations entre les justiciables, irrigue largement les rapports entre les parties à un marché public.

Le titulaire du marché qui a des droits vis-à-vis de l'AC, ne peut les faire valoir que dans des délais bien précis.

---

630 Etude de la direction d'appui au secteur privé précitée, p. 5.

631 http://www.uemoa.int/Pages/Actes/NewPages/AA0499.aspx (consulté le 5 mars 2013).

632 Il s'agit, selon cet acte, des critères « *dont le non-respect entraine la formulation explicite de directive par le conseil demandant à l'Etat membre concerné, d'élaborer et de mettre en œuvre un programme de mesures rectificatives* ».

633 H. MENDRAS, *Eléments de sociologie*, Paris, *Armand Colin*, 2002, p. 34.

634 H. MENDRAS, ibid, p. 34.

La délicatesse de la notion du temps est encore accrue par sa pluralité car, il n'y a pas qu'un seul délai. Il y a des délais prévus par un texte et ceux imposés par le juge.

En ce qui concerne les délais prévus par un texte, comme c'est le cas en droit des marchés publics, ils peuvent être indicatifs ou impératifs.

Les délais indicatifs sont les délais minimums fixés à l'Administration pour l'accomplissement de certains actes. L'inobservation de ce délai n'annule pas l'acte en question. Mais, il arrive que le législateur impose des délais qui revêtent un caractère impératif, c'est-à-dire, un délai dont le respect s'impose à l'Administration sous peine de sanctions appropriées.

Le nouveau droit des marchés publics a opté pour la deuxième formule qui consiste à fixer un délai impératif pour le paiement du solde. Ce délai est fixé à 60 jours par l'art. 92 al.3 de la Directive n° 04/2005. Mais il est possible de prévoir un délai plus long pour certaines catégories de marché[635].

S'inspirant de cette exigence communautaire, le nouveau code nigérien fixe ce délai à 60 jours[636]réduisant ainsi de 30 jours le délai prévu à l'art. 108 de l'ancien Code[637]. Il s'agit, comme on peut le constater, d'une avancée importante dans le sens de l'amélioration de la situation des titulaires du marché public.

Au Sénégal, en revanche, le nouveau Code a opté pour le *statu quo* en reprenant, à son art.107, les dispositions de l'art. 124 du Code de 2002. Ainsi, il y est écrit que « *le règlement doit intervenir dans le délai de quarante-cinq jours compté, suivant le cas, à partir du jour où le créancier a régularisé son dossier, suivant la notification qui lui en a été faite dans les conditions prévues à l'article précédent. (...)*[638] ». En optant pour la reconduction de l'ancien délai, le Code sénégalais se montre beaucoup plus soucieux de la protection des intérêts des partenaires contractuels de la personne publique que la directive et le Code nigérien.

De part et d'autre, l'on constate un réel effort dans le sens de l'amélioration de la situation des titulaires du marché qui ne doivent pas attendre, trop longtemps, pour entrer en possession de leur solde.

---

635 Il appartient aux Etats de fixer les différents délais de paiement en fonction des spécificités de chaque marché.

636 Il faut noter qu'il est, comme dans l'ancien code, possible de prévoir par voie réglementaire, un délai plus long, pour le paiement du solde de certaines catégories du marché. Nous n'avons pas pu accéder à cet arrêté censé dresser la liste de ces marchés pour le paiement desquels un délai plus long est fixé.

637 Dans l'ancien, le délai de paiement était fixé à 90 jours. Evidemment, ce délai est assez long. En effet, en dépit du caractère quasi automatique du versement de l'acompte, il serait intéressant pour le titulaire du marché d'obtenir le règlement de sa facture dans un délai raisonnable, quitte à garder la garantie de bonne exécution jusqu'à un certain délai permettant de s'assurer de la qualité de la prestation.

638 Voir, art. 107 du nouveau CMP du Sénégal.

L'amélioration est perceptible aussi en droit nigérien qu'en droit sénégalais. Dans le premier cas (Niger), ce delai a été ramené à 60 jours au lieu de 90 jours alors que dans le deuxième cas (Sénégal), l'amélioration s'aperçoità travers le refus de suivre la directive dans sa volonté de fixer ce delai à 60 jours (maintien de l'ancien délai de 45 jours).

Au-delà de ces considérations tirées de l'état du droit positif, l'on peut, à juste titre, se demander si l'on a besoin de fixer un délai pour que l'Administration honore son engagement ?

La question s'appuie, essentiellement, sur le caractère synallagmatique du marché public. Si ce contrat met à la charge de son titulaire l'accomplissement de la prestation, il met également à la charge de l'AC, l'obligation de payer ce prestataire dès lorsqu'il est établi que la prestation est conforme aux stipulations du contrat. Il s'agit, d'une simple exécution, par l'AC, de sa part d'obligation pour laquelle, il n'est pas besoin de prévoir un délai. Mieux, on l'a montré, le droit positif demande aux AC de s'assurer de la disponibilité des crédits avant la passation de tout marché.

En dehors de cette observation, il faut noter, surtout, au Niger[639], que le délai auquel fait allusion le CMP est un délai global qui ne fait pas de distinction entre le délai de mandement ou de l'ordonnancement et le délai de règlement proprement dit. En effet, du point de vue, purement technique et procédural, une certaine distinction doit être établie entre le temps qu'il faut à la PRM pour mandater ou ordonnancer, selon le cas, et le temps qu'il faut au comptable public, pour procéder aux vérifications nécessaires avant de décaisser. De ce fait, l'on est en droit de se demander, si ce délai de 60 jours en droit nigérien et de 45 jours en droit sénégalais s'applique uniquement au comptable public ou englobe, également, la phase du mandatement ou de l'ordonnancement ?

A l'évidence, la deuxième hypothèse qui consiste à globaliser le délai de paiement est beaucoup plus pertinente à notre sens. En effet, le titulaire du marché n'a pas à connaître l'organisation interne de l'Administration et que la personne publique ne peut arguer de ses règles de fonctionnement pour s'exonérer de sa responsabilité en matière de paiement.

Le délai de mandatement ou d'ordonnancement et le délai de paiement comptable doivent être fortement solidarisés. En conséquence, les PRM et le Trésor public doivent s'organiser pour gérer, au mieux, leur délai d'intervention respective et s'entendre pour assurer, ensemble, le respect du délai global de paiement. En principe, c'est le non-respect de ce délai qui est sanctionné par le nouveau droit.

---

[639] En droit sénégalais, un début de précision est apporté par l'art.105 du code. En effet, c'est à partir de la constatation du droit au paiement, c'est-à-dire la réception définitive, qu'il faut commencer la computation du délai de quarante jours. Par conséquent, c'est dans cet intervalle de temps que la PRM et le comptable public doivent s'employer à payer la facture.

Mais, que l'on ne se trompe pas sur le caractère assez séduisant, à la limite idéaliste, du dispositif prévu par l'ancien comme le nouveau CMP. L'ambition affichée par les nouveaux CMP qui consiste à impartir aux AC, un délai précis pour payer les factures de leurs partenaires contractuels est fortement remise en cause dans la pratique. En effet, loin de se conformer à ce délai réglementaire, les AC accusent de retards souvent injustifiables au regard du droit budgétaire qui limite, en principe, l'exécution du budget à un an.

Il arrive de constater, en effet, que certains créanciers qui ont valablement livrés la fourniture, construit l'ouvrage, attendent trois mois, cinq mois, voire plus avant d'obtenir le paiement de leurs factures. Pourtant, ces réalisations sont certifiées par la commission de réception.

Au Sénégal, par exemple, une étude[640] a montré que 74,1 % des marchés de services et de fournitures ont été payés dans un délai inférieur ou égal à 45 jours contre 5,2 % des marchés payés dans un délai excédant largement les 90 jours. En dehors de cette note optimiste, il faut relever qu'en pratique, la moyenne de délai de paiement varie de deux mois à cinq ans en fonction du profil du titulaire du marché. En effet, il faut le souligner que le degré du respect de ce délai dépend, en réalité, du statut du titulaire du marché et de ses affinités avec les responsables politiques. En vérité et quelles que soient les circonstances et la situation du Trésor public, il a été rapporté que certains protégés reçoivent paiement de leur facture à temps. Ce paiement intervient, et c'est ce qui est grave, très souvent avant même la réception définitive.

Au même moment, certains prestataires « font le pied de grue » entre le bureau de la PRM et le Trésor public.

Il s'agit là, d'une des manifestations de la politisation du droit des marchés publics qui affecte, négativement, le principe d'égalité de traitement des partenaires contractuels de la personne publique et la qualité de la dépense publique.

Certaines PRM interrogées affirment que, techniquement, il est impossible de respecter le délai réglementaire prévu par les CMP. Il s'agit, simplement, d'une clause de style qui permet d'apprécier le degré d'engagement et de bonne volonté des AC.

Aussi, n'oublions pas que le non-respect de délais réglementaires de paiement peut-il être dû à des circonstances objectives indépendantes de la volonté des autorités investies du pouvoir de diligenter la procédure. En effet, dans certains cas, ce retard est lié aux tensions de trésorerie, aux coupes budgétaires, à la suspension du financement ou de la rupture d'une coopération suite à des troubles politiques internes. Cette dernière cause est constante, surtout au Niger où les coups d'Etat sont fréquents. Après la survenance de

---

640 Pour les détails sur ces délais, voir, Rapport sur la commande publique et les délais de paiement. DASP et Ministère de l'Economie et des finances, 2011, p.37 disponible sur http://www.dasp.gouv.sn/index.php?option=com_rokdownloads&view=file&task=download&id=9%3A&Itemid=30 (consulté le 30 novembre 2013).

chacun de ces troubles, les partenaires suspendent le financement de nombreux projets, y compris ceux ayant entrainé la conclusion des marchés de travaux ou de fournitures. Les titulaires de ces marchés devront, nécessairement, attendre le retour de la normalité constitutionnelle et la reprise de la coopération pour obtenir le paiement de leurs factures.

De ce fait, le maintien du délai n'est qu'une manifestation de l'attachement à un principe qui a toujours existé dans le droit positif des Etats. Ce délai, il faut le souligner, est largement ignoré des acteurs, malgré la définition des sanctions assez dissuasives.

2. Le maintien des sanctions illusoires dans leur mise en œuvre

Dans sa conception, le nouveau droit des marchés publics ne se place pas uniquement sur le terrain de la protection des deniers publics. En effet, à l'instar de son devancier, il se place aussi du point de vue des titulaires des marchés. La prise en compte de leurs intérêts s'apprécie à travers la fixation des délais impératifs de paiement et le maintien de sanctions en cas de non-respect de ces délais.

Techniquement, le délai court à partir de la date de réception de la demande de paiement de l'entreprise et son respect s'apprécie à la date de règlement par le Comptable public. La justification est constituée soit par l'acquis du bénéficiaire d'un paiement en espèces, soit d'une mention portée par le comptable public sur les ordonnances, mandats ou documents en tenant lieu et indiquant la date à laquelle a été opéré le règlement par virement ou par chèque, soit un état d'émargement édité après traitement informatique et détaillant les règlements (le bordereau de paiement).

Autrement dit, le délai de paiement est compris entre « *la date à laquelle l'ordonnateur a visé la liquidation et la date effective de paiement* »[641].Ainsi, en cas de non-paiement dans cet intervalle, la Directive n°04/2005 et les CMP des deux Etats s'entendent sur la même sanction libellée dans les mêmes termes « *le non-respect du délai de paiement ouvre sans autre formalité et de plein droit pour le titulaire du marché au paiement d'intérêts moratoires à compter du jour suivant l'expiration du délai (...)* »[642].

Cette construction inspire deux observations :

---

[641] Actu-Entreprise 18, http://www.finances.gouv.sn/UserFiles/ActuEntreprise%20N_18(2).pd, p.2.

[642] Art. 92 al. 5 de la directive 04/2005. Après avoir posé le principe, cet article fixe les modalités du calcul de ces intérêts moratoires. Ainsi, la référence à prendre en compte dans ce calcul, c'est le taux d'escompte de la BCEAO, augmenté de 1 point. Cette exigence liée au calcul des intérêts moratoires est diversement appréciée par les deux Etats. Si, dans les deux cas, la référence est le taux d'escompte de la BCEAO, ce taux est augmenté d'un point au Niger alors que l'art.106 al. 2 du code sénégalais précise qu'ils sont calculés sur le montant des droits à paiement pour solde à un taux supérieur de 2% au taux d'escompte de l'Institut d'émission.

En premier lieu, les intérêts moratoires « *ont pour objet de réparer le préjudice que le cocontractant subit du fait du retard de paiement des sommes qui lui sont dues* »[643].

En deuxième lieu, il s'agit d'une réparation automatique dont le versement ne nécessite ni réclamation ni mise en demeure. A l'expiration du délai, ils n'ont pas à être réclamés ; ils doivent intégrer l'actif du titulaire du marché et alourdir, par la même occasion, le montant de la facture. En d'autres termes, les intérêts moratoires sont versés de manière automatique dès le premier jour de retard de paiement sans qu'une demande préalable du titulaire soit nécessaire. De ce fait, pour chaque paiement faisant l'objet d'un dépassement du délai global de paiement, l'ordonnateur doit constater ce dépassement, liquider, mandater les intérêts moratoires et informer le titulaire ou le sous-traitant payé directement, du dépassement du délai de paiement.

Cette sanction vise, dans l'immédiat, la protection des titulaires des marchés contre la mauvaise foi ou la négligence des AC. Mais, à y regarder de près, sa nature pécuniaire doit inciter tout agent public responsable, au sens éthique du terme, à ne ménager aucun effort dans la prise en compte du délai de paiement. En effet, la sanction est de nature à grever les finances publiques, à travers l'augmentation du montant de la dépense qu'elle engendre car en sus du principal qu'elle doit payer, l'AC est tenue au paiement des intérêts en guise de réparation.

En dehors de cette sanction pécuniaire, immédiate, prévue par les CMP, l'UEMOA a prévu une autre sanction, pour le moins symbolique. Elle consiste à faire un rapport dans lequel l'attention du mauvais payeur est attirée[644].

Les mécanismes de sanction ainsi décrits seraient d'une gravité moindre s'ils étaient effectivement respectés. Dans la pratique, en effet, la plupart des titulaires du marché ignorent, totalement, l'existence des intérêts moratoires. Ceux qui les connaissaient, les évitent à travers certaines stratégies à peine voilées. En effet, il est établi, dans l'esprit de ces derniers, que c'est la mauvaise foi qui pousse les AC à ne pas honorer leurs engagements financiers dans le délai requis. De ce fait, il est inutile de compter sur un hypothétique intérêt moratoire au moment où le principal, c'est-à-dire, le montant réel de la facture peine à être payé. Par conséquent, la parade trouvée consiste, pour beaucoup de titulaires du marché, à "se faire justice" à travers les surfacturations pour faire payer à l'AC, d'une autre manière, le prix du temps. Par exemple, pour une facture normale de deux (2) millions, certains titulaires du marché, mentionnent

---

[643] B. MARTINEZ et F. SERR, op. Cit, p. 281.

[644] On l'avait souligné que la non accumulation des arriérés de paiement constitue l'un de critères de convergence de 1er rang. Le non-respect de ce critère, expose l'Etat, à la publication d'un rapport dans lequel certaines recommandations lui sont adressées. Les Etats sont sensibles à ces genres de rapports qui les discréditent aux yeux des bailleurs de fonds.

trois (3), voire, quatre (4) millions. Les deux ou trois millions qui viennent en sus du montant normal sont utilisés à deux fins.

D'abord, " pour graisser la patte" de ceux qui sont chargés de faire bouger le dossier du paiement. En effet, la lenteur constatée dans le paiement est imputable, dans une large mesure, aux agents chargés de signer et de transmettre les dossiers à qui de droit. Ainsi, pour accélérer les choses, il faut comme on le dit couramment, " *poser des cailloux sur le dossier pour qu'il ne s'envole pas* ". En tous les cas, le mode opératoire est connue " *la chèvre broute là où elle est attachée*".

Ensuite, ce montant est utilisé comme une sorte d'intérêts que le principal aurait générés s'il était payé dans le délai et placé dans un compte bancaire. Ainsi, puisque ce montant n'a pas été payé à temps et donc, n'a pas pu être déposé dans un compte, le titulaire du marché se fait payer, à travers la surfacturation, ce manque à gagner. C'est pourquoi, il est un secret de polichinelle que les marchés publics font l'objet de surfacturations.

C'est une façon pour les titulaires du marché d'éviter le terrain contentieux en cas de retard de paiement. En effet, quel que soit le temps mis par l'AC, la facture est préparée et présentée de sorte que les titulaires du marché ne perdent pas grand-chose.

Ce comportement des titulaires du marché, justifié par l'attitude des AC, est de nature à saper les fondements même de la réforme du droit des marchés publics. En effet, si l'objectif visé est de parvenir à rationnaliser la dépense publique afin qu'elle soit utile et efficace, force est de constater que le retard ainsi constaté lui est fortement nuisible.

Ainsi, aussi bien sur le terrain purement juridique des intérêts moratoires que sur le terrain de faits, c'est-à-dire, celui de fraudes liées aux surfacturations, l'on constate une augmentation anormale du volume des dépenses publiques.

Le phénomène de surfacturations, érigé en règle, au détriment de la sanction légale des intérêts moratoires a pris une ampleur telle qu'il n'épargne aucun marché public. C'est pourquoi, face à l'inefficacité de ces sanctions légales et la montée en puissance du phénomène des surfacturations, la réflexion doit être poursuivie dans le sens du respect de délai. En effet, la prise en compte de l'idée de rationalisation de la dépense publique doit pousser à lutter contre les lenteurs administratives injustifiées et les surfacturations à travers un contrôle réel du prix.

Dans cette optique, il n'est pas exagéré d'envisager, comme en France, l'institution d'un observatoire des délais de paiement des marchés publics[645].

---

[645] En France, il s'agit d'une instance de consultation composée de représentants des entreprises, des banques et des administrations placées sous l'autorité du ministre des Finances (Directions des affaires juridiques, de la comptabilité publique et du Trésor). Elle pour rôle d'identifier les causes des retards de mandatement. Dans ce pays ce retard est imputé à l'ignorance ou à la mauvaise connaissance des procédures de règlement des marchés publics par les acteurs concernés.

Cet organe qui sera composé de tous les acteurs de la commande publique aura pour tâche de surveiller les différentes étapes de la procédure de paiement des marchés afin de situer les manquements.

Techniquement, cet organe peut être doté de pouvoirs importants lui permettant d'être saisi par tout fournisseur en difficulté et d'accéder à tous les dossiers. L'idée de fond, est de parvenir à moraliser la procédure de paiement du marché public qui fait intervenir les acteurs classiques de la dépense publique.

SECTION II. UN BOULEVERSEMENT EN PERSPECTIVE DANS LA PROCÉDURE DE PAIEMENT

La philosophie de base de cette réflexion est de montrer que le marché public est une catégorie de dépense publique ou, tout au moins, son dénouement passe par l'accomplissement de cette dépense. Celle-ci se présente comme « *l'emploi ou plus précisément le décaissement d'une somme d'argent à une fin d'intérêt public, effectué suivant des procédures spéciales, préalablement déterminées par les textes financiers* »[646]. Ceux-ci constituent ce que l'on appelle le droit de la comptabilité publique.

Concernant les Etats sous examen, ce droit est contenu dans le Décret n°2011- 1880/MEF/DGCPT/DCP du 20 Octobre 2011 portant RGCP pour le Sénégal et le Décret n°2013-83/PRN/MF du 1er Mars 2013 portant RGCP pour le Niger[647].Ces textes, à portée générale, s'emploient à décrire dans les moindres détails, les procédures à suivre pour exécuter aussi bien les autorisations de recettes que celles de dépenses telles qu'elles sont contenues dans les lois de finances.

Classiquement, ces procédures sont découpées en deux phases : la phase administrative et la phase comptable. La distinction de ces deux phases permet de mettre en exergue l'idée selon laquelle, deux catégories d'agents à statut juridique et responsabilité différents interviennent dans l'exécution des masses budgétaires. Ce découpage renvoie, également, à la nature des actes susceptibles d'être accomplis par chacun de ces agents. C'est à ce titre qu'ils interviennent dans l'exécution des dépenses relatives aux marchés publics.

Les AC sont, ainsi, soumises aux règles de la comptabilité publique. Ces règles qui sont le plus souvent méconnues par le titulaire du marché présentent la particularité de faire intervenir deux personnes différentes à savoir le représentant de l'AC et le comptable public.

En reprenant, ce découpage séquentiel, les textes réaffirment leur attachement au traditionnel principe de la séparation des ordonnateurs et des

---

646 M. FALL, cours polycopié de Finances publiques, FSJP/UCAD 2010-2011, p. 41.

647 Le décret sénégalais de 2011 et celui du Niger de 2013 sont pris en vue de transposer les dispositions de la Directive n°07/2009/CM/UEMOA Portant RGCP au sein de l'UEMOA.

comptables dont les mérites sont rappelés dans tous les ouvrages du droit de la comptabilité publique[648].Il importe, dans les lignes qui suivent, de revisiter ce droit afin d'insister sur son application dès lorsqu'il est question de dépenser dans le cadre d'un marché public[649].

A ce sujet, il faut rappeler que le droit de la comptabilité publique n'est pas non plus épargné par "la fièvre réformiste" qui secoue le législateur communautaire et ce, depuis 1997[650].

L'idée de fond est de vérifier si ce nouveau droit de la comptabilité publique a pris en compte les préoccupations de rationalisation de la dépense publique contenues dans les directives marché public. En d'autres termes, il importe de voir dans quelle mesure, ce droit pourrait être exploité et être mis au service d'une dépense publique de qualité, tout en évitant, les errements décriés. Pour cela, nous allons, successivement, examiner les opérations ou actes qui relèvent de la compétence des AC avant de revenir sur les prérogatives des comptables publics dans cette sensible procédure de paiement des marchés publics.

A ce sujet un constat s'impose : autant, il est aisé de constater une mutation dans le sens d'une plus grande responsabilisation des agents de l'ordre administratif (**Paragraphe I**) autant, on peut constater une certaine inertie dans la définition des prérogatives du comptable public en la matière (**Paragraphe II**).

---

[648] En partant de l'idée selon laquelle, ce principe n'est que la transposition dans le domaine financier du vieux principe politique de la séparation des pouvoirs, André Paysant (….) , résume à trois points les raisons d'être du principe de la séparation des ordonnateurs et des comptables. Il y voit d'abord, une raison juridique liée au contrôle grâce à l'indépendance réciproque de deux catégories d'agents. Ensuite, une raison technique qui renvoi à la division et à la spécialisation des agents, en vue de garantir un bon rendement. Enfin, une raison d'ordre psychologique liée au rôle d'accélérateur que doit jouer l'ordonnateur et au rôle de frein dévolu au comptable.

[649] En parcourant ces différents textes relatifs à la comptabilité publique, l'on se rend compte qu'ils évoquent des généralités sur l'exécution de la dépense mais à y regarder de près, il est facile de constater qu'ils donnent des exemples dans lesquels ils précisent la nature de la dépense. Deux catégories de dépenses apparaissent abondamment. Il s'agit des dépenses de personnel et des dépenses de fournitures, services et travaux. Nous allons, par conséquent, partir de ces indications pour mettre en exergue, la dimension exécution de la dépense publique relative aux marchés publics.

[650] Il faut rappeler à ce sujet que, le Conseil des Ministres de l'UEMOA avait adopté en 1997 et 1998 cinq Directives constitutives du cadre harmonisé des finances publiques au sein de l'Union. Mais pour consolider les acquis enregistrés par les États membres de l'Union en matière d'assainissement budgétaire et de bonne gestion des finances publiques et corriger les lacunes constatées dans la mise en œuvre des exigences communautaires, le Conseil des Ministres a adopté en 2000 la Directive n° 02/2000/CM/UEMOA du 29 juin 2000 portant Code de transparence dans la gestion des finances publiques dans l'espace UEMOA.

Paragraphe I : Une certaine responsabilisation des agents de la phase administrative

La procédure normale d'exécution de la dépense publique est scindée en deux phrases : une phrase administrative et une phrase comptable.

A propos de la prise en charge de la première phase, les dispositions des articles 6 à 11 de la Directive n° 06/97/CM/UEMOA portant RGCP prévoyaient l'existence des administrateurs des crédits et des ordonnateurs[651].

Le Niger et le Sénégal se sont inspirés de cette prescription communautaire pour élaborer leur droit de la comptabilité publique. C'est ainsi que dans ces Etats, l'on distingue les administrateurs des crédits des ordonnateurs[652]. Rapporté à l'exécution de la dépense publique liée aux marchés publics, l'on se rend compte que les PRM qui sont les ministres ne sont rien d'autre que les administrateurs des crédits. De ce fait, ils ont pour rôle de proposer l'engagement de la dépense publique à travers la signature qu'ils apposent sur le projet du marché. Après réception de la prestation, ils préparent la liquidation de la dépense qui en découle. Quant au MEF, il lui appartient, en tant qu'ordonnateur principal et unique d'engager cette dépense à travers la validation du projet du marché, de liquider le montant avant de donner au comptable public, l'ordre de payer.

L'on constate à quel point le MEF est au cœur du dispositif de gestion de la dépense publique, car, tout part de lui et tout revient à lui. Cette hypercentralisation du système financier autour du MEF traduit une certaine méfiance vis-à-vis des autres ministres qui se trouvent ainsi à la périphérie des décisions financières majeures.

Dans une étude intéressante, le Professeur Michel Bouvier a cru déceler les raisons de cette méfiance. Pour ce spécialiste du droit public financier, derrière cette centralisation se cache une certaine crainte. En effet, « une *trop grande dispersion des centres de décision serait source de gaspillage et de dysfonctionnement et impliquerait d'un point de vue administratif une trop lourde surveillance des ministres dépensiers* »[653]. Contre cette opinion, largement partagée, l'auteur relève que la concentration à « *un effet paralysant* » lié à l'incapacité à tout accomplir dans des délais raisonnables. En effet, dans

---

651 Les premiers sont chargés de proposer les engagements des dépenses et de préparer la liquidation. Ce rôle est dévolu aux différents ministres. Pour la deuxième catégorie d'agents, à savoir les ordonnateurs, ils ont pour mission d'engager la dépense et de donner aux comptables publics, l'ordre de payer la dépense après l'avoir liquidé. Cette mission est dévolue au MEF, avec possibilité pour lui de s'appuyer sur les ordonnateurs secondaires et délégués.

652 A la tête de ces agents, trône le gardien de l'orthodoxie financière qui est le MEF. En effet, aussi bien au Niger qu'au Sénégal, il est ordonnateur principal et unique du BG, des BA et des CST.

653 M. BOUVIER, « La gestion de la dépense publique dans les pays de l'Afrique subsaharienne francophone », étude précédemment évoquée, p. 170.

cette logique, toutes les pièces doivent transiter par un point unique, d'où, l'existence des lenteurs et des lourdeurs des procédures constatées dans l'exécution de la dépense publique. Cet état de droit est, naturellement, incompatible avec l'idée d'efficacité et de performance de la dépense publique.

Par conséquent, les exigences de la NGP qui militent en faveur d'une plus grande responsabilisation des acteurs de la chaine des dépenses publiques ne trouvent pas, forcément, leurs comptes car les vraies décisions sont prises par le seul MEF. C'est pourquoi, dans le cadre de la réforme du droit de la comptabilité publique engagée par les Directives n°06/2009 portant Loi de finances et n°07/2009 portant RGCP, il a été décidé de briser le monopole du MEF dans l'exécution de la dépense publique à travers la déconcentration de la fonction d'ordonnateur des crédits.

L'idée est de donner plus de pouvoirs aux ministres au nom de la culture du résultat et de l'efficacité de l'action publique.

Selon certains spécialistes qui ont, probablement, inspiré le législateur communautaire, « *faire de chaque ministre un ordonnateur contribuerait, malgré les quelques dysfonctionnements ou égarements qui ne manqueraient pas ponctuellement d'intervenir, à responsabiliser ceux-ci dans leur pratique gestionnaire et à en faire des interlocuteurs gouvernementaux à part entière* »[654].

Dans le cadre de la transposition de ces prescriptions communautaires, l'art. 17 du Décret sénégalais n°2011-1880/MEF/DGCPJ/DCP du 20 octobre 2011 portant RGCP et l'art. 8 al. 2 du Décret nigérien n°2013-83/PRN du 1er mars 2013 portant RGCP[655] disposent dans les mêmes termes que « *les ministres et les présidents des institutions constitutionnelles sont ordonnateurs principaux des crédits, des programmes et des budgets annexes de leur ministère ou de leur institution* (…).

Par cette disposition, l'on se rend compte que les ministres qui sont les PRM ont désormais reçu le pouvoir d'engager des dépenses publiques y compris celles relatives aux marchés publics. Par la même occasion, la fonction d'administrateurs de crédits doit disparaitre avec l'entrée en vigueur effective de ces nouveaux décrets.

De ce fait, l'on est en droit d'affirmer que tous les ministres sont fondés à accomplir l'acte d'engagement de la dépense publique avant de la liquider lorsque la prestation venait à être, effectivement, accomplie.

Toutefois, l'analyse et la confrontation des textes en présence indiquent, clairement, que la réforme n'est pas achevée, surtout, au sujet de l'engagement (**A**). Quant à la liquidation (**B**) le problème se pose dans d'autres termes.

---

654 *Ibid*, p. 171.

655 Voir Journal Officiel de la République du Niger, spécial n°8 du 20 mars 2013, p.336.

d'approbation, matérialisé par la signature de l'autorité compétente à ce titre, est la formalité administrative nécessaire pour donner effet au marché public. Dans tous les cas, les fonctions d'autorité signataire et d'autorité approbatrice ne peuvent être cumulées ».

A travers l'examen de ces deux dispositions, l'on se rend compte que deux signatures, émanant de deux autorités distinctes doivent figurer sur le contrat.

La première émane de la PRM. Elle est apposée sur le contrat qu'elle aura établit. Après cette première signature et celle de l'attributaire du marché, le contrat accède au statut de projet du marché. Celui-ci est ensuite transmis, en fonction de son montant, à une autre autorité en vue d'une deuxième signature. Celle-ci constitue l'acte ou la formalité d'approbation à laquelle faisaient allusion les deux CMP.

L'approbation ainsi matérialisée par cette deuxième signature a pour conséquence juridique principale de valider le projet du marché et de lui permettre de produire ses effets.

Du côté de l'AC, ces effets ne sont rien d'autre que l'obligation de payer le prix du marché le moment venu. Autrement dit, l'approbation qui permet au marché de produire ses effets met, en même temps, à la charge de l'AC l'obligation de payer dès lors que son cocontractant accompli la prestation prévue au contrat.

Du point de vue strictement juridique, l'acte d'approbation peut être assimilé à l'engagement juridique prévu par le droit de la comptabilité publique. Ce dernier, on le sait, crée, indiscutablement, une obligation financière à la charge de la personne publique.

La difficulté qui se présente, à ce sujet, est que l'examen des CMP et les décrets portant RGCP indique que l'accomplissement de ces deux actes est confié à des autorités différentes.

Au Sénégal, une certaine incohérence juridique est perceptible, dès lors, que l'on confronte les dispositions du CMP à celles des décrets de 2003 et de 2011 portant RGCP.

Dans le décret de 2003, l'art. 19 prévoit un seul ordonnateur principal et unique du BG, des CST et des BA au moment où l'art. 29 du CMP prévoient trois autorités chargées d'approuver les marchés publics conclus au nom et pour le compte de l'Etat.

Dans le décret de 2011, en revanche, l'art. 17 al.2 reconnait cette qualité d'ordonnateurs de crédits à tous les ministres. Ils sont, ainsi, aptes à engager juridiquement les dépenses de leurs ministères. Par voie de conséquence, ils doivent être investis du pouvoir d'approuver leur marché dès lors qu'il a été établi que l'approbation du marché équivaut à l'engagement juridique de la dépense correspondante.

Malgré, cette volonté de déconcentration de la fonction d'ordonnateur des crédits, les dispositions du CMP relatives à l'approbation sont toujours intactes.

Dans l'un comme dans l'autre cas, une incohérence juridique notoire est perceptible dans le rapport entre deux textes de même valeur juridique, à savoir le décret portant CMP et les décrets portant RGCP.

Dans le premier cas, le décret de 2003 reconnait le pouvoir d'engager toutes les dépenses publiques à une seule autorité qui est le MEF alors que le CMP reconnait le même pouvoir à trois autorités différentes.

Dans le deuxième cas, le décret de 2011 reconnait ce pouvoir d'engagement à tous les ministres, pendant que le CMP continue à attribuer ce pouvoir à trois autorités.

Face à cette situation, un véritable travail de rationalisation s'impose afin d'harmoniser les dispositions du CMP relatives à l'approbation et celles du décret de 2011 relatives à l'engagement juridique de la dépense publique. En effet, si comme il a été montré que l'approbation du marché équivaut à l'engagement juridique de la dépense publique, il serait impertinent de confier le même pouvoir, la même fonction à des autorités différentes, comme c'est le cas en l'état actuel du droit positif sénégalais.

Au Niger, le problème ne se pose pas, puisque le CMP ne prévoyait pas, expressément, l'autorité ou les autorités investies du pouvoir d'approbation. Par conséquent, l'on peut conclure, dans ce pays, que c'est au ministre en charge de finances d'approuver les projets des marchés présentés par les ministres dépensiers, car, ils étaient considérés comme des administrateurs de crédits.

Pour tenir compte des exigences de deux décrets, il suffit, pour ces ministres, de déléguer leur pouvoir de signature aux DAGE ou à leurs secrétaires généraux et se réserver celui d'approbation. Ainsi, les premiers conduiront la procédure de passation des marchés et signeront le projet du marché. L'ensemble du dossier sera, ensuite, transmis au Ministre pour approbation, qui vaut engagement juridique de la dépense publique y afférente.

Mais récemment, un arrêté a été signé pour mettre fin à toute ambiguïté dans l'interprétation de ces dispositions. Cet arrêté dresse la liste des autorités investies du pouvoir d'approbation des marchés publics au Niger[665].

Pour tenir compte des dispositions de l'art. 99 du CMP qui impose la séparation de la fonction de signataire et celle d'approbation, cet arrêté a été aménagé de telle sorte que l'autorité qui signe soit différente de celle qui approuve. Mais, à y regarder de près, l'on assiste à une parfaite coïncidence et articulation entre l'autorité qui approuve les marchés et l'autorité qui engage la dépense publique au sein de l'administration considérée conformément aux dispositions du Décret n°2013-83/PRN/MF du 1er Mars 2013 portant RGCP.

C'est ainsi qu'au niveau de l'Etat, les marchés de la Présidence sont approuvés par le Directeur de Cabinet[666], ceux du cabinet du Premier par le

---

665 Voir, Arrêté n°0077/CAB/PM/ARMP du 24 mars 2014 portant modalités de signature et d'approbation des marchés publics et délégations de service public.

666 Ces marchés sont préparés et signés par le Secrétaire Général de la Présidence.

Directeur de Cabinet[667], les marchés des départements ministériels par les Ministres[668], les marchés des institutions constitutionnelles par le Président de l'institution[669] et ceux des administrations déconcentrées par les Gouverneurs et les Préfets[670].

Au regard de ces différentes dispositions, le droit nigérien entend éviter toute contradiction entre le droit des marchés publics et le droit de la comptabilité publique, notamment, au sujet de l'engagement de la dépense publique. En effet, il apparait, clairement que l'autorité qui approuve les marchés publics est la même que celle qui détient le pouvoir d'engagement de la dépense publique.

La dépense ainsi engagée, il ne reste plus qu'à procéder à sa liquation, dès lors que certaines conditions prévues au contrat sont réunies.

B. Le caractère stratégique de la liquidation de la dépense liée aux marchés

Deuxième étape dans la procédure d'exécution de la dépense publique, la liquidation est présentée comme une opération qui vise à constater et à arrêter les droits des créanciers de la personne publique. En l'espèce, elle s'analyse comme l'opération qui consiste à vérifier l'existence et le montant des droits des titulaires du marché.

De cette constatation, l'on se rend compte que si l'engagement juridique crée l'obligation, la liquidation, quant à elle, s'emploie à fixer la réalité et le montant de cette obligation.

Toutefois, l'on doit se garder d'établir un certain lien automatique dans la succession de ces deux actes car une dépense engagée ne fait pas, nécessairement, l'objet d'une liquidation aboutissant à son paiement.

En droit des marchés publics, les engagements financiers pris par l'AC et matérialisés par sa signature sur le contrat n'entrainent pas, automatiquement, des dépenses. En effet, étant un contrat synallagmatique, le paiement du marché qui suppose, d'abord, la liquidation de son montant est subordonné à l'accomplissement de la prestation prévue aux cahiers des charges.

C'est pour tenir compte de ces exigences préalables au paiement qu'il est précisé à l'art. 88 du décret sénégalais portant RGCP que « *la liquidation est l'opération qui consiste à constater et à arrêter les droits du créancier* »[671]. Au Niger, c'est l'art.47 du décret portant RGCP qui dispose que « *la liquidation a pour objet de vérifier la réalité de la dette et d'arrêter le montant exact de la dépense* ».

---

667 Ces marchés sont aussi préparés et signés par le Secrétaire Général de la Primature.

668 Les marchés des départements ministériels sont signés par les secrétaires généraux.

669 Les marchés des institutions sont signés par le Secrétaire général ou toute autorité en tenant lieu.

670 Les marchés des circonscriptions administratives sont signés par le Directeur du secteur concerné.

671 Il s'agit d'une reprise des dispositions de l'art. 93 du décret de 2003 portant RGCP.

Malgré, l'existence d'une certaine nuance dans la formulation de ces deux articles, leur rappel vise à mettre en exergue l'idée selon laquelle que derrière la notion générique de liquidation se cachent, en réalité, deux actes complémentaires. Il s'agit, dans un premier temps, de vérifier la réalité des droits des titulaires des marchés (**1**) avant de s'employer, dans un deuxième temps, à déterminer leur montant exact (**2**).

1. La vérification de la réalité de la dette publique

Le premier acte à poser, par l'ordonnateur, dans l'exercice de ses attributions en matière de liquidation est, naturellement, la constatation de la réalité ou de l'existence même de la dette publique.

L'art.46 de la Directive n°07/2009 dispose, à ce sujet, que « *la liquidation a pour objet de vérifier la réalité de la dette (...). Elle est faite au vu des titres et pièces justifiant la preuve des droits acquis par les créanciers* ». Cette disposition a été reprise par le droit sénégalais et nigérien de la comptabilité publique.

C'est ainsi que l'art. 47 du décret nigérien portant RGCP de 2013 précise que « *la liquidation a pour objet de vérifier la réalité de la dette (...)* ». Quant à l'art.88 du décret sénégalais portant RGCP de 2011, il rappelle, d'abord, que « *la liquidation consiste à constater les droits du créancier* ». Ensuite, dans un souci pédagogique, il clarifie l'expression, en disposant que « *constater les droits du créancier consiste à vérifier que sa créance existe et qu'elle est exigible* ».

Le rapprochement de ces deux dispositions permet de conclure que le décret sénégalais est beaucoup plus soucieux de la précision que le texte nigérien qui a opté de verser dans un laconisme.

En tous les cas, la liquidation ne peut être entreprise qu'au vu des titres et pièces justifiant que les créanciers ont acquis un certain droit vis-à-vis de la personne publique.

En droit des marchés publics, particulièrement, la reconnaissance de l'existence ou de la réalité d'une dette passe, en principe, par la constatation de l'exécution de l'obligation mise à la charge du titulaire du marché. Cette idée de vérification ou de constatation renvoie à la fameuse règle du service, non pas seulement fait, mais bien fait. Par voie de conséquence, la liquidation ne peut intervenir que lorsque le service aura été bien fait, c'est-à-dire, que la prestation objet du marché soit complètement et correctement accomplit. Elle doit faire l'objet d'un PV signé par tous les membres de la commission de réception.

Ainsi, c'est la quantité et la qualité du service, de la fourniture ou du travail confrontée aux stipulations des cahiers de charges et des ordres de services qui permet d'établir l'existence d'un droit au profit du titulaire des marchés. En d'autres termes, c'est lorsqu'il est établit que l'exécution de la prestation est conforme à ce qui a été stipulé dans les documents contractuels que son bénéficiaire devient titulaire d'un droit à l'égard du Trésor public.

S'employant à mettre en exergue, la pertinence et la portée réelle de cette pièce maitresse de la comptabilité publique, Nguyen Chanh Tam[672] convoque les points de vue de certains spécialistes en la matière. Il note, à cet effet, que selon Lino Di Qual[673], il serait erroné de situer la naissance des dettes publiques au niveau de l'engagement des dépenses publiques. Cette opinion est partagée par Gabriel Montagnier[674] et Jacques Magnet[675] pour qui « *l'engagement crée ou constate les obligations d'où résulteront les dépenses publiques mais ces dettes n'existent qu'à partir de l'exécution de ces obligations* ».

L'on se rend compte que c'est l'exécution correcte et complète de l'obligation mise à la charge du titulaire du marché qui crée, en réalité, cette obligation de payer.

Ainsi, le titulaire du marché doit produire toute pièce, tout titre, toute preuve de nature à établir qu'il a, correctement et complètement, livré les fournitures ou réalisé l'ouvrage ou accomplit la prestation de service tel qu'il a été stipulé dans le contrat.

C'est dans cette perspective qu'il faut comprendre les dispositions de l'art. 88 al. 5 du décret sénégalais de 2011 portant RGCP lorsqu'elles notent avec force qu'« *en ce qui concerne, notamment, les fournitures, services et travaux, ces titres et pièces sont constitués par les marchés, les mémoires ou factures en original détaillant les livraisons, services ou travaux effectués et les procès-verbaux de réception signés par les ordonnateurs, les contrôleurs des opérations financières et éventuellement par les responsables des services techniques dans le cadre de la réglementation en vigueur* ». Au Niger, en dehors de la référence à la règle du service fait, l'art. 47 du décret ci-haut cité n'a pas entendu apporter des précisions sur la nature des pièces à produire afin d'établir la preuve que le titulaire du marché a effectué la contreprestation prévue et que celle-ci est effective et conforme à ce qui est stipulé au contrat.

La référence au service fait, aux pièces et titres de nature à l'établir constitue une exigence qui vise, essentiellement, la protection des deniers publics contre tout paiement indu au profit du titulaire du marché et au détriment du Trésor public et de l'intérêt général au nom duquel l'exécution du marché est souhaitée.

Face à ces différentes exigences, textuelles et procédurales, suffisamment protectrices, l'on est en droit de se demander comment, l'on parvienne à liquider le montant de certains marchés pour lesquels il est de notoriété publique que la livraison ou la réception est, soit incomplète, soit de mauvaise qualité si elle n'est pas purement et simplement fictive ?

Cet état de fait qui contraste avec les exigences de rationalisation de la dépense publique est, pourtant, perceptible dans les deux Etats. En effet, selon certains acteurs interrogés, la prestation de beaucoup de titulaires de marchés ne

[672] N. CHANT TAM, op. Cit, p. 9.

[673] L. DI QUAL, Droit de la comptabilité publique, Paris, *A. Colin* 1971, p. 18 et suivants.

[674] G. MONTAGNIER, *Principes de comptabilité publique*, Paris *Dalloz*, 1981, p. 30.

[675] J. MAGNET, Comptabilité publique, Paris, *PUF* 1978, p. 173.

satisfait pas aux stipulations des cahiers de charges. Il nous a même été rapporté que certains membres de la commission de réception refusent, purement et simplement, d'apposer leur signature sur le PV de réception. Sachant que ce dernier constitue un titre au vu duquel il sera constaté la réalité des droits du titulaire de ce marché, il est, a *priori*, inimaginable de penser qu'une dette découlant de ce marché sera mise à la charge du Trésor public.

Pourtant, il nous a été rapporté que, dans la plupart des cas, les marchés exécutés dans ces conditions et qui ont rencontré la résistance de quelques membres de la commission de réception font, malheureusement, l'objet d'une liquidation ouvrant droit au paiement au profit de leur titulaire.

Plus grave est le cas de livraison ou de réalisation fictives qui sont en vogue dans certains départements ministériels. En principe, pour ces marchés, il n'existe aucune base juridique devant servir à l'établissement d'une obligation à mettre à la charge du Trésor public. En effet, la contreprestation n'étant pas accomplie, aucune liquidation n'est envisageable et tout paiement effectué sera considéré comme de l'indu auquel il faut appliquer la règle civiliste selon laquelle « *tout paiement suppose une dette et tout ce qui a été payé sans être dû est sujet à restitution* »[676]. Pour créditer cette thèse, l'on peut examiner, par exemple, le contenu du rapport de la Mission d'investigation dans le cadre de l'exécution du programme GAVI-SSV[677] au Niger (Périodes 2007-2010) publié en Février 2012[678].

Dans ce rapport, plusieurs fraudes et irrégularités ont été décelées dans la gestion du fonds que GAVI Alliance a mis à la disposition du gouvernement nigérien. Les décaissements, en espèces, relatifs au Soutien aux Services de Vaccination (SSV) et à l'introduction de nouveaux vaccins (INV) se sont élevés sur la période 2002-2010 à US$ 10 453 357.

Conformément à la Politique de Transparence et de Responsabilité Financière (PTRF) de GAVI Alliance, une Evaluation de la Gestion Financière (EGF) a été réalisée au Niger du 17 au 28 Janvier 2011.

Cette évaluation a identifié un ensemble de faiblesses et anomalies dans la gestion du programme SSV. Ces faiblesses sont des fraudes et autres irrégularités flagrantes et tournent autour de la production de dépenses fictives relatives à l'achat de pièces détachées, d'entretien et réparation de matériel roulant et la fabrication de fausses factures pour justifier les paiements subséquents[679].

---

676 F. TERRE, P. SIMLER et Y. LEQUETTE, *Les obligations*, op. cit, p. 888.

677 A propos de la mission de GAVI Alliance, voir, http://www.gavi.org/a-propos/mission/ (consulté le 05 mai 2015).

678 Rapport de la Mission d'investigation dans le cadre de l'exécution du programme GAVI-SSV au Niger (Périodes 2007-2010), février 2012, sur http://www.gavialliance.org/fr/librairie/documents-gavi/legal/rapport-d-investigation-(niger)-f%C3%A9vrier-2012/ (consulté le 20 juin 2013).

679 Rapport GAVI, op. Cit, p. 15.

Pour illustrer ces fraudes et irrégularités, les missionnaires insistent sur quelques cas parmi lesquels, l'on peut s'attarder sur ce qui s'est passé à la Division des Immunisations (DI) qui a effectué des dépenses d'achats de pièces détachées et d'entretien véhicules pour F CFA 107 135 063 pour la période allant de 2007 à 2009. L'exploitation des fiches de réparation auprès du garage administratif du Ministère de la Santé Publique (Garage SERPA) sensé produire les devis et effectuer lesdites réparations, laisse transparaître que des réparations présumées réalisées au cours de la période contrôlée pour F CFA 85 330 680 ne l'avaient pas été en réalité.

Les auditeurs notent avoir « *constaté que non seulement le Chef de Garage Administratif de l'époque Monsieur Y.B. produisait des devis de réparation, au nom du Garage SERPA, mais produisait des factures pour son compte personnel dans le cadre d'un Garage qu'il posséderait s'il l'on s'en tient au papier à en-tête retrouvé et portant son nom (ce qui est anormal selon le nouveau Chef de garage en poste depuis octobre 2009), et ces factures sont payées sous le couvert des fournisseurs fictifs. A titre d'exemple, nous avons retrouvé dans la documentation justificative présentée par la DI au mois d'avril 2007, une facture d'achat de pièces détachées émise sous l'entête du nom du Chef de Garage administratif Y.B. qui officiait pendant la période sous revue, dont le montant hors taxes, correspondait au montant hors taxes payé en espèces de la facture produite par un autre prestataire de service.Le prestataire de service que nous avons rencontré ne possède pas de magasin de vente de pièces détachées. De plus, il nous a avoué n'avoir jamais perçu une telle somme d'argent en espèces du Ministère de la Santé ou de ses démembrements. Enfin, il a affirmé n'avoir pas traité avec le Garage Administratif depuis 2005. Le montant des dépenses compromises au titre des dépenses que nous avons jugées fictives sur l'achat des pièces détachées ou des entretiens et réparations subséquents s'élève à F CFA 85 330 680* »[680].

Le Sénégal, aussi, est loin d'être épargné par ces pratiques à la limite honteuses. En guise d'illustration, l'on peut invoquer la fameuse affaire des marchés de 5 milliards de francs CFA de produits phytosanitaires exécutés par le Ministère de l'Habitat et la Construction à la suite d'un AOR de novembre 2011 pour l'année 2012. A l'arrivée, l'on s'est retrouvé avec des marchés fictifs évalués à 77 milliards de francs «encaissés» par l'Entreprise générale de fournitures et entretien divers d'Aïda Ndiongue[681]. Pourtant, les commandes sont fictives et n'ont jamais été livrées au Service d'hygiène. Ce dernier se trouve dès lors au cœur du scandale pour avoir contribué à avaliser le faux.

Dans cette procédure, de "hauts gradés" de cette structure se retrouvent dans la chaîne de complicité. En effet, il est clairement établi qu'au moment de

---

680 *Ibid*, p. 15.

681 http://seninfos.com/index.php/actualite/10928-affaire-des-produits-phytosanitaires-du-plan-jaxaay-le-dossier-aida-ndiongue-sur-la-table-du-doyen-des-juges (consulté le 21 juin 2013).

livraisons, les Bordereaux de livraison sont substitués par des mises à disposition signées par des subalternes qui n'ont aucun contrôle sur les mouvements des produits mis à leur disposition.

Etant têtus, les faits s'éclatent en faux, usage de faux et magouilles dont les conséquences sont inestimables[682].

Ces quelques cas, qui ne sont que la face visible de l'iceberg, témoignent à quel point, il est possible d'organiser une complicité générale pour constater et certifier une prestation qui n'a jamais été accomplie et, donc, qui n'a jamais existée afin de calculer et de décaisser son montant. Ces errements ne sont révélés au public que sous la pression des bailleurs de fonds ou à des fins politiques pour déstabiliser le précédent gestionnaire des deniers publics. Les autres brigands sont à l'abri de toutes poursuites et de tout déballage, dès lors, qu'ils continuent à coopérer avec l'équipe dirigeante.

C'est un aspect de la dimension politique des marchés publics dont la menace du déballage est brandit tantôt pour obtenir le ralliement d'un "porteur des voix" tantôt pour bénéficier du silence d'un adversaire gênant.

Cette étape hautement stratégique doit faire l'objet d'une attention particulière. L'idée, c'est de prendre toutes les dispositions utiles pour qu'il soit réellement constaté l'accomplissement d'une prestation de nature à justifier un paiement. Sans cela, les contraintes procédurales relatives à la passation du marché, quoique souvent assez bien respectées, n'auraient aucun sens puisque l'AC peut, "gracieusement" délivrée à son partenaire, un titre attestant que la prestation prévue au contrat a été accomplie alors qu'il n'en est rien.

La constatation de la réalité ou de l'existence de la dette ainsi résumée autour de la règle du service bien fait et dûment constatée est un préalable au calcul de son montant pour lequel une certaine prudence doit être de mise.

2. La détermination du montant de la dette publique

Le constat de l'existence ou de la réalité de la dette étant fait, il ne reste plus qu'à s'employer à déterminer son montant. C'est l'objet de la deuxième dimension de l'opération de liquidation à propos de laquelle, les décrets portant RGCP apportent quelques précisions.

Au Niger, l'art. 47 du décret portant RGCP rappelle, seulement, que « *la liquidation a pour objet (...) d'arrêter le montant exact de la dépense. Elle est faite au vu des titres et pièces justifiant la preuve des droits acquis par les créanciers* ». Le texte se garde ainsi de toute précision sur la nature ou les différentes pièces susceptibles de servir de base à cette liquidation.

C'est en droit sénégalais que le texte se montre beaucoup plus soucieux de la précision. En effet, après avoir prévu à l'art. 88 qu' « *arrêter les droits du*

---

682 http://www.lequotidien.sn/index.php/la-une2/5521-planjaxaay-marches-fictifs-de-2007-a-2012-de-produits-phytosanitaires-le-quinquennat-a-77-milliards-de-aida-ndiongue-des-responsables-du-service-dhygiene-defilent-devant-les-enqueteurs (consulté le 21 juin 2013).

créancier consiste à fixer le montant exact de sa créance », le décret portant RGCP de 2011 ajoute à son art. 90 que « *la liquidation est faite soit à la demande des créanciers, sur justifications produites par eux ou, dans leur intérêt, par les agents administratifs habilités ; soit d'office lorsque l'agent chargé de la liquidation dispose des éléments nécessaires et y est autorisé par les lois et règlements* ».

Au regard de cette disposition, l'on se rend compte qu'il existe trois procédés pour arrêter, avec précision, le montant de la dette publique. Soit elle est faite à l'initiative du créancier, soit par un agent administratif dans l'intérêt du créancier, soit d'office.

En droit des marchés publics, la détermination du montant de la créance du cocontractant est faite, soit à l'initiative du créancier, soit contradictoirement.

Dans le premier cas, après avoir achevé les prestations, il établit ce que l'on appelle un projet de décompte. En cette matière, les marchés prévoient toujours les procédures de règlement aboutissant à l'élaboration d'un décompte qui va permettre de clôturer les comptes entre l'AC et le titulaire du marché. Dans ce dernier, il répertorie toutes les dépenses liées au marché. Le montant ainsi arrêté est majoré, le cas échéant, des intérêts moratoires. L'ensemble est minoré des acomptes et des avances perçus ainsi que du montant d'une éventuelle réfaction sur le prix du contrat.

Ce décompte général et définitif est présenté à l'AC qui le vérifie, le rectifie et arrête le montant, c'est-à-dire, les sommes dont elle se reconnait débitrice[683].

Dans le deuxième cas, le montant de la dette est arrêté contradictoirement. En effet, l'AC ne se fie pas au décompte ou à la facture présentée par le titulaire du marché. Dans ce cas, les services compétents de l'AC et le titulaire du marché vont, concrètement, se baser sur la réalité du service fait, le répertoire des prix, l'offre financière du candidat, les dépenses réellement effectuées dans le cadre de l'exécution du marché. Le montant, ainsi, arrêté à la suite de cette confrontation constitue le montant de la dette publique qui va figurer sur la facture à présenter au paiement.

Cette deuxième technique semble beaucoup plus pertinente que la première au regard de la recrudescence du phénomène de surfacturation et des fraudes. En effet, loin de se contenter de la facture, généralement, gonflée, l'AC doit s'employer à arrêter le montant de la dette d'un commun consentement avec le titulaire du marché après une appréciation *in concreto* de tous les éléments du marché ainsi exécuté.

En pratique, la liquidation s'appuie sur la constatation du service fait matérialisée par le bordereau ou le PV de réception. Au vu de ce titre, la facture définitive est établie par le créancier et la transmet à l'administrateur des crédits. A la réception de ces documents, il porte les mentions de certification et transmet l'ensemble du dossier au COF pour vérifications. Ce n'est qu'après ces vérifications qu'il sera donné au Trésor, l'ordre de payer.

---

[683] C'est à partir de cette acceptation de l'AC que le décompte devient définitif et intangible.

L'analyse de différents actes incombant aux agents de l'ordre administratif indique à quel point ils sont déterminants dans le processus du décaissement de l'argent public.

Cependant, force est de constater qu'ils ne sont pas, forcément, accomplis par des professionnels au sens technique du terme[684]. En effet, les administrateurs de crédits et les ordonnateurs qui s'occupent des achats publics ne constituent pas un corps particulier d'agents publics « *et n'occupent pas en tant que tels, un emploi dans la fonction publique* »[685]. Florian Linditch déplore le fait que « *contrairement aux métiers réputés techniques, le métier d'acheteur public n'existe pas en tant que tel dans la fonction publique* »[686]. Il se pose, dès lors, un problème général de compétence en matière de gestion des marchés publics. Cette situation justifie, au fond, les difficultés rencontrées par les acteurs dans la mise en branle des procédures de passation et d'exécution des marchés.

La question mérite que l'on s'y attarde car, le marché public « *met aux prises, quotidiennement, des généralistes de l'Administration et des professionnels commerciaux et techniciens, aux compétences affûtées dans leur domaine professionnel propre* »[687].

C'est fort de ce constat que le nouveau droit des marchés publics insiste sur la formation des acteurs de la commande ; une mission qu'il a confié à l'ARMP[688].

La fin de la phase administrative de l'exécution financière du marché public est matérialisée par la prise de l'acte d'ordonnancement. Celui-ci inaugure la phase des actes dévolus aux comptables publics qui détiennent un certain nombre de prérogatives dans la réglementation des quelles, il n'y a pas de grand changement.

Paragraphe II : Un relatif statu quo dans la définition des prérogatives du comptable

A la différence des agents de l'ordre administratif, les comptables publics sont des agents publics qui occupent, *ès* qualité, un emploi au sens du droit de la fonction publique et exercent à titre exclusif ou principal, des attributions proprement financières[689].Ces caractéristiques ressortent de la définition du comptable donnée par les différents décrets portant RGCP. En effet, l'art. 16 du

---

684 Le professionnalisme est en effet, la qualité d'une personne qui exerce une profession avec une grande compétence. Dans le domaine de l'achat public, il est sensé connaitre tous les textes, les méandres de la procédure de passation et d'exécution ; les techniques du calcul des prix du marché ainsi que les pièges et subterfuges des titulaires du marché.

685 L. SAIDJ, Dictionnaire encyclopédique de finances publiques, op. Cit, p. 1107.

686 F. LINDITCH, Le *droit des marchés publics*, op. Cit, p. 98.

687 *ibid*, pp. 98-99.

688 Cf. supra, pp. 560 et suivantes.

689 G. MONTAGNIER, *Dictionnaire encyclopédique de finances publiques*, op. Cit, p. 386.

décret nigérien de 2013 et l'art. 24 du décret sénégalais de 2011 disposent dans les mêmes termes qu' « *est comptable public tout agent public régulièrement habilité pour effectuer, à titre exclusif, au nom de l'Etat ou d'un organisme public, des opérations de recettes, de dépenses ou de maniement de titre, soit au moyen de fonds et valeurs dont il a la garde, soit par virement interne d'écritures, soit par l'intermédiaire d'autres comptables* ».

En vertu du principe de la séparation des ordonnateurs et des comptables, il s'occupe essentiellement du maniement et de la garde des deniers publics ainsi que des pièces justificatives.

L'importance stratégique de la mission ainsi dévolue au comptable public est telle que son entrée en fonction est entourée d'un certain nombre de précautions particulières[690].

La particularité du statut du comptable public fait que préalablement a tout décaissement, il est tenu de procéder à un certain nombre de vérifications de nature à emporter son intime conviction sur la régularité de l'opération. C'est pourquoi, il est constant de remarquer que les Etats ont, toujours, entendu définir un cadre juridique du contrôle **(A)** après l'exercice duquel, le comptable public est appelé à payer la dépense en cause **(B)**.

A. Une reconduction limitée du cadre de contrôle de la dépense publique

Dans une étude, fort, intéressante, Paul Amselek écrivait qu' « *avant de réaliser l'opération matérielle du paiement, le payeur doit effectuer toute une série de contrôles bien précisés par les textes, afin de s'assurer de la régularité budgétaire et comptable de la dépense qui a été décidée par l'ordonnateur* »[691].

Ainsi, si la notion de contrôle reste imprécise à cause de la diversité de matières et d'organes qu'elle peut intéresser, celui exercé par le comptable « *serait l'ensemble des opérations par lesquelles le comptable vérifie la régularité des dépenses qu'il a en charge d'effectuer* »[692]. En effet, à partir du moment où il est présumé responsable des irrégularités constatées dans sa gestion ou dans ses écritures, quels qu'en soient les motifs ou leur origine, le comptable se doit de contrôler tous les documents qui lui sont soumis par l'ordonnateur avant d'effectuer un décaissement.

---

[690] En effet, conformément à l'art.32 du décret sénégalais portant RGCP et l'art.23 du décret nigérien portant RGCP, les comptables publics sont astreints à la prestation de serment et à la constitution de garanties. En outre, il assume une responsabilité draconienne qui est, sans commune mesure, avec celle que pourrait assumer un fonctionnaire ordinaire.

[691] P. AMSELEK, « Les refus des comptables publics d'exécuter les ordres de paiement et le juge de l'excès de pouvoir » AJDA1973, pp.174-175.

[692] M. ZAKI, *Le contrôle des finances publiques dans les Etats d'Afrique Noire Francophone : l'exemple du Niger et du Sénégal,* Thèse de doctorat en droit public, UT1 1999, p.20.

A cette fin, et au regard des décrets nigérien et sénégalais portant RGCP, son contrôle porte sur plusieurs éléments du dossier transmis pour paiement (**1**) même si la portée d'un tel contrôle est fortement atténuée (**2**).

1. Une diversification de l'objet du contrôle

Le comptable public est chargé de payer la dépense publique. Mais pour qu'il en soit ainsi, les factures présentées doivent être accompagnées des pièces requises par la nomenclature des pièces justificatives[693].

Ces pièces doivent faire l'objet d'une vérification par le comptable public. L'idée de fond, c'est de lui permettre de s'assurer de la régularité budgétaire et comptable de tout le processus ayant conduit à la signature de l'acte d'ordonnancement de cette dépense.

Par ce contrôle, le comptable public vient, en quelque sorte, « perturber l'intimité »[694] des relations entre l'acheteur public et le titulaire du marché. La perturbation est réelle au regard des différents éléments de la dépense que le comptable est tenue de contrôler.

A ce sujet, l'art. 26 de la Directive n° 07/2009 dresse une liste de pièces à contrôler et ce, pour toutes les catégories des dépenses publiques. Cette liste est, par la suite, reprise dans les mêmes termes par l'art. 26 du décret nigérien de 2013 portant RGCP et l'art. 34 du décret sénégalais de 2011 portant RGCP. Dans les deux cas, le contrôle du comptable public porte :

En premier lieu, sur la qualité de l'ordonnateur ou de son délégué et de l'assignation de la dépense : cette exigence doit pousser le comptable public à vérifier que la certification du service fait émane bien de l'ordonnateur des dépenses. Il doit, de ce fait, s'assurer de la compétence de l'ordonnateur pour ordonner le paiement de la dépense.

Le problème de la compétence ou de la qualité de l'ordonnateur ne se pose pas sous l'ancien droit de la comptabilité publique qui fait du MEF, l'ordonnateur principal et unique du BG. Ainsi, il suffisait, pour le comptable, de vérifier si la signature de ce ministre figure bien sur l'ordre de payer. En cas de délégation, l'acte d'habilitation doit être versé au dossier à vérifier.

Cependant, dans la perspective de déconcentration du statut d'ordonnateur, l'appréciation de la qualité d'ordonnateur passe, nécessairement, par l'examen de l'acte de nomination de l'autorité qui a donné l'ordre de payer. Il doit s'agir

---

693 L'existence d'une nomenclature des pièces justificatives limite, à la fois la liberté de l'ordonnateur et l'étendue du contrôle des comptables publics. Pour ces derniers, la nomenclature constitue le fondement et les limites de leur contrôle car ils sont tenus d'exiger toutes les pièces qui y sont énumérées et pas au-delà. Pour les ordonnateurs, ils ne sont pas libres de produire n'importe quelle pièce au titre de justification d'une dépense.

694 F. LINDITCH, *Le droit des marchés publics*, op. Cit, p. 102.

du Ministre ou son délégué qui ont reçu compétence pour accomplir tous les actes nécessaires à la passation et à l'exécution du marché à payer.

En somme, il faut qu'il vérifie si le contrat ou le certificat administratif a été signé et approuvé par les autorités compétentes.

En deuxième lieu, sur la validité de la créance, les deux décrets portant RGCP précisent les quatre conditions que la créance doit remplir avant d'être considérée comme valide. Il s'agit de la justification du service fait, résultant de la certification délivrée par l'ordonnateur ainsi que des pièces justificatives produites. Il suffit, à ce stade, de verser au dossier le PV de réception de la prestation ainsi que l'attestation de bonne exécution du marché. Cette attestation est importante car, elle fait partie des pièces à produire lorsqu'il est question de faire acte de candidature dans la passation de certains marchés publics. L'intervention préalable des contrôles, autorisations, approbations, avis ou visas réglementaires. Cette exigence doit pousser le comptable public à exercer un contrôle très étendu. En effet, en fonction de la nature et de l'étendue de la prestation telle qu'elle figure sur le PV de réception, le comptable doit vérifier si les dispositions du CMP ont été scrupuleusement observées. C'est ainsi, qu'il pourrait s'intéresser aux modes de passation du marché en cause. Lorsque qu'il se rend compte que c'est un mode dérogatoire qui a été utilisée, il doit vérifier si l'AC a eu les autorisations ou les avis nécessaires à cet effet. L'idée de contrôle doit, également, le pousser à vérifier si le principe du contrôle *a priori* dévolu à la DCMP (Sénégal) ou à la DGCMP /EF (Niger) a été respecté. C'est pareil en ce qui concerne les approbations.

A travers ces vérifications, dont les éléments figurent dans les deux CMP, l'on se rend compte que le comptable public est mis au service du respect de cette réglementation. Par conséquent, un comptable public est juridiquement fondé à refuser son visa, lorsqu'il se rend compte, après vérification, que la passation du marché n'a pas été autorisée par la structure habilitée à cet effet, que le projet du marché n'a pas fait l'objet d'un contrôle *a priori* ou qu'il n'a pas été approuvé conformément aux dispositions du CMP.

La production des justifications et, le cas, échéant, du certificat de prise en charge à l'inventaire.

L'application des règles de prescription et de déchéance. Il s'agit, pour le comptable public de vérifier si la règle qui a pour effet d'éteindre la dette dont le paiement a été demandé ne peut pas recevoir application. La demande en paiement d'une créance publique est enfermée dans un délai de quatre (4) ans aussi bien en droit nigérien qu'en droit sénégalais[695].

Si l'idée d'éteindre une dette publique après l'expiration d'un certain délai a été posée par la loi du 29 Janvier 1831 en France, il a fallu attendre un décret –

695 Voir art. 55 du décret nigérien portant RGCP et l'art.114 du décret sénégalais portant RGCP.

loi du 30 Octobre 1935 pour fixer ce délai à quatre (4) ans[696] d'où la notion de la déchéance quadriennale.

Règle d'ordre public, « *la déchéance quadriennale est une mesure comptable qui a pour but d'apurer dans un délai relativement rapide les comptes de l'Etat et des diverses collectivités publiques, lorsque le créancier ne fait pas les diligences nécessaires* »[697]. Pour ce spécialiste des finances publiques, cette règle s'explique par la volonté du législateur de voir apurer complètement les comptes publics dans un délai relativement rapide.

Au titre de la vérification de la validité de la créance, l'on constate que les nouveaux décrets n'ont pas entendu reconduire le contrôle de l'exactitude du calcul de liquidation. Le mérite de cette exigence est de permettre au comptable public de vérifier si les services de l'ordonnateur ne se sont pas trompés dans les calculs, si une mauvaise date n'a pas servi de référence, si une erreur d'addition ou de soustraction n'a pas été commise. Dans ces différents cas, il y a bien erreurs de liquidation.

Le refus de reconduction de cette vérification traduit, à notre sens, le souci de responsabiliser les ordonnateurs à travers l'allégement du contrôle *a priori* de la dépense publique. L'on fait confiance aux services de l'ordonnateur dans le calcul du montant de la dette publique et que le comptable public n'a pas à le refaire. C'est pourquoi, il a été souligné le caractère stratégique et sensible de l'opération de liquidation de la dépense publique pour la réussite de laquelle, les textes comptent sur l'intégrité et l'éthique des ordonnateurs.

En troisième lieu, sur le caractère libératoire du règlement incluant le contrôle de l'existence éventuelle d'oppositions, notamment de saisies arrêts ou de cessions.

Dans un célèbre adage civiliste, il est écrit "Qui paie mal, paie deux fois" : cela signifie que si l'on s'est mal acquitté d'une dette (sans pouvoir en apporter la preuve, notamment) on peut parfois être obligé de la payer à nouveau. Ainsi, un paiement est libératoire, lorsqu'il a été effectué au profit du véritable créancier de la personne publique, c'est-à-dire, en l'espèce le titulaire du marché, son représentant ou le sous-traitant qui bénéficie d'un paiement direct. Le moyen le plus pertinent pour vérifier cette qualité, est indiscutablement, la production de la pièce d'identité en cours de validité et le mandat régulièrement établie lorsque le paiement est demandé par le représentant du titulaire du marché[698]. Aussi, ce paiement ne doit-il souffrir, d'aucune contestation juridique de la part des créanciers du titulaire du marché.

---

[696] J. C. MARTINEZ et P. DI MALTA, *Droit budgétaire*, Paris 2e édition *Litec* 1988, p. 734.

[697] L. PHILIP, Finances publiques : *les problèmes généraux des finances publiques et le budget*, Paris, Editions *CUJAS* 1975, pp. 371-372.

[698] En droit civil, le paiement est libératoire lorsqu'il est fait au créancier apparent, si le solvens ignore son défaut de qualité, c'est-à-dire s'il est de bonne foi. Il en est ainsi de l'héritier apparent ou du mandataire apparent. Pour toutes ces questions, voir, par

Notons, enfin, que trois points de contrôle qui existaient dans les anciens décrets portant RGCP n'apparaissent pas dans les nouveaux. Il s'agit des contrôles de l'exacte imputation budgétaire des dépenses, de la disponibilité des crédits et de l'application des lois et règlements concernant la dépense considérée.

Il s'agit, probablement, d'une tentative de rationalisation des mécanismes du contrôle *a priori,* notamment, celui qui est exercé par le comptable public. En effet, à y regarder de près, le contrôle relatif à l'application des lois et règlements concernant la dépense considérée, par exemple, est nécessairement pris en charge dans le cadre de la vérification de l'intervention préalable des contrôles, autorisations, approbations, avis ou visas. Ces différents organes habilités à contrôler, à autoriser, à aviser, à viser ou approuver doivent, préalablement à leur acte, vérifier le respect des lois et règlements concernant la dépense concernée. Dans ce cas, le maintien de deux contrôles, à objet identique, constitue un doublon, inutile, de nature à alourdir la procédure.

L'existence de cette diversité de points que le comptable public doit vérifier avant tout paiement, résulte du souci d'une utilisation régulière des deniers publics. C'est pourquoi, l'on peut estimer que le comptable public est, indiscutablement, mis au service de la rationalisation de la dépense publique relative aux marchés publics. Néanmoins, un regard critique sur la nature du contrôle qu'exerce, au fond, le comptable public révèle que l'optimisme doit être tempéré.

2. Un contrôle à portée limitée

L'intérêt essentiel du contrôle est de permettre au comptable public de s'assurer de la régularité de la dépense avant de la payer. Le comptable ne doit pas voir sa responsabilité engagée du fait des agissements irréguliers des ordonnateurs. Cette responsabilité, il faut le rappeler, est beaucoup plus lourde en matière de dépenses qu'en matière de recettes.

Dans le premier cas, certains spécialistes relèvent qu' « *il est tenu en état de suspicion préventive* »[699]. Ainsi, si cette régularité est avérée, il l'atteste par la mention "bon à payer " portée sur l'ordonnance ou le mandat. Il s'agit de l'hypothèse la plus heureuse.

En revanche, lorsqu'il constate des irrégularités, il est tenu de refuser le visa de la dépense[700]. Ces irrégularités peuvent porter sur chacun ou un seul des points ci-haut rappelés. Dans cette hypothèse, il est tenue « *d'adresser aux*

---

exemple, P. MALAURIE et autres, *Les obligations*, Paris, Editions *DEFRENOIS* 2004, p.565.

699 R. CELIMENE, *Droit budgétaire et comptabilité publique au Sénégal*, NEA 1985, p. 59.

700 Voir art. 102 du décret sénégalais de 2011 portant RGCP et art. 51 du décret nigérien de 2013 portant RGCP.

ordonnateurs une déclaration écrite et motivée de leurs refus de paiement, accompagnée des pièces rejetées »[701].

L'on se rend compte que le contrôle exercé par le comptable public est extrêmement important même si sa portée mérite quelques précisions articulées autour de trois points :

D'abord, le comptable public doit exercer son contrôle sur la production des justifications. Toutefois, alors même qu'il lui appartient, pour apprécier la validité des créances, de donner aux actes administratifs une interprétation conforme à la réglementation en vigueur, il n'a pas le pouvoir de se faire juge de leur légalité. Il s'agit, essentiellement, d'un contrôle de régularité budgétaire et comptable qui s'intéresse à la légalité externe de l'acte d'ordonnancement et, au-delà, de toute l'opération. Il doit, simplement, s'assurer que « *les décisions et certifications administratives relatives à la dépense émanent de l'autorité compétente, sont munies des approbations requises et contiennent les énonciations exigées. Mais il ne peut se faire juge de leur légalité de fond encore moins de leur opportunité* »[702].

Les tâches du comptable sont, ainsi, clairement définies. Son contrôle doit se limiter à la régularité formelle des pièces versées au dossier de demande de paiement, c'est-à-dire, à la légalité externe de la décision de l'ordonnateur. Interdiction lui est faite de s'intéresser à sa légalité interne qui nécessite un pouvoir d'investigation hors de portée d'un comptable public. En l'espèce, il n'a pas, par exemple, à chercher, la motivation profonde de l'AC lorsqu'elle prenait la décision de passer le marché dès lors qu'elle est compétente à cet effet.

Ensuite, c'est un contrôle sur pièces[703]. De ce fait, le comptable doit s'assurer que toutes les pièces prévues pour accompagner cette catégorie de dépense publique sont produites et qu'elles établissent, sans doute, l'existence et le montant de la dette dont le paiement est demandé. C'est un contrôle qui mise sur la quantité, c'est-à-dire, l'exhaustivité des pièces prévues. Le comptable vérifie, alors, si toutes les pièces sont produites sans s'intéresser à leur légalité quant au fond. En tous les cas, « *les certifications délivrées par l'ordonnateur sont présumées exactes dès lors qu'elles sont régulières en la forme et le comptable ne serait en droit de refuser le paiement que s'il apportait lui-même la preuve de leur fausseté* »[704]. Les actes des ordonnateurs bénéficient d'une présomption de bonne foi. Cette situation désarme, en même temps, le comptable public qui, pour apporter la preuve contraire de ce qui est libellé sur l'acte d'ordonnancement et les pièces justificatives qui l'accompagnent, doit se transporter sur le terrain de la passation du marché et surtout de l'exécution de la prestation afin de s'assurer de sa quantité et de sa qualité réelle. Pour cela,

---

[701] Art. 102 du décret sénégalais de 2011 portant RGCP et art. 51 du décret nigérien de 2013 portant RGCP.

[702] J. MAGNET, op. Cit, p.43.

[703] J. MAGNET, ibid, p. 44.

[704] J. MAGNET, op. Cit, p. 44.

une visite sur le chantier, dans les stocks et magasins seraient, dès lors, nécessaires. L'on voit, à quel point, il est extrêmement difficile, voire, impossible, matériellement et juridiquement, pour le comptable public, de s'engager dans cette aventure qui risque de le mettre en conflit permanent avec les ordonnateurs. C'est pourquoi, il doit se limiter à la régularité formelle des pièces.

Toutefois, ces pièces produites ne doivent pas, lorsqu'on les compare, être incohérentes ou comporter des éléments contradictoires. Cette contradiction ne peut être appréciée par le comptable que si elle résulte des pièces justificatives, physiquement, produites à l'appui du mandat de paiement. Leur comparaison peut, alors, révéler une contradiction résultant objectivement de leur rapprochement effectif.

Au regard de ces considérations, l'on peut conclure que la portée de ce contrôle est limitée au seul contrôle de la réalité de la production des pièces justificatives et à l'appréciation de leur régularité formelle.

Enfin et, c'est toute la particularité du droit de la comptabilité publique, la constatation de l'irrégularité ne fait pas, dans tous les cas[705], obstacle au paiement de la dépense publique concernée. En effet, ce droit est organisé de telle sorte que l'ordonnateur puisse requérir le comptable, c'est-à-dire, lui réitérer son ordre de payer, malgré l'irrégularité.

Cette exception, qui limite la portée de l'intervention du comptable public, se justifie par l'idée d'intérêt général qui se cache derrière toute dépense publique et qui ne doit pas fléchir devant certaines irrégularités mineures. C'est pourquoi, en cas de désaccord sur l'irrégularité et lorsque l'ordonnateur tient à l'exécution de la dépense, il pourrait adresser, après avoir recueilli l'avis consultatif du MEF, un ordre de réquisition au comptable[706].

Un tel ordre a deux conséquences sur le plan juridique : il fait obligation au comptable de payer et, en même temps, il consacre une substitution des responsabilités. Celle du comptable cède la place à celle de l'ordonnateur, auteur de la réquisition.

L'inconvénient de cette dérogation est qu'en dehors de l'absence de la justification du service fait et du caractère non libératoire du paiement[707], toutes les irrégularités commises par les ordonnateurs, c'est-à-dire, les AC peuvent ne pas constituer des motifs de blocage au paiement de la dépense publique. De ce fait, les PRM peuvent délibérément commettre des irrégularités et en cas du refus du comptable public lui adresser des ordres de réquisition après avoir recueilli l'avis du MEF.

---

705 L'obstacle est insurmontable lorsque le refus est justifié par l'absence de justification du service fait, sauf pour les avances, le caractère non libératoire du paiement. A ces trois motifs, l'art. 50 du décret nigérien de 2013 portant RGCP ajoute l'indisponibilité de crédits.

706 Voir, art. 102 du décret RGCP pour le Sénégal et art. 51 du décret RGCP pour le Niger.

707 Voir, art. 51 al. 5 du décret RGCP pour le Niger et art. 102 al. 6 du décret RGCP pour le Sénégal.

L'admission de cette prérogative des ordonnateurs peut réduire, sérieusement, l'effectivité de la nouvelle réglementation. La substitution de responsabilité censée les dissuader n'est qu'une clause de style au regard de la difficulté pratique que l'on constate dans l'engagement de la responsabilité des ordonnateurs[708].

La dépense contrôlée, il ne reste plus qu'à procéder à son paiement.

B. Une diversification des modalités du paiement

Les modalités du paiement de la dépense publique en général et celles relatives au marché public en particulier sont diverses et variées.

Mais à y regarder de près, l'on constate qu'il y a une certaine tendance à la modernisation des procédés classiques du paiement (**1**) même si de l'autre côté, le régime de la compensation, en tant que modalité de paiement mérite une attention particulière (**2**).

1. Une tentative de modernisation des modalités classiques

L'art. 50 du décret nigérien portant RGCP dispose que « *le paiement est l'acte par lequel l'Etat se libère de sa dette* »[709]. L'art. 101 du décret sénégalais dispose, quant à lui, que « *le paiement est l'acte par lequel l'Etat ou tout autre organisme public se libère de sa dette* ».

La confrontation de ces deux définitions montre que le droit nigérien a entendu réduire le champ d'application de l'art. 50 car, tel qu'il est formulé, il ne s'applique qu'aux dépenses de l'Etat. Il exclue, de ce fait, les dépenses des collectivités locales et des établissements publics.

La formulation est en réalité critiquable puisque le décret portant RGCP s'applique aux opérations financières de toutes les personnes publiques, en sus, de leur réglementation financière spécifique.

Le droit sénégalais se réfère, quant à lui, à l'Etat et ou à tout autre organisme public et s'affiche dès lors plus englobant.

En tous les cas, les deux formulations sont perfectibles car pour faire simple, les deux décrets auraient dû retenir la formule selon laquelle « *le paiement est l'acte par lequel un organisme public se libère de sa dette* ». Il ne pas s'agit d'un mimétisme mais d'un souci de précision et de concision d'autant plus qu'au regard de sa portée, le décret portant RGCP s'applique à tous les organismes publics, sauf, lorsqu'un texte spécial le met à l'abri.

Au sujet des modalités pratiques du paiement, il est écrit à l'art. 53 du décret nigérien portant RGCP et l'art. 103 du décret sénégalais portant RGCP que le paiement est fait par remise d'espèces, de chèques, par virement bancaire ou postal.

---

[708] Cf. supra, pp. 415 et suivantes.

[709] Il s'agit d'une reprise à l'identique des dispositions de l'art.49 de la Directive n°07/2009.

Contrairement au droit nigérien, l'art.104 du décret sénégalais ajoute que le règlement des dépenses par virement à un compte bancaire ou postal est obligatoire dès que lors que le montant de ce règlement est supérieur à un montant fixé par la réglementation en vigueur. Mieux, et sans considération du montant, la voie du virement bancaire est obligatoire pour tout paiement au profit d'un créancier inscrit au RCCM ou au Registre des Métiers ou de personnes morales de droit public ou privé.

Cette exigence relative au virement bancaire posée par le CMP vient renforcer la volonté des organes et institutions de l'UEMOA, notamment, la BCEAO dans son souci de promouvoir ce qu'il est convenu d'appeler la bancarisation. C'est un moyen de moderniser le système de paiement qui vise, au fond, à amener la population, à se départir du mode classique du paiement en espèces pour accorder un certain crédit aux paiements scripturaux[710].

L'on sait que deux mesures de grande envergure animent cette politique de bancarisation dans l'espace UEMOA. Il s'agit de la promotion du compte et de l'utilisation des moyens scripturaux de paiement. « *La première mesure s'est traduite par l'institution de l'ouverture d'un compte en obligation pour certaines personnes et en faculté pour d'autres. La seconde en revanche, consacre l'obligation du règlement par voie bancaire pour certaines opérations financières* »[711].

L'on comprend, ainsi, que les dispositions de l'art. 104 du décret sénégalais portant RGCP font obligation aux entreprises concernées d'ouvrir un compte bancaire pour recevoir paiement de leur créance quel que soit son montant.

Le droit des marchés publics est ainsi mis au service de la politique de bancarisation définie par l'UEMOA. Ce constat ne fait que confirmer l'idée selon laquelle, le droit des marchés publics est un levier qui peut être mis au service d'autres branches de droit ou de toute politique économique, sociale…

En dehors de ces modalités classiques, en pleine mutation, le droit en vigueur prévoit une autre modalité de paiement dans l'encadrement de laquelle, quelques problèmes juridiques méritent d'être relevés.

---

710 Voir, dans ce sens, l'allocution du Gouverneur de la BCEAO P. H. DACOURY-TABLEY, lors de la cérémonie de lancement de la campagne de communication sur la promotion de la bancarisation et l'utilisation des moyens de paiements scripturaux dans l'espace UEMOA sur http://www.burkinapmepmi.com/IMG/article_PDF /article_a2171.pdf, (consulté le 27 juin 2013).

711 M. FALL, La promotion de la bancarisation dans l'espace UEMOA, Mémoire de maitrise de droit de l'entreprise, UGB 2007 sur http://www.memoireonline.com /07/08/1431/m_la-promotion-de-la-bancarisation-dans-l-espace-UEMOA16.html (consulté le 27 juin 2013).

2. La compensation : une modalité de paiement à sens unique

L'existence de cette modalité particulière de paiement est expressément consacrée dans le droit positif des Etats sous examen.

Il est écrit à l'art. 41 de la Directive n° 07/2009, que « *les débiteurs de l'Etat ne peuvent pas se prévaloir de leurs créances vis-à-vis de l'Etat pour s'opposer au paiement de leurs dettes. Par contre, le comptable doit, préalablement à tout paiement, opérer la compensation légale entre les dettes et les créances assignées sur sa caisse* ».

Cette disposition sera, par la suite, reprise par les deux décrets portant RGCP.

L'art.42 du décret nigérien reprend, textuellement, cette disposition du droit communautaire au moment où l'art. 53 du décret sénégalais a choisi de jouer sur la formulation mais tout en laissant l'idée intacte. Il est écrit, en effet, que « *les redevables de l'Etat ne peuvent opposer la compensation dans le cas où ils se trouvent dans le même temps créanciers de l'Etat ou d'organismes publics. Dans la même situation, préalablement à tout paiement, le comptable public doit opérer la compensation entre les dettes et les créances assignées sur sa caisse* ». Ainsi, se trouve posées les bases juridiques du recours à la compensation dans le règlement de la facture de tous les créanciers publics y compris les titulaires du marché.

Institution civiliste, la compensation se présente comme « *un mode d'extinction des obligations réciproques entre deux personnes qui cumulent chacune, à la fois, les qualités de créancier et de débiteur de l'autre* »[712]. Pour P. Malaurie et autres, « *il y a compensation lorsque deux parties sont réciproquement créancières l'une de l'autre et que leurs dettes respectives s'éteignent à concurrence de la plus faible* »[713].

Cette modalité d'extinction des obligations à usage réciproque dans son essence, présente beaucoup d'avantages parmi lesquels la simplification du paiement et l'économie du numéraire[714]. Pour conclure, ces éminents civilistes rappellent les cinq conditions à remplir pour envisager la compensation. Il faut qu'il ait des dettes réciproques, fongibles, liquides, certaines et exigibles.

La compensation peut, enfin, être légale, conventionnelle ou judiciaire.

A l'évidence, le droit de la comptabilité publique des Etats sous examen a opté pour la compensation légale, c'est-à-dire, celle dans laquelle « *la créance du demandeur s'est éteinte en totalité ou en partie par l'effet direct et immédiat de la loi* »[715].

---

712 P. AMSELEK, « La compensation entre les dettes et les créances des personnes publiques », *RDP* 6-1988, p.1486.

713 P. MALAURIE et autres, op. Cit, p 632.

714 Voir P. MALAURIE et autres, op. cit, p. 632.

715 A. HEURTE, « La compensation en droit administratif », *AJDA* 1960, p. 61.

Ces considérations générales montrent que chacune des parties, peut, en principe, opposer la compensation à son partenaire, l'essentiel est que les deux dettes soient certaines, liquides, exigibles et fongibles.

Ainsi, le comptable public est dans l'obligation de bien examiner le dossier du titulaire du marché afin de détecter une éventuelle dette que ce dernier n'a pas pu encore payer. Cette exigence peut même amener le comptable public à revoir la liquidation opérée par l'ordonnateur. En effet, si à ce stade, l'ordonnateur est tenu d'arrêter le montant exact de la dette publique, il doit, à cet effet, déduire le montant des avances, des acomptes et celui des pénalités de retard. En cas d'omission, ces différents montants constituent, indiscutablement, une dette à la charge du titulaire du marché et une créance au profit du Trésor public.

Toutefois, il faut souligner que les dispositions ainsi rappelées et qui posent les bases juridiques de la compensation au profit de la personne publique entrent en contradiction avec le principe de l'universalité budgétaire notamment sa règle de la non compensation[716].

Cette règle signifie, on le sait, que le comptable public doit inscrire dans son compte, l'ensemble des recettes et l'ensemble des dépenses pour leur montant brut. Autrement dit, les recettes et les dépenses doivent faire l'objet d'une inscription budgétaire distincte et globale.

Cette règle est pertinente car la présentation fidèle et sincère de toutes les opérations effectuées par le comptable public est de nature à renforcer la transparence de la dépense recherchée par la Directive n°01/2009/CM/UEMOA portant Code de transparence dans la gestion de finances publiques[717].

L'application rigoureuse de la règle permettrait, par voie de conséquence, de lutter contre l'opacité, car, aucune opération de dépense ou de recette ne saurait être dissimulée.

Une disposition de la LOLF (art. 32 dans les deux Etats) et une disposition du décret RGCP (art 42 du décret RGCP du Niger et art. 53 du décret RGCP du Sénégal) se contredisent, ainsi, sur la question de la compensation. La disposition qui interdit la compensation entre une recette et une dépense publique[718] et celle qui impose la compensation au profit exclusif du Trésor public[719].

Outre, cette contradiction interne au droit budgétaire et comptable, un regard froid sur d'autres textes applicables en la matière révèle d'autres incohérences. En effet, si le comptable public a l'obligation de mettre en branle le mécanisme de la compensation avant le paiement de toute dépense sous peine d'engager sa

---

716 A propos de ce principe, voir art. 32 de la LOLF du Sénégal et art. 32 de la LOLF du Niger.

717 La directive est disponible sur http://www.uemoa.int/Documents/Actes/ directive_01_ 2009_CM_UEMOA.pdf (consulté le 29 avril 2014).

718 Art. 32 de la LOLF dans les deux Etats et les dispositions du décret RGCP.

719 Art. 42 du décret RGCP pour le Niger et art. 53 du décret RGCP pour le Sénégal.

responsabilité pécuniaire et personnelle, tel n'est pas le cas de la personne privée, c'est-à-dire, le titulaire du marché. En effet, l'examen de l'art. 41 de la Directive n° 07/2009, de l'art. 42 du décret nigérien portant RGCP et l'art. 53 du décret sénégalais portant RGCP indique que la personne privée ne peut, en aucune façon, opposer la compensation à la personne publique. Autrement, dit le créancier de l'organisme public ne peut nullement prendre l'initiative d'opposer la compensation lorsqu'il se retrouve, en même temps, débiteur du même organisme public.

Ainsi, par exemple, en cas du non versement des intérêts moratoires par le Trésor public, le titulaire du marché ne peut pas opposer la compensation pour refuser le paiement des pénalités de retard. La compensation est, ainsi, à sens unique, c'est-à-dire, au bénéfice exclusif de la personne publique. C'est pourquoi, F. Michel Sawadogo écrivit que « *la compensation est ainsi refusée lorsqu'elle profite à une personne privée qui l'invoque mais elle joue en faveur des personnes publiques et le comptable public est tenu de l'invoquer* »[720].

L'auteur ajoute que cette règle se justifie, au fond, par « *l'absence d'application aux personnes publiques des saisies et voies d'exécution en raison de l'immunité d'exécution des personnes publiques mais aussi des voies d'exécution indirectes telles que l'astreinte et la compensation* »[721]. Elle s'inscrit, dès lors, dans le cadre de la réaffirmation de l'inégalité dans le rapport entre les personnes publiques et les personnes privées et ce, quelle que soit la nature du dit rapport. En effet, les dispositions du droit de la comptabilité publique de ces États ne s'intéressent ni à la nature du rapport ni à la nature de la créance ou de la dette, objet de la demande en paiement.

Préoccupé par la protection des intérêts publics, ce droit néglige foncièrement, les intérêts privés et cette réalité selon laquelle la personne publique peut s'engager dans un rapport de droit privé perdant, du coup, ses prérogatives de puissance publique. Dans cette hypothèse rien, a *priori*, ne saurait s'opposer à l'application de la règle civiliste de la compensation. Mieux, un tel dispositif entre en conflit avec le droit OHADA, notamment, l'art. 30 al.2 de l'Acte uniforme portant Organisation des procédures simplifiées de recouvrement et voies d'exécution. Dans sa logique générale d'atténuations des conséquences des immunités d'exécution au profit des personnes publiques, cette disposition de l'AU/PVE autorise les créanciers des personnes morales de droit public ou des entreprises publiques à recourir à la compensation à condition que les créances et dettes réciproques soient certaines, liquides et

[720] F. M. SAWADOGO, « Les conflits entre normes communautaires : aspects positifs et prospectifs » p. 10, Acte du colloque sur « La concurrence des organisations régionales en Afrique » organisé par les universités Montesquieu- Bordeaux IV et Cheikh Anta DIOP de Dakar à Bordeaux le 28 septembre 2009 http://afrilex.u-bordeaux4 .fr/sites/afrilex/IMG/pdf/Communication_Sawadogo.pdf (consulté le 28 juin 2013).

[721] *ibid*, p.10.

exigibles[722]. L'on constate, dès lors, que les dispositions de l'art. 30 de l'AU sont manifestement incompatibles avec, d'une part, les dispositions des décrets nationaux portant RGCP et d'autre part, avec les dispositions de l'art. 41 la Directive n°07/2009 portant RGCP.

La première incohérence, c'est-à-dire, entre l'AU et les décrets nationaux est aisément surmontable. Il suffit, en effet, de convoquer les dispositions de l'art. 10 du Traité relatif à l'Harmonisation en Afrique du droit des Affaires signé à Port Louis le 10 Octobre 1993[723]qui consacre, expressément, la primauté du droit harmonisé sur le droit interne[724].

La deuxième incohérence est relativement plus difficile à vider car elle met aux prises deux droits supranationaux, c'est-à-dire, le droit OHADA et le droit UEMOA.

Face à cette difficulté, certains auteurs concluent à l'absence de solutions curatives en droit positif[725]. Toutefois, cette situation ne doit pas désarmer le chercheur qui doit s'orienter vers d'autres horizons afin de proposer des solutions conformes à l'idéal de justice et à une certaine interprétation du droit en vigueur.

En premier lieu, les dispositions de l'AU qui admettent la réciprocité dans l'application de la compensation sont, à notre sens, beaucoup plus en phase avec l'idéal de justice et les exigences de la vie des affaires. En effet, pour le Professeur Sawadogo, « *il n'est pas normal qu'une personne qui vous doit, non seulement ne s'exécute pas mais puisse, en plus, vous obliger à vous exécuter* ». Au fond, l'application de la règle de la non compensation mérite d'être nuancée, notamment, en droit des marchés publics. En effet, dans cette matière qui peut être rangée dans la catégorie de ce que l'on pourrait appeler le droit public des affaires, l'on constate, un rétrécissement, apparent et réel, du champ d'application des prérogatives de puissance publique. L'on a montré, par exemple, que le pouvoir de modification unilatérale ne s'applique pas au droit des marchés publics, le titulaire du marché public a la possibilité d'obtenir, de plein droit, l'application d'une sanction à l'encontre de l'AC à travers le versement des intérêts moratoires.

En tous les cas, la volonté des parties traverse, substantiellement, tout le régime juridique des marchés publics. Mieux, les exigences posées par le droit OHADA, sont au fond, plus conformes à l'idée d'efficacité dans la gestion des ressources publiques car la règle de la non compensation gonfle, artificiellement, le montant de la dépense publique.

---

722 Pour une présentation exhaustive de la question, voir A. M. H. ASSI-ESSO et N. DIOUF, *Recouvrement des créances,* Bruxelles *Bruylan*t 2002, p. 43.

723 http://www.ohada.com/traite.html (consulté le 28 juin 2013).

724 Sur le rapport entre le droit OHADA et les droits nationaux en général, voir D. ABARCHI, la supranationalité de l'Organisation en Afrique du Droit des Affaires (OHADA), p.24 sur http://www.juriscompanion.com/IMG/doctrines/D-02-02.pdf (consulté le 28 juin 2013).

725 F. M. SAWADOGO, op. cit. p. 25.

Exemple : Lorsque l'État doit 100.000 FCFA au titulaire du marché alors que celui-ci lui doit 80.000 FCFA. L'application rigoureuse de la règle posée par les décrets portant RGCP conduirait le comptable public à faire jouer la compensation et à ne verser au cocontractant de l'État que la somme de 20.000 FCFA. A l'inverse, le refus de la compensation au profit du titulaire du marché conduirait ce dernier à verser 80.000 FCFA à l'État et que celui-ci lui verse 100.000 FCFA.

Il est vrai que les deux opérations peuvent ne pas être simultanées, mais avec un peu de recul, l'on se rend compte que les deux hypothèses renvoient à la même situation en termes d'encaissement et de décaissement réels : concrètement, l'État n'aura à dépenser que 20.000FCFA au titre de l'exercice budgétaire considéré.

Le souci d'efficacité et de célérité aurait pu conduire l'État à autoriser la compensation au profit de son partenaire pour ne lui verser que les 20.000 FCFA qui restaient. C'est pourquoi, la piste de la réciprocité dans l'application de la compensation mérite d'être sérieusement envisagée, surtout, dans ce domaine où « les affaires sont en jeu ».

En deuxième lieu, l'on peut s'intéresser à l'intensité normative de deux textes en présence, c'est-à-dire, la Directive n°07/2009 et l'AU sur les voies d'exécution. La première, l'on sait, impose aux États membres, une obligation de résultat et non une obligation de moyen et nécessite, dès lors, des mesures internes de transposition. Cela découle clairement de l'art. 43 al. 2 du Traité de Dakar qui dispose que « *les directives lient tout État membre quant aux résultats à atteindre* ». Par conséquent, elle n'a pas d'effet direct et immédiat, sauf, au-delà du délai de transposition. Au-delà de ce délai, la directive produira les mêmes effets que le règlement.

Quant aux AU, il est écrit à l'art. 10 du Traité de Port-Louis, qu'ils « *sont directement applicables dans les États parties nonobstant toute disposition contraire de droit interne, antérieure ou postérieure* ». L'AU n'a pas, par voie de conséquence, besoin d'un acte interne de transposition.

A travers cette disposition, l'on se rend compte que l'AU a la même intensité normative que le règlement prévu à l'art. 43 al.1 du Traité instituant l'UEMOA[726]. Dès lors, l'on peut, sans risque de se tromper, conclure que l'AU est plus contraignant que la directive.

En conclusion, l'on peut soutenir que du moment où l'intensité normative de l'AU est supérieure à celle de la directive, le juge pouvait bien faire prévaloir le premier sur la deuxième, dès qu'il constate une contradiction entre les deux. L'on aura ainsi crée les conditions d'un dénouement rapide du lien financier entre l'AC et le titulaire du marché car chacune de ces deux parties pouvait compter sur ce qu'elle doit à l'autre partie dans l'exécution de son obligation.

---

[726] Cette disposition souligne avec force que « les règlements ont une portée générale. Ils sont obligatoires dans tous leurs éléments et sont directement applicables dans tout État membre ».

En tous les cas, l'existence de cet AU sur les procédures simplifiées de recouvrement et voies d'exécution a atténué les conséquences des immunités d'exécution en autorisant les créanciers des personnes publiques à recourir à la compensation[727]. On s'achemine, probablement vers une remise en cause du principe de l'insaisissabilité des biens des personnes publiques[728]

---

[727] A. M. H. ASSI-ESSO et N. DIOUF, op. cit, p. 43.

[728] S. CLAMENS, « Vers une remise en cause du principe de l'insaisissabilité des biens des personnes publiques », *AJDA* 2000, pp. 767 et suivantes.

CONCLUSION DU TOME I

Le nouveau droit des marchés publics est articulé autour des principes transversaux posés à l'art. 2 de la Directive n°04/2005 de l'UEMOA. Ceux-ci visent, essentiellement, la rationalisation de la dépense publique à travers les exigences liées à la libre concurrence, à l'égalité de traitement des candidats, à l'efficacité, à la transparence et à la traçabilité des procédures.

Conformément aux engagements auxquels ils ont souscrit, le Niger et le Sénégal se sont inspirés de ces principes pour édicter leur droit matériel des marchés publics. Ce droit renvoie aux règles et mécanismes opérationnels de préparation, de passation et d'exécution des marchés publics. L'objectif poursuivi est le même : veiller à ce que ce droit garantisse la rationalisation de la dépense publique.

Mais, en s'intéressant aux différents CMP et textes subséquents ainsi que la pratique développée, l'on est tenté de conclure à une insuffisante prise en charge des exigences de rationalisation de la dépense publique dans les deux États. Ce constat est valable et vérifiable à toutes les étapes des procédures de passation et d'exécution des marchés publics.

Au sujet de la phase précontractuelle, l'on a pu relever la consécration formelle de l'obligation de définition des besoins. Cette opération est déterminante car de sa qualité dépend la réussite du marché. Malheureusement, l'on constate la persistance de nombreux manquements et autres approximations qui rendent particulièrement difficile la maitrise de l'étendue ou de la consistance des besoins à satisfaire. Ces manquements sont commis, tantôt de bonne foi en raison des difficultés liées à l'appréhension de la consistance de l'objet du marché au stade des prévisions, tantôt de mauvaise foi au regard de la volonté de fractionner le marché. En tous les cas, ces manquements vont s'ajouter aux difficultés liées à la maitrise des prix pour perturber les méthodes d'évaluation du montant des marchés. Or, c'est la réussite de cette importante opération qui permet à l'AC de maitriser son budget, de choisir le mode de passation des marchés, d'opter entre un marché alloti et un marché unique et de choisir une offre parmi les propositions qui lui seront faites par les différents soumissionnaires.

En dehors de ces manquements, il y a lieu de remarquer les insuffisances notées dans la gestion du nouvel outil de planification des marchés. En effet, en examinant les différents PPM, l'on constate qu'ils sont publiés avec beaucoup de retards, que certains marchés sont passés alors qu'ils n'y sont pas inscrits au préalable et que leur contenu ne reflète pas forcément les exigences de transparence qui sont à l'origine de l'institution de l'obligation de planification des marchés publics.

A propos du régime de la passation des marchés, l'on a pu remarquer que l'érection de l'AOO en mode de passation de droit commun, le nouvel encadrement des modes dérogatoires et spécifiques, la diversification des critères de choix de candidat et de l'offre, la multiplication des modalités de publicité n'éradiquent pas les errements qui ont toujours émaillé cette sensible phase de gestion des marchés publics.

En effet, lorsque l'on s'intéresse aux critères de choix de modes de passation des marchés, c'est-à-dire, le prix et les circonstances de passation du marché, deux constats méritent d'être relevés. Pour le prix, il faut reconnaitre que l'élévation des seuils de passation des marchés entraine fatalement le rétrécissement du champ d'application de l'AOO et l'élargissement des cas de recours aux modes spécifiques qui sont les DRP (Sénégal) et les CF (Niger). En d'autres termes, cette élévation des seuils n'est qu'une trouvaille de nature à pousser les AC à passer le maximum de leurs marchés selon ces modes.

La volonté des concepteurs du nouveau droit d'inciter les AC à recourir aux modes spécifiques est plausible dès lors que l'on se penche aux formalités de leur mise en œuvre. En effet, à y regarder de près, l'on se rend compte qu'ils ont choisi d'alléger toutes les formalités jugées gênantes et contraignantes et ce, en contradiction totale avec les exigences posées à l'art. 28 al. 2 de la Directive n°04/2005. Cette ambiance de souplesse textuelle créée une brèche dans laquelle les AC s'engouffrent pour fractionner le montant de leurs marchés. L'idée est de ne pas atteindre le seuil de passation des marchés nécessitant le respect des contraintes procédurales. En conséquence, l'essentiel des marchés est passé en toute quiétude, discrètement et loin de tout contrôle *a priori* pertinent.

Concernant les circonstances ou motifs de nature à justifier le recours aux modes dérogatoires, c'est-à-dire, l'Appel d'offres restreint et l'Entente directe, force est d'admettre que leur récurrente invocation ne fait que révéler les approximations et autres difficultés quant à la bonne planification des marchés. Finalement, les innovations relatives aux modes de passation des marchés ne sont que des leurres. Elles ne font que dévoiler la volonté d'inscrire les CMP dans une logique de consommation des crédits budgétaires au nom des considérations politiques sans se soucier de la qualité de cette consommation.

Quant aux critères permettant de statuer sur l'aptitude des candidats à exécuter le marché, il a été donné de constater que les pièces y afférentes ne sont pas exigées dans certains dossiers d'appel à candidature et dans l'essentiel des lettres d'invitation. Lorsqu'elles sont exigées et versées aux dossiers des soumissionnaires, elles sont généralement incomplètes ou truffées d'incohérences et autres surcharges qui jettent un doute sur leur fiabilité. Dans d'autres cas, elles sont simplement fausses ou obtenues par fraude. Au sujet des critères de choix de l'offre, il faut noter que leur diversification n'est pas de nature à faciliter la tâche aux PRM et aux membres des commissions d'évaluation des offres. En effet, il subsiste des difficultés liées à leur maniement et à leur combinaison qui font que ceux-ci ont tendance à privilégier le seul prix dans l'attribution de certains marchés. Or, l'offre la moins chère n'est pas forcément la meilleure en termes de qualité. Pour l'attribution des autres marchés, les critères officiels sont purement et simplement écartés au profit d'autres critères tirés des considérations politiques et autres intérêts personnels.

Les différentes modalités de publicité à savoir les AAO, les lettres d'invitation, les avis d'attribution provisoire ne sont pas non plus en mesure de garantir une transparente suffisante. En effet, pour les lettres d'invitation, par exemple, l'on se rend compte que leur envoi n'est pas toujours simultané violant ainsi l'égalité de traitement des candidats. Lorsqu'elles sont envoyées, l'on a pu remarquer qu'elles ne contiennent pas tous les éléments de nature à garantir une concurrence et une transparence réelles. Les avis d'attribution provisoire subissent le même sort car, ils ne sont pas systématiquement publiés, privant ainsi les soumissionnaires évincés de leur droit de recours.

Au regard de ces différents manquements imputables aux textes et à la pratique des acteurs, l'on est tenté de conclure que le nouveau cadre juridique de la passation des marchés publics n'est qu'un miroir aux alouettes. Il nécessite, dès lors, d'être revisité afin de le mettre en phase avec les exigences contemporaines de la recherche d'une dépense publique de qualité. Cet effort doit être soutenu par une bonne formation et un suivi de tous les acteurs de la commande publique.

Concernant l'exécution des marchés ou l'oublié de la réforme, il faut relever, aussi, la persistance de nombreux manquements. Ceux-ci tournent autour de retards dans l'exécution des prestations, des livraisons fictives, de l'exécution partielle ou de la mauvaise exécution notamment dans le domaine des travaux publics. La recrudescence de ces manquements se justifie par la complaisance et la partialité qui entourent l'attribution de certains marchés, l'absence de suivi et les difficultés ou réticences quant à la mise en œuvre des sanctions légales et contractuelles. Du coup, la règle du service bien fait, condition indispensable au paiement d'une dépense publique de qualité est sacrifiée sur l'autel des intérêts des parties au contrat.

Les manquements ainsi relevés dans la préparation, la passation et l'exécution des marchés sont imputables aussi bien au nouveau droit des marchés qu'aux acteurs chargés de le mettre en œuvre. La conjugaison de ces limites pousse à conclure à une insuffisante articulation du nouveau droit matériel des marchés publics et de la pratique des acteurs avec les principes fondamentaux dont la prise en compte effective est, pourtant, de nature à garantir une bonne gestion de la dépense publique relative aux marchés publics. C'est pourquoi, il importe de revisiter les textes juridiques, de sensibiliser et de former les acteurs afin qu'ils s'approprient et maitrisent la réforme. En même temps, il s'avère nécessaire de renforcer le cadre de contrôle et de surveillance pour une bonne application du droit des marchés publics.

BIBLIOGRAPHIE GÉNÉRALE

I. OUVRAGES

A. OUVRAGES GÉNÉRAUX

ADAM (F), FERRAND (O), RIOUX (R), *Finances publiques*, Paris, Presses des sciences politiques et *Dalloz* 2003, 494 p.

ARDANT (P), *Institutions politiques et droit constitutionnel*, Paris, 19e édition, LGDJ 2007, 616 p.

ASSI-ESSO (A.M.H) et DIOUF (N), *Recouvrement des créances,* Bruxelles *Bruylan*t 2002, 254 p.

AVRIL (P) et GICQUEL (J), Lexique *de droit constitutionnel*, Que sais-je ? Paris, PUF 2003, 127 p.

BARILARI (A) et BOUVIER (M), La *LOLF et la nouvelle gouvernance financière de l'Etat,* Paris, LGDJ, Coll. Systèmes, 2007, 207 p.

BIGAUT (C), *Le droit administratif en fiche*, Paris, Ellipses, 2008, 320 p.

BOUVIER(M), ESCLASSSAN(C), LASSALE (J. P), *Finances publiques*, Paris, *LGDJ, 13è édition,* 2014, 906 p.

CABRILLAC (R), *Introduction générale au droit*, Paris, *Dalloz*, 5ème éd. 2003, 246 p.

CARBONNIER (J), *Flexible droit. Pour une sociologie du droit sans rigueur*, Paris, LGDJ, 10é éd., 2001, p. 493 ;

CELIMENE (R), *Droit budgétaire et comptabilité publique au Sénégal*, NEA 1985, 182 p.

CHANH-TAM (N), *Finances publiques sénégalaises*, Paris, Harmattan, 1990, 367 p.

CHANH-TAM (N), *Lexique budgétaire et fiscal du Sénégal*, Dakar CREDILA, 1982, 111 p.

CHANH TAM (N), *Les procédures théoriques et pratiques d'exécution des dépenses publiques*, Presses universitaires Dakar 1989, 100 p.

CHAPUS (R), Droit *administratif général*, Tome I, Paris, Montchrestien, 15ème éd., 2009, 1425 p.

CHEVALLIER (J), *Science administrative*, Paris, *PUF Thémis droit*, 2007, 628 p.

CLAIRE (G), *La planification*, Paris, éditions *CUJAS*, 1967, 472 p.

CLIQUENNOIS (M), *Droit public économique*, Paris, Ellipses 2001, 266 p.

COLSON (J. P), Droit *public économique*, Paris, *LGDJ* 1995, 449 p.

DENI-SEGUI (R), *Droit Administratif Général*, Tome 3, ABIDJAN, *CEDA, 2ème éd., 2003*, 864 p.
DE VISSCHER (C), *Les effectivités du droit international*, Paris, Pedone 1967, 175 p.
DELVOLVE (P), *Droit public économique*, Paris, *Dalloz* 1998, 799 p.
DI QUAL (L), *Droit de la comptabilité publique*, Paris, A. Colin 1971, p. 328 ;
DIOP (M), *Finances publiques sénégalaises*, Dakar édition Clairafrique 2011, p.262 ;
DIOUKHANE (A), *Les Finances publiques dans l'UEMOA : Le budget du Sénégal*, Paris, *Harmattan* 2015, 267 p.
DUBUIS (L) et BLUMANN (C), *Droit communautaire matériel*, Paris, *Montchrestien* 1999, 529 p.
DU MARAIS (B.), *Droit public de la régulation économique*, Paris, Presses de Sciences Po et Dalloz, 2004, 607 p.
DUVERGER (M), *Finances publiques*, Paris, 11e édition, *PUF*, 1998, 462 p.
FALL (I. M), *Les révisions constitutionnelles au Sénégal*, Dakar, CREDILA 2011, 218 p.
FALL (I. M), *Textes constitutionnels du Sénégal du 24 Janvier 1959 au 15 Mai 2007,* Dakar, *CREDILA,* Mai 2007, 248 p.
FRIER (P. L) et PETIT (J), *Précis de droit administratif*, Paris, Montchrestien, 4è éd. 2006, 528 p.
GICQUEL (J) et GICQUEL (J.E), *Droit constitutionnel et Institutions politiques*, Paris *Montchrestien,* 20ème éd., 2005, p. 790 ;
GUINCHARD (S) et BUISSON (J), *Procédure pénale*, Paris, 9e édition, Lexis Nexis, 2013, p. 1633 ;
IBRIGA (L.M), COULIBALY (S.A), SANOU (D), *Droit communautaire ouest africain*, Ouagadougou, PADEG, collection précis de droit burkinabé, 2008, 503 p.
ISAAC (G), *Droit communautaire général*, Paris, 3e édition, Masson, 1993, .315 p.
LALUMIERE (P) et DEMICHEL (A), *Les finances publiques*, A. Colin, collection 1986, 543 p.
LARROUMET (C), *Droit civil, Tome III, les obligations : le contrat*, Paris, Economica, 2ème éd., 1990, 928 p.
LAUBADERE (D-A), *Traité élémentaire de droit administratif*, Paris, 5è édition, *LGDJ* 1965, 662 p.
LAUBADERE (D-A), VENEZIA (J-C) et GAUDEMET (Y) : *Traité de droit administratif*, Tome I, Paris, LGDJ, 13ème éd, 689 p.
LAUBADERE(D-A), *Droit public économique*, Paris, Dalloz 1974, 541 p.
LAUBADERE (D-A) et DELVOLVE (P), *Droit public économique*, Paris, 4e édition *Dalloz* 1983, 833 p.
LONG (M) et autres, *Les grands arrêts de la jurisprudence administrative*, Paris, 15e édition, Dalloz, 2005, 998 p.
MAGNET (J), *Comptabilité publique*, Paris, PUF 1978, 608 p.

MALAURIE (P) et autres, *Les obligations*, Paris, LGDJ, 6ème éd., 2013, 864 p.
MARTINEZ (J.C), DI MALTA (P), *Droit budgétaire*, Paris, Litec, 3ème éd., 1999, 998 p.
EKHANTAR (J), *Les finances publiques de l'État, La LOLF et le nouveau droit budgétaire de la France*, Paris, Hachette Supérieur, coll. Les Fondamentaux, 2011, 240 p.
MELLERAY (F), *L'exorbitance du droit administratif en question(s),* collection de la Faculté de Droit et de Sciences Sociales de l'université de Poitiers, *LGDJ* 2004, 312 p.
MENDRAS (H), *Éléments de sociologie*, Paris, *Armand Colin*, 2002, 248 p.
MERTON (R.K), *Éléments de théorie et méthode sociologique*, Paris, Plon, 1996 p. 514 ;
MESCHERIAKOFF (A.S), *Droit public économique*, Paris, *PUF* 1994, p. 283 p.
MESCHERIAKOFF (A. S), *Droit des services publics*, Paris, *PUF* 1991, 389 p.
MONTAGNIER (G), *Principes de comptabilité publique*, Paris Dalloz, 1981, 431 p.
MONTANIER (J. C), *Le contrat*, Grenoble, 3e édition 2000, Presses universitaires de Grenoble, 2000, 232 p.
MORAND-DEVILLER (J*), Droit administratif*, Paris, Montchrestien, collection cours, 12e édition 2011, p.761 ;
MOREAU DEFARGES (P), *La gouvernance*, Que sais-je, Paris, PUF, 3e édition 2008, p. 127 ;
MUZELLEC (R*), Finances publiques*, Paris, Sirey, Col. Intégral concours, 14ème éd. 2006, 685 p.
NICINSKI (S), *Droit public des affaires*, Paris, 2e édition *Lextenso Montchrestien* 210, 720 p.
ORSONI (G), *L'exécution de la loi de finances*, Paris, Economica 1998, 112 p.
OUEDRAOGO (F) et DJIGA (H-A), *Guide de droit processuel des juridictions supranationales en Afrique de l'Ouest*, Publication du CEEI n°06, 2013 p.107 ;
PECHILLON (E), *Les finances publiques en 100 fiches*, Paris, 2è Editions Ellipses 2011, 319 p.
PEQUINOT (G), *Théorie générale du contrat administratif*, Paris, Pedone 1945, 625 p.
PHILIP (L), Dir., *Dictionnaire encyclopédique de finances publiques*, Paris Economica, 1991, 880 p.
PHILIP (L), *Finances publiques*, Paris, CUJAS, 5ème éd. 1995, 472 p.
PICARD (J.F), *Les finances publiques*, Paris, Litec, collection CFP, 2ème éd. 1997, 535 p.
RIVERO (J) et WALINE (J), *Précis de droit administratif*, Paris, 20e édition 2004, Dalloz, 623 p.

SALL (A), *Les mutations de l'intégration des États en Afrique de l'Ouest : approche institutionnelle*, Paris, Harmattan 2006, 196 p.
SALL (A), *La justice de l'intégration : réflexion sur les institutions judiciaires de la CEDEAO et de l'UEMOA*, Dakar, CREDILA 2011, 398 p.
SEILER (D.L), *La méthode comparative en science politique*, Paris, A. Colin 2004, 266 p.
STARCK (B) et autres, *Les obligations, T2 Contrat*, Paris, 4e édition *Litec droit* 1993, 873 p.
SY (D), *Droit administratif*, Dakar, HARMATTAN/CREDILA, 2ème éd., 2014, 420 p.
TERRE (F), *Introduction générale au droit*, Paris, Dalloz, 6e édition, 2003, 608 p.
TERRE (F), SIMLER (P) et LEQUETTE(Y), *Les obligations*, Paris, 8e édition Dalloz 2002, 1438 p.
THOENIG (C), in *Présentation du Tome IV du Traité de Science politique : les politiques publiques,* sous la direction de GRAWITZ (M) et LECA (J), *PUF* 1985 ;
YENIKOYE (A. I) , *La gouvernance sous la Ve republique au Niger*, Paris, *Harmattan* 2007, 307 p. ;
YOLKA (Ph.), *Droit des contrats administratifs*, Paris, LGDJ, 2013, 162 p.
YONABA (S), *Les finances de l'État burkinabé*, Ouagadougou, PADEG, collection précis du droit burkinabé, 2006, 393 p.

B. OUVRAGES SPECIAUX, THESES ET MEMOIRES

1. OUVRAGES SPECIAUX

ALLAIRE (F), *L'essentiel du droit des marchés publics*, Paris, 5e édition *Gualino* 2012, 130 p.
BERGEAL (C) et LENICA (F), *Le contentieux des marchés publics*, Paris, 2e édition *Le Moniteur*, 2010, 375 p.
BOUVIER (M), *La gestion de la dépense publique dans les pays de l'Afrique francophone subsaharienne*, Paris, Ministère des affaires étrangères, 2004, 391 p.
BRACONNIER (S), *Précis du droit des marchés publics*, Paris, 4e édition Le Moniteur, 2012, 554 p.
BRECHON-MOULENES (Ch.), Dir., *Réglementation et pratique des marchés publics*, Paris, *Dalloz*, 1985, 223 p.
CAZAMIAN (P), HUBAULT (F) et NOULIN (M) (dir), *Traité d'Ergonomie*, Toulouse, Éditions Octarès, 1996, 732 p.
CLAMOUR (G.) et UBAUD-BERGERON (M), Textes réunis, *Contrats publics. Mélanges en l'honneur du Professeur Michel Guibal*, Montpellier, Presses de la Faculté de Droit de Montpellier, 2006, Vol I, 874 p. ; Vol II, 714 p.

CORNU (G), *Vocabulaire juridique*, Paris, *9e* édition *PUF* 2011, 1152 p.
DAMAREY (S), *Le juge administratif, juge financier*, Paris, *Dalloz,* 2001, 538 p.
DE BAECKE (P), *Comprendre simplement les marchés publics*, Paris, éditions *Le Moniteur* 2013, 350 p.
DUVAL (J. C), *L'essentiel du droit des marchés publics*, Paris, 2e édition, *Ellipses* 2012, 128 p.
EMERY (C), *Passer un marché public : principes, Procédures, Contentieux*, Paris, Delmas, 2001, 450 p.
GRAWITZ (M). *Méthodes des sciences sociales,* Paris, Dalloz, 11ème éd. 2001 381 p.
LAJOYE (C), *Droit des marchés publics*, Paris, 5e édition, *Gualino 2012,* 480p.
LINDITCH (F), *Le droit des marchés publics*, Paris, *Dalloz,* 2ème éd., 2002, 160 p.
MARTINEZ (B) et SERR (F), *Exécution des marchés publics*, Paris, éditions *Le Moniteur* 2013, 375 p.
MICHON (J), *La nouvelle réglementation des marchés publics*, Paris, 2e édition, Le *Moniteur* 2002, 457 p.
NDIAYE (I), *Guide de la passation des marchés publics au Sénégal*, Paris, Harmattan, 2011, 212 p.
NDOYE (D.), *Code des obligations de l'administration annoté et réglementation des marchés publics*, Dakar, *EDJA*, 1991, 224 p.
NGAIDE (M) et SOCK (M.T), *Le Code des marchés publics annoté*, Dakar, Juriscare, 2e édition, 2015, 341 p ;
PREBISSY-SCHNALL (C*), La pénalisation du droit des marchés publics*, Paris, *LGDJ* 2002, 609 p.
RICHER (L), *Droit des contrats administratifs*, Paris, *LGDJ*, 9ème éd., 2014, 668 p.
SY (J-H) (sous la dir.), *Les chantiers de Thiès : les faits*, Dakar, Editions Aide Transparence 2006, 274 p.
ZIEGLER (R), *Les marchés publics dans les pays en voie de développement*, Paris, Armand Colin 1968, 322p.

2. THESES ET MEMOIRES

ARCHAMBAUD (J.), *Contribution à l'étude des problèmes spécifiques du droit sénégalais des marchés de travaux publics*, Thèse de doctorat en droit, FSJE/Université de Dakar, 1977, 255 p.
BALOGOUN (I.K), *Les nouveaux contrats de développement en Afrique : Etude juridique des projets Construction-Exploitation-Transfert*, Thèse de doctorat en droit, FSJP/UCAD 2010, 506 p.
COULIBALY (A), *Analyse de la concurrence et de la régulation en Afrique : cas du Sénégal et du Mali,* Thèse de droit privé, FSJP/UCAD 2013, 468 p.

DIARRA (E) : *Les aspects financiers de la communauté économique de l'Afrique de l'Ouest (CEAO)*, Thèse de doctorat, Université de droit, d'économie et de sciences sociales de Paris II, 2 V, 518 p.

DIOP (B. S), *La régulation des télécommunications au Sénégal*, Thèse de doctorat en droit privé/FSJP/UCAD 2012, 525 p.

DIOP (M*), Le contrôle de l'Administration*, Thèse de Doctorat en droit, Dakar 1970, 647 p.

FALL(M), *La promotion de la bancarisation dans l'espace UEMOA*, Mémoire de maitrise de droit de l'entreprise, UGB 2007, 76 p.

KALFLÈCHE (G), *Des marchés publics à la commande publique : L'évolution du droit des marchés publics*, Thèse de doctorat, Paris II, 2004, 764 p.

KPOCHAN (E. T), *Le droit de la concurrence et les marchés publics dans l'espace UEMOA*, Thèse de doctorat en droit privé, FSJP/UCAD, 2013, 351 p.

MBALLO (D), *La responsabilité pénale dans la passation des marchés publics au Sénégal*. Mémoire de DEA Décentralisation et gestion des collectivités locales. Université Gaston Berger de Saint Louis/UFR de sciences juridiques 2008-2009, 53 p.

MBAYE (M. N), *L'arbitrage OHADA : réflexions critiques*, Mémoire de DEA droit privé, Paris X (Nanterre), 2000-2001, 37 p.

NGOM (N), *Réflexion sur un phénomène récent en Afrique : les autorités administratives indépendantes*, Thèse de doctorat en droit/FSJP/UCAD 2001, 489 p.

SACKO (A), *Le contrôle de l'Administration : une contribution à la bonne gouvernance en Guinée*, Thèse de doctorat FSJP/UCAD 2014, 415 p.

SAWARE (A), *Le particularisme du droit sénégalais des partenariats public-privé,* Thèse de doctorat de droit public, FSJP/UCAD/ 2013, 543 p.

SOURANG (M), *La technique contractuelle dans les rapports États-Entreprises étrangères : contribution à l'étude des conventions d'établissement conclues par les États africains*, Thèse de doctorat d'État en droit, Bordeaux I 1980, p. 400 ;

SY (D), *La technique des contrats-plan au Sénégal* : *contribution à l'étude de la contractualisation des relations entre l'État et les entreprises du secteur parapublic,* Thèse de doctorat d'État Dakar 1989, 682 p.

ZAKI (M), *Le contrôle des finances publiques dans les États d'Afrique Noire francophone : l'exemple du Niger et du Sénégal*, Thèse de doctorat en droit, Université des sciences sociales de Toulouse, 1999, 320 p.

II. DOCTRINE ET AUTRES COMMUNICATIONS

A. DOCTRINE

A.1. DOCTRINE AFRICAINE

ABARCHI (D), « La supranationalité de l'organisation pour l'harmonisation du droit des affaires », Revue Burkinabé de droit, 2000, spécial p.18 et suivant ou sur http://www.juriscompanion.com/IMG/doctrines/D-02-02.pdf (consulté le 28 Juin 2013) ;

ALOU (M.T), « La justice au plus offrant », *in* La corruption au quotidien, Politique africaine n°83, Paris, *KHARTALA*, 2001, pp. 59-78 ;

BA (B), Le contentieux de l'excès de pouvoir des marchés publics devant la Cour suprême du Sénégal (à partir des arrêts rendus entre 2008 et 2013), *Annales Africaines*, Avril 2015, pp. 163-193 ;

BLUNDO (G), Dessus de table : la corruption quotidienne dans la passation des marchés publics locaux, *Politique Africaine* n°83 Octobre 2001, pp. 79-97 ;

BOCKEL (A), Les contrats des personnes publiques et les règles de la comptabilité publique, *Annales Africaines 1974,* pp. 1 et suivantes ;

BOCKEL (A), « Les contrats administratifs », in *Encyclopédie juridique de l'Afrique*, Tome IX, pp. 213-247 ;

BODIAN (Y), Brèves réflexions sur la règlementation des marchés de gré à gré dans le nouveau code des marchés publics : des germes de la corruption, *Africajuris* n°48 du 02 au 08 Janvier 2003, pp. 4-7 ;

COULIBALY (A-S), Le droit de la concurrence de l'union économique et monétaire ouest –africain, Revue Burkinabé de droit, n° 43-44 2003, pp. 37-77 ;

DA (D), La recherche de la transparence budgétaire dans les reformes des finances publiques au Burkina Faso, Revue électronique Afrilex, 2e édition spécial finances publiques, Juin 2012, URL, http://afrilex.u-bordeaux4.fr/sites/afrilex/IMG/pdf/6-_La_recherche_de_la_transparence_budgetaire_dans_les_reformes_en_finances_publiques_au_Burkina_Faso.pdf (consulté le 16 Juin 2015) ;

DIAGNE (M), Les nouvelles tendances du droit des contrats administratifs au Sénégal, Revue *EDJA* n°80, 2009, pp. 13-36 ;

DIAGNE (M), De l'influence du droit communautaire africain sur les finances publiques sénégalaises, Revue Internationale de Droit Africain, EDJA n°83, Octobre-Novembre- Décembre, 2009, pp. 57-81 ;

DIAKHATE (M), La responsabilité disciplinaire du fonctionnaire en droit sénégalais, URL http://afrilex.u-bordeaux4.fr/la-responsabilite-disciplinaire-du.html (consulté le 12 Mai 2015) ;

DIALLO (I), Pour une appréciation concrète des pouvoirs du parlement sénégalais en matière budgétaire, Revue électronique *Afrilex*, 2e numéro spécial finances publiques, juin 2012, http://afrilex.u-bordeaux4.fr/sites/afrilex/IMG/pdf/7-

_Pour_une_appreciation_concrete_des_pouvoirs_du_parlement_senegalais_en_matiere_budgetaire.pdf (consulté le 06 Mai 2015) ;
DIALLO (M-Y), Le juge de l'administration et la régulation des marchés publics au Sénégal, Annales Africaines, Avril 2015, pp. 95-123 ;
DIARRA (E), Editorial sur « l'actualité du thème des finances publiques en Afrique », Revue électronique *Afrilex* n°4, http//www.afrilex.u. bordeaux.4.fr décembre 2004 ;
DIEYE (A), Le juge et la motivation des actes administratifs au Sénégal, Revue *EDJA* n° 81 Avril- Mai- juin 2009, pp. 9-36 ;
DIOP (M), L'évolution des marchés publics au Sénégal : repères historiques et faits marquants, *RMP* n°1, 2010, pp. 6-7 ;
DIOUKHANE (A), Sur quelques aspects du décret n°2002-550 du nouveau code des marchés publics sénégalais, Revue *EJDA* n°57, Avril -Juin 2003, pp.27-43.
DIOUKHANE (A), Discipline financière au sein de l'UEMOA et réaménagement du droit budgétaire sénégalais, Revue *EDJA* n°38, Juillet-Aout-Septembre 1998, pp.7-39 ;
DIOUF (N), La place du droit pénal dans le droit communautaire, *Nouvelles Annales Africaines* n°1-2007, pp. 161-184 ;
FALL (I. M), « La loi de règlement dans le droit des finances publiques des Etats membres de l'UEMOA : l'exemple du Sénégal », *in* Sénégal : Finances publiques, Décentralisation et transparence budgétaire, sous la direction de J. H. SY, Aide Transparence 2005, pp. 534 et suivantes ;
FALL (E.M) et SARR NIANG (M) (DCMP), Procédures de passation des marchés publics : un aperçu sur les délais, *RMP* n°5, Novembre 2011, pp. 6-7 ;
FALL (M), Les lois de finances rectificatives, *Revue Electronique*, Afrilex n°4, URL http://afrilex.u-bordeaux4.fr/sites/afrilex/IMG/pdf/04doc13fall.pdf (consulté le 15 Mai 2015) ;
FALL (P.T), Normes communautaires et sécurité juridique, *Nouvelles Annales Africaines*, n°1, 2007, pp. 199-205 ;
GUEYE (B), « Le nouveau code sénégalais des marchés publics : entre réponse aux attentes de la société civile et prise en compte des influences communautaires », In *Droit sénégalais* N° 7, Novembre 2008, Presses de l'Université des sciences sociales de Toulouse, pp. 257-280.
IBRIGA (L-M), MEYER (P), La place du droit communautaire UEMOA dans le droit interne des Etats membres, Revue Burkinabé de Droit n°37, pp.28-46 ;
KAMARA (M), De quelques aspects de l'évolution récente des finances publiques, du droit budgétaire et de la comptabilité publique au Sénégal : l'élaboration de la loi de finances, Revue *EDJA* n°59, Oct. Nov. Déc.2003, pp.24-51 ;
KEBE (A. A. D), Le déclin de l'exorbitance du droit administratif sénégalais sous l'effet du droit communautaire, Revue électronique Afrilex

http://afrilex.u-bordeaux4.fr/sites/afrilex/IMG/pdf/Le_declin_de_l_exorbitance_du_droit_administratif_senegalais.pdf (consulté le 18 Juillet 2015) ;

LAMOTTE (M), Etude des infractions des marchés publics, *RMP* n°14, juin 2013, pp. 11-19 ;

MBODJ (A), Code des marchés publics, encore une secousse !, *RMP* n°7, Avril 2012, p.3 ;

MEDE (N), Réflexion sur le cadre harmonisé des finances publiques dans l'espace UEMOA, Revue électronique *Afrilex*, 2e numéro spécial finances publiques, Juin 2012, http://afrilex.ubordeaux4.fr/sites/afrilex/IMG/pdf/ARTICLE_REFLEXION_SUR_LE_CADRE_HARMONISE_DES_FINANCES_PUBLIQUES_UEMOA_BORDEAUX.pdf (consulté le 16 Juin 2015) ;

MEDE (N), Réflexion sur l'autorité de la chose jugée au financier, *Nouvelles Annales Africaines*, CREDILA 2012, pp.123-161 ;

MEDE (N.), La nouvelle gestion budgétaire, l'expérience des budgets de programmes au Benin, Revue électronique *Afrilex* n°4, URL http://afrilex.u-bordeaux4.fr/sites/afrilex/IMG/pdf/04dos5mede.pdf (consulté le 10 Juillet 2015) ;

NGAIDE (M), Aperçu sur les considérations environnementales dans les marchés publics au Sénégal, *RMP* n°8, Juin 2012, pp. 18-21 (1ère partie) ; *RMP* n°9, Aout 2012, pp. 20-22 (2ème partie) ;

NGAIDE (M.), Le Code des marchés publics, La grande désillusion, Wal Fadjri du 20 octobre 2010, URL : http://www.osiris.sn/Code-des-marches-publics-La-grande.html (Consulté le 15 juin 2015) ;

NGAIDE (M), Réflexions sur le droit à l'information administrative au Sénégal, Revue *EDJA* n°53, Avril-Mai-Juin 2002, pp.29-50 ;

NGAIDE (M), « La loi n°2006-16- du 30 juin 2006 modifiant le code des obligations de l'administration ou le renouveau du droit des contrats administratifs au Sénégal ? », In *Droit sénégalais* n°6, Novembre 2007 ; Presses de l'Université des sciences sociales de Toulouse, pp.105-118 ;

PRISO-ESSAWE (S-J), L'émergence d'un droit communautaire africain de la concurrence : double variations sur une partition européenne, *RIDC* 2-2004, pp.329-354 ;

SAWADOGO (F.M), « Les conflits entre normes communautaires : aspects positifs et prospectifs », Actes du colloque sur « la concurrence des organisations régionales en Afrique » organisé par les universités Montesquieu- Bordeaux IV et Cheikh Anta DIOP de Dakar à Bordeaux, Septembre 2009, http://afrilex.u-bordeaux4.fr/sites/afrilex/IMG/pdf/Communication_Sawadogo.pdf (consulté le 5 Juillet 2015) ;

SY (D), L'activité de la Cour de Justice de l'UEMOA, *Nouvelles Annales Africaines* n°1, 2007, pp.231-242 ;

SY (D), « Le juge sénégalais et la création du droit administratif », *in* La création du droit en Afrique (sous la direction de) D. DARBON et J. DU BOIS DE GAUDUSSON, Paris KHARTALA, 1997, pp. 395-407 ;

SY (Y. B), La cour de discipline budgétaire du Sénégal, *RIPAS* n°2, Octobre-Décembre 1981, pp. 216-229 ;

TANO (F), La rationalisation de la gestion budgétaire en Afrique : l'exemple de la Côte d'Ivoire, *RFFP* n°98, Juin 2007, pp. 47 et suivantes ;

THIERNO BARRO (A), La contribution de la Cour des comptes à la bonne gouvernance financière : l'exemple du Sénégal, *Revue béninoise des sciences juridiques et administratives*, n°24, Année 2011, pp. 27-33 ;

TOURE (C), le système de contrôle des finances publiques au Mali, Revue électronique *Afrilex* n°4 Décembre 2004, http://afrilex.u-bordeaux4.fr/sites/afrilex/IMG/pdf/04dos8toure.pdf (consulté le 23 Février 2015) ;

YONABA (S), la difficile intégration des règles budgétaires et comptables des Etats membres de l'union économique et monétaire ouest africaine, *RFFP*, n°79, 2002 ; pp. 221-239 ;

YONABA (S), La difficile intégration des règles budgétaires et comptables des Etats membres de l'UEMOA, *RFFP* n°76, 2002, pp. 221-239 ;

A.2. DOCTRINE FRANCAISE

ALBERT (J.L), La sincérité devant le juge financier, *RFFP* n°111, Sept. 2010, pp.105 et suivantes ;

AMSELEK (P), Les refus des comptables publics d'exécuter les ordres de paiement et le juge de l'excès de pouvoir, *AJDA* 1973, pp. 172-190 ;

AMSELEK (P) : « Une institution financière en clair-obscur : la règle du service fait, in étude de finances publiques », in *Mélanges PM Gaudemet*, Economica 1984, pp. 421 et suivantes ;

AMSELEK (P), La compensation entre les dettes et les créances des personnes publiques, *RDP* n° 6-1988, pp. 1485-1553 ;

AMSON (D), La responsabilité politique et pénale des ministres de 1789 à 1958, *Revue pouvoirs* n°92, 2000, pp. 31 et suivantes ;

ANTOINE (A), *L'intuitu personae* dans les contrats de la commande publique, *RFDA* n°5, 2011, pp. 879-892 ;

AUBY (J-M), Le régime juridique des avis dans la procédure administrative, *AJDA* 1956, pp.53- 67 ;

AUTIN (J-L), Du juge administratif aux autorités administratives indépendantes : un autre mode de régulation, *RDP* n°5 1988, pp.1213-1226 ;

BERNARD (V. M), Le recours pour excès de pouvoir est-il frappé à mort ?, *AJDA* 1995, spécial, pp. 190 et suivantes ;

BERTRAND (C), La responsabilité des Etats membres en cas de non transposition des directives communautaires, *RDP* 1994, pp. 1057-1527 ;

BLAIRON (K), Pouvoirs et contre-pouvoirs en matière budgétaire et financière », URL http://www.droitconstitutionnel.org/congresParis/com C6/BlaironTXT.pdf (consulté le 06 Mai 2015) ;
BOSC (A), De la nature et du régime juridiques des pénalités dans les marchés de fournitures, *RDP* 1921, pp. 215-245 ;
BOUVIER (M), Sincérité budgétaire et comptable, un principe paradoxal ?, *RFFP* n°111, Sept.2010, pp. 169 et suivantes ;
BOUVIER (M), Pour un contrôle systématique des finances publiques, condition d'une nouvelle gouvernance, *RFFP* n°81 Mars 2003, pp.3 et suivantes ;
BRACONNIER (S), L'indemnisation des préjudices nés de la rupture anticipée d'un contrat public d'affaires pour motif d'intérêt général, *AJDA* 2009, p. 2035- 2043 ;
BRACONNIER (S), « Exorbitance du droit administratif et droit européen », *in* F. MELLERAY (dir.), L'exorbitance en question (s), Paris, *LGDJ* 2004, 320 p.
BRACQ (S) et SARRE (D), Pourquoi une évaluation préalable des besoins, Revue *contrats publics, Moniteur Juris* n°140 Février 2014, pp.28-31 ;
BRASSIERE (A), « Les fondements d'une harmonisation fiscale en Europe », Centre Cournot pour la recherche en économie », http//www.centre cournot.org/pdf/debat/4/bassiere-debat.pdf (consulté le 5 décembre 2014) ;
BRISSON (J.P), Les pouvoirs de sanction des autorités de régulation et l'art.6 alinéa 1 de la Convention européenne des droits de l'homme, *AJDA* 1999, pp.847-859 ;
BRECHON-MOULENES (C), Choix des procédures, choix dans les procédures, *AJDA* 1998, pp.753-769 ;
BRUERE (J-C), Le consensualisme dans les contrats administratifs, *RDP* n°6-1996, pp. 1715-1749 ;
CAILLOSSE (J), Le droit administratif contre la performance publique ?, *AJDA* 1999, pp. 195-211 ;
CAMBY (J. P), Pour le principe de sincérité budgétaire, *RFFP* n°111, Sept. 2010 pp.157 et suivantes ;
CAMBY (J.P), Droit administratif et droit financier, *RDP* 4, 1998, pp. 953-958 ;
CANEDO (M), « L'exorbitance du droit des contrats administratifs », *in L'exorbitance du droit administratif en question (s),* Etudes réunies par F. MELLERAY, Paris, *LGDJ* 2004, 320 p.
CATHELINEAU (J), « Les lois de finances rectificatives », In *Etudes de droit public*, Editions *CUJAS* 1964, pp. 83-94 ;
CARITEY (J), Le contrôle parlementaire en matière financière, *RDP* n°5 Sept-Oct. 1974, pp. 1451-1473 ;
CARON (O) et BARDOUX (A), Délit d'octroi d'avantage injustifié : des éléments constitutifs symptomatiques d'une infraction-obstacle, *Contrats Publics*, n°139 Janvier 2014, pp. 20-24 ;

CHABANOL (D), « le choix du cocontractant : pouvoir discrétionnaire ou lié ? » in *Mélanges en l'honneur du Professeur M. Guibal*, Montpellier, Presses de la Faculté de Droit de Montpellier 2006, pp.83-94 ;
CHAPUS (R), Les aspects procéduraux, *AJDA* 1998, pp.93-99 ;
CHARTIER (J-L), Le juge financier, *RFFP* n°58, 1997, pp.87 et suivantes ;
CHATILLON (G), Administration électronique et services publics, *AJDA* Juillet-Aout 2001, pp. 617 et suivantes ;
CHEVALLIER (J), Réflexions sur l'institution des autorités administratives indépendantes, *JCP* 1986-I- 3254 ;
CHEVALLIER (J), Vers un droit post-moderne ? Les transformations de la régulation juridique, *RDP* n° 3, 1998, pp. 659-690 ;
CHEVAUCHEZ (B), La dépense publique, au cœur de nos systèmes de finances publiques, *RFFP* n° 77, 2002, pp. 27 et suivantes ;
CHRETIEN (P), La notion d'urgence, *RFDA* n°1 2007, pp.38 et suivantes ;
CLAEYS (A), Le contrôle du juge sur l'exigence de publicité adaptée en matière de marché public CE, 7 Octobre 2005, Région Nord-pas-Calais, *RDP* n°4 2006, pp. 1067-1083 ;
CLAMENS (S), Vers une remise en cause du principe de l'insaisissabilité des biens des personnes publiques, *AJDA* 2000, pp. 767 et suivantes ;
CLAUDAL (S), L'emprise croissante du droit sur les politiques publiques, *RFFP* n°79, sept. 2000, p.122 et suivantes ;
COLLIARD (C.A), Les irrégularités budgétaires et leurs sanctions, *Recueil Dalloz* 1949, chronique XV p.65 ;
CRUCIS (H.M), Le contrôle de la régularité financière, *RFDA* n°8 Juillet-Aout 1992, pp. 730-748 ;
DACOSTA (B), La candidature d'une collectivité territoriale à l'attribution d'un contrat de commande publique, conclusions sur Conseil d'Etat, Assemblée, 30 Décembre 2014, Société Armor SNC, *RFDA* 2015, pp. 57 et suivantes
DARCY (G), « Variations sur l'acte détachable du contrat », in Contrats public, Mélanges en l'honneur du Professeur Michel Guibal, Montpellier, Presses de la Faculté de droit de Montpellier 2006, pp. 503-517 ;
DE VISSCHER (C), VARONE (F), La nouvelle gestion publique "en action". , Revue internationale de politique comparée*2/2004 (Vol. 11), p.177-185,*https://www.cairn.info/revue-internationale-de-politique-comparee-2004-2-page-177.htm (consulté le 25 Juillet 2015) ;
DOUAT (E), Le conseil d'Etat et le contrôle budgétaire, *RFFP* n°70, 2000, pp.15 et suivantes ;
DREYFUS (J-D), L'obligation d'informer les candidats des conditions de mise en œuvre des critères d'attribution du marché, *AJDA* 2009, pp. 60 et suivantes ;
DREYFUS (J-D), Code des marchés et PME : le choix de la discrimination positive, *AJDA* n°32, Octobre 2006, pp.1769-1772 ;

DREYFUS (J-D), Les nouvelles mesures de simplification du droit des marchés publics, *AJDA* 2009, pp. 306 et suivantes ;
DUDOGNON (C), L'avenant au contrat administratif, *RDP*n° 5, 2009 pp. 1353 et suivants ;
DUFFY (A), La constitutionnalisation de la liberté contractuelle, *RDP* n°6-2006, pp.1570-1600 ;
DUPRAT (J.P), La dynamique des reformes budgétaires : globalisation des problèmes, unification des outils et adaptation nationale des solutions, *RFFP* n°98, Juin 2007, pp. 9-24 ;
ECKERT (G), Les aspects financiers du nouveau Code des marchés publics, *Contrats et Marchés publics* n° 4, Avril 2001, chron. 9
ECKERT (G), Réflexions sur l'évolution du droit des contrats publics, *RFDA* Mars-Avril 2006, pp.238-244 ;
FERNANDEZ BEGAULT (E), La notion d'intérêt dans le délit de prise illégale d'intérêts : L'intérêt d'une clarification, *Contrats Publics, Moniteur juris,* n°139-Janvier 2014, pp.34-37 ;
FEVROT (O), Contribution à une théorie des avant-contrats administratifs : l'exemple de l'accord-cadre, *RDP* n°2, 2008, pp. 363 et suivantes ;
FRATACCI (S), Le critère du mieux disant social et l'attribution des marchés publics, *RFDA* 1997, pp. 73-78 ;
FRISON-ROCHE (M. A), le droit de la régulation, Dalloz 2001, chronique 601, p. 601 ;
FROMENT-MEURICE (A), GROPER (N), La responsabilité des acteurs de la gestion publique en matière budgétaire, financière et comptable : l'heure du bilan, *AJDA* n°6, Avril 2005, pp.714-722 ;
GARTNER (F), Des rapports entre contrats administratifs et intérêt général, *RFDA* Janvier-Février 2006 pp.19-21 ;
GAUDEMET (Y), Introduction à l'étude sur la concurrence des modes et des niveaux de régulation, *RFAP* n° 109, 2004/1, pp. 13-16 ;
GAUDEMET (Y), Le précontentieux : le règlement non juridictionnel des conflits dans les marchés publics, *AJDA* 1994, spécial pp. 84-90 ;
GILBERT (K), Une production du droit mieux raisonnée ? La diffusion de la légistique en droit français, Le *Courrier Juridique des Finances et de l'Industrie* - spécial légistique - juin 2008 ;
GILLAUME-HOFNUNG (M), La médiation, *AJDA* n°1 1997, pp. 30-40 ;
GINESTE (H-S), Nouveau regard sur l'avis consultatif, *RDP* n°4, 1999, pp. 1121-1158 ;
GLEIZAL (J-J), Le sursis à exécution des décisions administratives : Théorie et politique jurisprudentielle, AJDA, 1975, pp. 381-398 ;
GLIOZZO (T), L'utilisation de critères additionnels dans la passation des marchés par appels d'offres, *AJDA* n°2 2002, pp. 1471-1477 ;
GODARD (J), Brèves remarques sur le contrôle des finances publiques » *RDP* n°3, 1970, pp.525-534 ;

GODFRIN (P), Quelques aspects récents de la politique des marchés publics, *AJDA* n°4 1970, pp.209-219 ;
GOUSSARD, (J.P) « Notion de performance », http://www.qpratools.com/sport/staps_performance/ApprochePerformance.pdf (consulté le 16 Juillet 2014) ;
GOYARD (C), Les aspects administratifs et politiques des contrôles, *RFFP* n°56, 1996, p. 27 et suivantes ;
GROS (M), Le juge administratif, la procédure et le temps, *RDP* n°6 1999, pp. 1707-1722 ;
GUIBAL (M), Marchés et délégations de service public, *AJDA* 1993, pp.186-191 ;
GUEZOU (O), Les centrales d'achat dans le nouveau code, *AJDA* n° 7, 2004, pp. 371-377 ;
HAIM (V), Le choix du juge dans le contentieux des contrats administratifs, *AJDA* 1992, pp.315-320 ;
HAQUET (A), « Le pouvoir réglementaire des autorités administratives indépendantes : réflexions sur son objet et sa légitimité », *RDP* n°2, 2008 pp.393-415 ;
HEINTZ (M), Les principales difficultés en matière d'évaluation des besoins et comment y remédier ?, *Revue Contrats publics*, n°140, Février 2014, pp. 41-44 ;
HENRY (J. P), Vers la fin de l'Etat de droit ?, *RDP* 1977, pp. 1207-1235 ;
HERTZOG (R), Les mutations des finances publiques : manifeste pour une discipline rajeunie, *RFFP* n°79, septembre 2002, pp.259-278 ;
ISABELLE (M), La modernisation de la responsabilité des ordonnateurs et des comptables à l'entrée dans la nouvelle ère budgétaire et comptable, *RFDA* mars-avril 2006, pp. 393-400 ;
JARROSSON (C), L'arbitrage en droit public, *AJDA* n°1 1997, pp. 16-24 ;
JEZE (G), Théorie générale des contrats de l'administration, *RDP* 1930, pp. 82-152 ; 260-344 ; 426-468 ; 680-721 ;
JEZE (G), Théorie générale des contrats de l'administration, *RDP* 1931, pp. 245-318 ; 496-562 ; 681-762 ;
JEZE (G), Essai de théorie générale de la compétence pour l'accomplissement d'actes juridiques en droit français, *RDP* 1923, pp.58 et suivantes ;
JEZE (G), « Nature juridique des acomptes et des avances versés par l'administration à un entrepreneur de travaux publics ou d'un fournisseur », Note de jurisprudence sur l'arrêt du Conseil d'Etat du 13 mars 1925, clef, *RDP* 1925, pp.278-288 ;
JOYE (J.P), La sincérité, premier principe financier, *RFFP* n°111, Sept. 2010 pp. 17 et suivantes ;
KLOEPFER (W), Réflexions sur l'admission du recours pour excès de pouvoir en matière contractuelle, *AJDA* 2003, chron. pp.585 et suivantes ;
LAFAIX (J. F), Le juge du contrat face à la diversité des contentieux contractuels, *RFDA* 2010, p.1089 et suivantes ;

LAFAIX (J-F), Réflexions sur la sanction des règles relatives aux procédures de passation des contrats publics, à partir de l'arrêt de la Cour administrative d'appel de Versailles du 1 Mars 2009, Commune de Clichy-la Garenne, *RFDA* 2010, pp. 85-97 ;

LALIGANT (M), La notion d'intérêt pour agir et le juge administratif, *RDP* 1971, pp. 43-82 ;

LASCOMBE (M) VANDENDRIESSCHE (X), Plaidoyer pour le succès d'une réforme. La loi organique relative aux lois de finances et la nécessaire refonte de la responsabilité des ordonnateurs et des comptables, *RFDA* 2004, pp.39 et suivantes ;

LAVROFF (D.G), « La constitution et le temps » *in* Mélanges P. ARDANT, Droit et politique à la croisée des cultures, Paris, *LGDJ* 1999, pp. 207-227 ;

LEBAS (M.), «Performance : Mesure et management. Faire face à un paradoxe», Groupe HEC, Paris, 1998 ;

LEBON (V), Les marchés sans formalités préalables, un miroir aux alouettes ?, *AJDA* 2002, pp. 843-847 ;

LEFOULON (J), Les formalités en matière de sanction dans le contrat administratif, *AJDA* 1974, pp. 565 et suivantes ;

LESCLOUS (V), L'appréciation des actes administratifs par le juge répressif, *JCP* 1994, pp. 143-147 ;

LETELLIER (H), La détermination des procédures de dévolution en fonction des besoins préalablement déterminés, *Revue Contrats publics, Moniteur Juris*, n°140 Février 2014, pp. 24-27 ;

LICHERE (F), L'évolution du critère organique du contrat administratif, *RFDA* Mars-Avril 2002, pp.341-349 ;

LICHERE (F), La définition contemporaine du marché public, *RDP* n°6 1997, pp.1753-1781 ;

LINDITCH (F), Délit d'octroi d'avantages injustifiés, Jurisclasseur contrats et marchés publics, 2009, Fasc 33 ;

LITTERON (R), Le modèle français de la transparence administrative à l'épreuve du droit communautaire, *RFDA* 1995 pp.18 et suivantes ;

LLORENS (F) et SOLER COUTEAUX (P), Le recours des candidats évincés contre les contrats : embarras du choix ou embarras tout court ?, *Contrats et marchés publics* n° 8, Août 2007, repère 8 ;

LMIMOUNI (M), La réforme du contrôle administratif des dépenses de l'Etat, *RFFP* n°102, 2008, pp. 10 et suivantes ;

LOUVARIS (A), Recours contre les actes détachables et les clauses règlementaires : état de lieux, Revue *Contrats publics, Moniteur juris,* n°123 Juillet-Aout 2012, pp. 63-66 ;

LUCHAIRE (F), Un Janus constitutionnel : l'égalité, *RDP* 1986, pp.1229-1274 ;

LUDWIG (R), L'effectivité d'exécution des arrêts de la Cour des comptes, Revue du Trésor 1983, pp. 44 et suivantes ;

LYON-CAEN (A), Sur la transaction en droit administratif, *AJDA* n°1 1997, pp. 48-53
MAGNET (J), La responsabilité des comptables, *RFFP* n°7 1984, pp. 69 et suivantes ;
MAGNET (J), Que juge le juge des comptes, *RFFP* n°28, 1998, pp.115 et suivantes ;
MANIN (P), De l'utilisation des directives communautaires par les personnes physiques ou morales, *AJDA* 1994, pp. 259-269 ;
MARCOU (G), La notion juridique de régulation, *AJDA* n°7, 2006, pp.347-353 ;
MARKUS (J-P), Sursis à exécution et intérêt général, *AJDA* 1996, pp.251-263 ;
MAHIEUX (S), La maitrise des dépenses publiques, *RFFP* n°77 mars 2002, pp.33-46 ;
MAUCOUR-ISABELLE (A), La modernisation de la responsabilisé des ordonnateurs et des comptables à l'entrée dans la nouvelle ère budgétaire et comptable, *RFDA* Mars-Avril 2006, pp.393-400 ;
MENEMENIS (A), Code des marchés publics 2006 : quelques points forts, *AJDA* n°32, Octobre 2006, pp.1754-1764 ;
MENEMENIS (A), Passer un marché public : sur quelques innovations du Code, *AJDA* n°7 2004, pp.382-388 ;
MESSAGE (H), Peut-on mesurer le pouvoir budgétaire du parlement ?, *RFFP* n°41, 1993 pp.14-29 ;
IGAUD (D), Le contrôle parlementaire des finances publiques, *RFFP* n°100, 2008, pp.28 et suivantes ;
MITARD (E), L'impartialité administrative, *AJDA* 1999, pp. 478 et suivantes ;
MODERNE (F), La liberté contractuelle est-elle vraiment et pleinement constitutionnelle, *RFDA* 2006, pp.2-11 ;
MONCONDUIT (F), « Liberté et égalité dans la pensée d'ALEXIS DE TOCQUEVILLE », *in* Mélanges G. BURDEAU, Paris *LGDJ*, 1977, pp. 315-332 ;
MORIN (E), « Rationalité et rationalisation », URL http://www.lemangeur-ocha.com/wp-content/uploads/2012/07/13_E_Morin.pdf (consulté le 15 Juin 2015) ;
MOREAU (J), Les matières contractuelles, *AJDA* 1998, pp. 747-752 ;
MORETAU (O), Ne tirez pas sur le comparatiste, *D*.2005, point de vue, pp.452-453 ;
MUNOZ (F), Pour une logique de conciliation, *AJDA* n°1 1997, pp.41-47 ;
ODENT (R), « La procédure d'élaboration des actes administratifs en droit français », URL http://www.juradmin.eu/colloquia/1968/france-2.pdf (consulté le 18 juin 2013) ;
ORSONI (G), La misère de la théorie financière, *RFFP* n°41, 1991, p.239 et suivantes ;

PERIGON (M), « L'influence du droit de la concurrence sur la liberté contractuelle », Cahiers de l'Ecole doctorale ; droit et sciences sociales de la faculté de droit de Montpellier n° 4 Juillet 2004, pp. 29-58 ;
PEYRICAL (J-M), L'évolution du droit de la commande publique, quelques commentaires et réflexions, *AJDA* 2009, pp. 965-972 ;
PIELBERG (H), « La sous traitance », in *Jurisclasseur administratif* 2008, Fasc.651 ;
PIETRI (J.P), « Recours pour excès de pouvoir », in *Jurisclasseur Contrats et Marchés Publics* 2011, Fasc. 31 ;
PIGNON (S) et BANDET (D), Le nouveau code des marchés publics, quelques éclairages pratiques, *AJDA* n°4 2001, pp. 367-375 ;
PLESSIX (B), La théorie des vices du consentement dans les contrats administratifs, *RFDA* Janvier-Février 2006, pp.12-18 ;
POLI (R), Les indicateurs de performance de la dépense publique, *RFFP* n° 82, Juin 2003, pp. 107 et suivantes ;
PONTIER (J-M), Le droit administratif et la complexité, *AJDA* 2000, pp.187-195 ;
POUJADE (B), La responsabilité des acteurs de la gestion publique en matière budgétaire, financière et comptable : l'heure du bilan, *AJDA* 2005, pp. 703-708 ;
POULET-GIBOT LECLERC (N), La contractualisation des relations entre les personnes publiques », *RFDA* n°3 1999, pp. 551-565 ;
PROS-PHALIPPON (C), La recherche d'un meilleur équilibre contractuel par le contrat : la clause de résiliation au profit de la personne privée contractante, Note sous Conseil d'Etat, 8 Octobre 2014, Société Grenke Location, *RFDA* 2015, pp. 47 et suivantes ;
RICHER (L), Les modes alternatifs de règlement des litiges et le droit administratif, *AJDA* n°1 1997, pp. 3-9 ;
RICHER (L), Pas d'immunité de juridiction de la définition du besoin, *in* Revue *Contrats publics, Moniteur Juris,* n°140, Février 2014, p. 3 ;
RICHER (L), La contractualisation comme technique de gestion des affaires publiques, *AJDA* 2003, pp. 973 et suivantes ;
ROBERT (J), Le principe d'égalité dans le droit constitutionnel francophone, *les Cahiers du cons .const.* n°3 1er semestre 1997, pp.44 et suivantes ;
ROUSSEAU (D), « La transposition des opinions dissidentes en France est-elle souhaitable ?- Pour une opinion dissidente en faveur des opinions dissidentes », Les cahiers du Conseil constitutionnel n°8 (Dossier : Débat sur les opinions dissidentes) Juillet 2000 sur http://www.conseil-constitutionnel.fr/conseil-constitutionnel/francais/nouveaux-cahiers-du-conseil/cahier-n-8/la-transposition-des-opinions-dissidentes-en-france-est-elle-souhaitable-pour-une-opinion-dissidente-en-faveur-des-opinions-dissidentes.52548.html (consulté le 28 Novembre 2013) ;
RUELLAN (A), Les critères de choix des offres dans le nouveau code des marchés publics, *AJDA* n°7 2004, pp.378-381 ;

SABLIER (B) et CARO (J-E), Paiement direct des sous-traitants : de la coupe aux lèvres, *AJDA* 1986, pp.418-420 ;
SAUNIER (P), La faute de gestion dans la jurisprudence de la Cour de discipline budgétaire et financière, *RFDA* n°8 1992 ; pp. 1055-1073 ;
SAUVE (J-M), Le juge administratif face au défi de l'efficacité : retour sur les pertinents propos d'un Huron au Palais Royal et sur la critique managériale, *RFDA* 2012, pp. 613-619 ;
SCHNALL C.P), Vers une réforme du délit de favoritisme ? , *Contrats publics, Moniteur juris69,* n°139 Janvier 2014 ; pp. 72-76 ;
SCARAMOZZINO (S), « La concurrence dans la réforme des marchés publics en droit interne » Cahiers de l'Ecole doctorale droit et sciences sociales de la faculté de droit de Montpellier n°4 juillet 2004, pp.59-84
SESTIER (J.P), « Urgence et mise en concurrence dans les contrats publics », in *Mélanges en l'honneur du Professeur M. Guibal*, Montpellier, Presses de la Faculté de Droit de Montpellier 2006, pp. 379-399 ;
SOUCRAMANIEN (F.M), Les adaptations du principe d'égalité à la diversité des territoires, *RFDA* sept-oct. 1997, pp. 905-925 ;
SUPPLISSON (D), Critères d'attribution : quelques changements dans la continuité, *AJDA* n°32, Octobre 2006, pp.1765-1769 ;
STIRN (B), « La liberté contractuelle, droit fondamental en droit administratif ? », *AJDA* 1998, pp. 673-675 ;
STIRN (B), Conclusion sous CE, 23 Juin 1986, Thomas, *RFDA* 1987, pp. 194-198 ;
TALLINEAU (L), Les tolérances administratives, *AJDA* 1978, pp. 3-38 ;
TERNEYE (P), La liberté contractuelle est-elle un droit fondamental ?, *AJDA* 1998, pp.657-672
TERNEYRE (P), L'apport au droit des marchés publics de la loi anti-corruption, *RFDA* n°5 1993, pp. 952-961 ;
TERNEYRE (P), Réflexions nouvelles sur les clauses à caractère règlementaire des contrats administratifs à objet de service public, *RFDA* 2011, pp. 893-898 ;
TEITGEN-COLLY (C), Les instances de régulation et la constitution, *RDP* n°1, 1990, pp. 153-259 ;
THIRIEZ (F), L'irruption du juge pénal dans le paysage administratif, *AJDA* 1999, spécial, pp. 105-106 ;
THOMAS (D), Les relations entre le droit des marchés publics et le droit budgétaire et comptable, *RDP* 4. 1997, pp. 1101-1137 ;
THOMAS E, Maquillage des comptes publics grecs : statistiques à la dérive ? , *Regards croisés sur l'économie* 1/2012 (n° 11), p. 113-115 ;
TIMSIT (G), Les deux corps du droit, *RFDA* n°78, 1996, pp. 375-384 ;
TOUSSAINT (J), Le contrôle budgétaire, *AJDA* 1984, pp.356-367 ;
VEDEL (G), La loi des 16-24 Août 1790 : Texte ? Prétexte ? Contexte ?, *RFDA* 1990, pp. 698 et suivantes ;

VIRET (J), La responsabilité de l'administration et de ses agents à l'épreuve du droit pénal contemporain, *AJDA* 1995, pp. 763-780 ;
WALINE (M), De l'irresponsabilité des fonctionnaires pour leurs fautes personnelles et des moyens d'y remédier, *RDP* 1948, pp. 5 et suivantes ;
WALINE (M), Du critère des actes juridictionnels, *RDP* 1993 pp.565 et suivantes ;
WEBER (Y), « Finances publiques et contrats de l'administration », in Mélanges P. M. GAUDEMET, Economica 1984, pp. 375-403 ;
ZEGHBIB (H), Procédure du contradictoire et procédure administrative non contentieuse, *RDP* n°2, 1998, pp. 467-503.

III. RAPPORTS, COMMUNICATIONS ET AUTRES PUBLICATIONS

A. RAPPORTS
A.1 RAPPORTS ARMP
A.1.1. ARMP NIGER

Rapport définitif final de l'audit des marchés publics des années 2007 et 2008, Vol 1, Mars 2012, 68 p.
Rapport d'audit de passation des marchés, Gestions 2009-2010, Vol. 1, Février 2013, 97 p.
Rapport d'audit des marchés publics, gestions 2009-2010, volet audit de matérialité physique, Février 2013, 91 p.
Rapport définitif de l'audit annuel des marchés publics conclus en 2011 et 2012 au Niger, Avril 2014, 262 p.

A.1. 2. ARMP SENEGAL

Rapport annuel 2008, 112 p.
Rapport annuel 2009, 68 p.
Rapport annuel 2011, 144 p.
Rapport annuel 2012, 144 p.
Rapport annuel 2013, 140 p.
Rapport définitif de la Revue indépendante de la passation des marchés publics de 2009 du Ministère de l'économie et des finances ;
Rapport définitif de la Revue indépendante de la conformité de la passation des marchés au titre de la gestion 2009 du Ministère des forces armées.

A.2. RAPPORTS DES COURS DES COMPTES

A.2.1. COUR DES COMPTES DU NIGER

Rapport Général public 2010-2011, 293 p.
Rapport Général public 2012, 182p. ;
Rapport Général public 2013, 124 p.

A.2.2. COUR DES COMPTES DU SENEGAL

Rapport public 2010, 251 p.
Rapport public 2011, 260 p.
Rapport public 2012, 296 p.
Rapport public 2013, 230p.

A.3. AUTRES RAPPORTS

Commande publique et délais de paiement : enjeux et perspectives. Publication de la Direction de l'appui au secteur privé du MEF, Novembre 2011, p. 5. La publication est disponible sur http://www.finances.gouv.sn/UserFiles/ActuEntreprise%20N_18(2).pdf consulté le 01 Juillet 2013 ;

Conseil d'Etat français, le contrat, mode d'action publique et de production des normes, Rapport public, Vol 2, Etudes et documents, n°59, Paris, La documentation française, 2008, p. 398, http://www.ladocumentationfrancaise.fr/rapports-publics/084000313/ (consulté le 22 Juillet 2015) ;

Rapport du Ministère de l'Economie et de finances : Document de travail n°6 intitulé arriéré de paiement et dynamique de croissance au Sénégal, DPEE/DEPE Mars 2010, http://www.dpee.sn/IMG/pdf/arrears.pdf (consulté le 22 mai 2015)

Rapport de la Mission d'investigation dans le cadre de l'exécution du programme GAVI-SSV au Niger (Périodes 2007-2010), Février 2012 http://www.gavialliance.org/fr/librairie/documents-gavi/legal/rapport-d-investigation-(niger)-f%C3%A9vrier-2012/ (consulté le 20 Juin 2013).

B. COMMUNICATIONS ET AUTRES PUBLICATIONS

BOURGES (H), « *enjeux et contraintes de la régulation dans un contexte de développement* », in *Forum* de la Régulation, Dakar, éditions du forum de la régulation, Octobre 2007, 49p. ;

MAWENYA (A.S), « Empêcher la corruption dans les marchés publics en Afrique », *Publication Occasionnelle de* L'Institut Sud-africain des Affaires Internationales (SAIIA), n°9, août 2008, file:///C:/Users/HP/Downloads/saia_sop_09_mawenya_20080901_fr.pdf (consulté le 15 Juin 2015) ;

SAWADOGO (F. M) et IBRIGA (L. M), «L'application des droits communautaires UEMOA et OHADA par le Juge national » ; Afrique de l'Ouest ; Séminaire sous régional de sensibilisation sur le droit communautaire de l'UEMOA, http://afrilex.u-bordeaux4.fr/sites/afrilex/IMG/pdf/Communication_Sawadogo.pdf (consulté le 28 Juin 2013) ;

YAYA (H. S), « La problématique de la performance organisationnelle, ses déterminants et les moyens de sa mesure : une perspective holistique et multicritérielle », *Document de travail 2003-036*, Faculté des Sciences de l'administration Université Laval, Québec, 2003, p.34 http://www.fsa.ulaval.ca/sirul/2003-036.pdf (consulté le 30 Juin 2015) ;

Niger, FMI : « évaluation des dépenses publiques et responsabilité financière (PEFA) », Septembre 2013, http://www.imf.org/external/french/pubs/ft/scr/2013/cr13285f.pdf (consulté le 05 Mai 2015) ;

Recueil des communications de l'ARMP : Table ronde sur les sept ans de la réforme du système de passation des marchés publics, Edition spéciale, Juin 2014, http://www.armp.sn/images/recueil_de_communications.pdf (consulté le 15 Mai 2015).

IV. TEXTES JURIDIQUES

A. TEXTES JURIDIQUES COMMUNAUTAIRES

Traité du 10 Janvier 1994 portant création de l'Union Économique et Monétaire Ouest Africaine ;

Traité relatif à l'Organisation pour l'Harmonisation en Afrique du Droit des Affaires du 17 Octobre 1993 modifié le 17 Octobre 2008 ;

Protocole additionnel n°1 relatif aux organes de contrôle de l'UEMOA ;

Acte additionnel n° 04/99/ du 08 Décembre 1999 portant pacte de convergence, de stabilité, de croissance et de solidarité entre ses États membres ;

Acte uniforme portant procédures simplifiées de recouvrement et voies d'exécution du 10 Juillet 1998 ;

Directive n°01/2000/CM/UEMOA du 29 Juin 2000 portant adoption du document de conception du projet de réforme des marchés publics des États membres de l'Union Économique et Monétaire Ouest Africaine ;

Directive n°04/2005/CM/UEMOA du 09 Décembre 2005 portant procédures de passation, d'exécution et de règlement des marchés publics et des délégations de service public dans l'Union économique et monétaire ouest africaine ;

Directive n°05/2005/CM/UEMOA du 09 Décembre 2005 portant contrôle et régulation des marchés publics et des délégations de service public dans l'Union économique et monétaire ouest africaine.

Directive n°01/2009/CM/UEMOA du 27 Mars 2009 portant code de transparence dans la gestion des finances publiques au sein de l'Union Économique et Monétaire Ouest Africaine ;

Directive n°06/2009 /CM/UEMOA du 26 juin 2009 relative aux lois de finances au sein de l'Union Économique et Monétaire Ouest Africaine ;

Directive n°07/2009/CM/UEMOA du 26 Juin 2009 portant règlement général sur la comptabilité publique au sein de l'Union Économique et Monétaire Ouest Africaine ;

Directive n°04/2012/CM/UEMOA du 28 septembre 2012 relative à l'éthique et à la déontologie dans les marchés publics et les délégations de service public au sein de l'UEMOA.

B. TEXTES JURIDIQUES DU NIGER

1. CONSTITUTION

La Constitution du 25 Novembre 2010, Journal officiel spécial n°19 du 20 Novembre 2010, pp. 247-261.

2. LOIS ET ORDONNANCES

Loi organique n° 2013-02 du 23 janvier 2013, déterminant la composition, l'organisation, les attributions et le fonctionnement du Conseil d'État, Journal officiel spécial n°12 du 03 Juin 2013, pp. 580-590 ;

Loi organique n° 2012-08 du 26 mars 2012, déterminant les attributions, la composition, l'organisation et le fonctionnement de la Cour des comptes, Journal officiel n°09 du 1er Mai 2012, pp.502- 517 ;

Loi n° 2012-09 du 26 mars 2012, portant loi organique relative aux lois de finances, Journal officiel spécial n°10 du 23 Mai 2012, pp. 648- 657 ;

Loi n° 2003-025 du 13 juin 2003 modifiant la loi N° 61-27 du 15 juillet 1961, portant institution du Code Pénal, Journal Officiel spécial n° 4 du 7 avril 2004 ;

Loi n°2011-37 du 28 Octobre 2011 portant principes généraux, contrôle et régulation des marchés publics et des délégations de service public au Niger, Journal officiel spécial n°5 du 21 Mars 2012, pp. 22-23 ;

Loi n° 2011-11 du Loi n°2004-50 du 22 Juillet 2004 fixant l'organisation et la compétence des juridictions en République du Niger, Journal officiel spécial n°14 du 20 Aout 2004, p. 1028 ;

Loi n°2011-11 du 27 Juin 2011 déterminant les traitements, les indemnités, les avantages accordés au Premier Ministre et aux ministres, Journal officiel n°15 du 1er Aout 2011, pp. 1035 et suivantes ;

Loi n° 2011-21 du 08 octobre 2011 déterminant la classification des emplois supérieurs de l'État et fixant les conditions de nomination de leurs titulaires, Journal officiel spécial n°19 du 5 Décembre 2011, pp. 1476-1478 ;

Ordonnance n°2010-05 du 30 Mars 2010 modifiant l'ordonnance n°2010-01 du 22 Février 2010 portant organisation des pouvoirs publics pendant la période de Transition, Journal officiel spécial n° 7 du 22 Avril 2010, pp. 92-93 ;

Ordonnance n°2002-007 du 18 Septembre 2002 portant Code des marchés publics au Niger ;

Ordonnance n° 85-32 du 14 Novembre 1985 portant Code des marchés publics au Niger, Journal officiel n° 23 du 1er Décembre 1985, pp. 1194 et suivantes ;

Ordonnance n°2008-06 du 21 Février 2008 modifiant l'Ordonnance n°2002-07 du 18 Septembre 2002 portant Code des marchés publics au Niger, Journal officiel spécial n°2 du 27 Mars 2008, pp. 14-19 ;

Ordonnance n°2010-017 du 15 Avril 2010 déterminant la composition, l'organisation et le fonctionnement de la Cour des comptes, Journal officiel spécial n° 12 du 19 Mai 2010, pp. 148-159.

3. REGLEMENTS

3.1 DECRETS

Décret n° 61-223 du 27 Octobre 1961 portant réglementation générale des marchés de l'État abrogé ;

Décret n° 2013-117/PRN/MF du 20 mars 2013, portant organisation du ministère des finances, Journal officiel spécial n°8 du 20 Mars 2013, pp.357-359, abrogé ;

Décret n°2013-500/PRN/MF du 04 décembre 2013 portant organisation du Ministère des finances ;

Décret n° 2002-196/PRN/MF/E du 26 juillet 2002, portant règlement général de la comptabilité publique, abrogé ;

Décret n° 2013-02/PRN/PM du 04 janvier 2013, portant création des directions des marchés publics et des délégations de service public au sein des ministères ;

Décret n° 2011-688/PRN/PM du 29 décembre 2011, portant Code d'éthique des marchés publics et des délégations de service public, Journal officiel spécial n°5 du 21 Mars 2012, pp. 45- 46 ;

Décret n° 2013-570/PRN/PM du 20 Décembre 2013 portant modalités particulières de passation des marchés de travaux, d'équipements, de fournitures et de services concernant les besoins de défense et de sécurité nationales, Journal Officiel Spécial n°3 du 14 Janvier 2014, pp. 121- 129 ;

Décret n°2011-687/PRN/PM du 29 Décembre 2011 portant attributions, composition, organisation et modalités de fonctionnement de l'Agence de régulation des marchés publics, Journal officiel spécial n°5 du 21 Mars 2012, pp. 42-45 ;

Décret n°2008-120/PRN/MEF du 09 Mai 2008 portant organisation et attributions de la Direction Générale de Contrôle des Marchés publics, Journal officiel spécial n°5 du 16 Mai 2008, pp. 54-55, abrogé ;

Décret n° 2014-070/PRN/MF du 12 Février 2014 déterminant les missions et l'organisation de la Direction Générale du Contrôle des Marchés Publics et des Engagements Financiers ;

Décret n°2011-686/PRN/PMdu 29 Décembre 2011 portant Code des marchés publics et des délégations de service public, Journal officiel spécial n°5 du 21 Mars 2012, pp. 24-42, abrogé ;

Décret n°2013-569/PRN/PM du 20 Décembre 2013 portant Code des marchés publics et des délégations de service public, Journal officiel spécial n° 3 du 14 Janvier 2014, pp. 103-121, abrogé ;

Décret n°2013-569/PRN/PM du 20 Décembre 2013 portant Code des marchés publics et des délégations de service public, Journal officiel spécial n° 3 bis du 21 Janvier 2014, pp. 132-150 ;

Décret n°2006-278/PRN/PM du 15 Septembre 2006 portant attributions, composition, organisation et modalités de fonctionnement de l'Agence de régulation des marchés publics ;
Décret n° 2014-127/PRN/PM du 26 Février 2014 complétant le décret n°569/PRN/PM du 20 Décembre 2013 portant code des marchés publics et des délégations de service public et déterminant les fautes et les sanctions applicables en matière de marchés publics et des délégations de service public ;
Décret n°2013-83/PRN/MF du 1er Mars 2013 portant Règlement général sur la comptabilité publique, Journal officiel spécial n°8 du 20 Mars 2013, pp. 336-344.

1.2 ARRETES

Arrêté n° 001/ME/F/SG/DGCMP du 12 Janvier 2011, fixant le seuil de compétence de la DGCMP et de ses organes déconcentrés ;
Arrêté n°0034/CAB/PM/ARMPdu 21 Janvier 2014 fixant les délais dans le cadre de la passation des marchés publics et des délégations de service public ;
Arrêté N°0035 /CAB/PM/ARMP du 21 janvier 2014 Portant liste des pièces à fournir par les soumissionnaires / candidats pour être éligibles aux marchés publics et délégations de service public ;
Arrêté n° 0143/CAB/PM/ARMP du 29 Juin 2012, fixant les seuils dans le cadre de la passation et l'exécution des marchés publics et des délégations de service public, Journal officiel spécial n°8 du 20 Mars 2013, pp. 319- 320 ;
Arrêté N°0037 /CAB/PM/ARMP du 21 janvier 2014 fixant les seuils dans le cadre de la passation et l'exécution des marchés publics et des délégations de service public ;
Arrêté n°270/CAB/PM/ARMP du 24 Octobre 2007 fixant les seuils de passation et les délais de publicité et de réception des offres des marchés publics ;
Arrêté n°144/CAB/PM/ARMP du 29 juin 2012, portant attributions des divisions marchés publics, Journal officiel spécial n°8 du 20 Mars 2013, pp. 324- 325, abrogé ;
Arrêté n°141/CAB/PM/ARMP du 29 Juin 2012, portant création, attributions, composition-type et fonctionnement de la commission *ad'hoc* d'ouverture des plis et d'évaluation des offres des marchés publics et des délégations de service public des établissements publics, sociétés d'Etat et sociétés d'économie mixte, Journal officiel spécial n°8 du 20 Mars 2013, pp. 303-311 ;
Arrêté n°142/CAB/PM/ARMP du 29 Juin 2012, portant création, attributions, composition-type et fonctionnement de la commission *ad'hoc* d'ouverture des plis et d'évaluation des offres des marchés publics et des délégations de service public des collectivités territoriales, Journal officiel spécial n°8 du 20 Mars 2013, pp. 311- 319 ;

Arrêté n° 145 /CAB/PM/ARMP du 29 Juin 2012, portant création, attributions, composition-type et fonctionnement de la commission *ad'hoc* d'ouverture des plis et d'évaluation des offres des marchés publics et des délégations de service public de l'Etat, Journal officiel spécial n°8 du 20 Mars 2013, pp. 325- 332 ;

Arrêté n°146/CAB/PM/ARMP du 29 juin 2012 fixant les délais dans le cadre de la procédure des marchés publics et des délégations de service public, Journal officiel spécial n°8 du 20 Mars 2013, pp.332- 334, abrogé ;

Arrêté n°0077/CAB/PM/ARMP du 24 Mars 2014 portant modalités de signature et d'approbation des marchés publics et délégations de service public ;

Arrêté 0055/MEF du 15 Mars2010 Portant application du référentiel des prix ;

C. TEXTES JURIDIQUES DU SENEGAL

1. CONSTITUTION

La constitution du 22 janvier 2001, http://www.gouv.sn/-Constitution-du-Senegal-.html (consulté le 25 Juillet 2015)

2. LOIS

Loi organique n° 2011-15 du 08 Juillet 2011 relative aux lois de Finances, Journal officiel n° 6618 du 15 Octobre 2011 ;

Loi organique n° 2001-09 du 15 Octobre 2001 relative aux lois de Finances ;

Loi n°2006-16 du 30 Juin 2006 modifiant la loi n° 65-61 du 19 Juillet 1965 portant Code des Obligations de l'Administration, Journal officiel n°6291 du 5 Aout 2006 ;

Loi n° 65-60 du 21 Juillet 1965 portant Code pénal modifiée par la loi n° 2007-02 du 12 février 2007 ;

Loi d'orientation n°2008-29 du 28 juillet 2008 relative à la promotion et au développement des petites et moyennes entreprises, Journal officiel n° 6440 du 29 Novembre 2008 ;

Loi n°2014-09 du 20 Février 2014 relative aux contrats de partenariat, Journal officiel n°6781 du 25 Mars 2014, pp. 293-306 ;

Loi organique n° 2008-35 du 7 Août 2008, portant création de la Cour suprême, Journal officiel n° 6420 du 8 Aout 2008.

3. REGLEMENTS

3.1 DECRETS

Décret n° 2005-576 du 22 Juin 2005 portant approbation de la Charte de transparence et d'éthique en matière de marchés publics, Journal officiel n° 6236 du 20 Août 2005 ;

Décret n° 67-697 du 16 Juin 1967 portant réglementation des marchés administratifs, abrogé ;

Décret n°2007-0434 du 23 Mars 2007 modifiant le Décret n°81-844 du 20 Aout 1981 relatif à la comptabilité des matières appartenant à l'État, aux Collectivités locales et aux Établissements publics ;

Décret n°82-690 du 7 Septembre 1982 portant Code des marchés publics au Sénégal ;

Décret n° 2002-550 du 30 Mai 2002 portant Code des marchés publics au Sénégal modifié par le Décret n° 2002-937 du 4 Octobre 2002, Journal officiel n°6054 du 6 juillet 2002 ; abrogés ;

Décret n° 2007-545 du 25 Avril 2007 portant Code des marchés publics, modifié par le Décret n°2008-1165 puis par le Décret n° 2010-1188 du 13 Septembre 2010, abrogés ;

Décret n° 2010-1188 du 13 Septembre 2010 portant Code des marchés publics modifié par le Décret n° 2011-04 du 6 Janvier 2011 puis par le Décret n°2011-1048 du 27 Juillet 2011, abrogés ;

Décret n°2007-546 du 25 Avril 2007 portant organisation et fonctionnement de l'Autorité de Régulation des Marchés Publics modifié par le Décret n° 2010-1396 du 20 Octobre 2010 ;

Décret n°2007-547 du 25 Avril 2007 portant création de la Direction Centrale des Marchés publics, Journal officiel n° 6349 du 2 Juin 2007 ;

Décret n° 2011-1880 du 14 Novembre 2011 portant réglementation générale sur la comptabilité publique, Journal officiel n°6649 du 10 Mars 2012 ;

Décret n° 2003-101 du 13 Mars 2003 portant Règlement Général sur la Comptabilité publique, Journal officiel n°6094 du 29 Mars 2003, pp. 301-326 ;

Décret n°2011-04 du 06 Janvier 2011 modifiant et complétant le Décret 2007-545 portant code des marchés publics, Journal officiel n° 6566 du 20 Janvier 2011, pp. 63-83, abrogé ;

Décret n°2011-1048 du 27 Juillet 2011 portant Code des marchés publics abrogeant et remplaçant le Décret n°2007-545 modifié, Journal officiel n°6604 du 27 Juillet 2011 abrogé ;

Décret n° 2011-1944 du 8 Décembre 2011 modifiant l'article 3 du Décret n°2011-1048 portant Code des marchés publics, abrogé ;

Décret n° 2012-01 du 2 janvier 2012 modifiant l'article 3 du décret n° 2011-1048 du 27 juillet 2011 portant Code des marchés publics, Journal officiel n° 6635 du 2 Janvier 2012, abrogé;

Décret n°2012- 601 du 19 Juin 2012 abrogeant le Décret n°2012-01 du 2 Janvier 2012 (réintégration dans le champ d'application du code, les marchés exclus par le décret n°2012-01), abrogés ;

Décret n°2014-1212 du 22 Septembre 2014 portant Code des marchés publics au Sénégal, Journal officiel n° 6812 du 4 Octobre 2014, pp. 1159-1201.

3.2 ARRETES, CIRCULAIRES ET DECISIONS

Arrêté n°2007-9286 du 03 Octobre 2007 portant organisation et fonctionnement de la Direction Centrale des marchés publics et modalités du contrôle *a priori ;*

Arrêté n°11580/ PM du 28 Décembre 2007 pris en application des dispositions de l'article 138 du CMP fixant les seuils de contrôle a priori des dossiers de passation des marchés, abrogé ;

Arrêté n°11583/MEF du 28Décembre 2007 pris en application de l'article 111 du Code des marchés publics fixant les seuils en dessous desquels il n'est pas requis de garantie de soumission, abrogé ;

Arrêté n°11584/MEF du 28 Décembre 2007 pris en application de l'article 112 du Code des marchés publics fixant les seuils à partir desquels il est requis une garantie de bonne exécution, abrogé ;

Arrêté n°11585 /MEF du 25 Décembre 2007 pris en application de l'article 77-3 du Code des marchés publics relatif aux commandes pouvant être dispensées de la forme écrite et donner lieu à règlement sur mémoires ou factures ;

Arrêté n°11586/MEF du 27 Décembre 2007 pris en application de l'article 35 du Code des marchés publics relatif aux cellules de passation des marchés des autorités contractantes, abrogé ;

Arrêté n°11587 /MEF du 28 Décembre 2007 pris en application de l'article 45-e du Code des marchés publics fixant le modèle d'engagement des candidats à respecter les dispositions de la Charte de Transparence et d'Ethique en matière de Marchés publics, abrogé ;

Arrêté n°11588/MEF du 27 Décembre 2007 pris en application de l'article 36-1 du Code des marchés publics et fixant le nombre et les conditions de désignation des membres des commissions des marchés des autorités contractantes, abrogé ;

Arrêté n° 00106 du 07 Janvier 2015 fixant les seuils de contrôle *a priori* des dossiers de marché, pris en application de l'art. 141 du Code des Marchés publics ;

Arrêté n° 00864 du 22 Janvier 2015 fixant le nombre et les conditions de désignation des membres des commissions des marchés des autorités contractantes, pris en application de l'article 36-1 du code des marchés publics ;

Arrêté n°00861 du 22 Janvier 2015 fixant le modèle d'engagement des candidats à respecter les dispositions de la Charte de Transparence et d'Ethique en matière de Marchés publics, pris en application de l'article 44-f du Code des Marchés publics ;

Arrêté n°00860 du 22 Janvier 2015 fixant les seuils en dessous desquels il n'est pas requis de garantie de soumission, pris en application de l'article 114 du Code des Marchés publics ;

Arrêté n°00866 du 22 Janvier 2015 pris en application de l'article 115 du Code des marchés publics fixant les seuils à partir desquels il n'est pas requis une garantie de bonne exécution ;

Arrêté n°00865 du 22 janvier 2015 relatif à l'organisation et au fonctionnement des cellules de passation des marchés des autorités contractantes, pris en application des articles 35 et 141 du Code des marchés publics ;

Arrêté n° 00107 du 07 Janvier 2015 relatif aux modalités de mise en œuvre des procédures de demande de renseignements et de prix en application de l'article 78 du Code des marchés publics ;

Circulaire n°0004/PM/CAB/CP du 31 Mars 2009 portant Instruction pour la mise en œuvre de la procédure de Demande de Renseignements et de Prix (DRP) prévue par les dispositions de l'article 78 du code des marchés publics, abrogée ;

Décision n°0001/CRMP du 06 Mars 2008 fixant les délais impartis à la Direction centrale des marchés publics pour examiner les dossiers qui lui sont soumis, abrogée.

V. JURISPRUDENCE ET DECISIONS DU CRD

A. JURISPRUDENCE

1. JURISPRUDENCE NIGERIENNE

Jugement civil n° 068 du 16/02/2005 http://juriniger.org/juriniger/publication.do?publicationId=750 (consulté le 06 Février 2013) ;

Arrêt n°13-025 du 08 Mai 2013 SNLM-Import-export/État Du Niger, inédit ;

Arrêt n°13-050 du 16 Aout 2013, Groupement d'Entreprises Wazir/ETEP c/État du Niger/ARMP, inédit ;

Arrêt n°13-049 du 3 Juillet 2013 de la Chambre administrative de la Cour d'État du Niger, inédit.

2. JURISPRUDENCE SENEGALAISE

CSS, chambre administrative, Arrêt n°01 du 09 Février 2012, Complexe International Thiaré Guèye (CITG) C/ARMP, inédit.

CES n°0008 du 27 Avril 2000, Elhadj DIOP et Jack HENDERSON/Etat du Sénégal, Bulletin des arrêts du Conseil d'Etat, Année 2000, pp. 16-17 ;

CS, Chambre administrative, arrêt n°24 du 12 Avril 2012, Association sénégalaise des Hémodialysés et Insuffisants rénaux c/ ARMP, inédit ;

CSS, Chambre administration, arrêt n°47 du 10 Décembre 2009, Société SEN Technologie SARL c/CRD de l'ARMP, inédit ;

CSS, Chambre administrative, Arrêt n°48 du 9 Aout 2012, Espace Auto C/CRD de l'ARMP, inédit ;

CSS, Chambre administrative, Arrêt n°12 du 7 Avril 2011, Bureau Veritas S.A C/ARMP, inédit ;

CSS, Chambre administrative, Arrêt n° 10 du 25 septembre 2008, Etat du Sénégal c/CRD de l'ARMP et AATR, Bulletin des arrêts de la Cour suprême, n°1, Année judiciaire 2008-2009, Décembre 2011, pp. 88-89 ;

CS, Chambre administrative, Arrêt n° 12 du 5 Mai 2009, Etat du Sénégal c/CRD de l'ARMP et AATR, Bulletin des arrêts de la Cour suprême, n°1, Année judiciaire 2008-2009, Décembre 2011, pp. 96-98

CSS, Chambre administrative, Arrêt n°30 du 23 septembre 2010, Port Autonome de Dakar C/CRD de l'ARMP, inédit ;

CSS, Chambre administrative, Arrêt n°01 du 13 Janvier 2011, Port Autonome de Dakar C/CRD de l'ARMP, Bulletin des arrêts de la Cour suprême, chambre administrative n° 2-3, pp. 240-241.

B. DECISIONS DU CRD

1. DECISIONS DU CRD DE L'ARMP DU NIGER

Décision n°003/ARMP/CRD du 11 Janvier 2012 sur l'examen du recours du Directeur General de l'Entreprise ETEME contre Ministère de la Défense Nationale suivant Appel d'offres ouvert international n°01/MDN/DRF/2011 portant acquisition de matériels HCCA au profit de la Direction Centrale d l'intendance militaire des forces armées nigériennes ;

Décision n°14/ARMP/CRD du 05 Mars 2012 sur l'examen du recours du Directeur de la Société Nigérienne d'Assurance et de Réassurance contre le Ministère de la Défense Nationale dans le cadre d'un marché de négociation par entente directe portant assurance d'un aéronef Hercule C130.

2. DECISIONS DU CRD DE L'ARMP DU SENEGAL

Décision n°134/12/ARMP/CRD du 31 Octobre 2012 du Comité de Règlement des différends statuant en Commission Litiges sur le recours de la Société CCBM Automobile dénonçant le caractère discriminatoire des spécifications techniques du dossier d'appel d'offres relatif à la fourniture de cent cinquante (150) véhicules 4x4 station wagon au profit du Ministère de l'économie et des finances ;

Décision n°230/ARMP/CRD du 27 Aout 2014 du Comité de règlement des différends statuant en commission, litiges sur la saisine de la Délégation générale pour l'organisation du XVe Sommet de la Francophonie, sur l'inscription tardive dans le plan de passation des marchés ;

Décision n° 011/ARMP/CRMP/CRD en date du 11 Juin 2008 du CRD statuant en commission Litiges sur l'avis négatif émis par la DCMP à la demande d'autorisation du Ministère de l'Intérieur de passer par entente directe le marché de l'extension du réseau de production des passeports numérisés ;

Décision n°033/11/ARMP/CRD du 16 Mars 2011 du Comité de Règlement des Différends statuant en commission Litiges sur la demande de la Loterie Nationale sollicitant l'autorisation de passer par entente directe des marchés de fournitures et de services listés en annexe pour urgence nonobstant l'avis défavorable de la DCMP ;

Décision n°073/11/ARMP/CRD du 25 Mai 2011 du comité de règlement des différends statuant en commission Litiges sur la demande de la société anonyme « Petit Train Bleu » sollicitant une autorisation de passer par entente directe sa commande relative à l'acquisition de gaz oïl en tickets ;

Décision n°110/09/ARMP/CRD du 21 Décembre 2009 du comité de règlement des différends statuant en formation disciplinaire sur des faits de production par la Société TOUBA MBACKE Constructions de fausses attestations de service fait, en violation de la réglementation sur les marchés publics ;

Décision n°059/12/ARMP/CRD du 31 Mai 2012 du comité de règlement des différends statuant en formation disciplinaire sur des faits reprochés à l'Entreprise Générale des Travaux d'Etudes et de réalisations (GTER SARL) relatifs à la production de faux documents dans le cadre de l'appel d'offres de l'Agence d'exécution des travaux d'intérêt public (AGETIP) ayant pour objet la construction et la réhabilitation des voiries dans la ville de THIES ;

Décision n°014/09/ARMP/CRD du 13 Janvier 2009 du Comité de Règlement des différends statuant en formation disciplinaire sur la saisine de l'Agence Autonome des Travaux Routiers (AATR) relative aux fausses déclarations fournies par le Groupe DISSO S.A dans le cadre de l'Appel d'offres pour les travaux d'entretien courant des routes non revêtues du réseau classé de la région de Louga ;

Décision n°102/12/ARMP/CRD du 05 Septembre 2012 du Comité de règlement des différends statuant en commission Litiges sur le recours de la société Cristabel Diffusion contestant la décision d'attribution du Lot 1 de l'Appel d'offres portant sur la fourniture de matériel informatique et de bureau à la SAED ;

Décision n° 090/10/ARMP/CRD du 07 Juillet 2010 du Comité de règlement des différends statuant en commission Litiges sur le recours de l'Agence Nationale du Plan de retour vers l'agriculture (ANREVA) relatif à l'avis de la direction centrale des marchés publics sur l'attribution provisoire du marché concernant la couverture médicale du personnel de l'ANREVA ;

Décision n° 138/10/ARMP/CRD DU 24 Septembre 2010 du CRD statuant en commission Litiges sur la saisine du Projet Hôpital Dalal Jamm contestant l'avis défavorable de la DCMP sur le rapport d'analyse comparative des offres et sur le PV d'attribution du marché relatif à la fourniture d'équipement médical ;

Décision n°040 du 25 Avril 2010 par laquelle le CRD maintient l'avis défavorable de la DCMP à la poursuite de la passation d'un marché ;

décision n° 034/10/ARMP/CRD du 07 Avril 20120 du CRD statuant en commission Litiges sur la saisine de la Direction Générale de la Comptabilité publique et Trésor (DGCPTP) aux fins de sanction de la Société Sénégal EQUIP pour inexécution totale de ses obligations contractuelles résultant du marché de fourniture de bureau.

TABLE DES MATIÈRES

Le Sénégal aux éditions L'Harmattan

Dernières parutions

L'ESTHÉTIQUE SOCIALE DES PULAAR
Socioanalyse d'un groupe ethnolinguistique
Sy Harouna
L'esthétique sociale pulaar est une mise en ordre éthique de la vie sociale. Elle est l'inventaire systématique de ce qu'il y a de beau et de laid dans le social relativement à ses valeurs, à ses normes, à ses règles et à ses codes qui commandent des postures, des relations, des rapports et des qualités appropriés. L'analyse des contradictions de la société pulaar du Fuuta Tooro a révélé des logiques et des stratégies fondées sur des rapports de castes et sur les représentations sociales que ces rapports produisent.
(31.00 euros, 304 p.)
ISBN : 978-2-343-11189-6, ISBN EBOOK : 978-2-14-002810-6

LE BAYNUNK GUNAAMOLO, UNE LANGUE DU SUD DU SÉNÉGAL
Analyse phonologique, morphologique et syntaxique
Diop Sokhna Bao - Préface de Denis Creissels
Le Sénégal est un pays multilingue avec des langues majoritaires et des langues minoritaires, de par le nombre de leurs locuteurs, mais également de par la quantité de travaux dont chacune dispose. Les langues majoritaires ont fait l'objet de nombreuses recherches, à la différences des langues minoritaires. Ce constat est à l'origine du choix porté sur la description de la variante gunaamolo du baynunk (parlé au sud du Sénégal, plus précisément à Niamone, dans la région de Ziguinchor) qui est une langue en danger très peu décrite. L'utilité et l'intérêt de ce travail résident dans la sauvegarde et la connaissance de cette langue et sa communauté. Elle peut servir aussi de référence à des recherches futures.
(Coll. Études africaines, 38.50 euros, 392 p.)
ISBN : 978-2-343-09614-8, ISBN EBOOK : 978-2-14-002913-4

DE L'HÉRITAGE ARABO-ISLAMIQUE SAINT-LOUISIEN
Une illustration par les œuvres d'Abbas Sall et d'Abdoulaye Fall Magatte
Fall Cheikh Tidiane - Préface de Samba Dieng et Postface de Mouhamed Habib Kébé
Cet ouvrage porte sur la réhabilitation du legs culturel arabo-islamique ouest-africain en général et saint-louisien en particulier. Revaloriser un pan du patrimoine culturel par l'entremise de l'imagination poétique locale de deux intellectuels demeure l'objectif principal de cette étude. Une partie descriptive constituée de la traduction d'une cinquantaine de poèmes suivie d'un volet analytique constitue la méthodologie de ce travail de recherche. La moisson tirée de ce travail préliminaire apporte quelques éclairages sur l'intérêt de la traduction de manuscrits arabes, notamment ceux produits par d'éminents ulémas du Sénégal, tels les deux poètes faisant l'objet de cette étude.
(Harmattan Sénégal, 35.00 euros, 340 p.)
ISBN : 978-2-343-11306-7, ISBN EBOOK : 978-2-14-003014-7

L'AGRICULTURE DU SÉNÉGAL SOUS LA COLONISATION
Diop Ismaïla
L'introduction de l'arachide au Sénégal au début du XXe siècle révolutionne le paysage agricole. La France décide alors de faire du Sénégal une colonie arachidière. Le Sénégal devient la troisième puissance arachidière du monde après les États-Unis et l'Inde. Cette monoculture extensive aboutit à un déficit vivrier chronique, une dégradation des sols, une dépendance vis-à-vis des importations de riz en provenance d'Asie. Pour y remédier, le rapport de la mission Roland Portères de 1952 recommande des mesures d'aménagement du territoire, de restauration des sols, de promotion de l'agriculture intégrée sérère.
(Harmattan Sénégal, 23.50 euros, 218 p.)
ISBN : 978-2-343-11129-2, ISBN EBOOK : 978-978-2-14-002836-6

CASAMANCE
À quand la paix ?
Bassène René Capain - Préface du père Nazaire Diatta
Malgré leur volonté et leur engagement affichés d'aller vers la fin du conflit armé en Casamance, la position des parties en guerre n'a jamais réellement évolué. L'État du Sénégal se dit prêt à négocier sur tous les points, sauf sur ceux relatifs à l'intégrité territoriale et l'unité nationale, alors que, de son côté, le MFDC soutient une position contraire en déclarant être disposé à ne négocier que sur la question se rapportant à l'indépendance totale de la Casamance. Cette situation montre que le conflit armé est encore loin de finir en Casamance.
(28.50 euros, 276 p.)
ISBN : 978-2-343-10426-3, ISBN EBOOK : 978-2-14-002593-8

PARCOURS D'UN JOURNALISTE AUTODIDACTE
Ndiaye Pape Ngagne - Préface de Mamoudou Ibra Kane
Pape Ngagne Ndiaye, par son style, est devenu un rendez-vous incontournable de l'espace audiovisuel sénégalais. L'émission « Faram Faccce » qu'il anime présentement sur TFM est très courue des hommes et femmes politiques pressés de se soumettre au feu roulant et nourri des questions du redoutable interviewer, unique dans son genre. Ce livre n'est pas seulement une autobiographie, mais aussi une réflexion thématique et une sélection rigoureuse de certains numéros de la célèbre émission qui se veut « un décryptage des questions majeures de l'actualité nationale ».
(37.00 euros, 360 p.) ISBN : 978-2-343-09916-3, ISBN EBOOK : 978-978-2-14-002822-9

DES FRANCENABE AUX MODOU-MODOU
L'émigration sénégalaise contemporaine
Fall Papa Demba - Préface du Professeur Abdoulaye Bara Diop
Principalement centré sur la France et ses anciennes colonies d'Afrique, le champ migratoire sénégalais s'est, de manière originale, progressivement étendu à des destinations naguère méconnues ou peu fréquentées (comme les États-Unis, l'Italie, l'Espagne, l'Afrique du Sud ou le Brésil). Peu à peu, les migrants sont devenus des acteurs incontournables du développement. La prise en compte de ces populations, et de leurs mouvements, devient donc nécessaire aux programmes et politiques de développement durable.
(Harmattan Sénégal, 40.00 euros, 559 p., Illustré en noir et blanc)
ISBN : 978-2-343-10796-7, ISBN EBOOK : 978-2-14-002539-6

« DOYEN » AMADY ALY DIENG, LE TRANSMETTEUR INTÉGRAL (1932-2015)
Économie biographique ou sémio-Histoire
Ngaïdé Abdarahmane
Amady Ali Dieng nous a quittés il y a un an. Pour lui rendre hommage et s'en rappeler les enseignements, l'auteur de cet ouvrage a décidé de compiler ses nombreux écrits ou interventions. Les quatorze textes qui composent cette anthologie sont représentatifs et significatifs de la personnalité, du style et des préoccupations d'Amady Ali Dieng. On y retrouve son style, son humour et son esprit critique.
(Harmattan Sénégal, 23.50 euros, 228 p., Illustré en noir et blanc)
ISBN : 978-2-343-10855-1, ISBN EBOOK : 978-2-14-002561-7

41 RULES TO BE HAPPY

Kane Babaly

Seeing that happiness is the goal towards which all men strive for, the author wrote this book to help the reader in treasuring the joyous of life and realizing his desires in entirety, to be fulfilled, to claw his way to the top and to assure him it will turn out well in the end. Moreover, this book intends to give the keys us to get the secret for reaching we want in this life. 41 rules to be happy is a little self help book which has 41 rules that are meant to allow every reader to live life in full potential.

(Harmattan Sénégal, 14.50 euros, 138 p.)

ISBN : 978-2-343-10904-6, ISBN EBOOK : 978-2-14-002583-9

SÉNÉGAL

Les limites du Plan Sénégal Émergent

Mansour Samb El Hadji

Cet ouvrage présente une analyse profonde des politiques publiques en décortiquant le Plan Sénégal Émergent (PSE) qui jusque-là n'a fait l'objet d'aucune analyse critique sérieuse. Le Sénégal est face à un défi, le défi de son émergence, un défi qu'il compte relever avec tous ses fils. Ce défi qui mobilise aujourd'hui tout le monde doit nous pousser à proposer de nouveaux chemins et à animer un débat nécessaire et incontournable dans tout processus d'émergence.

(Harmattan Sénégal, 27.00 euros, 276 p.)

ISBN : 978-2-343-09721-3, ISBN EBOOK : 978-2-14-002372-9

SÉNÉGAL

Dynamiques paysannes et souveraineté alimentaire

Le procès de production, la tenue foncère et la naissance d'un mouvement paysan

Diop Amadou Makhouredia - Préface d'Yves Guillermou ; Postface de Fodé Niang

Le présent ouvrage contribue à la compréhension des stratégies développées par la petite paysannerie et les dynamiques qui animent les exploitations agricoles familiales permettant la production de biens nécessaires à l'alimentation et l'entretien des familles. La capacité des paysans à prendre en main leurs propres préoccupations a été mise en évidence par l'émergence d'organisations, de groupements, d'associations et d'unions dans tout l'espace rural sénégalais.

(Harmattan Sénégal, 26.00 euros, 256 p.)

ISBN : 978-2-343-10852-0, ISBN EBOOK : 978-2-14-002457-3

HISTOIRE ET SOCIOLOGIE DES RELIGIONS AU SÉNÉGAL

Tamba Moustapha

Le Sénégal reste une exception dans le domaine religieux : 90 % de musulmans, 5 % de chrétiens et 5 % d'adeptes de l'animisme. C'est aussi le pays où les musulmans et les catholiques partagent le même cimetière, où les conjoints partagent des religions différentes, où les écoles privées catholiques comptent 60 à 70 % d'élèves de confession musulmane, etc. Ce phénomène n'est pas dû au hasard. L'histoire et la sociologie des religions permettent de l'expliquer amplement. Cet ouvrage souligne cette exception sénégalaise pour montrer qu'au moment où notre monde est en proie au fanatisme, à l'intolérance et au terrorisme religieux, le Sénégal propose un autre « modèle ».

(Coll. Études africaines, série Economie, 41.00 euros, 426 p.)

ISBN : 978-2-343-10424-9, ISBN EBOOK : 978-2-14-002506-8

FIGURES DU POLITIQUE ET DE L'INTELLECTUEL AU SÉNÉGAL

L.S. Senghor - M. Dia - A. Ly - CH. A. Diop A. Diouf & F. Mitterrand - J.R. De Benoist - A. Seck - TH. Fall - A. M. Samb - A.M. Samb JR - TH. Monod - H. Bocoum - G. R. Thilmans

Samb Djibril

Cet ouvrage réunit des personnalités politiques et/ou intellectuelles très diverses : Léopold Sédar Senghor, l'Immortel Noir ; Mamadou Dia, le brillant économiste ; François Mitterrand et Abdou Diouf, deux experts politiques, ou encore Théodore Monod, le savant probe. Ces figures sont autant de coryphées auxquels l'auteur a voulu rendre hommage, afin de rappeler que la terre africaine du Sénégal ne manque pas de princes de l'esprit ni de nourriture intellectuelle.

(26.00 euros, 266 p.)

ISBN : 978-2-343-10731-8, ISBN EBOOK : 978-2-14-002513-6

TÉLÉVISIONS AU SÉNÉGAL
Entre désert de contenu et sécheresse intellectuelle
Djimbira Cheikh Mouhamadou
« Il faut lire ce livre en considérant qu'il a été sciemment écrit dans l'intention de nuire à la société spectaculaire. Il n'a jamais rien d'outrancier. » Cette pensée de Guy Debord nous permet de comprendre à bien des égards, l'ouvrage de Cheikh Mouhamadou Djimbira qui est un plaidoyer pour la création de programmes audiovisuels de qualité.
(11.50 euros, 80 p.)
ISBN : 978-978-2-343-10790-5, ISBN EBOOK : 978-978-2-14-002528-0

UN SCOUT SÉNÉGALAIS
L'aventure citoyenne (deuxième édition)
Ndene Pascal - Préface de Jacques Moreillon
Lorsque nous parlons de l'adolescence, nous évoquons l'autonomie, la responsabilisation, la citoyenneté, le jeu, les relations avec les parents et avec les pairs. Toutes ces questions sont abordées dans ce livre qui montre avec humour le parcours éducatif d'un adolescent dans le scoutisme. Ce livre s'adresse à tous les jeunes, garçons et filles, aux parents et éducateurs de tout milieu social et culturel, ainsi qu'à tous les scouts et guides du monde.
(14.00 euros, 124 p.)
ISBN : 978-2-343-10965-7, ISBN EBOOK : 978-2-14-002526-6

LA PENSÉE DE CHEIKH AHMADOU BAMBA FACE AUX DÉFIS AFRICAINS
Sow Cheikh Mar
Cheikh Ahmadou Bamba Mbacké a su déterminer une nouvelle vision aux yeux de ses contemporains en formulant d'une façon très claire des idées novatrices capables de faire bouger le peuple. Cette conception de la société dans sa globalité a permis «à chaque individu de devenir un centre d'initiative, de création et de responsabilité à tous les niveaux : celui de l'économie, de la politique, de la culture ; une conception qui ne soit ni individualiste, ni totalitaire mais fondée sur les communautés de base».
(Harmattan Sénégal, 24.00 euros, 238 p.)
ISBN : 978-2-343-10021-0, ISBN EBOOK : 978-2-14-002284-5

LE MODERNISME EN ISLAM
Introduction à la pensée de Sayyid Amir Ali
Diagne Mbengue Ramatoulaye
« Les thèmes abordés par le Professeur Ramatoulaye Diagne dans sa lecture de la pensée d'Amir Ali ont tous un lien indéfectible avec le pluralisme et la paix. (...) Dans la lecture de son ouvrage, on arrive à comprendre que le modernisme d'Amir Ali est une sorte de renouveau dans la pensée islamique. C'est un mouvement d'intellection qui intègre, dans une cohérence architecturale, l'usage de la raison, l'esprit du soufisme pratique ghazalien et la finalité de la prière qui concilie l'ascèse de l'âme à la transformation positive des sociétés. » Abdoul Aziz Kebe, Ancien Chef du Département d'Arabe UCAD-DAKAR.
(Harmattan Sénégal, 15.00 euros, 144 p.)
ISBN : 978-2-343-09977-4, ISBN EBOOK : 978-2-14-002211-1

MA RENCONTRE AVEC ALLAH
De l'obscurité à la lumière
Mbengue Adama Ousmane
Cet ouvrage traite surtout de la question essentielle du Mahdi qui vient pour apporter les solutions idoines en s'appuyant sur la Sharia mouhammadiya et la Tariqah ahmadiya afin d'offrir à tout individu le meilleur profil dans la société idéale qu'il compte établir.
(Harmattan Sénégal, 14.50 euros, 134 p.)
ISBN : 978-2-343-10299-3, ISBN EBOOK : 978-2-14-002277-7

L'HARMATTAN ITALIA
Via Degli Artisti 15; 10124 Torino
harmattan.italia@gmail.com

L'HARMATTAN HONGRIE
Könyvesbolt ; Kossuth L. u. 14-16
1053 Budapest

L'HARMATTAN KINSHASA
185, avenue Nyangwe
Commune de Lingwala
Kinshasa, R.D. Congo
(00243) 998697603 ou (00243) 999229662

L'HARMATTAN CONGO
67, av. E. P. Lumumba
Bât. – Congo Pharmacie (Bib. Nat.)
BP2874 Brazzaville
harmattan.congo@yahoo.fr

L'HARMATTAN GUINÉE
Almamya Rue KA 028, en face
du restaurant Le Cèdre
OKB agency BP 3470 Conakry
(00224) 657 20 85 08 / 664 28 91 96
harmattanguinee@yahoo.fr

L'HARMATTAN MALI
Rue 73, Porte 536, Niamakoro,
Cité Unicef, Bamako
Tél. 00 (223) 20205724 / +(223) 76378082
poudiougopaul@yahoo.fr
pp.harmattan@gmail.com

L'HARMATTAN CAMEROUN
BP 11486
Face à la SNI, immeuble Don Bosco
Yaoundé
(00237) 99 76 61 66
harmattancam@yahoo.fr

L'HARMATTAN CÔTE D'IVOIRE
Résidence Karl / cité des arts
Abidjan-Cocody 03 BP 1588 Abidjan 03
(00225) 05 77 87 31
etien_nda@yahoo.fr

L'HARMATTAN BURKINA
Penou Achille Some
Ouagadougou
(+226) 70 26 88 27

L'HARMATTAN SÉNÉGAL
10 VDN en face Mermoz, après le pont de Fann
BP 45034 Dakar Fann
33 825 98 58 / 33 860 9858
senharmattan@gmail.com / senlibraire@gmail.com
www.harmattansenegal.com

L'HARMATTAN BÉNIN
ISOR-BENIN
01 BP 359 COTONOU-RP
Quartier Gbèdjromèdé,
Rue Agbélenco, Lot 1247 I
Tél : 00 229 21 32 53 79
christian_dablaka123@yahoo.fr

www.ingramcontent.com/pod-product-compliance
Lightning Source LLC
LaVergne TN
LVHW011151061026
849535LV00003B/691